上海市高等学校本科教育高地建设项目资助

国际航运实务、法规与案例

● 杨志刚　孙志强　陈　扬　编著

人民交通出版社

内 容 提 要

本书比较详尽地以实务、法规以及相关案例，对国际航运应有的实务运作、法律规范、风险管理作了深入浅出叙述。主要内容有：国际航运概述、国际贸易术语与国际航运之关联、国际航运出口业务运作、国际航运进口业务运作、集装箱班轮进出口业务运作、提单运输法规与提单操作、程租船实务运作、期租船实务运作、班轮运价与管理、集装箱箱务运营管理、国际航运货损事故处理、国际航运口岸管理法规。无论是从基础理论还是从实务运作、案例应用来说，都是国内目前有关国际航运实务与法规方面较好的专著。

本书可用于国际货物运输、水运管理、物流管理、交通运输管理、对外贸易等专业的教材，也可供从事该行业的专业人员参考应用。

图书在版编目（CIP）数据

国际航运实务、法规与案例/杨志刚，孙志强，陈扬编著. —北京：人民交通出版社，2009.5
ISBN 978-7-114-07813-2

Ⅰ.国… Ⅱ.①杨…②孙…③陈… Ⅲ.①国际运输：水路运输－运输业务②国际运输：水路运输－法规－基本知识 Ⅳ.F550.84 D996.19

中国版本图书馆 CIP 数据核字（2009）第 038415 号

书　　名：国际航运实务、法规与案例
著 作 者：杨志刚　孙志强　陈　扬
责任编辑：蔡培荣
出版发行：人民交通出版社
地　　址：(100011)北京市朝阳区安定门外外馆斜街 3 号
网　　址：http://www.ccpress.com.cn
销售电话：(010)59757973，59757969
总 经 销：北京中交盛世书刊有限公司
经　　销：各地新华书店
印　　刷：北京鑫正大印刷有限公司
开　　本：787×980　1/16
印　　张：29.75
字　　数：456 千
版　　次：2009 年 5 月第 1 版
印　　次：2009 年 5 月第 1 次印刷
书　　号：ISBN 978-7-114-07813-2
印　　数：0001－3000 册
定　　价：50.00 元

目录 MULU

第一章　国际航运概述

国际货物运输是利用海洋通道，在不同国家之间，使用船舶通过一定的航区或航线运送货物的一种运输方式。因此，研究国际货物运输，必须对国际运输的对象——货物、国际运输工具——船舶以及与国际运输有关的航线、港口等基础知识有所了解。

第一节　国际航线的对象——货物

货物种类繁多，而且结构、形状、性质和包装千差万别，在搬运、积载、保管、装卸及运输过程中，作为与运输有关的承运人、托运人等，必须熟悉运输对象，掌握其特性、结构、包装种类，才能完成国际货物运输。

一、货物的分类

国际航线运输的货物，可以从不同的角度对其进行分类。

1. 按货物含水量划分

(1)干货(Dry Cargo)，指基本上不含水分或含水很少的货物。有包装的件杂货物大都属于此类。

(2)湿货(Wet Cargo)，指散装液体货(Liquid Cargo)，如石油及其制品、植物油、化学品等。金属桶或塑料桶装运的流质货物以及半流质如肠衣等属于此类。

此种划分是为了托运人租船订舱的方便，因为不同类型的货物，所需的船舶运输要求也不同。

2. 按包装形式和有无包装划分

(1)包装货(Packed Cargo)，如件杂货物(General Cargo)。

(2)裸装货(No Packed Cargo)，如钢板、钢材等。

(3)散装货(Bulk Cargo)，如粮食、矿石、煤炭等。

3. 按货物是否分件划分

(1)件杂货(General Cargo),指有包装的、可分件的、数量较小的货物。

(2)大宗货(Bulk Cargo),一般指数量较大,规格较统一的初级产品。在运输时它们大多是散装,故又称散装货。

4. 按货物的理化性质划分

(1)普通货(Ordinary Cargo),如百杂用品、电器产品等。

(2)特殊货(Special Cargo),如冷藏货、危险品等。

5. 按货物价值划分

(1)高价值货物(High-Valued Cargo),指高价、贵重货物,如金、银、古董、艺术品、精密仪器等。

(2)低价值货物(Low-Valued Cargo),指价值较低的货物,大宗货物多数属于此类。

区分高价值货物和低价值货物并无严格界限,主要是根据货物运费率的高低决定,一般以班轮费率为标准。

6. 按货物的重量和体积比率划分

(1)重量货物(Weight Cargo),指重量超出界定的货物。

(2)轻泡货物(Measurement Cargo),或称体积货物、尺码货物或轻货,指体积超出界定的货物。

现行国际运费制度是以1立方米为计算标准,凡1公吨货物体积大于1立方米时,按货物体积计收运费,如小于1立方米时,按货物重量计收运费,集装箱除外。货物的重量与其体积之间的比率称为货物的积载因素(Stowage Factor)。

货物积载因素可从下列公式求得:

$$货物积载因素 = 英尺^3/长吨 \text{ 或 } 米^3/公吨$$

7. 按货物长度和重量划分

(1)超长货物(Lengthy Cargo)。

(2)超重货物(Heavy Lift)。

(3)超重超长货物(Heavy Lift and Lengthy Cargo)。

超长、超重货物并无严格界限,根据航运习惯,一般超过9米的货物为超长货,超过3公吨为超重货物。货物超长、超重则要加收附加费。

8. 按集装箱划分

(1)整箱货(Full Container Load,FCL),指托运人的货物能够装满一个整箱,通常指一个托运人,一个收货人。

(2)拼箱货(Less than Container Load,LCL),指托运人的货物不能装满一个集装箱,须由货运代理人、拼箱人将多个货主的货物拼装于一个集装箱。

9.危险货物(Dangerous Cargo)

指具有燃烧、爆炸、腐蚀、毒害、放射性、感染性等性质,在运输过程中可能会引起人身伤害和财产损失的货物。凡运输危险货物,必须严格遵照国际统一海上危险货物运输规则办理。

二、货物包装及其标志

1.货物包装

货物包装(指外包装)的目的是保护货物本身质量和数量上的完整无损,便于装卸、搬运、堆放、运输和理货,对危险品货物包装还有防止其危害性的作用。

货物包装的种类很多,常见的包装形式有:

(1)箱。主要有木箱(Wood Case Box)、(纸箱)(Carton)、纸板箱(Card Board)、框箱(Crate)、夹板箱(Plywood Box)、柳条箱(Willow Case)、胶合板箱(Veneer)、明格箱(Skeleton Case)等。

(2)捆包。主要有麻布包(Jute Bale)、布包(Cloth Bale)、压缩包(Pressed Bale)等。

(3)袋。主要有麻袋(Jute Bag)、草袋(Straw Bag)、布袋(Cloth Bag)、聚乙烯袋(Polyethylene Bag)、牛皮纸袋(Kraft Bag)等。

(4)桶。主要有琵琶桶(Barrel)、一般桶(Keg、Cask)、铁桶(Drum)、大木桶(Hogshead)等。

此外还有听(Tin)、罐(Can)、瓶(Bottle)、坛(Jar)、笼(Cage)、篓(Basket)、钢瓶(Cylinder)、盘(Coil)、卷(Roll)、扎(Bundle)、块(Ingot,S1ab,Cartwheel)、棒(Bar)、张(Sheet)等。

国际运输的货物包装除保护货物防止变质外,还必须坚固结实,能承受一定的压力、碰撞和振动的能力。但在不影响货物质量保护的情况下,应力求减少包装的重量和体积,以减少运费支出。

2.货物标志

货物标志(Marks)是在货物或其包装上,用印刷或烙印的方法,书写一定的图案和文字,其目的是为了便于辨认识别,以利货物交接、装卸、分票、清点、核查,避免错装、错卸、错收和错交。货物标志一般包括下列内容:

(1)主标志(Main Marks)。是货主的代号,一般以图案或文字表示,其内容是收货人名称的缩写、贸易合同的编号等,标志通常印刷在箱装货物的端面,俗称唛头。

(2)副标志(Counter Marks)。是主标志的补充,内容有目的港、发货港、货物品名、规格、编号、货物尺码和重量等。

(3)注意标志(Care Marks)。是以图形或文字表示在储运过程中应注意的事项,在国际货物运输中常见的注意标志有:

①“禁用手钩”(Use no Took);

②“切勿倒置”(Do not Turn Over);

③“必须竖放”(Stand on End;to be Kept Upright);

④“保持低温”(Keep Cool;to be Kept in Cool Place);

⑤“小心易碎”(Fragile);

⑥“小心轻放”(Handle with Care);

⑦“谨防潮湿”(Keep Dry);

⑧“防热”(Keep away from Heat);

⑨“防冻”(Protect against Cold);

⑩“动物”(Live Animal);

⑪“急货”(Urgent);

⑫“由此起吊”(Lift Here)、“由此开启”(Open Here)等。

(4)危险货物标志(Dangerous Cargo Mark)。是表明货物的危硷性质。国际上对危险品有统一规定的图案和文字表示,这种标志要求醒目以便工作人员正确操作,以保证人身、货物和船舶的安全。

如果由于包装不良、标志不清或不当而引起的货物损坏或灭失,按有关规定承运人对此不负赔偿责任,由货主自行承担责任。

第二节 国际航运的工具——船舶

海上航行的船舶种类很多,与国际贸易运输有关的主要是商船(Merchant Ship)。因此,本节主要介绍商船的基本知识。

一、商船的定义

各国海商法对商船所下的定义不完全一致,中国《海商法》在第三条规定:“本法所称船舶,是指海船和其他海上移动式装置,但是用于军事的,政府公务的船舶和20总吨以下的小型船艇除外。前款所称船舶,包括船舶属具。”其他国家的海商法也有类似的规定。

从各国海商法对商船所下的定义来看,所谓商船,是以商业行为为目的,供海上及在与海相通的水域或水中航行使用的船舶。因此可见,凡不是以商业行为为目的船舶,如军舰、海关缉私船、水上巡逻艇、政府公务船、科学考察船等,不能称其为商船。又如水上仓库、浮船坞、灯塔等,尽管它们都漂浮在水上,但它们不能“供航行使用”,当然也就不能称其为商船。因此,商船与广义上的船舶是不同的。

二、商船的性质

(1)船舶是一个整体。船舶由外壳、机械、甲板、货舱、驾驶部分以及各种附件和属具构成。因此,船舶是一个合成物,各部分是整体的组成部分。因此,船舶的抵押、转让、继承、保险委付等,都须把船舶各部分视为船舶的一个整体加以考虑和处理。

(2)船舶是价值的财产。船舶本质上是可以移动的财产,但在实际的处理中把它作为不动产对待,如规定船舶所有权须经登记才能对抗第三者。因此,船舶兼有动产和不动产的性质。

(3)有的国家的法律对船舶实行拟人化,即把船舶视同自然人,如自然人有出生登记和死亡注销,船舶也有生存期,即以下水为船舶生存期开始,以失去效能或沉没、拆散为生存期的终止,同样也应登记注销。船舶也登记名字,如同自然人的名字,船舶拥有国籍,船龄和吨位,如同自然人的国籍、年龄和体重。这些都是对船舶进行拟人化处理的表现。因此,在英美法系的国家中可以对船舶本身进行诉讼,这就是所谓的“对物诉讼”(Action in Rem),即在诉讼中原告首先把船舶作为诉讼对象,而不是对船舶所有人诉讼,当然最终的诉讼后果还是由所有人承担。因此,按英美法,船舶在法律上具有人格性。

(4)船舶具有管辖权。按国际法有关规定,船舶是船籍国的浮动领土(Floating Territory),受船籍国法律管辖和保护,即在船上适用其国籍所在国的法律,因此,船舶具有领土性特征。

三、船舶主要特征和规范

1. 船籍与船旗(Ship's Nationality and Flag)

船籍是指船舶的国籍,由船舶所有人向本国或外国有关管理船舶的行政机关办理所有权登记后，取得本国或登记国国籍和船籍证书，才能悬挂该国国旗，习惯上称船旗。船舶有义务遵守船籍国的法律和法令的规定并享受其法律保护。船籍和船旗的重要性不仅表现在战时是区别交战国、同盟国和中立国的标志，而且在和平时期，是解决船货等海事纠纷，适用何国法律的一项重要依据。

目前，世界上有不少国家的船舶所有人为了避免适用本国的高税率和避免雇佣本国高工资船员以及其他高昂费用，或为了逃避本国严厉的航运法规的管辖和约束等原因，不在本国进行船舶登记，而将船舶转移到税收低廉并对航运采取放任政策的某些外国去注册登记，取得登记国家的船籍并悬挂该国国旗，以降低经营费用，提高竞争力，获取更大利润。这些公开允许其他国家进行船舶登记的国家称为"开放登记国"(Open Register Countries)，如利比里亚、巴拿马、巴哈马、百慕大、索马里、洪都拉斯和新加坡等国家和地区。而这种在外国登记，悬挂外国国旗并在国际市场上进行营运的船舶，叫做"方便旗(Flag of Convenience)船"。

一般认为方便旗船具有以下性质：

(1)船旗国对船舶登记采取开放、方便的政策，并对船舶登记和转移无任何限制；

(2)船旗国允许别国公民拥有船舶所有权和控制权；

(3)船旗国几乎不对方便旗船征收所得税，或征收很低的税，船舶的登记费和年税费也很低；

(4)船旗国一般对船舶的营运不提任何要求，只是从大量的登记中获取外汇收入；

(5)船旗国对船舶配备船员的国籍不作规定；

(6)船旗国对船舶的管辖没有相应的行政机构，同时也不愿对所登记的船舶，通过强制实施本国政府和国际上的有关规定予以有效的控制。

方便旗船之所以如此盛行，吨位迅速增长，其原因是船舶所有人可以从中获取各种利益，如：

(1)可以降低船舶标准，节省修理费用；

(2)可以逃避本国重税和军事征用；

(3)可以降低营运成本，增强竞争力；

(4)可以自由经营，不受本国严格的航运法规和政策限制；

(5)可以自由处理船舶和运用外汇收入；

(6)可以自由选择航区和航线；

(7)可以自由选择造船价格低廉的地点和条件；

(8)可以自由制订运价，不受政府管制。

2. 船级(Ship Classification)

船级是船舶质量的技术、性能指标，用以表示船舶航行安全和适于装货的程度，因而是船舶具有适航性的重要条件。船级是由专门的船级检验机构对船舶的结构设备和技术性能按照规定的标准，经检验鉴定后所给予的一定等级(即船舶入级)并发给船舶所有入船级证书，其有效期一般为四年，期满后须重新鉴定。

船级在国际海洋货物运输中具有重要意义。首先，船舶入级后可保证航行安全，在船舶的技术状态完全符合船级社各种规定要求时，可防止船舶因技术状态不良而发生事故，以保证船舶航行安全。其次，在租船业务中，船级的高低，对租船运价有直接影响，租船人和托运人可根据需要选择不同级别的船舶，以满足进出口货物运输的需要。再次，船舶的级别是保险人决定保险费率的依据。

3. 船舶载重线(Load Line)

船舶载重线是满载时最大的吃水线，由船舶检验机构根据船舶结构，结合航行的不同水域和季节性的变化而确定的。每艘船在左右两侧船舷中央部位均刻有载重量标志，规定船体入水部分的限度，目的是为了限制船舶超载以保证船舶、人命和财产的安全。

这种制度在国际上得到各国承认，如违反规定，船长和船主负责赔偿一切损失，并受法律制裁。

船舶载重线标志简介如图1-1所示。

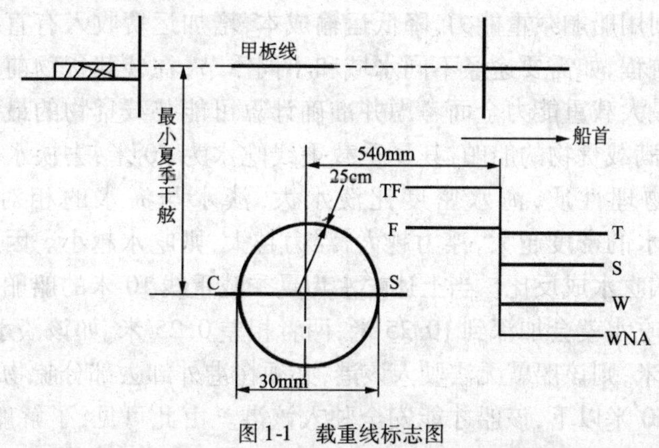

图1-1　载重线标志图

(1)甲板线(Deck Line),表明船舶主甲板线的高度,从该线垂直至船舶的吃水线的距离,称为干舷(Freeboard),它绘于左右船舷的中部,以表示干舷甲板的确定位置。

(2)夏季载重线(Summer Load Line),以“S”为标志,是指在夏季时所允许船舶载重的最大吃水线限制。

(3)冬季载重线(Winter Load Line),以“W”为标志,是指冬季时允许船舶载重的最大吃水线限制,它比夏季载重线低,按每英尺吃水(夏季)低 1/4 英寸计算。

(4)冬季北大西洋载重线(Winter North Atlantic Load Line),以“W NA”为标志,凡船长 380 英尺以下,在冬季航行于北纬 36 度以北地区的船舶,其最大载重时受此线限制,比冬季载重线低 2 英寸。这是因为冬季北大西洋风浪较大,气温低,具有流冰,为保证安全而作出的限制规定。

(5)热带地区载重线(Tropical Zone Load Line),以“T”为标志,指船舶在热带地区航行时所允许装载的最大吃水线,比夏季载重线高,按吃水 1 英尺高 1/4 英寸。

(6)淡水地区载重线(Fresh Water Zone Load Line),以“F”为标志,是船舶在淡水地区航行时所允许装载的最大载重吃水线,此线位于热带载重线之上。S 至 F 的距离以夏季载重线吃水为准。

(7)热带地区淡水载重线(Tropical Fresh Water Zone Load Line),以“T F”为标志,是指船舶在热带淡水地区航行时所允许装载的最大载重吃水限制,此线比淡水载重线高。

了解和熟悉船舶载重和吃水标志很重要,这不仅关系到船货安全,而且与充分利用船舶载重能力,降低运输成本,增加运费收入有直接影响。一艘船的航程,如需要途经不同水域和不同季节,在装载货物前,应结合船舶实际最大载重能力全面考虑并准确计算可能装载货物的最大重量。例如,一艘满载货物的船舶,其夏季载重线吃水为 10 米,去淡水港卸货,根据水的物理性质,海水密度比淡水大,淡水与海水的相对密度为 1:1.025。水的密度越大,浮力越大,浮力越大,则吃水越小。因此,水的密度与船舶吃水成反比。当上述吃水为夏季载重线 10 米的船舶,进入淡水港时,其吃水就会加深到 10.25 米,两者相差 0.25 米,如该淡水港最大吃水为 10 米,则该船就无法驶入该港,必须在港外卸去部分货物,使船舶吃水降到 10 米以下,该船才能安全驶入该港。由此可见,了解船舶载重线和吃水十分重要。

4. 船舶吨位(Vessel Tonnage)

船舶吨位是船舶大小和载重的计量单位。由于用途和计算方法不同,船舶有如图 1-2 所列几种吨位。

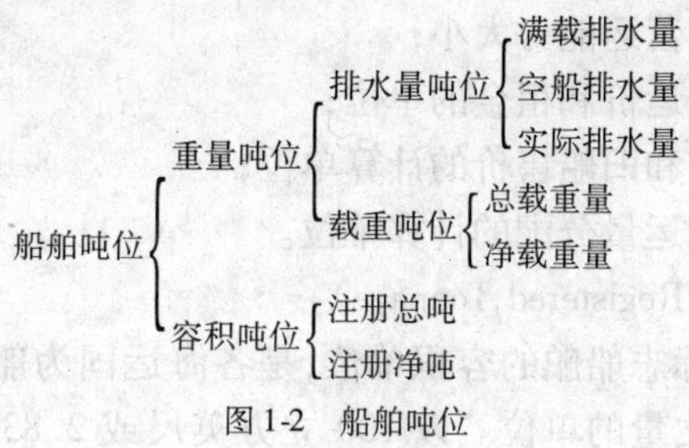

图 1-2　船舶吨位

1)排水量吨位(Displacement Tonnage)

是指船舶在水中所排开水的吨数,也就是船舶自身重量的吨数。排水量又可分:

(1)空船排水量(Light Displacement)。又称轻排水量,是船舶本身,加上船员、行李和必要的给养品的重量之和,是船舶最小限度的重量。

(2)满载排水量(Full Loaded Displacement)。又称重排水量,是指船舶载货达到最高载重线(一般系指夏季载重线)的重量,它包括空船重量、货物、燃料、淡水、供应品和常数等重量的总和,也是船舶最大限度的重量。

(3)实际排水量(Actual Displacement)。是指船舶各个航次实际装载后的排水量。

船舶排水量吨位的用途主要有以下几点:

(1)用以计算船舶的载重吨。

(2)设计造船时,计算船舶的重量。

(3)用于军舰吨位的统计。

2)载重吨位(Deadweight Tonnage,DWT)

载重吨位是船舶在营运上的载重能力,载重吨位分为总载重吨位和净载重吨位两种:

(1)总载重吨位。是指船舶在具体航次中所能载运的货物、航次所需的燃料、物料、淡水和供应品等重量的总和,也就是船舶重排水量与轻排水量之差,它是船舶最大载重能力。用公式表示为:

总载重吨 = 满载排水量 - 空船排水量 = 货物 + 燃料 + 淡水 + 供应品 + 常数

(2)净载重吨(Deadweight Cargo Tonnage,DWCT)。是指船舶在具体

航次中所能装载货物的最大载重能力,又称载货重吨,用公式表示为:

净载重吨 = 总载重吨 - 燃料 - 淡水 - 供应品 - 常数 = 货物重量

船舶载重吨的用途主要有以下几点:

(1)计算船舶营运能力大小;

(2)计算租船运价和租金的单位;

(3)新船造价和旧船售价的计算单位;

(4)可作为货运量分配的计算单位。

3)注册吨位(Registered Tonnage)

注册吨位是标志船舶的容积单位,是各海运国为船舶注册规定的一种以吨为计算和丈量的单位。以100立方英尺或2.83立方米为1注册吨。注册吨位分为注册总吨和注册净吨两种:

(1)注册总吨(Gross Registered, Tonnage, GRT)。又称总吨,是指船上所有封闭场所的内部空间容积的总和除以100立方英尺或2.83立方米所得的商数。

注册总吨的作用是用于国家对商船的统计单位(有时也用载重吨统计),船舶登记,政府对航运补助或造船津贴的计算依据,船舶大小的比较,计算造船和船舶保险等费用以及船舶赔偿等。

(2)注册净吨(Net Registered Tonnage, NRT)。又称净吨,是指船上可供载货的所有空间的总容积,按规定折算的吨数。

5.船舶的载货容积(Cargo Capacity)

船舶的载货容积可分为三种:

1)散装货载货容积

又称谷物载货容积(Grain Capacity),它是指能容纳散装货物(如粮食、矿砂、煤炭等)的船舶货舱容积,这些散装货物能够充分利用货舱容积。

2)包装货载货容积(Bale Capacity)

它是指能容纳包装货物的船舱容积,一般约比散装货载货容积小5%~10%,这是由于船舱内支柱附近、横梁之间以及船舷轮廓的弯曲形状,在装载包装货物时,不可避免地产生空间损失,即亏舱,无法使货舱容积达到完全利用的程度。

3)液体货载货容积(Liquid Capacity)

它是指装载燃料和淡水用的船舱容积。了解船舶载货容积的目的,在于船舶装载各种不同货物时,充分利用船舶载重量和载货容积,即不仅船舶载货重量达到最高装载线，而且船舶货舱容积也能全部装满，以取得最佳经济效益。

船舶载货舱容系数(Coefficient of Stowage Capacity)，又称舱容系数，是指船舶货舱总容积与船舶净载重量之比：

$$舱容系数 = \frac{货舱总容积}{净载重量}（立方米/吨或立方英尺/吨）$$

舱容系数也是反映船舶载货性能的重要指标，通过它可以看出船舶适宜装载重货或轻货。

四、商船种类

根据国际运输的货物种类、国际航行区域等，商船的分类很多，分类方法也不同，其中最主要的有下列几种：

1. 按航行水域划分

按航行水域划分，可分为：

(1)远洋船(Ocean Going Vessel)；

(2)近洋船(Near Sea Vessel)；

(3)沿海船(Coastal Vessel)；

(4)内河船(Inland Vessel)。

2. 按经营方式划分

按经营方式划分，可分为定期船(即班轮 Liner)和不定期船(即租船 Charter)。

3. 按运输对象划分

按运输对象划分，可分为客船(Passenger Ship)和货船(Cargo Ship)。

货船是国际贸易海洋运输的主要工具，它以经济实用为宗旨，货舱容量较大，装卸设备较齐全。货船因承运货物和设备的不同，又可分为下列几种：

1)干货型船(Dry Cargo Ship)

按装货不同又分为：

(1)杂货船(General Cargo Ship)。一般适用装载包装的零星杂货。其吨位大小视航线、港口及货源而不同。这种船舶本身有各种不同的货舱及装卸设备，能适应装载种类繁多的货物。

(2)干散船(Dry Bulk Cargo Ship)。指供装运无包装的大宗货物，如粮食、煤炭、矿砂等的船舶。这种船舶一般舱容较大，舱内不设支柱，而且大都是单甲板,为防止货物在舱内移动而设有挡板,以保持船身平衡。船舶本身一般不带有装卸设备,机舱设于尾部,以便装卸操作。

2)液体船(Wet Cargo Ship)

液体船根据装载货物和结构的不同可分为以下几种:

(1)油船(Tanker)。油船又称油槽船,是指以散装方式运送原油或燃料的专用货船。油船将船本身分隔成若干贮油舱,并有油管贯通备油舱,设有空气压缩装备,在装卸油料时,以空气压力将油料通过管道推送至各贮油舱。油船的油舱大多采取纵向结构,并设纵向舱壁,以防未满载时,舱内液体随船倾侧而产生不平衡。

(2)液化石油气船(Liquefied Petroleum Gas Carrier,LPGC)。一般装载液化石油气,船上配备现代化设备,货舱都是密封的气罐,外部隆起以增加装载量,而且采用管道装卸。

(3)液化天然气船(Liquefied Natural Gas Carrier,LNGC)。一般装载液化天然气,性能、设备与液化石油气船类似。

(4)化工船(Chemical Ship)。主要是指用于装载化学工业品的专用船舶。

3)专用船(Special Cargo Ship)

这种船舶是为专门装运某一种或两种特殊货物而建造的专用船。这类船舶主要有冷藏船(Refrigerated Ship)、水果船(Fruit Ship)和木材船(Timber Ship)。冷藏船专门用于装载冷藏货物,船上有制冷装置以及适合冷藏货的冷藏舱,木材船用于装载原木,常在船舱设置1米左右的“舱墙”,以防木材滑出舱外,同时也可以提高装载能力;水果船上装有保鲜设备,以防水果腐烂。

4)成组船(Unitized Vessel)

成组船主要包括下列几种船舶:

(1)集装箱船(Container Ship)。是指专用于装运集装箱货物的货船,本身一般无装卸设备,装卸作业全凭码头专门设施。集装箱船航速较快,一般在20~26节之间,有的高达33节。集装箱船可分为全集装箱船(Full Container-ship)、半集装箱船(Semi-Container Ship)以及可多用途集装箱船等。

(2)滚装滚卸船(Roll on/Roll off Ship,Ro/Ro)。这种船舶可直接承接码头货物,毋须吊机,船无货舱,只有纵贯全船的甲板,每层甲板间都有梯子上下装卸货物(滚装滚卸),船本身无装卸设备,船尾或船侧有大的桥板连接码头,货车可以直接进入船上甲板。这种船舶最适宜运载车辆和大型机械,也适宜装载集装箱。其优点是不依赖码头机械,快速装卸,大大缩短装卸时间,灵活性大。但缺点是亏舱较大,造成浪费。

(3)载驳船(Lighter Aboard Ship,LASH),又称子母船。是指在母船上搭载子船,子船内装载货物的船舶。这种船舶上设有巨型门吊或船尾升降平台,船到港口后利用这些设施,把所载的驳船降入水中,驳船即可自行开抵或被拖至指定地点。载驳船不靠码头即可进行装卸,营运效率大为提高。但这种船利用率相对较低,使用范围比较狭窄。

5)多用船(Multi-Uses Ship)

多用船与专用船相对,可用于多种不同种类货物的装卸,不致造成放空等损失。目前日本是使用这类船舶最多的国家,它主要有以下几种:

(1)矿砂/石油船(Ore/Oil Ship,O/O);

(2)石油/散货船(Oil/Bulk Ship,O/B);

(3)石油/散货/矿砂船(Oil/Bulk/Ore Ship,O/B/O)。

20 多年来,由于我国实行对外开放,对内搞活经济的政策,国际贸易飞速发展,外贸海运量成倍增长,我国海洋商船队不论数量、质量和结构都有较大的发展,如中远、中海集团排名在世界海运前 10 名公司。

第三节 国际海运路径——航线

国际海运航线(Shipping Route)是指船舶根据不同水域、潮流、港湾、风向、水深等自然条件以及社会、政治和货源因素,为达到最大的经济效益所选定的营运通路。

一、国际海运航线的形成

国际海运航线的形成,一般取决于以下因素:

1. 安全因素

安全因素是指船舶运输航线须首先考虑到自然界的各种现象,如风向、潮汐、波浪、水流、暗礁及流冰等。因为这些因素关系到船舶航行的安全,因此是影响航线形成的首要因素。

2. 港口因素

港口因素是指航线两端及沿途港口是否位置适当、气候良好、水深适宜、航道宽大、存储装卸设备齐全、内陆交通运输方便、港口使费低廉、有货源腹地、燃料供应充足等。这些因素是影响航线盛衰的因素。

3. 货运因素

货运因素是指沿途货运的流向与流量。航线上是否有足够的货运量、来回程货运量是否平衡、有关港口货运发展趋势、产品结构的变动趋势和航线上供求关系及竞争趋势等均是形成航线的重要因素。如果货运量有日益增长的趋势,今后将可能成为繁忙的航线。

4. 技术因素

技术因素是指航线要符合最经济、最合理、最迅速的原则。如循最大弧线(Great Circle Line)航行,可缩短航行距离、节省时间和费用,这样的航线在经营上最为有利。又如苏伊士运河建成通航后,使现在航线无需绕道南非好望角,巴拿马运河开通后,使两洋航线不必经南美合恩角,均可使航线缩短数千里。

此外,有关国家、港口的关税法令、经济政策、航运政策等也对航线的形成和选择产生影响。航线的选择是否恰当,关系到船公司的成败。因此,各航运公司都十分重视航线的选择和开辟。

二、国际海运航线的分类

1. 按航行范围划分

(1)远洋航线(Cross Ocean – going Shipping Line)。指船舶航行跨越大洋的运输航线。如远东各港至欧洲、美洲和大洋洲的航线。

(2)近洋航线(Near-Sea Shipping Line)。指本国各港口至邻近国家港口间的海上运输航线。如中国各港口至日本海、马六甲海峡、印度尼西亚沿海、鄂霍次克海的各港口间的运输航线。

(3)沿海航线(Coastal Shipping Line)。指本国沿海各港口间的海上运输航线。如上海至广州、青岛至大连等。

2. 按港口大小和货运量多少划分

(1)干线(Trunk Line)。指货运量大而集中的主干航线。如欧洲、地中海、澳大利亚及北美等航线为国际上的海运干线。

(2)支线(Feeder Line)。又称补给线,指小港与大港之间的集散航线。

3. 按船舶营运方式划分

(1)定期航线(Liner)。定期航线是指使用固定船舶,按固定船期和固定港口航行并以相对固定的运价经营货物运输业务的航线。定期航线又称班轮航线,其经营以航线上各港口保有持续、稳定的往返货物为先决条件。

定期航线具有下列特点:

①定期航线所选用的船舶,一般其性能较好、速度较快、设备比较齐全并在同一条航线上配置多艘同型船舶,以利调配,保证按期航行。

②定期航线上的船公司具有公共承运人的性质,面向公众服务,并以运输杂货、集装箱为主。

③定期航线的船期,均事先公布于众,并印有船期表分送船公司代理和货主,以供选择。为保证船期,港口有专用码头、堆场和仓库以便托运人将集装箱、货物先行入库和堆存,船到即可开始装运。

④定期航线的运费按运价表规定收取,在一定时期内固定不变。运费中包括装卸费用,即货物的装卸和理货等工作由承运人安排。

⑤定期航线上的船公司与托运人之间的权利义务和豁免,以提单为依据。

⑥定期航线上一般由船公司管理船舶、控制船期及承揽货源,一般在各港口设立分支机构或委托航运代理,长期办理营运业务。

(2)不定期航线(Tramp Shipping Line)。不定期航线与定期航线相对而言,指使用不定船舶、不定船期、行驶不定港口和不定航线,并使用租船市场运价,经营大宗、低值货物运输业务为主的航线。

不定期航线具有下列特点:

①不定期航线的船舶多数以租船方式经营,承托双方以签订租船合同来确定双方的权利与义务和有关费用的负担。

②不定期航线的船公司可根据托运人的需要结合航线实际情况和法律规定,航行任何航线和港口。

③不定期航线的船公司承运的货物主要是大宗低值的散装货物,如矿砂、粮食、煤炭等,而且运量较大,比较适合租船运输。

④不定期航线的船公司与托运人之间的联系多数由经纪人来进行的。由于经纪人熟悉业务,通晓法律,与双方都有密切联系有利于承托双方达成交易。

⑤不定期航线的运价受国际航运市场船货供求关系的影响而波动,货多船少运价就会上涨,货少船多则运价下跌。因此,其运价属竞争性运价。

三、国际主要船舶运输航线

目前国际上主要的船舶运输航线,一般公认的有以下几条:

1. 北大西洋航线(North Atlantic Shipping Line)

北大西洋航线为北美与西欧间的运输大动脉,因横跨大西洋北部而得名。该航线西起北美的东海岸,北经纽芬兰横跨大西洋,入英吉利海峡至西欧、北欧,其支线分布于欧美两岸。该航线两岸拥有世界 2/5 的重要港口,承担 50% 的国际货运量,成为世界上最繁忙的航线。不足之处在于冬季风浪险恶,并有浓雾与冰山的威胁,影响航运的安全。

2. 北太平洋航线(North-Pacific Shipping Line)

北太平洋航线是美加西海岸与远东之间的主要航线,因横跨太平洋北部而得名。该航线东端为北美西海岸港口,南自美国的圣地亚哥,北至加拿大的鲁伯特太子港,西端为亚洲各国港口,北起日本横滨和俄罗斯的海参崴,中经中国上海,西至印度、新加坡,南至菲律宾的马尼拉。近年来由于亚洲一些新兴国家经济蓬勃发展,进出口货运量成倍增长。该航线经由巴拿马运河,可与美国东海岸各大港口及西欧的北大西洋航线相连,在世界航运中的地位与作用与日俱增。

3. 伊士运河航线(Via SUEZ Canal Shipping Line)

该航线因通过苏伊士运河而得名。西起北欧、西欧、北非经地中海,通过苏伊士运河,穿过红海进入印度洋后分为两路,东至远东各港口,为欧亚间的主要航线,南至澳新各港口,为欧澳新之间的主要航线。苏伊士运河全长 161.6 公里,航道水深 12 米,是世界上少有的无闸运河。运河的开通使用,改变了过去绕道南非的好望角的航线,使欧亚航程缩短了 7 500公里,成为欧亚非海上交通要道。该航线的不足之处是如受政局影响将有可能被关闭。

4. 巴拿马运河航线(Via Panama Canal Shipping Line)

该航线是连接大西洋与太平洋沿岸各港口的重要捷径,因通过巴拿马运河而得名。该航线北起大西洋加勒比海,经里蒙湾入巴拿马运河,南经巴拿马湾进入太平洋。巴拿马运河全长 81.1 公里,航道水深 14 米,有 5 个船闸,通过时间平均为 8 个小时。巴拿马运河的开通与使用,避免了绕道南美合恩角,缩短了航程,成为美洲东西岸之间和美洲东岸至远东之间的重要运输纽带。

5. 香港航线

作为亚洲和世界航线的中心点，香港在国际贸易运输中起着举足轻重的作用。香港现有世界上最先进的集装箱码头——葵涌集装箱码头、现代集装箱码头(Modern Terminal Ltd.,MTL)、香港国际集装箱码头(H·K. International Terminal,HIT)和海陆码头组成。海陆码头建成一座世界上唯一的，也是最先进的集装箱处理大楼—亚洲集装箱中心(Asia Terminal Limited,ATL)，每层均可同时处理集装箱和拆箱业务。葵涌码头担负着亚洲及全世界往返香港及在香港中转的集装箱装卸业务。近年来香港集装箱年吞吐量一直保持在世界前列。

6. 日本航线

日本航线港口有：神户(Kobe)、大阪(Osaka)、名古屋(Nagoya)、横滨(Yokohama)、门司(Moji)、东京(Tokyo)、千叶(Chiba)、四日市(Yokkaichi)、川崎(Kawasaki)、石卷(Shinomaki)、八幡(Yawata)等。

日本是个多港岛国，国际航线十分发达。特别是日本的技术加工型经济，原料和市场依赖国外的特点，促进了港口的发展。日本的神户、大阪、名古屋、横滨是国际上著名的大港口。特别是日本处于远东到北美航线上，远东去北美的船只很多挂靠日本港口。我国利用日本港口中转去北美货物方便合理，比在香港中转要快几天。

7. 地中海航线

地中海航线港口有：埃及的亚历山大(Alexandria)、塞得港(Port Saia)；利比亚的班加西(Benghazi)、的黎波里(Tripoli)；突尼斯的突尼斯(Tunis)、斯法克斯(Sfax)；阿尔及利亚的阿尔及尔(Alger)、安纳巴(Annaba)、奥兰(Oran)；摩洛哥的卡萨布兰卡(Casablanca)、休达(Ceuta)、梅利利亚(Melilla)；直布罗陀的直布罗陀(Gibraltar)；西班牙的巴塞罗纳(Barcelona)、瓦伦西亚(Valencia)、毕尔巴鄂(Bilbao)、马拉加(Malaga)、维哥(Vigo)；法国的马赛(Marseilles)；意大利的安科纳(Ancona)、巴里(Bari)、热那亚(Genova)、莱戈恩(里窝那)(Leghorn)、那不勒斯(Naples)、巴勒莫(Palermo)、萨沃纳(Savona)、的里雅斯特(Trieste)、瓦伦西亚(valencia)、威尼斯(Venice)；南斯拉夫的里耶卡(Rijeka)；加那里群岛的圣克鲁斯(Santa Cruz de Tenerife)；希腊的比雷埃夫斯(Piraeus)；土耳其的梅尔辛(Mersin)；塞浦路斯的利马索尔(Limassol)；黎巴嫩的贝鲁特(Beirut)；叙利亚的拉塔基亚(Lattakia)；马耳他的瓦莱塔(Valletta)。

8. 欧洲航线(包括英伦、西欧、北欧)

主要港口有:英国的伦敦(London)、利物浦(Liverpool)、曼彻斯特(Manchester)、赫尔(Hull)、南安普顿(Southampton)、格拉斯哥(Glasgow)、费利克斯多(Felixstowe)、贝尔法斯特(Belfast);葡萄牙的里斯本(Lisbon)、法国的勒哈佛尔(Le Havre)、敦刻尔克(Dunkirk);荷兰的鹿特丹(Rotterdam)、阿姆斯特丹(Amsterdam);比利时的安特卫普(Antwerp);德国的汉堡(Hamburg)、不来梅(Bremen)、不来梅哈芬(Bremenhaven);爱尔兰的都柏林(Dublin);丹麦的阿尔胡斯(Aarhus)、哥本哈根(Copenhagen);瑞典的斯德哥尔摩(Stockholm)、哥登堡(Gothenburg)、赫尔辛堡(Helsinborg)、马尔默(Malmo);挪威的奥斯陆(Oslo)、卑尔根(Bergen)、克里斯蒂安松(Kristiansund);芬兰的赫尔辛基(Helsinki)、波里(Pori)、科特卡(Kotka)、土尔库(Turku)。

我国同西、北欧国家的贸易非常发达。贸易量决定了该航线是我国最主要的国际航线,加上该航线上的安特卫普、汉堡、伦敦、利物浦世界著名大港,吞吐量大,为促进我国同欧洲的贸易起了十分重要的作用。历年来,我国西、北同欧洲国家的贸易量在总量中占有重大比例,所以,该航线往返货量都很大。我国主要出口轻纺、工艺、土畜及粮油产品,主要进口机械、电子等技术型产品。从世界范围货运量讲,远东和西北欧的贸易量很大,所以,世界上有许多大航运公司都经营该航线,如马士基、川崎汽船、日本邮船、汉德公司、东方海外公司、长荣公司、阳明轮船公司、中远、中海、韩进等。

9. 北美西岸航线

本航线包括加拿大西海岸和美国西海岸及美国阿拉斯加州、美国太平洋岛屿。

主要港口有:加拿大的温哥华(Vancouver);美国的安克雷奇(Anchorage)、关岛(Guam)、火奴鲁鲁(Honolulu)、西雅图(Seattle)、塔科马(Tacoma)、奥克兰(Oakland)、波特兰(Portland)、旧金山(San Francisco)、洛杉矶(Los Angeles)、长滩(Long Beach)、郎维尤(Long View)、斯托克顿(Stockton)、圣迭戈(San Diego)、萨克拉曼多(Sacramento)。

温哥华是加拿大西岸的唯一港口,它负担着接转去加拿大中西部地区货物的疏运任务,还负担输往加拿大东岸的货物的中转任务。但近年来很少船公司的船挂靠温哥华,因而该港的重要性日渐降低,甚至去温哥华本港的货也需从美国西岸港口用卡车拖运。

美国本土的港口都是世界上著名的大港口，其中西雅图、旧金山、洛杉矶、长滩尤为著名。在目前的航运业务中，远东至美西的跨太平洋航线习惯上被分为北线和南线二部分。北线（Pacific North-West，PNW）指远东至北美西部港口的航线，挂港一般为西雅图或塔科马、波特兰。南线（Pacific South-West，PSW）系指远东至北美西岸南部港口，挂港为旧金山和洛杉矶或长滩。

美国的内陆铁路和公路运输十分发达，西岸的陆上转运商为吸引去美国中东部地区的货物从西岸转运，规定了一个内陆转运区（Overland Common Points，OCP），也即内陆公共交货点，凡去该地区的货物，可享受优惠费率。

随着贸易的需要，大多数船公司都开辟从西岸港口到东岸及墨西哥湾地区的小陆桥运输（Mini-Land Bridge，MLB），也即远东去美国东岸货物在西岸卸下后，用专门装载集装箱的双层列车（Double Stack）运至美国东岸目的地，一般需要 3 ~ 6 天，且沿途各站货均可接受，比船直挂东岸交货要快 1 周左右。所以，西岸港口还肩负着去全部美国各地的进出口货物。

10. 北美东岸航线

主要港口有：加拿大蒙特利尔（Montreal）、多伦多（Toronto）、哈利法克斯（Halifax）、圣约翰斯（ST. Johns）；美国的波士顿（Boston）、纽约（New York）、费城（Philadeiphia）、巴尔的摩（Baltimore）、诺福克（Norfolk）、查尔斯顿（Charleston）、威尔明顿（Wilmington）、杰克森维尔（Jacksonvile）、迈阿密（Miami）、坦帕（Tampa）、莫比尔（Mobile）、新奥尔良（New Orleans）、休斯敦（Houston）。

蒙特利尔、多伦多位于圣劳伦斯河沿岸，实为内河港口，而哈利法克斯、圣约翰斯是加拿大东岸真正的海港，但蒙特利尔和多伦多两港远比哈利克斯和圣约翰斯货量大。

和北美西岸航线一样，该航线是世界重要航线之一，已实现全集装箱运输。由于小陆桥运输的普遍采用，远东至北美的船只已很少挂靠东岸港口。但也有一些船公司依然有挂靠东岸港口如马士基、日本邮船、川崎汽船等。一般只挂靠纽约和查尔斯顿，只有川崎汽船的船兼靠哈利法克斯，其余港口货物由纽约或查尔斯顿中转。该航线从事运输的船公司基本上与西岸线相同。

第四节 国际航运中介——代理

一、国际航运中介服务概述

在 1987 年 5 月 12 日由国务院发布，自 1987 年 10 月 1 日起施行的《中华人民共和国水路运输管理条例》（以下简称《水路运输条例》）对“水路运输服务企业”的定义是，“指从事代办运输手续、代办货物中转、代办组织货源的企业，但为多种运输方式服务的联运服务企业除外。”即水路运输服务业的性质是代理，因此，不包括以承运人身份出现的多式联运经营人。

1996 年 6 月 18 日交通部发布的《中华人民共和国水路运输服务业管理规定》对“水路运输服务业”的定义是，“指接受旅客、托运人、收货人以及承运人的委托，以委托人的名义，为委托人办理旅客或货物运输、港口作业以及其他相关业务手续并收取费用的行业，分为船舶代理业和货物运输代理业”。与《水路运输条例》的规定相比，明确规定了水路运输服务业的代理性质以及包括船舶代理业和货物运输代理业两种类型。

《中华人民共和国国际海运条例》（2001 年 12 月 11 日国务院第 335 号令）中，国际海上运输中介被称为与国际海上运输相关的辅助性经营活动，包括国际船舶代理、国际船舶管理、国际海运货物装卸、国际海运货物仓储、国际海运集装箱站和堆场等业务。这是对海运领域辅助性经营活动最广泛的定义。由于管理体制的原因，该条例未将国际海运货物代理包括在内。

《汽车货物运输规则》（中华人民共和国交通部 1999 年第 5 号令发布）规定，“货物运输代办人，是指以自己的名义承揽货物并分别与托运人、承运人订立货物运输合同的经营者”。“站场经营人是指在站、场范围内从事货物仓储、堆存、包装、搬运装卸等业务的经营者”。

自 1996 年 3 月 1 日起施行的《中国民用航空货物国内运输规则》规定，代理人是指在航空货物运输中，经授权代表承运人的任何人。1998 年 4 月 1 日起施行的《中国民用航空旅客、行李国际运输规则》规定，授权代理人是指被承运人指定并代表该承运人，为其航班并经授权后为其他航空承运人的航班销售航空旅客运输的旅客销售代理人，这两个规则仅规定了民用航空运输承运人的代理人。

根据上述法律、法规的规定，以及现代物流业发展的需要，中介服务业应该从最广泛的含义上认识，将海上运输、水路运输、航空运输、铁路运输、公路运输及多式联运等各种运输方式包括在内的，具体有货物代理业、船舶代理业、船舶管理业、引航、港站经营业、理货业、仓储业和包装业。也就是除提供船舶、飞机、火车、汽车等运输工具直接从事运输业务的运输企业外，其他从事与各种运输有关的营利性企业都作为运输中介业务。如果是为集装箱货物运输企业服务的，则称之为集装箱运输中介。当然，有时对无船承运人的性质会存在争论，从法律上说，无船承运人应该是承运人，但目前无船承运人的原先身份是货代企业，根据《国际海运条例》获得核准后，即可从事无船承运人业务。

二、船舶经纪业

我国最大的船舶经纪人是中远国际贸易公司，它是中国远洋运输（集团）总公司的全资子公司，是中远集团唯一经营国际进出口贸易业务的外贸窗口。中远国际贸易公司船舶贸易部（简称中远船贸：COSCO SHIP）是中远集团内进行船舶建造、买卖及设备贸易的经纪人，不仅为中远集团，更为中国及世界各地的船东、租船人、投资者和设备厂商提供全方位的服务。

从中远船贸成立以来，迄今已代理各种船型和吨位的新造船和二手船近千艘，作为中国最大的船舶经纪人，中远船贸为船舶和航运界内各企业和公司提供最新的有关船舶、价格、造船厂和设备厂的信息，尤其在中国市场上有着很大的影响力，与造船厂、设备厂及船东都保持着良好的关系。

中远船贸在中国各地的网点共有一百多位技术和商务人员，中远船贸作为国内多家设备厂商的代理出口了大量的船用设备，同时亦作为国际上一些知名设备厂商代理向中国船厂进口船用设备。在集装箱方面，中远船贸采购的箱量已逾 20 万 TEU。中远船贸同时开展租船业务，为中远船贸自有船舶及其他船舶提供揽货及租赁服务。

中国租船公司（简称中租）成立于 1955 年。为适应新的形势，从 1998 年 3 月 1 日起，中国对外贸易运输总公司海运部门和中国租船公司合并成为中国外运集团的专业子公司，中国租船公司。主要业务为租船（租进、租出）、货物的承运及价格咨询，船舶经营管理，船舶买卖以及航运信息咨询服务等。中国租船公司业务中包括集装箱船、滚装船的租售与经营。

中海运输贸易有限公司船舶经纪业务亦已全面开展,可提供各种类型船舶的航租、期租、代管、买卖、融资、建造等服务。

三、引航服务业

我国的船舶引航制度分为强制性引航和服务性引航两类。强制性引航是指对某些船舶进出港口,必须实施引航制度,船方不能拒绝引航。我国《海上交通安全法》和《海港引航工作规定》规定,对外国籍的船舶进出我国港口和在港内航行、移泊,一律实施强制性引航,服务性引航是指船舶向引航机构提出申请,请求派引航员或引航船舶提供引航服务,以安全进出港口和在港内航行。无论是强制引航还是服务性引航,船长管理船舶和驾驶船舶的责任,不因引航员的引航船舶而解除。

随着改革开放以来经济的迅速发展,我国各港口年进出口港船舶量以高速增长,如上海港 2007 年超过 4 万艘次。同时,进出港口的船舶吨位不断增加,船舶种类趋向复杂,特种类型船舶亦明显增多,尤其集装箱船。

为规范船舶引航活动,维护国家主权,保障水上人命财产安全,适应水上运输和港口生产的需要,交通部《船舶引航管理规定》自 2002 年 1 月 1 日起施行。交通部于 2001 年 3 月 15 日公布了《中华人民共和国引航员职业道德和纪律规范》。规定引航员的服务宗旨是:维护主权,保障安全,精心引领,服务港航。我国引航的发展方向是实现完全商业性的引航服务,由主管部门监督管理和行业协会自律来维持引航业的秩序。

近年来,为适应船舶大型化、高密度的新形势,各港口引航站重视加大科技投入,努力提高通航能力,并逐步实现引航设施、设备与国际接轨。

四、理货业

1961 年 9 月 1 日成立了全国统一的理货机构——中国外轮理货公司,现名中国外轮理货总公司。改革开放后,理货公司数量不断增加,理货市场有了一定的竞争性。中国外轮理货公司仍是主要的经营者,占市场份额的绝大部分。

中国外轮理货总公司系统的业务起始于 1978 年。从 1978 年到 1990 年,该项业务发展并不快,12 年间,仅完成理货箱量 622.4 万 TEU,20 世纪 90 年代以后,随着全国港口集装箱码头设施的不断完善,集装箱箱量的不断增多,中国外轮理货总公司研制开发了“电子数据交换出口集装箱系统”,通过电子信箱与各有关船公司,港口码头,外轮代理公司等单位联网,提供一图三表五清单(即出口集装箱积载图、按集装箱箱号的排序表、按货物提单号的排序表、按装卸港顺序的排序表、分港综合清单、经营人清单、危险品清单、重箱清单和拼箱清单),实现了国际集装箱报文、单证由纸质传输向电子传输转换。在集装箱运输过程中可以随时查询集装箱的装船情况、数据修改情况,为各口岸国际集装箱运输系统,EDI的全面开展提供了良好的基础。

近年来,为了适应集装箱业务的飞速发展,积极开拓新的拆装箱理货业务,设立了跨省市、跨地区的拆装箱理货计划受理点,并及时开通集装箱国外货主申请监装业务。

为了尽快建成集装箱的“绿色通道”,外理公司立足于以优质服务取信于船公司的经营理念。在各港配合下,制定了进出口把关实施细则及操作办法,进口集装箱业务处理系统实现了全面使用电子仓单、电子船图报文,其接受率、使用率基本上达到了100%,拆装箱理货实现了计划受理、收费开票、劳动力安排、销账出证等所有环节实施电脑操作。

五、货运代理业

1. 我国货运代理业的发展

据统计,截止到2007年底。国际货运代理企业已经超过了5000家。货运代理市场的放开和企业的改革,为货运市场注入了新的活力。货运代理目前在我国已经初步具有了一定行业规模,从业人员多达50余万人,大多外贸进出口货物是通过货运代理人组织安排运输的。货运代理成为外贸货运市场的一个有机组成部分,成为外贸运输的一支重要组织力量,货代行业已由过去的独家经营,变为现在国有、中外合资、地方等各类货代企业多家竞争的局面。

在货运代理业不断发展之中,其涉及的范围越来越广泛,工作也越来越显得重要,为了适应快节奏的运输,货运代理人在代理货主完成出口托运以及相关进口业务时,多采取一次托运、一次保险、一次报关、一次计费、一张单证的方法,尽力减少货物在流通中的时间。如今,货运代理人已经成为国际贸易以及国际航运中不可或缺的一个重要组成部分。

2. 我国货运代理业的行政立法

由于货运代理市场涉及货主、货代、承运人、船代、海关、商检等诸多行业,整顿工作因而涉及部门很广,工作内容繁多,单纯依靠外经贸部和各级经贸委(厅)的力量来整顿货代行业中的种种非法操作现象,力量是不够的。因此国务院法制办、国家经贸委、交通部、国家工商局、国家税务总局、海关总署等有关部门都参与了对货代的整顿工作,针对出现的情况,相应采取一系列的措施。

1995 年 6 月经国务院批准,并以外经贸部同年第五号令发布实施了《中华人民共和国国际货物运输代理业管理规定》,对于包括国际多式联运在内的国际货代业务管理作了明确规定。1996 年 2 月,外经贸部又公布了《中华人民共和国国际货物运输代理业管理规定实施细则》(试行)(以下简称《实施细则》),进一步改善了主管部门实行行业管理的法律环境。上述法律和法规的实施,标志着我国政府部门行业管理,已从过去以行政管理为主转变到市场经济条件下,以宏观调控和依法管理为主的轨道上来。

我国的国际货运代理行业管理法规,依据我国国际货代的行业性质,遵守将货代行业与交通运输行业明确区别并分开管理的国际惯例,实行货运代理公司与船公司归口管理,在法规的《实施细则》中申明"禁止具有行政垄断职能的单位申请投资经营货代业务",规定"承运人以及其他可能对国际货运代理行业构成不平等竞争的企业,不得申请经营国际货运代理业务"。

1995 年,外经贸部发布了《外商投资国际货运代理企业审批办法》,1996 年经过重新修订,外经贸部又发布施行《外商投资国际货物运输业代理企业审批规定》,对接受进出口货物收、发货人的委托,以委托人或者以自己的名义,为委托人办理国际货物运输及相关业务的外商投资企业进行了规范。目前在内地 3000 多家货运代理企业中,外商投资企业为 800 家。

从 1996 年起,全国的国际货运代理企业实行了年度审核制度,《中华人民共和国国际货物运输代理业管理规定》及其实施细则是审批权、审批及认可与否的法律依据,包括对企业经营国际货运代理业务项目申请的初审、年审和换证审查以及规范企业经营行为。

3. 我国货运代理业存在的问题

虽然我国行政主管部门颁布了《国际货物运输代理业管理规定》及其实施细则,发布了《关于使用国际货物运输业务专用发票有关问题的通知》,以及《外商投资国际货物运输代理企业审批规定》等一系列行政法规，甚至1994年公布的《对外贸易法》也对国际货运代理进行了一定的规定，但我国目前的货代市场存在的问题还不少。

《国际货物运输代理业管理规定》及其实施细则，规定了货运代理人可以做什么，不能做什么，未制定违反规定时用什么措施惩罚。另外，《国际货物运输代理业管理规定》规定了外经贸部和地方对外贸易主管部门是国际货运代理企业的审批和管理机构，其他管理机关虽然也与货代企业有关，但限于职权范围，无法对其进行管理。

国务院1992年第68号令颁布，1998年第143号令修订的《中华人民共和国海上国际集装箱运输管理规定》对国际集装箱班轮运输的运价报备做了原则规定，一方面提高我国航运公司的竞争力，另一方面，也使得国际班轮运输价格透明化。《国际海运条例》专门增加了对无船承运人运价报备的规定，而且其还对违反了该规定的处罚及处罚办法做了详细的规定，增加了《国际海运条例》的可操作性。

为加强货代协会组织对货代企业的监督作用，可明确货运代理业主管机关及其职权范围，并设立监督机构。

4.《国际海运条例》对货代业的影响

在集装箱运输发展过程中，在国际货物多式联运的情况下，很多货运代理从"拼箱"服务中演变产生出一类特殊市场主体，他们已经充当了运输合同的当事人，在其中以货运代理人的名义托运货物，成为海运提单当中的托运人(SHIPPER)，而他们又自己签发以其为承接运输货物的人的提单(HBL)给实际的货主，这时货运代理实际上已经充当了承运人的角色，即无船承运人(NVOCC)。无船承运人主要特征是：无船承运人接受托运人提供的货载，签发自己提单，拥有自己的运价本，并承担运输合同约定运输责任并向海运承运人和内陆运输承运人托运货物的公共承运人。

《国际海运条例》将无船承运业务定义为无船承运业务经营者以承运人身份接受托运人的货运，签发自己的提单或者其他运输单证，向托运人收取运费，通过国际船舶运输经营者完成国际海上货物运输，承担承运人责任的国际海上运输经营活动。

《国际海运条例》借鉴国外对无船承运人的管理经验，对无船承运人企业的设立、外国无船承运人进入我国市场纳入管理。同时，允许无船承运人按照国家其他相关法规和规定，经过批准后从事仓储、卡车运输等业务，从事"物流"服务，这是在随着国际运输技术的发展，传统的行业分类已越来越困难的情况下，加强对新兴服务领域管理的需要。将无船承运人纳入管理范围，对于规范无船承运人的经营行为，保护托运人利益，引导和促进我国无船承运人和“物流”服务的发展，是十分必要的，其必将对我国货代业产生一系列重大的影响。

六、船舶代理业

国内水路运输船舶代理业的发展经历了三个阶段，第一阶段：1987年以前，由于缺乏相应的法律规范，国内水路运输船舶代理业根据市场发展的需要自发地形成，同时因为无章可循，存在代理行为不规范的状况。第二阶段：自1987年《中华人民共和国水路运输管理条例》正式颁布实施后，国内水路运输船舶代理业逐步纳入法制轨道，并开始实行行业许可证制度。随着改革的不断深化和市场的逐步扩大，国内水路运输船舶代理业市场日为活跃。但是，由于《水路运输管理条例》对船舶代理业没有具体的规定。并没有从根本上解决船舶代理业市场秩序不正常的局面。第三阶段：1996年《中华人民共和国水路运输服务业管理规定》颁布实施，具体规定了船舶代理企业的设立条件、设立程序及经营准则，国内水路运输船舶代理业管理进人了有章可循阶段。各级航运管理部门按照“布局合理、服务方便、竞争有序、适应运输发展需要”的原则。加强了对国内水路运输船舶代理业的市场准入、监督等方面的管理，对国内水路运输船舶代理业市场进行了清理整顿，使国内水路运输船舶代理业进一步规范化。同时，随着改革的深入，国内水路运输船舶代理业市场呈现投资主体多元化、多种经济成分并存的开放、竞争的格局。

我国的国际船舶代理企业可分为两类。一是公共船代企业，具有代理所有中外籍国际运输船舶资格的，主要包括中国外轮代理总公司、中国船务代理公司两大系统和港务局下属企业出资设立的联合国际船舶代理公司。另一类是“自船自代”船舶代理企业，由国际航运公司出资设立的具有代理自有中国籍国际运输船舶和自有外国籍船舶资格的中外合资企业和中外合作企业。对于未在我国设立中外合资企业或中外合作企业的外国船公司，不能进行自船自代，要委托中国的船代公司代理。2007年，全国有公共船代企业近200家，“自船自代”企业150家。公共船代在船代市场上占绝对优势地位，其在各个港口代理的船舶艘次、船舶净吨、代理收入均在80%以上。

我国船舶代理业在近十多年来有了巨大的发展，从一家发展到300

多家,业务量随着国际贸易的发展也逐步增加,并且基本上形成了具有一定竞争性的船舶代理市场,为我国进出口贸易和国内、国际航运业的发展作出了贡献。但是,由于我国市场经济体制尚在完善过程中,船舶代理业的改革、开放时间较短,目前仍然存在一些问题,主要有:

(1)船舶代理业的良性竞争秩序尚未形成,船舶代理市场存在较多违法的和不正当竞争行为,交通部在2007年的年审中宣布多家国际船舶代理企业不合格,责令其立即停止国际船舶代理业务。

(2)船舶代理市场法律制度建设存在滞后性。《水路运输服务业管理规定》已经基本上不适应现代市场经济的要求,《国际船舶代理管理规定》也带有较多的计划经济的特点,《国际海运条例》建立了符合市场经济和国际惯例的船舶代理业的基本制度,但较为原则化。必须制定具体的实施细则,或者对原先的两个船舶管理法规进行与《国际海运条例》相一致的修订。

(3)船舶代理市场的行业管理水平有待提高。一方面,政府主管部门提高市场经济条件下如何管理企业和市场的能力;另一方面,如何发挥船舶代理行业协会在行业自律方面的作用,这两方面的管理都是目前亟待解决的问题。

(4)船舶代理企业的管理水平有待提高。一些船舶代理企业由于规模较小,代理量少,管理水平跟不上去,这是导致船代市场不正当竞争行为屡禁不止的主要原因。在更具竞争性的船代市场上,只有提高企业的管理水平,强化服务意识才是生存和发展的根本。

(5)国际船舶代理业的开放程度较低。船舶代理业是我国航运业的一个重要领域。由于其行业的特殊性,长期以来一直受国家政策保护,相对于我国其他海运辅助业,国际船舶代理业的开放度是最低的,对外开放当然会意味着国内船舶企业将面临更加激烈的竞争,甚至被淘汰,但是提高对外开放度将从整体上提高我国船舶代理企业的国际竞争力,对外开放是发展自己的一种动力。随着开放度的提高,竞争将更加激烈。

针对船代市场存在的问题,1999年3月,交通部发布了《关于加强国际船舶代理业和国际集装箱班轮运输市场管理的规定》。针对我国国际船舶代理业的新情况,采取了下列新的管理措施:

(1)国际船舶代理公司有义务指导、督促委托人遵守我国有关法律、法规和规章,不得为没有集装箱班轮航线经营权的航运公司或经营人提供代理服务,如有违反者,交通部将自发现违规之日起的一年内,不受理该公司或其分支机构代航运公司或船舶经营人提出的开辟集装箱班轮航线的申请。

(2)国际船舶代理公司应严禁超越经营范围、未经批准跨地区经营。严禁利用优势地位强制代理,严禁给予委托人账外暗中回扣、漏征国家运费税等不正当竞争行为,严禁为违反国家法律、法规和行政规章的船舶提供代理服务。发生上述违规行为的,除依法予以处罚外,违规记录还将作为今后是否设立公司或分公司的依据。

第五节 国际航运法律规范——合同

一、海上货物运输合同以及与合同有关的当事人

国际海上货物运输,是指承运人将托运人托运的货物经海路从一港口运至另一港口。海商法中所称的海上货物运输则是指国际海上货物运输,即我国港口与国外港口之间的海上货物运输,不包括我国港口之间的海上货物运输。海上货物运输通常需要订立海上货物运输合同,由此来确立有关当事人之间的权利和义务关系。所谓海上货物运输合同,根据《海商法》第41条规定,是指承运人收取运费,负责将托运人托运的货物经海路由一港口运至另一港口的合同。国际海上货物运输合同是一种特殊的经济合同,既不受经济合同法调整,也不受涉外经济合同法调整,需要单独予以规定。如前所述,《海商法》关于海上货物运输合同的规定不适用于我国港口之间的海上货物运输。

海上货物运输种类比较多,如果以船舶营运方式为依据,可主要划分为班轮运输(即提单所证明的定期定航线的班轮运输)和航次租船运输(即不定期不定航线的租船运输)及多式联运。以船舶所载货物的特点为依据,又可分为件杂货物运输和大宗货物运输,或者分为集装箱装运的货物运输和非集装箱装运的货物运输,或者分为普通货物运输和特种货物运输(如鲜活、危险等货物运输)。实践中常见的主要是班轮运输和航次租船运输(包括集装箱运输和非集装箱运输在内)。海上货物运输合同根据上述运输种类也相应地划分若干种类,其中主要是班轮运输合同和航次租船合同及多式联运合同。定期租船合同和光船租赁合同由于不直接规定承、托双方的运输合同关系,不属于货物运输合同。班轮运输和航次租船这两种运输方式的共同之处,都是由承运人负责完成运输。其

不同点是，定期班轮接受众多托运人托运的货物，定期、定线行驶，运费按运价表执行，航次租船只运输承租人的货物，驶往承租人指定的目的港，运费由双方协议约定，多式联运是多种运输方式的联合运输。

与海上货物运输合同有关的当事人，主要有以下人员：①承运人，即本人或者委托他人以本人名义与托运人订立海上货物运输合同的人；②实际承运人，是指接受契约承运人委托，从事货物运输或部分运输的人，包括接受转委托从事此项运输的其他人；③托运人，是指本人或委托他人以本人名义或者委托他人为本人与承运人订立海上货物运输合同的人，或将货物交给与海上货物合同有关的承运人的人；④收货人，是指有权提取货物的人。除了上述外，一份海上货物运输合同还会牵涉到提单持有人、货物保险人等。

二、海上货物运输合同法律性质

海上货物运输合同尽管与国内货物运输合同不尽相同，但也是一种经济合同。作为一种经济合同，它应具备下列主要条款（或内容）：①货物名称；②货物的数量和质量，包括货物的包数或件数、重量或者体积等；③运费的支付；④履行的期限、地点，包括装货港和卸货港及在装货港接收货物的日期等；⑤违约责任；⑥托运人和承运人名称及签字；⑦提单类别及份数；⑧船舶名称；⑨其他。根据《海商法》等法律规定的或按经济合同性质必须具备的条款，以及当事人一方要求必须规定的条款，也是合同的主要条款。

海上货物运输不同于国内货物运输，《海商法》第四章关于海上货物运输合同对此作了特别规定，海上货物运输合同只有首先根据《海商法》这些规定订立后才有效。《海商法》第 44 条规定，海上货物运输合同和作为合同凭证的提单或者其他运输单证中的条款，违反本法关于海上货物运输合同规定的是无效的。《海商法》没有规定的，要按照我国《民法通则》、参加的国际条约等有关法律规定和国际惯例来订立合同。据此，当事人双方订立的海上货物运输合同只有符合下列要求才有效，违背这些要求则无效。

1. 要求以书面形式订立的合同必须书面订立

《海商法》第 43 条规定："承运人或者托运人可以要求书面确认海上货物运输合同的成立，但是，航次租船合同应当书面订立，电报、电传和传真具有书面效力。"这就是说，以提单为凭证的班轮运输合同可以以书面协议订立,也可以以口头协议订立,因为在口头协议情况下,提单证明了合同的存在,实际上起了一种书面合同的作用,使承、托双方明确了权利、义务关系;而航次租船合同,必须由承、托双方签订书面协议。

2. 不得违反我国法律和我国缔结或参加的国际条约

首先是不得违反《海商法》关于海上货物运输合同的规定。《海商法》没有规定的,也不得违反(如《民法通则》等)我国其他法律和有关国际条约的规定,违背的则无效。作为海上货物运输合同的证明,提单当然也不得违反这些法律规定。

3. 一方不得采取欺诈、胁迫等手段与另一方订立合同

海上货物运输合同仍应坚持平等互利、协商一致、等价有偿的原则,任何一方不得把自己的意志强加给对方。违背这一要求,承、托双方订立的合同也无效,承运人签发的提单也无效。

4. 不得违反国家利益或社会公共利益

在《海商法》和其他法律及国际条约都没有规定的情况下,双方可根据国际惯例等来订立合同,但所订立的合同要符合国家和人民利益,否则无效。

无效的海上货物运输合同,自承、托双方订立时就无法律效力。合同无效应视情况确认是全部无效还是部分无效,部分条款的无效不影响其他条款的效力。《海商法》第 44 条规定,违背《海商法》第四章关于海上货物运输合同规定的合同、提单或其他运输单证中的条款无效,“此类条款的无效,不影响该合同和提单或者其他运输单证中其他条款的效力。将货物的保险利益转让给承运人的条款或者类似条款则无效。”对于无效的海上货物运输合同、提单,应有责任方赔偿对方的经济损失,如果双方互有责任,各自应按过错程度承担自己的责任。如果承、托双方互相勾结,偷运国家禁止出口的货物或第三人的货物,坑害国家或第三人利益,他们之间由此签订的运输合同应全部无效,其非法货物和收益应予没收或返还第三人,并视情节轻重给予相应处罚,构成犯罪的应追究其刑事责任。

【案 例】 如何确定国际集装箱运输过程中有关人员的责任

在海上国际集装箱运输过程中,除了集装箱运输合同涉及的承运人(即航运企业)、托运人和收货人(或提单持有人)外,还有集装箱所有人、

集装箱经营人及港口装卸企业，有时还有装、拼箱人，他们在集装箱运输过程中的不同阶段，对集装箱货物分别负有责任。

1. 关于集装箱所有人、经营人的责任

根据《集装箱运输管理规定》第 12 条规定，集装箱所有人、经营人对用于海上国际集装箱运输的集装箱，应当符合国际集装箱标准化组织规定的技术标准和有关国际集装箱公约的有关规定，并应该做好集装箱的管理和维修工作，定期进行检验，以保证提供适宜于货物运输的集装箱，集装箱所有人经营人如果提供的集装箱不适于海上国际货物的运输，造成货物损坏或短缺的，应当承担赔偿责任。

2. 关于承运人、托运人、收货人之间的责任

在办理集装箱运输时，承运人可以直接组织承揽集装箱货物，托运人可以直接向承运人或委托代理人洽谈进出口集装箱货物的托运业务。①承运人责任：根据《海商法》和"集装箱运输管理规定"有关规定承运人应当保证运载集装箱货物的船舶处于适航状态，否则造成货物损坏或灭失的，承运人应负赔偿责任。在货物装箱前，承运人应当认真检查箱体，不得使用影响运装卸安全的集装箱。②托运人责任：托运人应当如实申报货物品名、性质、数量、重量、规格，对托运集装箱货物必须符合集装箱运输的要求，其标志应当明显清楚，由于托运人对集装箱货物申报不实或其他过错人员伤亡运输工具、货物、集装箱损失的，由托运人负责。由托运人负责集装箱的，或者根据运输合同对集装箱体检查负有责任的，托运人在货物装箱前应当认真检查箱体，不得使用影响货物运输、安全装卸的集装箱，或托运人不认真履行这种责任，造成损失的应依法承担该后果。③收货人责任，当集装箱货物运达目的港后，承运人应当及时向收货人发出提供通知，收货人在收到通知后，凭提单提货。收货人超出规定期限不提货或不按期限返还集装箱的，应按照合同约定支付货物保管费，集装箱堆存费和集装箱超期使用费。

另外，根据《集装箱运输管理规定》第 23、25 条规定，在集装箱运输货物交接的过程中承运人与托运人或收货人应当根据提单确定的交接方式，在码头堆场货运站或双方商定的其他地点办理装箱，或集装箱货物交接。集装箱交接时，交接双方应该检查箱体封志，重箱凭封志和箱体情况交接，空箱凭箱体情况交接，检查完毕，应当做记录，双方共同签字确认。至于承运人、托运人和收货人之间的其他责任，适于前述有关内容。

3. 承运人与港口装卸企业之间的责任

根据《集装箱运输管理规定》有关条文规定，承运人及港口装卸企业应当保证运载集装箱的船舶、车辆、装卸机械处于良好的技术状况，确保集装箱的运输及安全，否则造成货物损坏或短缺的，有责任方承担赔偿责任，在集装箱运输的交接过程中，参加海上国际集装箱运输的有关承运人与港口装卸企业应当按照下列规定办理集装箱交接：①海上承运人通过理货机构与港口装卸企业在船边交接。②经水路集疏运的集装箱，港口装卸企业与公路承运人在船边交货。③经公路集疏运的集装箱，港口装卸企业与公路承运人在集装箱码头大门交接。④经铁路集疏运的集装箱，港口装卸企业或公路承运人与铁路承运人在装卸场交接。交接时，双方应该核查箱号、箱体和封志，重箱凭箱体情况和封志交接，空箱凭箱体情况交接，检查完毕，交接双方应当作出记录，并共同签字确认，承运人和港口装卸企业对集装箱，集装箱货物的损坏或短缺的责任，除了法律领有规定外，交接前由交方承担，交接后由接方承担，但如果在交接后一定期限(180天)内，接方提出证据证明集装箱或装运的货物的损坏或短缺是由交方原因造成，交方因承担赔偿责任。

4. 关于装箱人的责任

根据《集装箱运输管理规定》有关规定，由于装箱人的过失，造成人员伤亡，运输工具、集装箱其他货物损失的由装箱人负责。

5. 集装箱货物损失的划分

除法律责任另有规定外，承运人与托运人应该根据下列规定，对集装箱货物的损坏或短缺负有责任：①由承运人负责装箱的货物，从承运人收到货物后至目的地的交付收货人之前的期间内，箱内货物损坏或短缺，由承运人负责。②由托运人负责装箱的货物，从装箱托运后至交付收货人之前的期间内如箱体和封志完好，货物损坏或短缺，由托运人负责，如箱体损坏或封志损坏，箱内货物损坏或短缺由承运人负责。

承运人和托运人或收货人之间要求赔偿的时效，从集装箱货物交付值日起算不超过180天，但法律另有规定除外。

需要指出的是，如果集装箱货物损失是集装箱所有人(或经营人)、装箱人、承运人、港口装卸企业、托运人其中两方或两方以上的共同过错造成的，各有关责任方应按过错的大小分别承担责任，过错大小难区分的，各责任方平均分担责任。

第二章　国际贸易术语与国际航运之关联

在国际贸易中，买卖双方采用何种贸易术语成交，必须在买卖合同中订明。贸易术语的种类很多，各种贸易术语都有其特定的含义。为了合理地选用贸易术语和正确履行合同与处理履约当中的争议，对国际上通行的各种贸易术语及其相关的国际惯例应当有所了解，特别是与国际航运相关联的，以便按国际规范进行业务运作。

第一节　贸易术语的产生与作用

一、国际贸易术语的产生

贸易术语是国际贸易发展到一定时间形成的产物。它的产生是同国际贸易的特点和国际运输、保险及通信事业的发展分不开的。在国际货物交换过程中，需要办理洽租运输工具、装卸货物、投保货运险、报关、纳税等手续，并需支付运费、保险费、装卸费以及其他各项费用，同时货物在运输、装卸过程中，还可能遭遇到自然灾害、意外事故和各种外来风险。有关这些事项由谁办理，费用由谁支付，风险由谁承担，买卖双方在磋商交易和订立合同时，必须明确予以规定。为了明确交易双方各自承担的责任、费用和风险，便采用专门的贸易术语来表述。随着国际贸易和交通运输与通信事业的发展，国际上采用的贸易术语也日渐增多，除传统的贸易术语外，近年来又相继出现了一些新的贸易术语。

二、国际贸易术语的性质

国际贸易术语是用来表示买卖双方各自承担义务的专门用语。每种贸易术语都有其特定的含义，采用某种专门的贸易术语，主要是为了确定交货条件，即说明买卖双方在交接货物方面彼此承担责任、费用和风险的划分。例如，按装运港船上交货条件（FOB）成交与按目的港船上交货条件（DES）成交。在FOB条件下，买方要负责派船到约定的装运港接运货物，并承担货物越过船舷后的一切费用和风险，而卖方则负责按时把约定的货物交到买方指定的船上，并承担货物越过船舷之前的一切费用和风险。在DES条件下，却由卖方负责派船将约定的货物运至指定的目的港，并承担货物在目的港船上交货前的一切费用和风险，而交货后的一切费用和风险，则转由买方负担。

同时，贸易术语也可用来表示价格构成因素，特别是货价中所包含的从属费用。例如，按FOB价成交与按CIF价成交，由于其价格构成因素不同，所以成交价应有区别。具体地说，前者不包括从装运港到目的港的运费和保险费，而后者则包括从装运港到目的港的通常运费和保险费，所以买卖双方确定成交价格时，FOB价应比CIF价低。

不同的贸易术语，表明买卖双方各自承担不同的责任、费用和风险，而责任、费用和风险的大小，又影响成交商品的价格。一般地说，凡使用出口国国内交货的各种贸易术语，如工厂交货（EXW）和装运港船边交货（FAS）等，卖方承担的责任、费用和风险都比较小，所以商品的售价就低。反之，凡使用进口国国内交货的各种贸易术语，如目的港码头交货（DEQ）和完税后交货（DDP）等，卖方承担的责任、费用和风险则比较大，这些因素必然要反映到成交商品的价格上，故在进口国国内交货比在出口国国内交货的价格高，有时甚至高出很多。由于贸易术语体现出商品的价格构成，按不同的贸易术语成交会表示出成交商品具有不同的价格。所以，有些人便把它当作单纯表示价格的用语，而称其为“价格术语”或“价格条件”。

综上所述，可见贸易术语具有两重性，即一方面表示交货条件，另一方面表示成交价格的构成因素。我们必须从贸易术语的全部含义来理解它的性质。正是由于贸易术语具有这两方面的性质，所以也有人称之为“价格与交货条件”（Price-Delivery Terms）。

三、《2000年国际贸易术语解释通则》

1. 修订《通则》的原因及其意义

早在1936年，国际商会即收集了一些贸易术语并作了解释，定名为《1936年国际贸易术语解释通则》。此后，随着国际贸易的发展和形势的变化,几经修订,现行的《2000年国际贸易术语解释通则》(以下简称《2000年通则》)是在《1990年国际贸易术语解释通则》(以下简称《1990年通则》)的基础上修订公布的,该通则于2000年7月1日生效。国际商会修订《1990年通则》的主要原因是:

(1)为了适应电子资料交换程序(Electronic Data Interchange,EDI)日益频繁运用的需要。

(2)为了适应运输技术发展和运输方式变革的需要。

《2000年通则》的公布和生效,标志着国际贸易惯例的重大发展,它不仅有着重要的现实意义,而且会产生深远的影响。随着《2000年通则》的实施和推广,不仅有利于国际贸易的发展,而且对国际贸易法律的进一步发展也有促进作用。

2.《2000年通则》的主要特点

(1)对各种贸易术语采取更为科学合理的排列方法。国际商会在《1990年通则》中,对其采用的13种贸易术语,按卖方承担责任、费用和风险的大小排列各种贸易术语的顺序,即从工厂交货开始,一直排到完税后交货为止。而在《2000年通则》中,则根据卖方承担义务的不同,对各种贸易术语重新予以分类排列,即将13种贸易术语划分为下列4组:

E组(启运)

本组仅包括EXW(工厂交货)一种贸易术语。当卖方在自己的地点(即原产地)将货物交给买方支配时,则采用此术语。

F组(主要运费未付)

本组包括FCA(货交承运人)、FAS(装运港船边交货)和FOB(装运港船上交货)3种贸易术语。在采用装运地或装运港交货条件成交而主要运费未付的情况下,即要求卖方将货物交至买方指定的承运人时,应采用此类术语。

C组(主要运费已付)

本组包括CFR(成本加运费)、CIF、(成本加保险费和运费)、CPT(运费付至目的地)和CIP(运费、保险费付至目的地)4种贸易术语。在采用装运地或装运港交货条件而主要运费已付的情况下,则采用此类贸易术语。按此类术语成交,卖方必须订立运输合同,但对货物发生灭失或损坏的风险以及货物发运后发生事件所产生的费用,卖方不承担责任。

D组(抵达)

本组包括DAF(边境交货)、DES(目的港船上交货)、DEQ(目的港码头交货)、DDU(未完税交货)和DDP(完税后交货)5种贸易术语。在按目的地或目的港交货条件成交,即要求卖方必须承担货物交至目的地国家所需要的费用和风险时,则选用此类术语。

上述这种新的分类排列方法具有明显的优点,它既便于理解,也容易记忆。为了便于查找和记忆各种贸易术语,使人一目了然,现将贸易术语的分类排列如下:

《2000年通则》(INCOTERMS 2000)

E组(Group E):

启运(Departure)

EXW (Ex. Works)工厂交货

F组(Group F):

主要运费未付(Main Carriage Unpaid)

(1)FCA(Free Carrier) 货交承运人

(2)FAS(Free Alongside Ship) 装运港船边交货

(3)FOB(Free on Board) 装运港船上交货

C组(Group C):

主要运费已付(Main Carriage Paid)

(1)CFR(Cost and Freight) 成本加运费

(2)CIF(Cost, Insurance and Freight)成本、保险费加运费

(3)CPT(Carriage Paid to) 运费付至目的地

(4)CIP(Carriage and Insurance Paid to)运费、保险费付至目的地

D组(Group D):

抵达(Arrival)

(1)DAF(Delivered at Frontier) 边境交货

(2)DES(Delivered Ex. Ship) 目的港船上交货

(3)DEQ(Delivered Ex. Quay) 目的港码头交货

(4)DDU(Delivered Duty Unpaid) 未完税交货

(5)DDP(Delivered Duty Paid) 完税后交货

(2)对买卖双方的义务划分采取相互对应的标准化的规定在《1990年通则》中,关于买卖双方义务的划分,既不是采取相互对应的规定办法,也没有予以标准化,而在《2000年通则》中,则采取相互对应的标准化的规定办法,将买卖双方的义务分别用10个项目列出,以利彼此对照检查,这就极大地便利了双方当事人对《通则》的使用。现将各种贸易术语中

买卖双方相互对应的10项义务，列于表2-1中。

表2-1

卖方义务	买方义务
A1. 提供符合合同规定的货物	B1. 支付货款
A2. 许可证、批准文件及海关手续	B2. 许可证、批准文件及海关手续
A3. 运输合同与保险合同	B3. 运输合同
A4. 交货	B4. 受领货物
A5. 风险转移	B5. 风险转移
A6. 费用划分	B6. 费用划分
A7. 通知买方	B7. 通知卖方
A8. 交货凭证、运输单证或相等的电子信息	B8. 交货凭证、运输单证或相等的电子信息
A9. 核查、包装及标记	B9. 货物检验
A10. 其他义务	B10. 其他义务

3. 规定当事人提供的各种单证也可由相等的电子信息取代

为了适应EDI新的通信技术在国际贸易中日益频繁运用的需要，国际商会在修订《通则》时规定，当买卖双方当事人约定以电子通信方式联络时，当事人提供的各种单证，可以由相等的电子信息取代，这是《2000年通则》的一个突出的特点。

第二节　主要贸易术语的解释

在我国对外贸易中，经常使用的主要贸易术语为FOB、CFR和CIF这3种。近年来，随着集装箱运输和国际多式联运业务的发展，采用FCA、CPT和CIP贸易术语的也日渐增多。因此，首先应对这几种主要贸易术语的解释和运用有所了解。

一、对FOB术语的解释

FOB术语的中译名为装运港船上交货，其原文为Free on Board(…named port of shipment)。此术语是指卖方在约定的装运港将货物交到买方指定的船上而言。按照《2000年通则》规定，此术语只能适用于海运和内河航运。但是，在海运和内河航运中，如要求卖方在船舶到达前即将货物交到港口货站，或内陆地点则不宜采用FOB术语，而改用FCA术语更为适宜。

按国际商会对FOB的解释,买卖双方各自承担的基本义务,概括起来可作如下划分。

1. 卖方的基本义务

(1)办理出口结关手续,并负担货物到装运港船舷前的一切费用与风险。

(2)在约定的装运期和装运港,按港口惯常,把货物装到买方指定的船上,并向买方发出已装船的通知。

(3)向买方提交约定的各项单证或相等的电子信息。

2. 买方的基本义务

(1)按时将船舶驶往约定的装运港接运货物,支付运费,并将船名和到港装货日期通知卖方。

(2)承担货物越过装运港船舷后的各种费用以及货物灭失或损坏的一切风险。

(3)按合同规定,受领交货凭证并支付货款。

按FOB成交时,应明确装货费由谁负担。在FOB条件下,由买方派船接运货物。如属件杂货或集装箱,通常采用班轮运输,而班轮运输的特点之一,是由船方负担装卸费,故卖方不另外支付装货费,买卖双方就没有必要约定装货费由谁负担。

但是,如果成交的是大宗货物,为了节省运费,通常洽租不定期船运输。在洽租不定期船运输时,装货费不一定包括在运费中。如运费中没有包括装货费,则船方不负担装货费。在此情况下,装货费究竟由买方抑或卖方负担,就应当在买卖合同中订明,即在FOB后加列有关装货费由谁负担的附加条件,以明确责任。

值得注意的是,《1941年美国对外贸易定义修订本》对FOB的解释与运用,同国际上的一般解释与运用有明显的差异,这主要表现在下列几方面:

1. 在定义上

该定义把FOB笼统地解释为在某处某种运输工具上交货,其适用范围很广,因此,在同美国商订FOB进口合同时,除必须标明装运港名称外,还必须在FOB后加上“船舶”(Vessel)字样。如果只订为“FOB San Francisco”而漏写“Vessel”字样,则卖方只负责把货物运到旧金山城内的任何处所,不负责把货物运到旧金山港口并交到船上。这一点与欧洲、亚洲和非洲各国对 FOB 的解释和运用有很大的区别,对此应特别注意。由于加拿大等国也援引美国的惯例,因此,同加拿大等国商人签订 FOB 进口合同时,也应注意上述这个问题。

2. 在风险划分上

不是以装运港船舷为界,而是以船舱为界,即卖方负担货物装到船上为止所发生的一切灭失与损害。

3. 在费用负担上

规定买方要支付卖方协助提供出口单证的费用以及出口税和因出口而产生的其他费用。

二、对 CFR 术语的解释

CFR 术语为成本加运费(……指定目的港),其原文为 Cost and Freight(…named port of destination)。此术语是指卖方必须负担货物运至约定目的港所需的成本和运费。这里所指的成本相当于 FOB 价,故 CFR 术语的基本含义是在 FOB 价的基础上加上装运港至目的港的运费。

按 CFR 术语成交,在货价构成因素中,包括自装运港至目的港的运费,也就是说,主要运费已付,故卖方要负责签订运输合同和安排运送货物,但由于它同 FOB 术语一样也属于装运港交货,货物风险的划分,也以装运港船舷为界。故货物中途灭失或损坏的风险以及货物装船后中途发生事件产生的任何额外费用由买方承担。

在《2000 年通则》中,明确规定 CFR 术语只能适用于海运和内河航运。但是,在货物通过海运和内河航运的情况下,如要求卖方在船舶到达前将货物交到货站,或集装箱运输条款规定地点,使用 CPT 术语更为适宜。

按国际商会对 CFR 的解释,买卖双方各自承担的基本义务,可作如下划分:

1. 卖方的基本义务

(1)提供合同规定的货物,负责租船订舱和支付运费,按时在装运港装船,并于装船后向买方发出已装船的通知。

(2)办理出口结关手续,并承担货物在装运港到达船舷前的一切风险和在装运港将货物交至船上的费用。

(3)按合同规定提供有关单证或相等的电子信息。

2. 买方的基本义务

(1)承担货物在装运港越过船舷后的货物灭失或损坏的风险以及由于货物装船后所引起的额外费用。

(2)在合同规定的目的港接受货物,并办理进口结关手续和缴纳进口税。

(3)接受卖方提供的各项单证,并按合同规定支付货款。

值得注意的是,按 CFR 条件成交时,由卖方安排运输,由买方办理货运保险,如卖方不及时发出装船通知,则买方就无法及时办理货运保险,甚至有可能出现漏保货运险的情况。因此,卖方装船后务必及时向买方发出装船通知,否则卖方应承担货物在运输途中的风险损失。

在进口业务中,按 CFR 条件成交时,鉴于由外商安排装运,由我方负责保险,故应选择资信好的国外客户成交,并对船舶提出适当要求,以防外商与船方勾结,出具假提单,租用不适航的船舶,或伪造品质证书与产地证明。出现这类情况,会使当事人蒙受不应有的损失。

此外,还需指出的是大宗商品按 CFR 条件成交,容易在卸货费问题上引起争议。这是因为大宗商品通常采用租船运输,而在不少场合下船方如不负担装卸费条件出租船舶,对卸货费究竟由何方负担,买卖双方应在合同中订明。为了明确责任和避免引起纠纷,买卖双方商订合同时,应在 CFR 术语后附加明确卸货费由谁负担的具体条件。

三、对 CIF 术语的解释

CIF 术语的为成本加保险费加运费(……指定目的港),其原文为 Cost, Insurance and Freight(…named port of destination)。按此术语成交,货价构成因素中包括从装运港至约定目的港的运费和约定的保险费,故卖方除具有与 CFR 术语的相同的义务外,还应为买方办理货运保险,并支付保险费。按一般国际贸易惯例,卖方投保的保险金额应按 CIF 价加成 10%。如买卖双方未约定具体险别,则卖方只需取得最低限度的保险险别。如买方要求加保战争险,在保险费由买方负担的前提下,卖方应予加保。

需要指出的是,按 CIF 术语成交,虽然由卖方安排货物运输和办理货运保险,但卖方并不承担保证把货送到约定目的港的义务,因为 CIF 是属于装运港交货的术语,而不是目的港交货的术语,也就是说,CIF 不是“到岸价”。

按《2000年通则》的规定，CIF术语只能适用于海运和内河航运。如要求卖方先将货物交到港口货站，以及使用集装箱运输时，则使用CIP术语更为适宜。

为了准确运用CIF术语，应特别注意下列事项。

1.必须认真核算运费

按CIF条件成交时，由于货价构成因素中包括运费，故卖方对外报价时，应认真核算运费，把运费因素考虑到货价中去。不分销售地区，不分距离远近，都按同一价格出售的做法，显然是不合适的。

2.必须正确理解和处理风险与保险的关系

风险和保险是既有联系、又有区别的两个不同的概念。在CIF条件下，如上所述，买方应承担货物在运输途中的风险，买方为了转嫁风险，本应向保险公司办理保险。但买方为了省事，在洽商交易时，要求卖方代办保险，并商定保险费计入货价中。由于CIF货价中包括保险费，故卖方必须按约定条件自费办理保险。卖方为买方利益所进行的这种保险，纯属代办性质。如果事后发生承保范围内的损失，由买方凭卖方提交的保险单直接向保险公司索赔，能否得到索赔，卖方概不负责。

3.必须明确大宗商品交易下的卸货费由何方负担

在国际贸易中，大宗商品通常洽租不定期船运输。在多数情况下，船公司承运大宗货物，一般是不负担装卸费的。因此，在CIF条件下，买卖双方容易在卸货费由何方负责的问题上引起争议。为了明确责任，买卖双方应在合同中就卸货费由谁负担的问题作出明确具体的规定。

4.必须搞好单证工作

按对CIF术语的传统解释，CIF属象征性交货。卖方负有向买方提交约定的装运单据的义务，买方则负有凭装运单据付款的义务，也就是说，在CIF条件下，买方是凭单付款，而不是凭实际交货付款。由于CIF实行的是交单和付款对等的原则，因此，即使在卖方装船以后至交单这段时间内，货物发生灭失或损坏，只要卖方提交的单据符合要求，买方就不得拒收单据和拒付货款，而只能先付款赎单，然后凭所取得的有关单据向船方或保险公司提出索赔，CIF交易实际上是一种单据买卖。由此可见，装运单据在CIF交易中具有特别重要的意义。所以在当前实际工作中，应重视和搞好单证工作。当然，CIF是单据买卖的说法，并不意味着可以因此而减轻卖方交货方面的责任。CIF的卖方除应提交约定的装运单据外，还应保证交运约定的货物。

四、对 FCA 术语的解释

FCA 术语为货交承运人(……指定地点),其原文为 Free Carrier(…named place)。此术语是指卖方在指定地点将货物交给买方指定的承运人。当卖方将货物交给承运人照管,并办理了出口结关手续,就算履行了其交货义务。如果买方未指定确切地点,则卖方可在规定的地区或范围内选择交货地点,将货物交由承运人照管。应当指出,这里所指的承运人,既包括实际履行运输合同的承运人,也包括签订运输合同的运输经营人。

FCA 术语的适用范围最广,它适用于各种运输方式,其中包括多式联运。这种贸易术语具有十分重要的地位,它在国际贸易运输业务中将发挥越来越大的作用。

按 FCA 术语成交,买卖双方的基本义务可概括划分如下:

1. 卖方的基本义务

(1)办理出口结关手续,在指定地点按约定日期将货物交给买方指定的承运人,并给予买方货物已交付的通知。

(2)承担货物交给承运人前的一切费用和风险。

(3)向买方提供约定的单据或相等的电子信息。

2. 买方的基本义务

(1)自负费用订立自指定地点承运货物的合同,并将承运人名称及时通知卖方。

(2)从卖方交付货物时起,承担货物灭失或损坏的一切风险。

(3)按合同规定受领交货凭证或相等的电子信息,并按合同规定支付货款。

按 FCA 术语成交,本应由买方自行负担费用,订立从指定地点承运货物的合同,并指定承运人,卖方并无订立运输合同的义务。但若根据国际贸易惯例,当卖方被要求协助与承运人订立合同(如铁路或航空运输)时,只要买方承担费用和风险,卖方也可以办理。当然,卖方也可以拒绝订立运输合同,如拒绝则应立即通知买方,以便买方另作安排。

五、对 CPT 术语的解释

CPT 术语为运费付至(……指定目的地),其原文为 Carriage Paid to (…named place of destination)。按此术语成交,货价构成因素中包括从装运地运至约定目的地的运费，故卖方要自负费用订立将货物运往目的地的运输合同，并应在约定时间内将货物交给承运人。只要卖方将货物交付给承运人照管，即算完成了交货义务。关于货物灭失或损坏的风险以及自货物交付给承运人后所产生的任何额外费用，自货物交付给承运人照管时起，即从卖方转由买方承担。在多式联运情况下，如由后继承运人将货物运至约定目的地，则风险自货物交给第一承运人时起转移，在此需要说明的是，上述"承运人"系指在运输合同中，通过铁路、公路、海运、空运、内河运输或这些方式的联合运输，承担履行运输合同或承担办理运输业务的任何人。

CPT 术语适用于包括多式联运在内的任何运输方式。按此术语成交，卖方交货地点可以在出口国内陆任何装运地点，也可以在出口国沿江、沿海港口。不论在何处交货，卖方都要办理货物出口的结关手续。

按 CPT 术语成交，买卖双方的基本义务可概括划分如下。

1. 卖方的基本义务

(1)办理出口结关手续，负责订立运输合同，将货物运至指定目的地的约定地点，并给予买方关于货物已交付的充分通知。

(2)承担货物交给承运人以前的一切费用和货物灭失与损坏的一切风险，以及装货费和从装运地至目的地的通常运费。

(3)向买方提供约定的单证或相等的电子信息。

2. 买方的基本义务

(1)从卖方交付货物时起，承担货物灭失和损坏的一切风险。

(2)支付除运费之外的有关货物在运输途中所产生的各项费用及卸货费。

(3)在目的地从承运人那里受领货物，并按合同规定受领单据和支付货款。

按 CPT 条件成交时，由于卖方要负担从装运地到约定目的地的运输责任和运费，故卖方对外报价时，要认真核算运费，务必将运费因素考虑到货价中去。在核算运费时，应考虑运输距离的远近，惯常运输路线和各种运输方式的收费情况和运价变动趋势，以免对外盲目报价，出现偏高或偏低现象。

从上述解释中可以看出，CPT 和 CFR 有许多相似之处，如分别按这两种术语成交，货价构成因素中都包括运费，故卖方都要负责安排运输，将货运往约定目的地，而货物在运输途中的风险则都由买方负担，它们都属装运地交货的术语,按这两种术语签订的合同,都属装运合同。但这两种术语也有不同之处,如 CFR 仅适用于水上运输方式,而 CPT 则适用于包括多式联运在内的任何运输方式。

六、对 CIP 术语的解释

CIP 术语为运费、保险费付至(……指定目的地),其原文为 Carriage and Insurance Paid to(…named place of destination)。按此术语成交,货价构成因素中包括从装运地运至约定目的地的运费和约定的保险费,因此卖方除负有与 CPT 术语相同的义务外,还须办理货物在运输途中应由买方承担的货物灭失或损坏风险的海运保险。也即卖方除应订立运输合同和支付运费外,还应负责订立保险合同并支付保险费。在此,需提请买方注意,按 CIP 条件成交,只能要求卖方取得最低的保险险别。

CIP 术语的适用范围同 CPT 术语完全一样,它适用于各种运输方式,包括多式联运。

按 CIP 术语成交,买卖双方的基本义务可概括划分如下:

1. 卖方的基本义务

(1)办理出口结关手续,自费订立运输合同和保险合同,按期将货物交给承运人,以运至指定目的地,并向买方发出货物已交付的通知。

(2)承担货物交付承运人以前的一切费用和货物灭失与损坏的一切风险。

(3)向买方提交约定的单证或相等的电子信息。

2. 买方的基本义务

(1)从卖方交付货物时起,承担货物灭失和损坏的一切风险。

(2)支付除运费之外的有关货物在运输途中所产生的各项费用和卸货费。

(3)在目的地从承运人那里受领货物,并按合同规定受领单据和支付货款。

按 CIP 条件成交时,由于卖方要负担货物从装运地至目的地的运费和约定的保险费,故卖方对外报价时,应当认真核算成本和价格,把将要支付的运费和保险费计到货价中去。

应当指出,在 CIP 条件下,货物运输保险的责任和费用虽由卖方负责,但货物在运输途中灭失或损坏的风险却由买方负担。由此可见,卖方是为买方的利益代办保险。卖方之所以自费办理保险则是因为货物的售价中包括保险费。在一般情况下,卖方只按约定的险别投保,如未约定险别,卖方也应按惯例投保最低限度的险别。保险金额一般在合同价格基础上加成10%投保。如有可能,卖方应按合同货币投保。按CIP条件成交,是否加保战争、罢工、暴乱及民变险,由买方自行决定,卖方并无加保此险的义务。但若买方要求加保,卖方应予办理。但加保此险的费用,如事先未约定计入售价中,则应由买方另行负担。

上述解释表明,CIP等于CPT加保险费,或者等于FCA加运费和保险费。CIP与CIF这两种术语有许多相似之处,如在其价格构成因素中,都包括通常的运费和约定的保险费,故卖方都应承担安排运输、保险的责任并支付有关的运费与保险费,而且按这两种术语成交,都属装运地交货,其合同性质都为装运合同,故货物在运输途中的风险,均由买方承担。这两种术语的不同之处,主要是适用范围不同,CIF仅适用于海上运输方式,而CIP则适用于任何运输方式,其中包括多式联运。

七、选用贸易术语需要考虑的因素

买卖双方洽商交易时,为了采用适当的贸易术语,需要考虑的因素很多,其中主要有下列几点。

1.体现平等互利和双方自愿的原则

在国际贸易中,究竟按何种贸易术语成交,买卖双方应本着平等互利的精神,从方便贸易和促进成交出发,在彼此自愿的基础上商订。一般地说,在装运地或装运港交货情况下,是否按带保险的条件成交,根据国际贸易的一般习惯做法,原则上应尊重买方的意见,由买方选择。

2.考虑运输条件

《2000年通则》对每种贸易术语适用于何种运输方式,都分别作了明确具体的规定。因此,买卖双方采用何种贸易术语,首先应考虑采用何种运输方式运送。此外,买卖双方还应考虑本身的运输力量以及安排运输有无困难,在本身有足够运输能力或安排运输无困难的情况下,可争取由自己安排运输的条件成交。

3.考虑货源情况

国际贸易中的货物品种很多,不同类别的货物具有不同的特点,它们在运输方面各有不同要求,故安排运输的难易不同,运费大小也有差异。这是选用贸易术语应考虑的因素。此外,成交量的大小,也直接涉及安排运输是否有困难和经济上是否合算。当成交量太小,又无班轮运输的情况下，负责安排运输的一方，势必会增加运输成本，故选用贸易术语时也应予以考虑。

4. 考虑运费因素

运费是货价构成因素之一，在选用贸易术语时，应考虑货物经由路线的运费收取情况和运价变动趋势。一般地说，当运价看涨时，为了避免承担运价上涨的风险，可以选用由对方安排运输的贸易术语成交，如按C组中的某种术语进口，按F组中的某种术语出口。在运价看涨的情况下，如因某种原因不得不采用由自身安排运输的条件成交，则应将运价上涨的风险考虑到货价中去，以免承担运价变动的风险损失。

5. 考虑运输途中的风险

在国际贸易中，交易的商品一般需要通过长途运输，货物在运输过程中可能遇到各种自然灾害、意外事故等风险，特别是当遇到战争或正常的国际贸易遭到人为障碍与破坏的时期和地区，则运输途中的风险更大。因此，买卖双方洽商交易时，必须根据不同时期、不同地区、不同运输路线和运输方式的风险情况，并结合购销意图来选用适当的贸易术语。

八、贸易术语与买卖合同的关系

1. 由当事人自愿选定买卖合同中的贸易术语

在国际贸易中，交易双方采用何种贸易术语成交，应在买卖合同中具体订明。由于有关贸易术语的国际贸易惯例是建立在当事人“意思自治”的基础上，具有任意法的性质，故当事人选用何种贸易术语及其所采用的术语受何种惯例管辖，完全根据自愿的原则来确定。如交易双方愿意采用《2000年通则》中的FOB术语，并愿受该通则的管辖，则可在买卖合同中明确规定：“FOB INCOTERMS 2000”。即使交易双方同意采用《2000年通则》中的规定作为买卖合同的基础条件，也可同时在买卖合同中酌情作出某些不同于该通则的具体规定。在实际履行买卖合同时，仍然应以买卖合同的规定为准。

2. 贸易术语一般确定买卖合同的性质

贸易术语是确定买卖合同性质的一个重要因素，一般地说，采用何种贸易术语成交，则买卖合同的性质也相应可以确定。有时甚至以某种贸易术语的名称来给买卖合同命名，如FOB合同、CIF合同等。在通常情况下，贸易术语的性质与买卖合同的性质是相吻合的。按F组和C组术语成交时，卖方都是在启运国或装船国履行其交货义务，这两种术语都具有装运地或装运港交货的性质,因此,按这两组术语签订的买卖合同,其性质都属于装运合同的类别。但是,按 D 组术语成交时,卖方必须承担货物运至目的地的所有费用和风险,即在到达地点履行其交货义务,故按 D 组术语签订的买卖合同,其性质属于到达合同的类别。装运合同与到达合同的性质是完全不同的,我们必须予以区别。由于 C 组术语存在费用划分和风险划分两个分界点,也由于有些人对贸易术语与合同性质的关系缺乏正确的理解,所以按 C 组术语签订的买卖合同,容易被人们误认为是"到达合同",按 CIF 条件成交的价格,往往被人们误认为是"到岸价格"。这种误解对实际工作已产生了不利的影响,应当引起人们的高度重视。

3. 贸易术语并不是决定买卖合同性质唯一的因素

贸易术语通常虽确定买卖合同的性质,但它并不是决定合同性质唯一的因素。决定买卖合同性质的还有其他因素。例如,交易双方约定使用 CIF 术语,但同时又约定:"以货物到达目的港作为支付货款的前提条件"。按此条件签订的合同,就不是装运合同,而应当是到达合同,因为,在这里支付条件是确定合同性质的决定因素。由此可见,确定买卖合同的性质,不能单纯看采用何种贸易术语,还应看买卖合同中的其他条件是如何规定的。

4. 避免贸易术语与买卖合同中的其他条件相矛盾

为了明确买卖合同的性质和分清买卖双方的义务,以免引起争议,交易双方选用的贸易术语应与买卖合同的性质相吻合,也就是说,买卖双方应根据交货等成交条件选用相应的贸易术语,防止出现贸易术语与买卖合同的其他条件不吻合、甚至互相矛盾的情况,尤其在选用 C 组术语成交时,在涉及增加卖方义务的规定时,更应审慎从事,以免出现与贸易术语含义相矛盾的内容。

综上所述,贸易术语是国际贸易发展到一定阶段的历史产物,它是用来表示交货条件和价格构成因素的专门用语,各种贸易术语的相继出现和具体运用,有效地促进了国际贸易的发展。在国际贸易业务长期实践的基础上逐渐形成了有关贸易术语的各种国际贸易惯例,这些惯例对各种贸易术语都分别作了具体解释,掌握这些解释的内容并了解各种贸易术语的运用,有着重要的实践和法律意义。

【案例一】 FOB、CIF、CFR 与 FCA、CIP、CPT 价格术语应用

FOB、CIF、CFR 与 FCA、CIP、CPT 价格术语在运输方式、风险转移点、提单签发人、时间、地点、性质及运费计收、保险区段、运输合同订立等方面存在差异。国际商会自 20 世纪 20 年代起即不断对有关价格术语进行研究和解释。但由于国际贸易、运输的发展。人们对新、老价格术语中买卖双方的风险转移、责任、费用的划分时常难以理解。

FOB、CIF、CFR 价格术语是在国际集装箱多式联运之前制订的,因而仅满足件杂货运输的需要。而且在这些价格术语中,买卖双方的风险转移均以装船港船舷为界。然而,当 FOB 价格术语下的买方作为与承运人租船订舱的托运人,或 CIF、CFR 价格术语下卖方作为向承运人租船订舱的托运人时,相对承运人与其租船订舱的人是托运人,承运人与托运人之间的责任划分点就成为双方共同关注的问题。在实践业务中承托双方责任期分点只能依据具体情况来确定。有关件杂货运输下买卖双方风险转移点与承托双方责任点划分如图 2-1 所示。

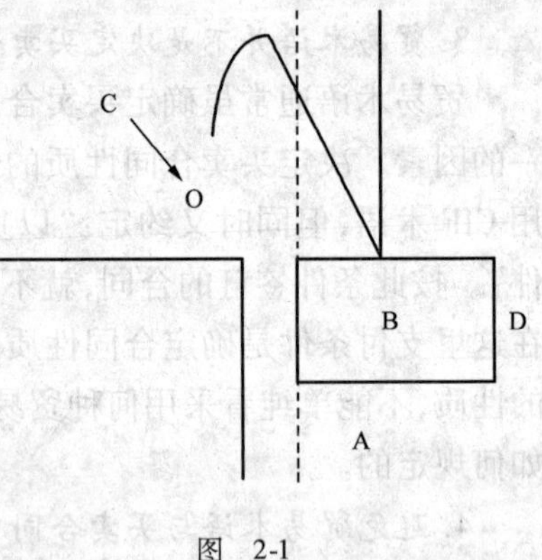

图 2-1

图中说明:

A-买卖双方风险转移点;

B-根据提单条款货物装上船作为承托双方责任划分点;

C-根据港口习惯货物挂上吊钩(有的港口)作为承托双方责任划分点;

D-驳船靠上大船进行装卸作为承托双方责任划分点(驳船靠上大船开始至离开大船时止)。

O-船舶吊钩下交货。

可见,件杂货运输下买卖双方风险转移点与承托双方责任划分点不在同一点上。

FCA、CIP、CPT 价格术语是为满足国际集装箱多式联运而制订的,且无论是 FCA,还是 CIP、CPT,买卖双方的风险转移点均以出口国家货交承运人来确定。但在集装箱运输下,集装箱提单对承运人责任期限均规定

为"从接收货物时起至交付货物时止"的整个期间。因而,CIP、CPT下的卖方作为租船订舱的人与承运人订立运输合同时便成为托运人。可见当卖方将货交由承运人时,风险即转移由买方来承担,而相对承运人的托运人又是卖方时,运输责任也随之划分清楚了。因为集装箱运输下承运人对货物的责任是从接收货物时起,此时买卖双方的风险转移点与承托双方的责任划分点在同一点上,以CY—CY运输条款为例,如图2-2所示。

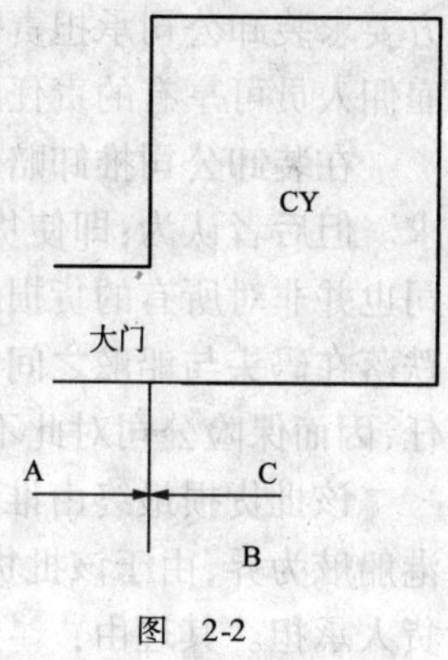

图　2-2

图中说明:

(1)A是卖方,也是托运人,B是承运人,C是买方;

(2)A将货交由B时,风险即转移给C,由于A相对B是托运人,而B的责任从接收货物开始。因而,在A与C风险转移时,A与B的运输责任划分也在其中;

(3)CY-集装箱码头堆场。

【案例二】　FOB、CIF、CFR价格术语案例分析

上海广电公司出口5000台电视机,因进口国不具备集装箱运输条件,买方开具的信用证规定只允许装载托盘。出口方在每一托盘上装载10台电视机,装船过程中,有一个托盘从吊钩跌落在码头与船舷之间的安全网上,尽管电视机未跌落水中,但已造成破损。

受损方向船方提出赔偿要求,但船方认为:"在使用船吊进行货物装卸时,无论是根据海牙规则,还是船公司提单条款规定,承运人责任系从货物装上船时起。再者,电视机在装上船以后才由船方在大副收据上签收,由于电视机未装上船,船方在大副收据上也仅能签已装船的4 990台电视机"。

在船方表示不对跌落的电视机承担责任时,受损方进而对装卸公司提出赔偿要求。但装卸公司认为:装卸公司是应船方要求进行货物装卸,并由船方支付货物装卸费。因而可认定装卸公司是船方的雇佣人员,享有雇佣人员适用的"喜马拉雅"条款。进一步说,即使装卸公司在装卸方面有过失,但因装卸公司与货主之间不存在运输合同、提单关系。如受损方要求装卸公司承担责任,则意味着装卸公司将放弃船公司提单中有关雇佣人员可享有的责任限制,而根据侵权过失按实际损失赔偿。

在装卸公司推卸赔偿责任的情况下,受损方向保险公司提出赔偿要求。但后者认为:即使货损事故发生在保险人对货物责任期限内,保险公司也并非对所有的货损承担责任。保险公司有除外责任。由于该批货物跌落在码头与船舷之间的安全网上,而该事故恰恰属于保险人的除外责任,因而保险公司对此不承担赔偿责任。

该批货损最终由谁来承担呢?根据价格术语中买卖双方风险以装船港船舷为界,由于该批货未过船舷,按风险转移点来认定,则由卖方即发货人承担。其理由:

(1)如发货人不补上10台电视机,船公司按实际装船数量签发大副收据,其数量是4 990台,船公司代理在签发提单时根据大副收据以确定装船数量。但一旦提单上记载4 990台电视机后,当发货人凭该提单去银行办理结汇时,银行则以单单数量不符为由拒收提单。因为买卖合同、信用证规定的数量是5 000台电视机。

(2)如将跌落的10台电视机装上船,船方则会在大副收据上加批注。一旦该批注转移到提单上,银行则认定该提单为不清洁提单。也就是说,即使数量准确但也因提单上批注无法办理结汇。

(3)如发货人出具保函给船公司,要求不在提单上加批注,并记载5 000台电视机。船公司一旦接受该保函,法律认定船公司与发货人共同对提单持有人进行欺诈。

(4)货损事故可能是多种原因所致。如装卸公司违章作业,野蛮装卸,未听从船方或货主指示进行装卸,由此造成货损无疑由装卸公司承担。再如船方装卸吊具、设备不符合货物装卸要求,由此造成的货损则由船方承担。又如装卸电视机的港口习惯规定,货物一挂上船吊船方责任即告开始,此时船方对货物的责任已开始。

【案例三】 FCA、CIP、CPT价格术语案例分析

S港集装箱码头接收一个装载服装的集装箱,运输条款CY—CY,货箱进CY大门时交接双方均未发现箱子外表有损,故进港的集装箱设备交接单对箱体未作批注。该货箱装船时,外轮理货公司却发现箱子顶部有一破洞,检查发现因箱子顶部破损造成漏水,已有部分服装受损,于是

发货人对责任方提出赔偿要求。

发货人首先对集装箱码头提出损害赔偿要求,但码头认为:集装箱运输下承运人责任是从货物接收时起至交付货物时止。且该运输条款是CY—CY,因而可认定箱损发生在承运人责任期限内。码头也是受承运人委托接受货物,也是承运人的雇佣人员。再者,码头与货主间不存在契约关系,货主直接对码头提出赔偿要求在法理上不成立。

于是,发货人对承运人提出赔偿要求,承运人的理由是:即使承运人责任是从CY大门开始。但当承运人对货物责任开始时,也是码头对货物责任开始之时,即承运人对货物责任与码头对货物责任开始于同一起点上。其区别是承运人对货物的责任从开始后一直到将货物交由收货人,而码头则终止在将货物装上船。再者,货箱进码头大门时交接双方均未在集装箱设备交接单上对箱体作批注,可认定码头接收的是一个外表状况良好的集装箱。而装船时,作为公证机构的外轮理货公司却发现箱子顶部有破损,该破损无疑发生在码头责任期间。而且码头作为承运人的雇佣人员这一观点是不成立的。在件杂货运输下,因货物装卸大多使用船吊,所以在一定程度上可将码头作为承运人的雇佣人员。而集装箱装卸均使用专业的装卸机械,码头作为承运人雇佣人员的条件不再成立。

发货人最终对保险人提出赔偿要求。但保险人认为:在承保责任范围内,保险人应当承担赔偿责任,但发货人应举证说明该箱子顶部破损的原因、责任方、破损发生的区段或交接环节,保险人在赔付后才可依据代位求偿权对责任方行使追赔权,否则保险人无法行使追赔权。

此案最终法院判定由码头承担赔偿责任,理由:

(1)码头无法举证箱子进大门之前顶部是否已有破损。根据进CY大门的设备交接单上无批注与装船时外理发现有破损的事实,可认定破损发生在码头期间。

(2)码头与发货人不存在契约关系,而与承运人存在契约关系。但码头代表船公司接受并保管货物也是事实,船公司赔付给发货人后,船公司可根据“背对背”赔偿原则对码头行使追赔权,码头可享有赔偿责任限制。

第三章　国际航运出口业务运作

国际航运出口货物运输业务涉及问题多、环节复杂，认真做好出口运输工作，了解和熟悉出口运输的各个环节和操作程序，直接关系到出口运输任务的完成和运输经济效益的提高。

国际航运出口运输业务是根据贸易合同有关的运输条款，通过海上运输方式运到目的港的一种业务。根据不同的贸易条件，凡以 CIF 或 CFR 条件成交的出口货物，通常应由出口方派船运输，凡以 FOB 条件成交的出口货物，通常则由进口方派船运输。

第一节　出口贸易合同的运输条款应用

运输条款是出口贸易合同的组成部分。如果在签订贸易合同时忽略了运输条款，使运输条款订得不恰当或责任不明确，甚至脱离运输的实际情况，不仅会在履行贸易合同时使运输工作处于被动局面，造成损失和引起纠纷，严重的会直接影响运输合同的履行，使出口任务无法完成。因此，在签订出口贸易合同时，应充分考虑运输条件，把运输条款尽可能订得完整、明确和切实可行，以保证出口业务顺利完成。

一、CIF 或 CFR 条件出口贸易合同的运输条款

以 CIF 或 CFR 条件成交的出口合同，由出口方组织和安排运输工作，在签订合同时应注意到下列几点：

1. 装运期条款

(1)装运期必须订明年度及月份，对船舶靠港很少的偏僻港口应争取跨月装运，这样便于安排船舶。装运期不应笼统规定，如“立即装运”等(prompt shipment，immediate shipment…)。

装运期的签订要结合商品的性质，选择合适的季节。如雨季不宜装

烟叶、茶叶等容易受潮的货物，夏季不宜装运沥青、牛羊肉和橡胶等货物，以免溶化或腐烂。同时还应考虑交货港、目的港的特殊季节因素。如北欧、加拿大东岸港口不宜订在冰冻期，热带的某些地区不宜订在季雨期等。

(2)将装运期与信用证的期限一起考虑。出口货一般应在收到信用证后一定期限内装运。如远洋运输不少于 1 个月，近洋运输不少于 15 天。因此，在合同中应订明信用证须于装运期前若干天开给卖方的期限。同时考虑到某些航线由于船期多变或装货港拥挤等情况，尽量争取在信用证中规定。如不能按期装运，则信用证的装运期和结汇有效期可以自动延期若干天的条款，以免卖方违约。

(3)签订出口合同时，特别注意避免"双到期"，即信用证结汇有效期与装运期同时到期。一般情况下，卖方应争取结汇有效期长于装运期 7~15天，以便货物装船后有足够的时间办理结汇手续，否则卖方来不及结汇则有可能改为托收方式，不利于卖方安全收汇。

(4)尽管不能接受一笔货物在短期内分批出运的条款，否则如备货不足则有可能影响货物按期出运。

(5)尽量不接受转船运输因转船运输容易造成运输延误。

2. 装运港和目的港条款

(1)出口货物的装运港，争取订为"中国港口"或订为几个中国港口，由卖方选择，以便灵活机动。

(2)出口货物目的港，争取选订班轮航线经常挂靠的基本港口或设备条件较好的港口，以便卖方组织直达运输，减少中转。

(3)目的港一般不宜笼统订为"××地区主要港口"，以避免含义不明给卖方安排船舶造成困难，最好明确具体。为了适当地照顾客户关系和促成交易，可由买方提出几个主要港口，并选择其中任何一港交货。但应同时明确规定：①选卸港费（Optional Charge）和所选目的港需要增加的运费、附加费等应由买方负担。②买方在开信用证的同时，宣布最后目的港。③供选择的目的港须在同一航线上，而不应跨航线选择目的港口，而且最多不能超过三个，运费应按选卸港中最高的费率及附加费计算。

(4)在不以联运方式承办运输的条件下，一般不能接受内陆城市为目的地的条款。如果要向内陆国家出口货物，应选择靠其最近的且我方能安排船舶的海港为目的港。货物装船后，应在提单上注明"转运××（内陆城市）（intransit××）"字样，以便由买方办理转运。

3. 出口转船条款

(1)如果货物要出口到没有直达船的港口,必须订明“允许转船”。对虽然有直达船但没有固定船期或船期较长的港口,应力争订明“允许转船”。

(2)对某些货量较大的商品或需要运往条件较差的港口时,应考虑港口吃水限度和派船的可能性。此时,合同中应订明“允许转船及分批装运”的条款。

(3)凡是“允许转船”的货物,不能接受买方指定中转港、二程船公司和船名的条件,也不要接受在提单中注明中转港和二程船船名的条件。

4. 装卸费负担条款

按《国际商会国际贸易术语解释通则》(INCOTERMS),以 CIF 或 CFR 成交的出口货物,由卖方支付运费和班轮公司可能收取的卸货港的一切卸货费用。但世界各港口对此解释不完全相同,有的解释为舱底至船舷的费用由船公司负担,有的为船方负担卸货码头驳船的费用,还有解释为船方负担把所卸货物运到码头仓库的全部费用。为避免纠纷和我方负担额外费用,在出口合同中对某些港口的卸货费用应明确划分和明确买卖双方的责任。

5. 签订出口合同运输条款应注意的问题

(1)关于限期运抵目的港的条款。对买方提出货物限期运抵目的港的要求应予重视,但不能接受在合同中规定限期运抵目的港的条款。因船舶在海上航行,很难保证到达目的港的准确时间,否则,卖方极容易违约。如因特殊情况必须限期运抵目的港时,需事先征求运输部门的意见。

(2)关于指定船舶或限制航线的条款。在出口合同中不能接受由买方指定装某国籍船、某班轮公司船以及限制船型、船龄和船级、航线等条款。由于 CIF 或 CFR 条件出口,安排船只和选择航线等是卖方的权利,在不违背贸易、航运习惯的前提下,卖方有权选择任何适合装载货物的船舶和一定的航线,并保证在规定的期限内装运。

对于买方要求指定装船部位的条款,要做具体分析,合理的要求可以接受,如肠衣要装在吃水线下,易燃物品不能靠近锅炉等,这是由商品性质决定的。对于需要装特殊部位的货物,卖方应在委托订舱时向承运人予以说明。

(3)关于指定装卸码头和仓库的条款。对于买方要求指定装卸码头和仓库的条款,一般不能接受。一般贸易合同只规定装货港和卸货港而不具体规定装卸码头和仓库。这是由于：①如果买方指定的码头、仓库在船舶受载时没有泊位，或所指的码头吃水浅，大船不能靠码头卸货物，或仓库已满不能接货，由此可能产生船期损失或驳船费用；②如在指定码头装卸的货量较少，还需移泊继续装卸其他货主的货物，就会增加移泊时间和费用；③如果由班轮公司承运货物，根据提单条款的规定，班轮有权决定在任何码头装卸货物，而且一般有他们自己的专用码头、仓库。班轮公司是不会接受指定码头仓库等装卸条款的。

(4)关于大宗货物溢短装条款。在出口大宗货物时，由于积载因素和装卸技术的原因，在装运数量上一般订有一个溢短装条款即有一个数量伸缩率，否则不仅会给船舶带来困难，甚至也会由于实装数量与合同、信用证规定不符而影响合同的履行和结汇。因此，在成交大宗货物合同时，交货数量应订有一个伸缩率，一般为增减5% ~10%，且由船方选择决定。

二、FOB条件成交的出口合同的运输条款

FOB条件的出口合同起运港不能订为香港，只能订为国内港口。否则由卖方从大陆其他港口将货物运至香港交货的可能性。

对于FOB出口合同，卖方应在合同规定的交货期前后，向买方发出准备装船的通知。买方应从卖方发出通知之后规定时间内将装货船只的船名、船籍、预料到港日期通知卖方及装货港的船公司。买方应在船舶到装货港一定时间前通知卖方该船到港的确定日期。

在我国港口装货所发生的理货费用，应在合同中明确由买方或船方负担。因为在我国港口一般是由船方申请理货和收受货物，卖方(或托运人)不负担此项费用。

以FOB条件成交的出口货物，买卖双方在装货费用和责任上易产生争议。在我国港口，由船边至船舱的装船费(包括绞车费、开关舱费、垫舱物料费、理舱和平舱费以及在船上的有关工力费用)均由买方负担。如果买卖双方商定由卖方负担理舱或平舱费，则贸易条件可订为FOBS，FOBST。即卖方应负担船边至船舱和货物在舱内的堆、装、平舱作业等装船费用，但风险的转移仍以货物在装运港越过船舷为界。

三、特殊货物运输条款

爆炸品、氧化品、压缩气体和液化气体、自燃物品、遇水燃烧物品、易燃液体和固体、有毒物品、腐蚀物品、放射性物品等，在合同中必须订明其

包装、标志等且符合国际海上危规的规则。在订舱前应提供以上危险品性能说明,如品名、性能、危险程度、包装、运输注意事项、防护办法和出险后应采取的措施。

凡国际海上危规规定由船长选择装甲板或舱内的危险货物,均须订明"允许装甲板"的条款,同时危险品的包装务必坚固,按国际统一要求清楚地标明危险性质,以免破漏造成严重事故和损失。美国的地方政府和美国海岸保卫条例规定禁止烟花爆竹和危险品在港内仓库储存超过一定期限。因此提单条款必须加注,收货人也应在港口规定特定的期限内包括星期六、星期日和假日接货。

第二节　出口货源组织条件

一、揽货

揽货又称揽载(Canvassion),是指承运人或货运代理为使自己经营的货船能在舱容上得到充分利用,取得最大的经济效益而从货主那里争取货源的行为,班轮公司揽载的目的是为提高单航次的舱位利用率和单航次的经济效益。

在激烈的货运市场竞争中,揽货有多种手段,如以广告、优质服务等争取更多的货载,也有用降低运费或以不同名目的回扣、暗扣等手段争取货载。承运人或货运代理与发货人都有临时或长期的代理协议,即保证承运人或代理的利益,又保证货物能及时出运。

二、船、货、港平衡

船、货、港平衡是指海运出口货物数量、货类、装卸港口与船舶类型、航线,舱位相适应,并使船期与港口作业计划相适应,做好这一项工作是顺利完成海运出口任务的重要前提,涉及船、港、货三方当事人的利益。

1. 制定船舶计划

制定船舶计划是船、货、港平衡的基础。各港口代理根据出口货物及其所需船舶的舱容、船型、航线、到港时间和装货时间等情况,向船公司提出订舱,由船公司或代理制订船舶计划,制定船舶计划应注意下列事项:

(1)要考虑港口条件。包括泊位长度和吃水深度及设备等做到船舶必须能够安全靠泊。

(2)根据不同航线的运费水平合理安排舱位，如美加、澳新航线以及西北欧航线部分已基本实现集装箱化运输，散装货物装卸费用较高。

(3)要考虑特殊货物的运输安全。如超大件货物、鲜活商品、冷冻商品等运输。

(4)船舶应按装运期规定时间到港，避免过早或过晚到港。

2. 船、货落实与调整

船、货计划制定后，经常会受到各种因素的影响。如一方面由于信用证的更改或国外市场变化而发生货量的增多、减少，另一方面由于备货不足以及集港能力不足等原因引起货量变化。此外因天气、港口拥挤、船舶本身的意外事故等原因而引起船期和舱位变化。当发生上述变化时，有关港口代理应及时提出解决方案，保证货物及时出运和维护船方利益以适应变化了的情况。

3. 船、货、港的衔接与平衡

根据船、货、港落实船期、货源和泊位，使三者紧密衔接，保持平衡以防脱节。根据船、货、港的具体情况，安排泊位、确定靠泊时间、装运量、捣载运力和货物集中港区的时间等，做装运前的各项准备工作，保证及时受载。具体应做以下工作：

(1)安排好装卸船作业。船货双方密切配合，根据船舶结构和货运需要，制订船舶配载计划，由船方制定积载图，货方保证及时供货。

(2)经常注意船舶动态，掌握准确的船期。除班轮外，大多数船舶是不定期的，船期常有变化。

(3)与港务部门保持联系，安排好泊位。特别是在到船较集中及港口泊位不足的情况下，应分轻重缓急，保证重点出口货物船舶的泊位，及时、均衡地将出口货物集中港区，按时装船出口。

第三节　出口订舱托运条件

订舱是指以 CIF 或 CFR 条件成交的出口合同，由卖方(托运人)向船方具体洽定船舶或舱位。配载是指货方根据货运需要与船公司达成协议，将货物分配给具体船舶承运。订舱配载是出口贸易运输中一个重要的环节和组成部分。

一、订舱配载

委托订舱是指卖方向在装货港的货代、船代或船公司办理订舱手续。卖方在货、证齐全的条件下，根据船公司所提供的船舶抵港或受载期，在船舶抵港或截至签单前及时向其办理托运，递交托运单，即装货单。它是办理托运，订舱的依据。

船公司汇集了托运人的货物托运单经仔细审核后，根据船舶抵港受载的准确日期，掌握货物实际情况配载，并结合信用证到期情况和具体要求，分轻重缓急确定受载船舶的具体货载。

订舱要点：

(1)告知信用证装运期；

(2)详细告知货物内容；

(3)确定装卸港、地；

(4)确定运输方式，运输条款；

(5)确定运费支付方式；

(6)托运人，收货人，承运人是谁；

(7)有无运输指示；

(8)是否允许分批，转运；

(9)有关提单签发要求；

(10)有关进口国家，港口法规等。

二、合理配载

1.合理配载的具体要求

合理配载对货方来说主要是考虑能够把出口货物安全、准确、迅速、节省、方便地运抵目的港交给收货人以完成贸易合同，对船方来说则考虑所配载的货物能使船舶保持满舱满载(Full and Down)，尽可能减少亏舱，即充分利用货舱容积，又充分利用船舶载重量，提高营运经济效果，同时又要保证船舶适航。合理配载的具体要求是：

(1)尽可能设法在信用证装运期内予以装运出口。

(2)援外货物及政治性货物优先考虑配载，配合相关外交活动。

(3)货、证齐全的优先配载，以免造成超过信用证装运期而发生违约情况。

(4)对急需运输的货物优先配载，例如鲜活商品和冷藏货物等。

(5)与大货主有协议的优先配载。

(6)有航线舱位协议的优先配载。

2. 合理配载的技术要求

合理配载在技术方面有如下要求:

(1)配载时要按货物到达目的港的先后顺序配载。即先到后装,后到先装,防止货物压载,避免捣载,从而影响卸货和增加费用和开支。

(2)重货在下,轻货在上,轻重搭配,避免造成货损,合理利用舱容,提高舱容利用率。

(3)散货、粉末货装在底舱,避免沾染其他货物。

(4)机械类、重大件货物装船后需固定加稳,以免船舶在航行中颠簸造成其他货物损失。

(5)根据货物性质配载。例如易散味、散气、串味的货物需加以特殊考虑,危险品运输时必须按有关规定办理。

(6)货量较大时,各舱应平均装载。如只装几个舱内,在装卸货物时只能打开几个舱门,会影响装卸速度,同时也会影响船舶的稳定性。

三、出口转运

在海运出口中,货物首先应配装直达船。但有时由于货物批量小、目的港偏僻或直达班轮航线不足等原因而不能直达目的港卸货,或者虽有直达船舶,但船期较长。为了解决这些问题,一般采取中转办法作为补充手段。转运时由第一程船把货物运到中转港,由第二程船从中转港再运往目的港。这种中途转船的运输方式叫转运。中转运输由承运人出具转船提单(Transshipment B/L)或联运提单 (Through B/L)。

在出口转运中,中转港一般由承运人选定,托运人指定中转港往往不为承运人所接受。货运代理人作为托运人的代理,应根据不同的航线和不同的船公司办理转船手续,其宗旨是选择转船费用较少,中转时间较快,货运质量较好的船公司配装转运货物。当采用期租船承运出口转船货时,货运代理人作为承运人,特别需要考虑中转运输时间、地点和条件。①要选定合适的中转港口,即地点适中,港口设备和条件较好,二程船较多,转运比较方便的港口。②必须选定转船费用较低、货运质量较好的港口。③船舶在一程港起运后,应掌握船舶抵达中转港的时间,并通过其中转港代理掌握二程船的情况,如二程船船名、船期等。货运代理人应将一程船船名、离港时间、货量、目的港等情况及时通知中转港代理,以便及时办理转运手续。同时按不同的目的港和二程船名逐票登记转船货物，在接到中转港转船通知即转告托运人。

第四节　出口装运条件

一、装船前的准备工作

1. 货运代理应做的准备工作

根据订舱委托，船公司在指定时间内将船舶开抵指定港口受载。在船舶到港之前，货主或货运代理必须做好下列装船准备工作：

(1)将所有订舱托运单按不同港口分别编出提单号，写上船名航次，并根据订舱托运单上的内容编制成配船清单，制出清洁提单。

(2)将订舱托运单连同提单一起交船务代理签单，以便船务代理及时缮制出口载货清单，并绘制积载草图。

(3)货主或货运代理在装船之前或船舶到港之前应协同发货人将所有货物集港，以便船舶到港后能及时装船出运。

(4)货主或货运代理在装船前凭全套报关单据(包括报关单、出库单、装箱单以及所需的官方证明，如出口许可证、商检证、免疫证等)向海关申报，海关核实无误后放行才能装船。

(5)船舶到港后必须保证适货，特殊情况下应申请检验部门进行检查，并出具适合装货的证明后才可装船。

(6)船舶到港后，大副或代理或理货人员绘制正式积载图。

2. 发货人或货运代理应做的准备工作

与此同时，在截至签单后，发货人或货运代理也应协助做好下列装船准备工作：

(1)应在规定时间内将符合装船条件的出口货物由外地或离港口较远的地方发运到港区指定的仓库、场地或码头，做好船货衔接。

(2)应按卸货港口和货物积载顺序发货。即后卸的底舱货先发，先卸的货后发，以便船方按先后顺序装船。

(3)联系港务部门安排好港区的仓库、场地，做好集港货物接卸工作。对出口大宗货物可以考虑提前发货和允许在港区内有合理的库存时间，否则，在船舶到港后的短时间内无法将货物全部发运到港区。对不需落地存仓的大宗货物更需要掌握好发运时间和发货进度，以免造成港口压车、压货或中断装船作业。

(4)发货前还应逐票核对品名、数量、唛头、配载船名、报关单等,做到单、货相符,船、货相符。同时要注意发货质量,若发现包装破损或货物残损,应由发货单位及时修理或调换,以免影响交货质量。

二、货物出口报关与港口交接

发货人或货运代理向海关申报出口货物手续称作报关,出口货物必须经海关验放后才能装船出口。

当出口货物集中港区后,发货人将核对无误的出口货物明细单连同装货单、发票、商检证明、动植物检疫证明等一起向海关办理申报手续。经海关人员对货物进行查验后,在装货单上加盖放行章,其中一份作为关单由海关留存,两份交给发货人。若海关发现货物不符合出口要求时,则不予放行,直到符合规定为止。海关放行后,发货人凭海关盖章的装货单与港务部门和理货人员联系,查看现场货物并做好装船前准备工作。

货运代理与发货人的现场工作人员应严格按照港口规章和出口规程及时办理交接手续,做好现场记录,划清港、船、货三方的责任。在港口货物交接时,对于货差、货损等情况,应由发货人补齐,换货、修理或更换包装。

三、装船

1. 装船

装船作业准备工作完成准备工作后,在具备装船条件下即可开始装船。

装船方式一般有 3 种:

(1)码头作业。港方提供足够的劳务和机械,按照积载图进行装船作业,正常情况下应保证 24 小时连续装船。

(2)外挡过驳。货物由驳船集港,由于驳船到港已晚或港区仓库已满无法收货,货物只好停留在驳船上。装船时,驳船直接靠大船外舷,货物直接由驳船吊到大船上,这种“船过船”的作业方式称外挡过驳。装船时应先考虑外挡过驳作业,以减少驳船压港时间。

(3)现装船。货物不进港区仓库,而是储存在靠近港区的仓库。装船时,用车辆将货物直接运到码头船边进行装船作业。现装船时,货主或货运代理需提供足够的运力,及时运送货物,以保证连续作业。

理货人员在装船作业时,负责做好现场理货工作,点清货物,逐票装船,并保证已装船货物的质量,以维护船公司利益。装船时货物的风险和责任一般以船舷为界,在港区内装船时所发生的货物破损、潮损、落水和玷污等一般由港方负责。装船后,货物发生的一切损失一般由船方负责。货物装船后,由理货人员将装货单一份交给船方办理签收手续,即成为大副收据(下货单),一份由发货人交给外轮代理公司代表船方签发提单。

2. 现场监装人员的职责

货运代理人可以作为发货人的代理有责任做好现场监装工作,即掌握货物装船进度和出现的问题,并及时联系有关方面处理。现场监装人员的主要职责有:

(1)接到装船资料后,仔细了解情况,做好各项记录,检查发货和海关放行情况一旦发现问题及时联系解决。

(2)熟悉积载图,掌握货载并注意装货质量和进度。对舱容紧、装货多的船舶,应联系港区或船方合理装载,充分利用舱容。对快到期的或急运的货物争取优先装船。对可能退关的货物应及时联系有关单位设法处理。

(3)做好危险品、重大件、贵重品、特种货和驳船货的船边接卸、现装船的应防止接卸和装船脱节,对装船过程中发生的货损,应取得责任方签证,并联系有关单位做好货物的调换或修理包装工作。

(4)货物装上船后,及时与理货人员联系,向船方索取装货签证(大副收据),查看是否有漏签和批注,如有批注应及时联系货主妥善处理。

(5)办理装船过程中货物退关和增减等事宜,做好退关货物和溢短装货物的现场记录,及时转告有关单位处理。

(6)现场监装人员在整个装船作业时间内不能间断,因此必须做好上下班交接工作。重要事项要做好书面记录并交接清楚。装船完毕,应及时作出单船小结并随同有关资料交给公司主管部门存查。单船小结内容包括:船名、船公司、船舶性质、装载数量,抵港、靠泊时间、开装以及离港时间、退关、溢短装货物处理情况等内容。

船舶离港后还应立即向收货人发出离港电报,这项工作在 CFR 条件下,及时通知收货人投保尤为重要。

第五节 出口航运单证运作

在国际货物出口运输中，从办理货物托运手续、装船，直到卸货和交货的整个运输过程，需要编制各种货运单证，这些单证主要起着货方与船方之间办理货物交接的证明作用。同时，在货物装卸过程中，这些单证既是货方和船方与港方联系工作的凭证，又是划分货、船、港三方责任的依据。

与出口货运有关的单证种类很多，这些单证有些是货主自制的，如汇票、发票，有些是由货运代理人制作的，如承运人签发的运输单据，保险公司签发的保险单等，还有些则是由政府机关、社会团体签发的，如许可证、商检证等。出口货运单证，在不同国家或不同港口，甚至各个船公司都不完全一致，但就其主要单证而言，其基本内容与作用则大同小异。货运单证主要是根据国际公约或各国海商法的规定，或根据国际间航运贸易惯例而使用的。全套货运单证相互之间具有连续性并相互关联，缺一不可。每份货运单在不同运输阶段都有其独特作用，它们在出口货物运输中发挥着各自重要的作用。

一、托运单(Booking Note)

托运单就是订舱委托书，它是托运人(发货人)根据贸易合同条款和信用证条款内容填写的，向承运人或其代理人办理货物托运的单证。

货运代理人有时既是托运人又是承运人在向承运人办理订船配载时，它作为发货人或各进出口公司的货运代理办理托运事宜，在签发自己提单时，它又是承运人。在前者的情况下，发货人向船公司订舱，在后者的情况下，则由货运代理直接承办订舱配载工作。托运单就是各出口方(发货人)委托货运代理办理货物托运的依据，托运单上填写的装运条件必须与信用证条件一致。

二、装货单(Shipping Order，S/O)

装货单又称下货纸(单)，它是船公司或其代理在接受托运人提出托运申请后，发给托运人或货运代理人的向船方交货的凭证，同时也是通知船长货物装船的单证，以及托运人或货运代理凭以报关，海关验货放行的证件。按运输习惯，装货单一般为一式三份第一份留底，为船方缮制装货清单之用。第二份是装货单，用作托运人凭以向海关办理出口货物申请手续。第三份是收货单(大副收据)。装货单除上述三份外，根据业务需要，还可以增加若干份副本，在我国还有两份副本供缮制舱单和计算运费使用。

如果委托货运代理办理出口托运，货运代理接受托运之后，将确定的装载船舶的名称、目的港和装货单顺序编号填入托运单后发给托运人填写装货单，填妥后交回承运人或其代理签章。承运人或其代理审核无误签章留底后，将装货单和收货单交还托运人，由托运人凭此连同货物的其他单证向海关办理出口报关手续，海关手续办妥准予出口时，则在装货单上加盖海关章后船方才能收货，此时的装货单称为“关单”。

装货单在承运人签章后，既是货物办妥托运的证明，又是通知船上接受承运货物装船的凭证。当每票货物装上船后，理货人员按舱口理货计数单(即理货单 Tally Sheets)核对。如果全部装船则在装货单(包括收货单)上签明实装数量、装舱位置和装货日期，最后由理货负责人签名，证实该票货物如数装船无误，大副核实无误后才可在收货单上签字。

三、收货单(Mate's Receipt, M/R)

收货单是货物装船后，由承运船的大副签发给托运人表示收到货并已装船的货物收据，故又称为大副收据。其主要作用有：

它是划分承托双方责任的重要依据。按《海牙规则》和我国《海商法》的规定(非集装箱货物)，承运人对货物承担的责任期间为从货物装上船开始，到卸下船为止。所以货物装船时，承运船舶的大副必须仔细核对货物的实际情况与装货单的记载是否相符。否则大副在收货单上将不符情况，如货物有损坏及其程度明确记载加以批注，以此来确定双方责任。有大副关于货物外表不良批注的收货单，表明所加批注的货物损坏是发生在装船以前的，承运人对此不承担责任，而由托运人自行承担责任。

收货单是托运人向船方换取已装船提单的凭证。货物装船后，经大副签字的收货单由承运船舶退还给托运人，托运人持收货单，在付清预付运费，即可凭此换取已装船提单。如果收货单上有大副关于货物外表不良的批注，承运人则会如实地将批转注在提单上，这种提单则成为不清洁提单。

四、提单(Bill of Lading,B/L)

参见海运提单部分。

五、装货清单(Loading List,L/L)

装货清单是承运人根据装货单留底,将全船所装货物按目的港和货物性质加以分类,依航次靠港顺序排列而制成的全船装运货物的汇总清单。装货清单是承运船舶的大副编制积载图的重要依据,其内容包括装货单编号、货名、件数、包装种类、毛重、尺码以及对装运的要求等编制积载图所需的货运资料。装货清单除上述作用外,还是现场理货人员进行理货、港口安排驳运、货物进出仓库、场地以及承运人掌握托运人备货情况的业务单证。

六、出口装货清单(Export Manifest,E/M)

出口装货清单又称载货清单或出口舱单。它是根据收货单或提单,按目的港分票编制的全船出口货物的汇总清单,它是海关进行验货放行及监督装载工作的依据,也是统计出口货运资料的依据。其作用是:

(1)它是办理船舶出口报关手续的依据。经船长签字后将出口装货清单送海关,据以向海关办理船舶出口报关手续。海关凭此验货放行和监督装船,船舶离港时,还需随带若干份清单,以备船舶中途港或驶抵卸货港时办理进口报关手续所用。

(2)它是船舶载运所列货物的证明,出口装货清单所列货物必须与船舶实际载运货物一致。

(3)它是联系业务的单证。出口装货清单留的底,常用作由承运人在装货港的代理通知开航货载的依据,也是向船长及船公司或卸装港的代理发出更正通知的依据。当承运人在卸货港的代理尚未收到通过邮递寄出的货运资料时,也可将随船携带的出口装货清单复制,用以安排泊位、货物进出库场和卸货的依据。

七、出口载货运费清单(Export Freight Manifest,F/M)

出口载货运费清单又称运费舱单或随船舱单,它是船舶装载出口货物有关货运资料及其运费的汇总清单,也是船方的随船单证之一。

八、货物积载图(Stowage Plan or Cargo Plan,S/P)

货物积载图是货物装载的重要文件。船舶在装载前由大副根据装货清单按货物装运要求,和船舶性能编制的一个计划受载图,图中列明每批货物应装入船舶的具体舱位,用以指导安排泊位、出舱、下驳、搬运等工作。货物装船后还要编制实际的积载图,以各种不同颜色,准确绘出不同货物装在各舱的部位,并详细表明货名、重量、件数、目的港、关单号码及包装形式等。

此外,装运危险品出口时,托运人还要提供危险品清单(Dangerous Cargo List)。

九、出口货运单证运作

出口货运单证的流转大致可分为4个环节,即:订舱托运环节、货物进港环节、装船环节和结汇提货环节。这些单证的主要当事人和关系人有:托运人、承运人、港方装卸公司、船务代理人、货运代理人、理货公司、海关、收货人、开证银行和议付银行等。

1. 订舱托运环节

订舱托运环节可用图3-1表示。

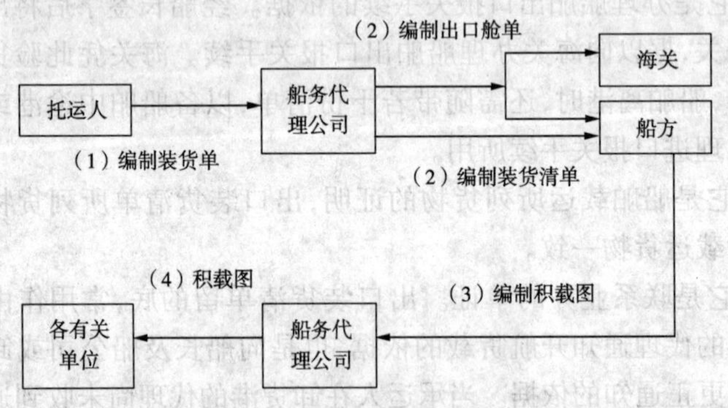

图3-1 订舱托运环节示意图

图中说明:

(1)托运人或其货运代理人将编制好的装货单和托书送交船务代理公司,凭此办理货物订舱委托。

(2)船务代理公司凭此先后编制出装货清单和出口载货清单送交船方,同时将出口载货清单送交海关。

(3)船代或港口代理根据装货清单和出口载货清单编制货物积载图。

(4)船务代理公司将积载图分送各有关单位。

2. 货物进港环节

货物进港环节可用图3-2表示。

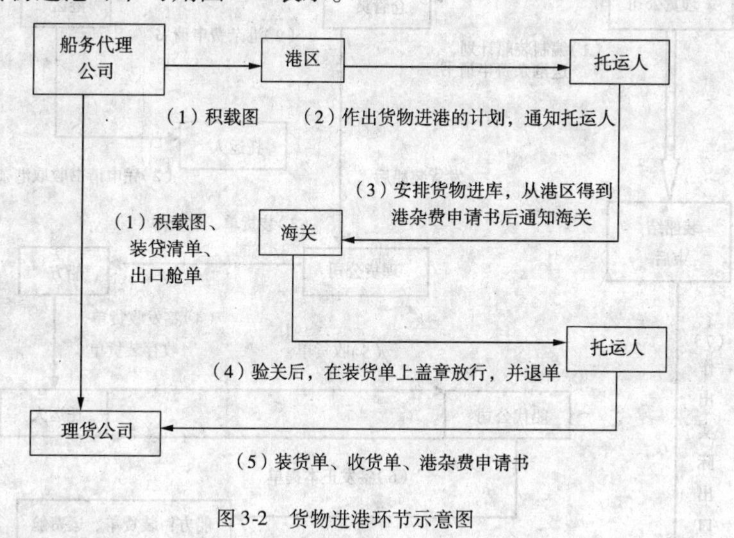

图3-2 货物进港环节示意图

图中说明：

(1)船务代理公司将积载图、装货清单和出口载货清单送交理货公司，同时将积载图送交港区。

(2)港区凭积载图编制货物进港、装船计划并通知托运人。

(3)托运人根据通知安排货物进港区，并从港区得到缴纳货物港杂费申请书后通知海关。

(4)海关进行验关后，在装货单上盖章放行，并将装货单(包括收货单)退还托运人作为装船依据。此时，托运人共有3种单证，即装货单、收货单(未签字的大副收据)与缴纳出口货物港杂费申请书。

(5)托运人将上述3种单证全部交给理货公司。此时，理货公司共有6种单证：积载图、装货清单、出口载货清单、装货单、收货单和缴纳货物港杂费申请书。

3. 装船环节

装船环节可用图3-3表示。

图中说明：

(1)理货公司根据单证向仓库或堆场管理人员要货。

(2)仓库或堆场根据缴纳出口货物港杂费申请书交出货物,并收下该申请书交港务局装卸公司作为向托运人收取出口货物港杂费的依据。

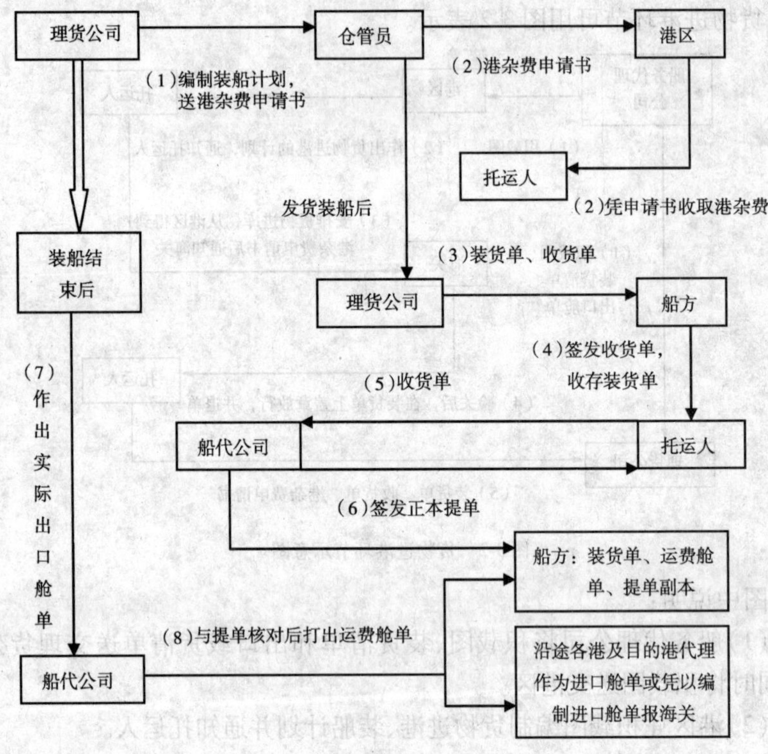

图3-3 装船环节示意图

(3)货物装船后,理货公司将装货单和收货单一起送交船方。

(4)船方将装货单收存作为随船货运资料,并根据装船时货物的实际情况在收货单上签字或作适当批注后退还托运人。

(5)托运人持收货到船务代理公司换取正本已装船提单。

(6)如收货单上无批注,船务代理公司即可凭此向托运人签发清洁的已装船提单,并将提单副本送船方留存作为货运资料。如收货单上有大副批注,必须将这些批注如实地转注到提单上,则提单成为不清洁提单。

(7)装船结束后,船务代理公司根据货物的实际装载情况作出实际的出口载货清单。

(8)船务代理公司将实际的出口载货清单同所签发的提单核对无误后,留存出口载货清单并根据提单打出出口载货运费清单分别送船方作为货运资料,沿途各港及目的港代理作为进口舱单或凭以编制进口舱单报关。

托运人结汇、收货人提货的阶段,可用图3-4表示。

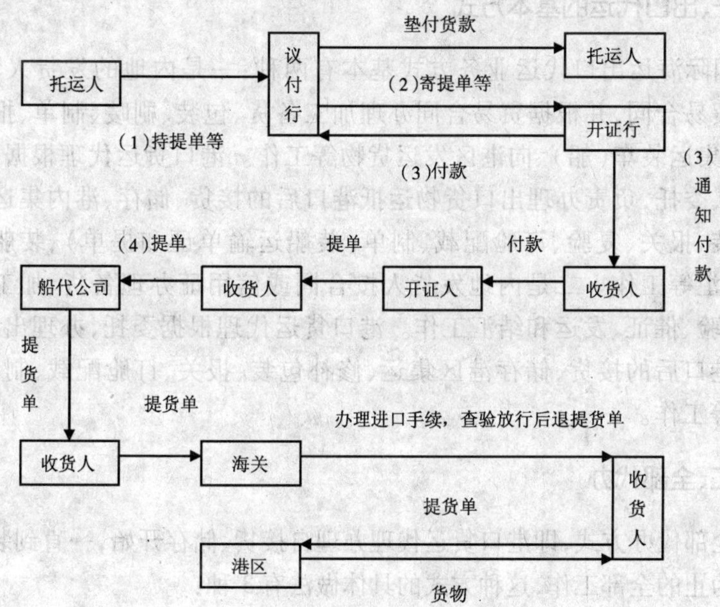

图3-4　托运人结汇、收货人提货阶段示意图

图中说明:

(1)托运人持提单(连同其他单证)到议付行办理结汇。

(2)议付行经审单无误后将货款垫付给托运人,同时将提单等寄开证行。

(3)开证行接到单据经核对无误后即付款给议付行,并通知收货人付款。

(4)收货人向开证行付款后取得提单和其他单证。船舶到港后,即可凭正本提单到当地船代公司或船公司换取提货单,然后凭提货单到海关办理进口手续,经海关查验放行后,收货人即可凭提货单到港区提货。

第六节 出口代运业务运作

为了满足发货人的需要,协调货物出口运输问题,港口代理的出口代运业务具有十分重要意义。

一、出口代运的基本方式

国际海运出口代运业务方式基本有两种:一是内地的发货人负责履行贸易合同,并根据贸易合同办理加工备货、包装、刷唛、制单、报验、催证、集运装车(船)、向港区发运货物等工作。港口货运代理根据内地发货人委托,负责办理出口货物运抵港口后的接货、储存、港内集运、修补包装、报关、复验、订舱配载、制单(装船运输单证和提单)、装船、投保、结汇等工作。二是内地发货人按合同或信用证办理备货、加工、包装、报验、催证、发运和结汇工作。港口货运代理根据委托,办理出口货物抵港口后的接货、储存港区集运、修补包装、报关、订舱配载、制单和装船等工作。

二、全部代办

全部代办方式,即港口货运代理办理自接货、储存开始,一直到装船、结汇为止的全部工作,这种方式的具体做法有3种:

1. 全部代办

港口货运代理接受内地发货人委托后,负责接货、装船、结汇等一系列工作。内地发货人只负责按合同加工备货,将货装车发运到港口。

2. 部分代办,自行结汇

港口货运代理接受委托后,负责办理出口货物抵港后的接货、货场管理、报关、报验、订舱配载、装船制单(装船运输单据和提单),由内地发货人自行制单结汇。其加工备货、集运装车、接船、催证、制单结汇等工作由发货人的代理自行办理。

3. 部分代办,异地催证

港口货运代理接受委托后负责办理接货,储存、修补包装、港区集运、报关报验、订舱配载、装船制单、投保、结汇等。催证工作由发货人在内地进行,再交港口货运代理,据以办理装船结汇手续。

三、部分代办

部分代办性质，具体做法如下：

(1)发货人按合同或信用证办理备货、加工、包装、报验、催证、发运和结汇等工作。

(2)港口代理根据委托，办理出口货物运抵港口后的接货、储存、港区集运、修补包装、报关、订舱配载、制单(运输单证及提单)和装船工作。

【案例一】　货物配装甲板损失赔偿

一、说明

无论是买卖合同的订立，还是信用证的开具，或者是运输合同的订立，相关当事人均为了自己的利益对承运人提出一些货物的运输要求，也称运输指示。此类运输指示经一方提出，并经另一方接受后便成为接受方必须履行的运输要点，否则以根本违约来认定。违约一旦成立，则意味着因对违反运输指示而带来的后果除承担赔偿责任外，还将失去有关合同中或提单中应有的责任限制，应按实际损失承担赔偿责任。实际业务中尽管对提出运输指示的一方认为这仅仅是一种要求，但一旦经承运人接受则认为是一种行为。自然，此种行为的履行与应得到的报酬是对等的。

在国际货物运输中，除一般货物外，经常因一些具有特殊性质，或因系受运输条件限制，或对此类货物运输有特殊保管、照料要求的货物，如甲板货、活的动植物、危险品、冷藏货、木材、重大件等。1924 年的《海牙规则》对此类货物有关承运人的运输责任规定："在不违反国家法规的前提下，承运人的责任、义务、权利、豁免，或对船舶的适航责任可自由订立任何协议，而且此种协议具有法律效力"。根据《海牙规则》的精神，由船公司自行制订的提单中为明确承运人因运输此类货物时应承担的责任和享有的权利、义务，或为了减轻其某些责任而在提单上作出种种规定，如规定承运人在舱面装载货物时应与托运人订有协议，或此类货物的运输应符合航运习惯或因此类货物运输应符合有关法规。而且，一旦承运人依照这些规定将货物装载舱面运输因特殊风险在运输过程中对此类货物造成灭失或损害，承运人不承担任何责任。当然，如承运人为了获取更多的运费,将本应装载舱内的货物因舱位紧张擅自装载舱面运输而造成货物的灭失或损害,这对承运人已构成违约。随之,有关提单或合同中给予承运人应有的责任和一切抗辩均将无效。

根据集装箱船舶的特点,通常一艘满载的集装箱船大概有 1/3 左右的集装箱装载舱面运输,然而对承运人来说应将哪些货主的集装箱配装载甲板则有一定的难度。因集装箱装载舱面与舱内运输其风险程度相差甚大。因此,集装箱提单中均订有舱面货条款,也有称甲板货条款。如有的集装箱提单条款规定:“装载舱面的集装箱与装载舱内的集装箱享有的同样权益”。也有的则规定:“承运人有权将集装箱装载甲板上或甲板下运输,如装载甲板运输,对包括共同海损在内的一切用途来说应认为是甲板下装载。”如中国远洋运输(集团)总公司集装箱提单规定:“集装箱中所装载的货物,无论是由承运人,还是由货主装载,均可配装载舱面或舱内,承运人对此种装载无须通知货主。而且此种装载无论是舱面,还是舱内,就提单所记载的共同海损在内的所有内容均被认为是舱内装载。”从集装箱提单中对承运人甲板装载集装箱的规范可归结为:

(1)承运人有权将任何货主集装箱配装载舱面而无须征得货主同意与否。

(2)集装箱无论是配载舱内、还是甲板,对货物所有人享有同样权益。

(3)配装载甲板上的集装箱一旦发生共同海损可得到补偿。

(4)集装箱即使事实上已配装载甲板,提单上无须显示“装载甲板”字样。

(5)甲板箱造成灭失或损害属承运人管货过失,承运人对此应承担赔偿责任。

(6)对货主有运输指示的配装载,首先应确定此种配装载是否已违反了货主的运输指示,否则将承担根本违约责任,不仅将失去提单中给予承运人的一切抗辩理由,而且并将按实际损失承担赔偿责任。

现行国际海上货物运输业务中,常常对货物配装载的运输指示有:

(1)不准配装载甲板,必须装载舱内;

(2)应防水、防潮;

(3)应防风雨;

(4)必须装载船舶水线之下;

(5)远离机舱;

(6)一旦受潮,必然受损。

对于上述运输指示,并非一定为承运人所接受,承运人对有运输指示的货物是有条件限制的。如本航次舱位是否已满载;接受运输指示对配载是否带来难度;一旦接受运输指示,是否会在中途港口带来翻舱。事实上一旦在舱位紧张时,承运人非但不接受运输指示,反而对托运人提出的运输指示,除收取正常运费外,还加收一定的附加费。可见,运输指示的提出与履行是有条件限制的。

二、案例

上海一家公司出口10个20英尺集装箱的服装去美国,提单上记载CY—CY运输条款(堆场至堆场交接),SLAC(由货主自行装载并计数)。该批货箱通过货代向船公司订舱,货主要求在订舱托单上指示:"不准配装甲板,应装载舱内"。收货人在进口国家码头堆场提箱时对箱体外表状况、关封状况未提出任何异议。但在拆箱时却发现有6个20英尺的集装箱中部分服装有水渍,经商检认定水渍系因海水所致。

于是,收货人凭商检报告向发货人提出赔偿要求,发货人认为:

(1)服装确由货主装箱,但在装箱之前已对箱子进行检验,并没有发现任何漏水迹象。

(2)收货人从堆场提取重箱时,交接双方也未在设备交接单上注明箱体有损,则可认定箱子外表状况出堆场时也是良好的。

(3)装箱时,由外理认定的装箱单也证明所装载的服装包装良好。况且每一件服装外套由塑料布封罩。

(4)由承运人签发的提单也是清洁提单,这表明承运人在接受时也未对箱体作任何批注,如一旦箱体有损,承运人必然会在提单上作批注。

于是,收货人对承运人提出赔偿要求,但承运人认为:

(1)根据集装箱提单中确认条款规定:"承运人在箱子外表状况良好下、关封完整下接货、交货。"既然在集装箱交接时,收货人对箱子外表状况及关封状况未提出异议,则可认定承运人已完成交货责任。

(2)即使箱内服装受潮,也属保险人承保责任范围内的赔偿,理应由保险人承担赔偿责任。

由于该批货的成交价是FOB,由国外买方买保险,在由买方作为投保人对保险人提出赔偿要求时,保险人依照保单上有关规定赔付给了收货人,但保险人也从收货人那里得到代位求偿权,据此,保险人向承运人行使追赔权，其理由是：

(1)公证行报告认定服装受潮系海水所致，可见，只有当集装箱配装载在甲板上时才有这种可能。

(2)托运人通过货代在订舱托单上注明“不准配装载舱面，应装载舱内”，既然承运人接受了这一托运指示，而事实上未能履行，则属根本违约。

最终该案法院判定由承运人承担赔偿责任，理由属根本违约，而且应按实际损失赔偿，不应享有提单上给予承运人的责任限制。

但作者对本案判定认为有一“误区”存在，即10个集装箱中有6个集装箱的服装有水渍，而水渍经认定系因箱子顶部漏水所致。那么，为什么另外4个集装箱同样装载甲板却没有发生服装水渍损害，这可在一定程度上认定6个集装箱本身在装载服装前已有漏水的可能，如这一点是事实，根据有关法规规定：“集装箱所有人应提供满足货物装载、运输、保管的集装箱，如因箱子不具备装载要求而造成货损则应由箱子所有人承担赔偿责任。”但本案中的难度是集装箱在交接时，双方均未在集装箱设备交接单上对箱体作任何批注，因而也无法确定责任方是谁。此案中，如货代在向船公司订舱时没有运输指示，同样箱内羽绒服装有水渍，其赔偿责任则难以推定由承运人承担，这一赔偿在相当程度上则由保险人承担。

可见一项运输指示的订立，使保险人本应承担的赔偿责任却因承运人接受运输指示而无法推卸责任，值得深思。

【案例二】 违反运输指示赔偿责任确定

国际货物运输公约中，对货物不应造成运输延误的规定首先来自于1978年制订的《汉堡规则》。随后又在1980年制订的《国际货物多式联运公约》中进一步有所规定。中华人民共和国《海商法》引入了《汉堡规则》中有关延误交货的精神，规定：“如货物未能在明确约定的时间内并在约定的卸货港交付，则构成延误交货”。事实上，无论是货主，还是承运人均希望货物的运输能安全尽快的运抵目的港地交由收货人。然而，国际货物运输途中风险多变。如一旦发生因救助人命财产必然会造成运输延误；如遇台风去附近避风也必然造成运输延误；又因船舶在海上运输途中发生海难去避难港；又如因中转原因造成运输延误等；有的运输延误对承运人可享有免责，但有的则必须承担赔偿责任。如货主在订舱托运时对运输时间有明确指示，则对承运人能否按时在约定港口交货则构成是否违约根本要点。

一、运输时间的约定指示

为了保证货物运输质量，或为了满足收货人早日收到货物的要求，信用证中经常会订立一些运输时间方面的指示：

(1)必须在圣诞节×天前在目的港交货；

(2)必须在×月×日前将货交由目的港的提单持有人；

(3)必须在×月×日～×月×日之间，在提单记载的港口交货；

(4)不得晚于航次所需要时间后的×日在目的港交货；

(5)应在合理时间内交货。

对上述运输时间指示，无论是承运人本人，还是其代理人一旦接受，便成为承托双方的约定条件，运输中一旦发生运输延误除承运人可享有的免责范围内规定的内容外，均属承运人过失责任。如《国际货物多式联运公约》规定："如货物的灭失或损害，或延误交货确系由于多式联运经营人或其受雇人或代理人的行为或不行为所致，多式联运经营人应承担赔偿责任。"显然，该公约中未提及不合理绕航情况下有关多式联运经营人的抗辩理由。因为，绕航的结果之根本往往是运输时间的延误，只有在运输时间没有延误的前提下才可对绕航有除外责任。事实上，该公约的这一规定是有缺陷的，因为货主与多式联运经营人并没有在运输合同中约定运输时间时，既没有规定具体的交付时间，也没有在合理时间内交货时，多式联运经营人均应对延误运输承担赔偿责任。然而，对在"合理时间内交货"这一理解又极易产生不同理解，在无法调解时也只有交由法院来判定，但并不意味着法院的判定是准确的，并为当事人所认可。

那么，是什么原因致使承运人在接受运输指示后却难以做到按约定时间内交货呢，其主要原因有：

(1)航行途中，因救助人命、财产或企图救助人命、财产；

(2)航行途中，因船舶发生海难(碰撞、搁浅、触礁)去避难港；

(3)航行途中，因所装载货物原因去附近港(如冷藏货因冷冻机发生故障)；

(4)航行途中，因遇台风去附近港口避风；

(5)航行途中，因船舶机械发生故障，需要修理；

(6)航行途中，因船员罢工，致使船舶无法正常航行；

(7)船到目的港地,因港口发生工人罢工,致使船舶无法靠泊进行卸货去附近港口;

(8)货物中转因二程船舱位紧张一时难以配装;

(9)货物中转因多种原因发生漏装;

(10)货物中转因单证原因致使中转地海关未放行。

上述原因造成的运输延误有的属承运人方面的过失责任,有的属双方不承担的除外责任,如不可抗力,意外原因,也有属货主方面的原因。运输中一旦发生运输延误除根据双方约定的运输指示外,大多依据有关国际货运公约,各国海商法和船公司提单条款来处理。

二、本案中由谁对运输延误承担责任

广州东莞一货主与美国一家公司成交一批圣诞节礼品,美方开来的信用证中规定:“玩具必须装载集装箱,不迟于圣诞节前20天美国港口交货,运输条款CY—CY”。东莞货主将玩具出运委托一家货代公司操作,货代向香港干线船公司订舱,并安排驳船将装载玩具的集装箱拖运至香港。根据干线船期,该船可在圣诞节前12天抵运美国港口。这符合信用证不迟于圣诞节前20天美国港口交货条件,因而当货代向船公司提出这一运输时间指示时,干线船公司未提出异议。装载玩具的集装箱拖运至装船港,在装载驳船前集装箱由海关查验,查验时海关对货主说:“拿几件玩具”,但货主对海关人员说:“箱内装载的玩具数字准确,一旦拿走几件,万一收货人认为数字不符合同提出赔偿很麻烦,如喜欢玩具,明天给你带上几件”。但海关人员说:“不给玩具,不查验”。于是,货主赶紧回公司拿玩具,但因路上发生交通阻塞,等拿了玩具到查验地,海关下班了,驳船开走了,干线船也驶往美国。于是,货代赶紧向香港另一船公司订舱,但该批玩具抵运美国港口的时间是圣诞节前22天,按理说晚2天在海上运输中也属正常情况。但该批货的收货人发现玩具在美国市场不受欢迎,加之“9.11事件”的影响,如收货人接受该批货物无疑是亏损。事实上,该批玩具的货主已与下家订立了销售合同,由于无法按时提货,致使收货人无法履行与下家的销售合同。因而,当该批货运抵美国港口后,收货人一直不办理提货,其结果:一是箱子堆存在堆场内发生堆存费;二是船公司要求尽快提箱,并在拆箱后将空箱回运,而收货人不去银行付款买单,致使发货人无法收到货款。

东莞货主认为:收货人提出的赔偿要求似乎是发货人违反了信用证

运输时间的约定，而事实上发货人并没有过失，如不是海关方面的原因货物早在圣诞节前到达美国港口，但问题是发货人能否向海关提出赔偿要求？如海关不赔，发货人能否将海关诉讼至法院？如发货人对海关提起诉讼，法院是否会受理？如法院受理又将依据什么法规处理？

谁是本案中的责任方，谁对本案造成的运输延误承担责任？

综上所述，造成货物运输延误主要有承运人方面的原因、货主方面的原因，而属于政府部门的原因尽管在实际业务中时有发生，但迄今为止法院很少受理过类似案件。事实上，无论是承运人、还是货主，从未对属于政府部门原因造成运输延误提起过诉讼。因为，一旦提起诉讼，等待他们的可能是一个无言的结局。该案责任方是海关查验人员，查验货物并放行是海关应履行的职责。个别人员利用手中权力为达到自己的私利而为难货主，不仅破坏了公职人员的形象，也给当事人造成不应有的损失。相信随着我国各行业法规制度建设的不断完善，这类不正之风必将得到遏制。

第四章 国际航运进口业务运作

国际航运进口货物的运输是根据贸易合同中有关运输条款来进行的。因此,在进行海运进口货物运输时,必须了解和掌握贸易合同中有关的运输条款。贸易双方在磋商交易,签订合同时,如协商由一方承担货物的运输。承担运输任务的一方就有义务按照合同的规定,选择合适的运输方式和运输工具,完成货物的运输,从而履行贸易合同。因此,贸易双方由谁承担货物运输任务是体现在贸易合同中的贸易条件,即贸易术语或价格术语中。若合同的贸易条件是 FOB 等,就由买方承担运输任务,一般称“买方订舱”。若合同的贸易条件是 CIF 或 CFR,就由卖方承担运输任务,一般称“卖方订舱”。在我国海运进口货物的运输中,若采用 FOB 条件,则称为“我方派船”,若采用 CIF 或 CFR 条件时,一般称“对方派船”。本章主要介绍 FOB 条件的进口货物运输。

第一节 进口贸易运输条款应用

运输条款在进口合同占有重要地位。贸易合同中的运输条款订得是否合理直接关系到合同能否顺利履行,关系到进口任务能否顺利完成以及我方的经济利益能否得到保证。因此进口合同中的运输条款应引起充分的重视。

一、贸易条件的选择

贸易条件或贸易术语除了反映商品本身的价格外,同时还表明贸易双方在货物交接过程中有关责任、风险以及费用的划分界限。如海运进口货物运输所使用的贸易术语有 FAS、FOB 或 FOB 的变形条款 FOBS、FOBST 等。

FOB(Free on Board),对 Board 一词的理解按国际商会的解释应为船舷，即卖方应负责在装货港将货物交到买方指派船舶的船舷，其后的费用、风险和责任均由买方负责，也就是说买卖双方有关费用、风险和责任的划分是以船舷为界。另一种解释为卖方要把货物交到舱内，即船底为双方的划分界限。有些贸易商为避免上述不同解释而引起争议，要求成交术语后加上"Unstowed"字样以区别于舱底交货。由于国际商会《2000年通则》对此已有明确规定，并且各港口对 FOB 术语也基本上有统一习惯，因而我方派船使用 FOB 术语时可以不加"Unstowed"。但在美国使用 FOB 术语时，必须在 FOB 后加上"Vessel"一词，即 FOB Vessel，否则，卖方只把货物交到港区或城市即告完成交货义务。

FOBS 和 FOBST 是 FOB 的变形，即在 FOB 术语的基础上发展而来的。FOBS（Free on Board Stowed）是指卖方负责将货物交到买方指派船舶的舱内，并负责理舱。如大宗货物钢材、铁板等常使用这种条款，而少量的货载不宜采用这种条款。FOBST（Free on Board Stowed and Trimmed）是指卖方负责将货物交到买方指派船舶的舱内，同时负责货物的理舱和平舱，主要适用于大宗散装货物运输，如粮食、煤炭、矿砂等。

二、装货港的确定

在签订 FOB 进口合同时，正确选择好国外装货港，对顺利履行合同和保证进口货物及时到货有十分重要意义。在商定装货港口时应注意以下事项。

1. 装货港的选择

装货港口一般应订明具体的港口，同时尽可能选择设备、条件较好，装货速度较快和来往船舶较多的港口，而要避免笼统地订为："FOB × ×地区港口"，或两个、两个以上港口由卖方选择的条款，如果这样将使我方租船订舱装运处于被动地位。

如果卖方要求在两个或两个以上港口中选择一港交货时，所选择的港口一般不能超过三个，并且必须在合同中逐一列明，同时还应订明"由买方选择"或"装货港由卖方在货物发往装货港前一定时间通知买方，并由买方确认，买方有权变更装货港"等。

2. 季节性港口

由于地理位置的关系，一些港口在某些季节内封冻或连降暴雨或出现大风等，货物的交货期尽可能避开这些季节。如加拿大东岸除哈利法克斯和圣约翰斯港以外，每年 11 月至次年 4 月为冰冻期；芬兰、瑞典港口北纬59°以北,每年12月中旬至次年4月中旬为冰冻期;北纬63°以北,每年11月中旬至次年5月初为冰冻期。在一些邻近赤道的国家,每年雨季有一段时间大雨连天,船舶无法作业。还有些港口处于季风带,如季节风浪很大,也会影响装船。因此,在进口货物时,不应订立在上述季节内交货的运输条款。否则无法派船装运,发货人可能将货物存于港口仓库,既带来一定风险,又增加仓储费,对买方不利。

3. 专用码头和指定码头

一般进口合同只订明码头,但有些大宗货物因需要专用码头作业,或货主有自己的码头,在指定码头交货。这种情况下,买方应清楚这些码头的吃水、长度、设备能力、费用水平、装货速度、是否拥挤、有无冰冻等情况。在订立合同之前,应与承运人协商,并在合同中订立滞期、速遣条款和卖方应提供安全的装货泊位等条款加以限制,一般杂货不能接受在专用码头和指定码头交货的条款。

此外,应注意港口有无重名,如美国、加拿大、圭亚那都有"Georgetown"港,英国和澳大利亚都有"Ardrossan"港,如有重名应在港口名称后注明国别。

三、装运期限

装运期限必须在合同中明确订立,要从实际出发,不仅要考虑到商品特性,同时还要考虑到舱位的可能以及其他因素。如不宜在炎热天气装运如沥青、牛羊油等货物,所以装运期应避开炎热天气。

FOB条件下的进口货物,一般在合同中规定,卖方必须在合同规定的交货期限一定时间内,将合同号、货物名称、数量、装货口岸及预计货物运达装运口岸日期,以电信通知买方,以便买方安排舱位。买方应在船舶受载期几天前,将船名、预计受载日期、装货数量、合同号、船舶代理人,以电信通知卖方。买方所租船舶按期到达装运港口后,如卖方不能按时备货装船,买方因而遭受的一切损失,包括空舱费、延期费或罚款等由卖方承担。如果船舶不能于受载期内到达,在港口免费堆存期满后第××天起所发生的仓储费、保险费等由买方承担。但卖方仍负有载货船舶到达装货港口后立即将货物装船的义务。

四、交货数量增减及其选择

以整船装运的进口大宗货物,由于积载因素、装载技术和船舶结构的差异以及挂港和航程远近等因素影响，在装船时，往往会出现多装或少装的情况。为了不使我方遭受船舶空舱损失或货物退关损失，在贸易合同中对交货数量，一般订明数量增减率，即数量溢短装条款，一般为增减5%～10%，按国际航运惯例，这个数量增减率的选择权属船方。因此合同中应订明"数量增减率由船方选择"，而不能接受"由卖方选择"的条款。对于一般的件杂货，参照国际贸易惯例，根据不同的商品及包装、生产等情况，为使合同能顺利执行，一般在合同中也订有"数量增减"或"溢短装"条款，可由买卖双方根据实际情况商定，一般为5%左右。

五、滞期/速遣条款

大宗进口货物一般采用程租船方式承运，滞期/速遣条款是在程租合同采用船方不管装卸的承运条款时（FIO）必不可少的条款。在签订贸易合同时，合同中的滞期/速遣条款必须与租船合同中的滞期/速遣条款相衔接。

六、仓栈租免费期

由于船舶延期而产生货物在港堆存的仓栈租费用，买卖双方之间如何划分，须由买卖双方协商确定。一般说免费期越长对进口方越有利。对进口方比较理想的订法是："如买方所派船舶到达装货港后，卖方不能按买方或其船务代理人所通知的船舶受载期如期备妥货物和开装而产生的空舱费或船舶滞期费等一切费用和后果，均由卖方负责。如买方或其船务代理人对船舶因临时撤换、延期或因舱位不定造成退关等情况，未能及时通知卖方停止发货而产生的仓栈租、保险费和退关费用的计算，应以买方或其船务代理人通知的装船日期（如货物晚于买方或其船务代理人通知的装船日期抵达装货港，应以货物实际抵达港口日期）为准，在港口免费堆存期满后第××天起，应由买方负担，不可抗力情况除外。但卖方仍负有载货船舶到达装货港后立即安排货物装船的义务，并负担其费用和风险。"需要注意的是计算的日期应订为免费堆存期满后开始，而不能简单地订为合同受载期满后开始。

七、进口货物转船

我方租船订舱装运进口货物，采用直达运输还是转船运输，取决于港口条件和我方租船订舱安排，与卖方无关。有时某一进口商品因国内急需,但货量不大,而该航线一时无合适船装运,可在某一港口中转运到国内,这是必要的和正常的。因此,在签订 FOB 进口合同时,可注明“可以转船”。

八、装运通知

为了便于收货人做好接货准备,合同中一般规定,卖方在货物装船后,应立即将合同号、品名、数量、发票金额、装货船名及装船日期以电信通知买方。在实际业务中,目前基本上采用电传通知。

九、避风移泊条款

有些季节性港口每年有一段时间内受季风影响,风浪很大,无法作业。在这一期间,派船装货,往往为避风而需移动泊位,甚至因来不及避风而有可能发生碰撞。为安全起见,最好不接受在此季节内装货的条件。但进口方确有需要无法回避时,应附加避风移泊条款,要求发货人承担移泊费用,如果是大宗货物计算滞期/速遣,还应作为装货时间。该条款可以定为:“卖方应提供载货船舶安全进出、安全停靠的港口,或安全作业、使船舶始终保持起浮状态的安全港口或泊位。如因天气变化需要移至另一泊位或移至港外,移泊费用由卖方承担,其移泊时间作为装货时间计算。”

十、病虫害熏蒸及动植物检疫

我国进口的农畜产品货物到港后,发现有病虫害时,应按国家检疫规定做熏蒸处理。为了避免给进口方造成损失,应在贸易合同中规定:“由于熏蒸而产生的船期损失和全部熏蒸费用均由卖方负担。货物运抵目的港后,如果发现仍有病虫害,需要再次熏蒸时,其费用和其他损失,一般仍由卖方负担。”

自 1992 年 4 月 1 日起,我国开始实施《中华人民共和国动植物检疫法》,为了保证进口动植物产品和以动植物产品作为包装材料的商品的安全,防止病虫害的入侵,在合同中还应订明:“卖方应提供动植物检疫证书”(Phytosanitary Certificate)或“检疫处理证书”(Quarantine Treatment Certificate)。

十一、索赔有效期

为了避免货物还未运到国内,或虽已运到国内,但还没有开卸,或没有全部卸完，而索赔有效期已过，从而影响对外索赔，在合同中对索赔有效期应明确地订为："如果货物质量、数量或重量与合同或发票不符，买方有权在货物全部卸离船舶后××天内，凭中国商检局出具的证明，向卖方提出退货或索赔，所有因退货或索赔引起的一切费用（包括检验费）均由卖方负担。"

第二节　进口订舱租船托运条件

一、委托订舱租船

进口公司与外商成交的进口商品和其他物资的运输可向港口代理提出委托订舱租船。收货人的责任是催促对方按合同规定的时间、地点交货，并在订妥舱位后通知对方有关船名、船期，以便对方如期装船。代理的责任是按照委托申请，及时组织所需舱位，合理分配各类船舶的货载，按时、准确、安全地实现货物运输。

收货人进口大宗货物一般应在交货期前××天提出并附交合同副本，一般货物应在××天前提出申请，以便代理有足够时间组织订舱租船。收货人通过填制《进口订舱租船委托单》履行委托订舱租船手续，并提供组织运输的有关情况。它是港口代理统一订舱租船，组织运输的重要依据。所列项目必须完整、准确，否则会给双方带来损失。在填制时应注意以下几点：

（1）一般杂货商品填写一式两份，也有的进口货物应填写一式四份。

（2）整船装运的大宗货物，如粮食、糖类、化肥等，各收货人还应及时提供合同副本，并在实际交货前××天提出申请委托港口代理安排船舶。

（3）委托单中的货名须用中英两种文字填写，避免发生差错。

（4）"价格条款"一栏应将交货的具体条件填写清楚，如FOB、FOBS或FOBST等。如果合同中对装运条件另有文字条款规定，也必须详细填写在联系单上，以便准确划分责任、风险和费用。如果合同中有装效率或滞期/速遣条款也要说明，以便代理根据实际情况通知国外代理安排装货。

（5）"重量"一栏应填写毛重，如有含水分的货物，应注明"水量"，以便船公司根据货物重量和水分准确安排舱位。

（6）装卸港应具体明确，若在同一地区选择装货港，必须订明由买方选择,这样对我方安排运输方便。

(7)“包装”一栏要明确注明货物包装形式和种类,超重、超长的货物应注明重量和长度,以便选择合适船舶,准确计算舱容、合理配载。

(8)贵重物品、高价商品应注明货价,以便选择适当船舶,保证安全运输和计算从价运费。

(9)危险品订舱租船时要特别注明危险品性质、我国《危规》编号、联合国“IMDG Code”的等级和编号,以便安排适当舱位,在运输中采取必要的防范措施。在装卸港口办理申报等手续和妥善安排装卸。

(10)对按货价分运价等级的五金、钢材,要列明 FOB 单价,以作为支付和审核运费的依据。

(11)成套设备和机械设备等重大件货物(包括裸装设备及大型箱装机器),由于只在国内少数大港口卸货,因此凡毛重超过 20 吨,长度超过 12 米,宽超过 3.4 米,高超过 2.35 米的,均需在订船联系单上注明。但各种车辆不论是超长、超宽、超高,均需注明长宽高,以便计算积载费用。

(12)特殊货物如散油、冷藏货、鲜活货的订舱租船,应注明具体货运温度、湿度要求等。

(13)若进口货物以集装箱运输应以整箱交、整箱接方式成交。以 FOB、FOBS、FOBST 或 FAS 等条件成交的进口货物,订舱租船权应属进口方,应由买方安排订舱和组织运输,尽可能不委托卖方订舱租船。其理由有以下几点:

①按上述条件成交的进口货物,其运费不包括在货价内,而是等货物运到目的地后再另外支付。若委托卖方订舱租船,卖方为了尽早运出货物,及早结汇,往往对订舱租船不太认真,不考虑运价,有可能订租班轮公会的船舶,其运价一般会高出我方订舱的 30% 左右。因此,我方会多付运费。

②因订舱一般会得到船方的回扣,一般为运费的 5% ~10%,委托卖方订舱,我方会丧失这笔回扣,若卖方代垫运费,还将损失运费的利息和佣金。

③卖方订舱时,主动权掌握在卖方,一旦货物市场价格上涨,买方会借口订不到舱位而推迟发货,从而有可能转卖货物不履行贸易合同,使进口方难以控制货物。同时,卖方订舱会不考虑船方的资信和船舶条件,进口方将承担一定风险。

二、配载

1. 掌握和组织货源

组织货源是组织进口运输的最基本的工作,没有货源也就没有对舱位的需要。一切订舱租船工作都必须以准确而清楚的货源情况为基础,编制货源计划是掌握货源的重要手段,货源计划的资料来自以下几个方面:

(1)各代理提供的托运委托,这个委托分航线、装货港、数量、卸货,它可以对货源情况提供一个大致情况,对安排舱位起到一定的参考作用。

(2)进口订舱委托单是各代理办理的委托订舱手续。它是货源计划依据的最基本资料,把各货主的联系单归纳综合起来,就可以形成分航线、分港口的基本货源,可以得出一个货物种类、数量、分布和流向的大致情况,有助于及时安排舱位。

(3)通过国外代理就地落实后的货源。代理把各委托人提供的订舱联系单分航线、分港口归纳制成"分舱货单",寄往装货港,委托代理就地逐项与发货人落实,主要是落实交货期和数量,然后代理将落实情况报回代理,编入货源计划。大宗货物可直接与发货人联系,取得实际交货计划。

通过上述情况制订出来的货源计划基本上接近实际货源计划。实际货源计划不仅要体现出分航线、分港口的货物数量,而且还要体现货物的类别。不同类别、不同性质的货物对船舶有不同的要求,根据货源计划反映出来的货物数量、类别、性质,就可以筹划相应的各种类型的船舶。

此外在执行计划中还应注意各种因素的变化情况,并依此随时调整计划,使之适应变化了的情况。如合同交货期不符合装货港的条件,交货数量超过了发货人的生产能力或储存能力等。同时还有无法预见的气候因素、社会因素和政治因素等,它们都会影响货源计划的准确执行。因此,在执行货源计划时有可能要随时调整。

2. 组织船舶

组织足够的舱位是完成进口任务的基本保证。在制订舱位计划时,首先要考虑基本舱位的多少、船型是否适合,然后根据实际需要再去物色其他船舶,补充不足。组织船舶时要依据船舶吨位、容积,设备、受载港口和受载期等逐项审核落实。其中船舶的受载期尤其重要,它经常受各种因素影响而发生变化,如恶劣气候、港口罢工、战争、季节性拥挤、船舶本身的故障等。如果船期没有把握的,不能列入组织船舶计划。在取得接近于实际的舱位后,其不足部分应当补进舱位。

3. 船货港衔接

在货源和舱位计划的基础上应有计划地组织船货港的衔接与平衡工作。它包括一条航线一个地区的局部平衡,也包括全局的平衡。在这种平衡的前提下做好船舶的航次安排,达到使货物按时装运,使船舶得到充分合理使用的目的。在做好船货平衡的同时,还要考虑港口的条件,使船货港三方面都达到平衡。这就要求充分认识船货港三方面在一定的时间、地点和条件下的客观规律,掌握和运用这些规律创造三者相适应的条件,取得最佳的经济效果。船货港三方面有各自的不同规律,具体讲有以下几点:

(1)在船舶方面,正常情况下我国出口船舶常常集中在几个港口卸货,因此在进口船舶分布上就形成某些地区的相对集中,而其他地区则相对缺乏船舶。租船来源受国际市场供求关系的影响,如在大西洋粮运、煤运季节,某种船舶的需求就难以满足了。

(2)在货源方面,有货物品种和数量分布的规律。如在日本航线上以电器为主,数量很大,在加拿大航线上以粮食为主,在西北欧航线上以五金杂货为主,北欧货载主要是纸张纸浆等轻泡货,南欧货载主要是钢材等重货,在交货时间上,由于签订合同的时间和节假日因素也有规律,形成淡季和旺季。

(3)在港口方面,地理位置、气候或政治因素的影响等造成港口出现季节性工班不足,工作效率下降,封港停产等现象。某些港口的经常发生罢工,而且罢工僵持不下,往往会引起临近港口的声援,发生连锁反应。罢工结束后,港口又处于拥挤状态充分认识这些规律,有助于处理和解决进口运输中的问题。在进行船货港三方面的平衡工作时,必须综合考虑,使各方面协调起来,首先保证船舶必须与货物相适应。船舶的舱位结构、特点保证适应拟装货物的数量、性能、包装,并使舱位得到充分利用,船期保证适应货物的交货期,挂港顺序应该保证货物得到合理的积载,并且符合合理运输路线的要求。其次,船舶必须与港口条件相适应。应保证船期与所挂港口的季节、气候相适应,船舶的设备与港口设备,如码头、泊位水深、岸吊跨度等、装卸条件、仓库存放能力相适应以保证船舶条件与港口规章制度相适应。

4. 配载

配载是指货载的分配(A1location of Cargo),即什么船配装什么货,是指货物的积载(Stowage of Cargo),即船舶具体装货的技术性安排。配载实际上是船货衔接和平衡的一个组成部分,也就是船货平衡的延续。配载与船货衔接、平衡密不可分,船舶的具体配载必须得当,否则不能达到船货平衡。

船舶的具体配载一般是由船长、代理以及装卸、理货公司在装货港共同完成的。船长或代理按所配货物的数量、性质制订出装船配载计划即积载图(Stowage Plan),作为装船积载的依据,凭以指导装卸或理货公司按计划依次装货。装船配载直接关系到货运质量和安全,关系到船舶经营效果,它是一项技术性很强的工作,一般应注意以下几个方面:

(1)应充分利用船舶的载重量和载货容积。经营船舶的重要指标之一是最大限度地利用船舶的载重量和载货容积。最佳配载方案是全部货物的总重量等于船舶的净载重吨,同时全部货物的总尺码(包括合理堆装空隙)等于船舶的载货容积。但在实际装船时由于各航线上货源条件的限制,不可能完全达到最佳配载方案。因此现实的做法是尽最大可能充分利用船舶的载重量和载货容积。

(2)应保证货物完好与安全。货物运输必须保证货物质量不受损害,数量不短少,这是最基本的要求。若货物装船配载得当,对保证货运质量至关重要。为了配载得当,应注意下列几点:①重货在下,轻货在上,否则经过船舶长途颠簸上面的重货有可能压坏下面的轻货。②散货、粉末货须装在底舱,否则有可能玷污其他货物。③根据货物性质对易散味、串味、散气的货物须加以特殊考虑,防止使其他货物感染。④机械类、重件等装货后需固定加稳,防止对其他货物造成挤压和摩擦。⑤易燃、易爆货物不能装在机舱,锅炉等热源和自热自燃货物的附近。

(3)应保证船舶安全与适航。船舶载货航行时的安全性和适航性(Seaworthiness),在很大程度上取决于货物的积载状况。因此,装载时尽可能使船舶重心稳定,配载时注意上轻下重。当货量较大时,各舱应平均装载,否则船舶不稳,影响适航和速度以及安全性。

(4)应有利于船舶的装卸作业。配载是否得当直接影响装卸作业的速度,关系到船舶周转速度。各舱货物的配载应按货物达到目的港的先后顺序积载,即先到港货物后装,后到港的货物先装,以防发生捣载现象。不同卸货港的货物应分隔清楚,不要混淆,以防延长卸货时间。同时货量较大时应分舱积载，以便在装卸作业时同时打开舱门，争取在最短时间内装卸完毕。

第三节 进口航运单证运作

进口货物运输的单据一般分为商务单据和船务单据两大类。

一、商务单据

商务单据是指贸易双方办理货物交接和货款结算所需要的单据，主要包括合同、发票、提单、装箱单、重量单、品质证书和保险单等。

1. 合同

合同是港口货运代理办理货物进口报关、接交、代运和掌握进口货物索赔期的主要依据，卖方发货时应以签订的合同为依据。

2. 发票

发票是卖方向买方出具的结算货款金额的单据，它是港口货运代理制作《进口货物明细单》和办理报关以及船方或保险人赔偿时计算货价的依据。对于免费赠送的货物，应出具形式发票(Formal Invoice)。

3. 提单

提单是船方签发的，证明已收到或已将所列明的货物装上指定船上的单据，它是货物收据、物权凭证和运输合同的证明。在我国进口合同中一般规定，提单通知人须列明为收货人代理，它是船方交货的主要依据。

4. 装箱单与重量单

装箱单是箱装货物的明细单，上面详细列明货物的名称、包装形式和件数等。重量单详细列明货物的每件重量和总重量，为国内港口卸货提供数字依据。

此外还有品质证书和保险单等。

二、船务单据

船务单据是承运人在装卸港口装卸进口货物时所需要单据，也是反映货物装船实际情况的文件。它主要包括提单副本、积载图、货物舱单、运费舱单以及租船合同等。

1. 货物舱单(Cargo Manifest)

货物舱单是船公司或其代理在装货港根据提单内容编制的，是港口卸货、理货的主要依据，其内容基本上与提单相似。它表明各票货物的名称、数量、合同号、发货人等情况，按提单号顺序排列起来，使人对每一装卸港口的货物情况一目了然。

2. 运费舱单(Freight Manifest)

运费舱单是在货物舱单的基础上增加一项运费组成的可以使租船人了解运费计收是否准确和总的运费收入情况。

3. 提单副本 (Copy of B/L)

通过提单副本可以了解出具提单的情况，通过有无批注了解装船货物是否具备适于海上运输的条件，是否在装船前已发生损坏。提单副本还被用作向委托人收取运费的凭证和留作处理索赔案件时使用。

4. 积载图 (Stowage Plan)

货物积载图是以不同颜色绘制的表明各票货物装船的文件。通过它可以了解舱位的使用情况，审查积载是否合理。积载图是安排卸货、疏运、提货的重要参考依据。

5. 租船合同(Charter Party，C/P)

租船合同是真正的运输合同，是承租双方之间签订的租船货运协议。它将双方的权利和义务作出了明确规定，是各方承担责任和行使权力的依据。

此外还有危险品装船清单、大件货物装船清单等。这些特殊货物清单，对准备和组织卸货、疏运都是十分重要的。

货运单据在进口运输中十分重要。为了做好卸货、报关、报验、接交、疏运工作，在进口货物到港之前，收货人等必须取得必备的全部单据。一般情况下，签订合同后，国内收货人给港口货运代理寄送一份合同副本，除上述单据以外的其他商务单据。一般在合同中规定，货物装船后，发货人应给收货人发送两份有关单据。短航线商务单据一般随船带交，而其他的航线为航空寄送。单据的寄送十分重要，尤其是对卸货港有关单位，及早收到即可以做好组织接卸准备工作，防止延误卸货。租船人收到单据后应进行审查，以便发现问题及时作出处理，并按各种不同用途予以使用。船务单据随船带到目的港，交目的港船公司代理分发。

三、正确处理保函

当进口货物在国外港口装船时，由于货物的外表及包装有缺陷，船方会在提单上加批注，卖方为了取得清洁提单有可能向船方出具保函。有时船方会主动征求买方的意见,以免除自身责任。对此,进口方作为买方应慎重处理,绝不可轻易接受对方保函。为保障进口方利益,原则上不能同意卖方向船方出具任何形式的保函而换取清洁提单。如船方擅自接受卖方保函,由此引起的一切损失均由船方承担。如有特殊情况,不得不出具保函时,卖方应得到买方的确认,并将保函副本寄交买方,由此产生的一切损失仍由卖方负责。对提单有不良批注的货物,买方应争取货到后付款,以避免产生经济损失。

第四节　进口货物交接责任

一、掌握进口船舶动态

掌握进口船舶动态和船期,对做好港口工作,及时、合理地安排进口船舶卸货,尽快把货物交到收货人手中极为重要。货运代理应做好进口船舶动态表的工作,不论国轮还是国外班轮均需按船舶、按航次认真填写,进口船舶资料卡,作为船、货安排的依据。资料卡的内容包括船名、船期、各港所配货物的主要货类、数量、实装量、离港和抵港日期等运输过程中的主要情况。进口船舶动态表主要填写船舶类型、卸港顺序、各港货类、货量、预计抵达国内第一卸港时间。如有特殊货物如甲板货、重大件货和危险品等均需列明,以利卸货港事先做好接货安排。

在实际工作中,船舶动态信息的来源主要有下列几个方面:

(1)船公司编发的每月《进口船舶动态》。

(2)船公司代理提供的船舶动态。

(3)船公司目的港代理提供的船舶进口时间表。

(4)国外班轮公司提供的每月或每旬船期表。

(5)各进口公司向港口代理提供的进口货物装船情况。

(6)国外发货人寄来的单证及电报所提供的船期表。

二、进口船舶的卸港安排

组织安排国内港口的卸货工作,做好海运进口货物的接交和代运工作,对及时卸货和加快进口货物的疏运,缩短船舶在港时间具有重要意义。

安排进口船舶的卸货港是指进口货物经海运到达国内后,安排在哪个港口卸货。这是进口船舶到达国内港口前的一项重要工作。做好这项工作有利于进口船舶及时卸货,缩短船舶在港时间、减少费用、有利于加速货物疏运,减少货物在港积压,满足生产建设需要。因此,必须在船舶到达国内港口前掌握有关卸货情况,包括掌握进口货物流向、船舶吃水、危险品性能、重大件货物的重量尺码、港口卸货设备和能力、疏运条件和收货人要求等,会同有关部门妥善安排每一艘船舶的合理卸货港。

安排卸港的船舶有两种,一是 FOB 条件下由我方租船,二是 CIF 或 CFR 条件由对方租船。我方租船情况下,由进口方向口岸代理提出《进口货物订舱委托单》,由口岸代理根据航线,国内卸货港等情况以及进口方提供的船名、货名、数量、预计到港时间等,统一安排卸货港。安排卸货港的基本原则是:

(1)按照合理运输要求,对进口货物的接卸疏运工作全面安排,加强进口货物按需用地区就近靠港卸货,加快港口疏运,减少货物积压的原则,安排卸货港。

(2)为体现外贸运输为生产服务,对收货人急需或特殊需要的进口货物,若要求改变原定卸货港时,应尽量加以调整。

(3)在调整合理流向和生产急需的前提下,对进口到货任务少的港口和中小港口应适当安排船舶,发挥中小港口的作用,以减轻大港的压力。

(4)对既装有大宗货物,又装有杂货的船舶,由于大宗货物具有调拨使用的性质,货物的流向容易调整,因此可按杂货的合理流向决定卸货港口,以减少船舶挂港,节省费用。

(5)若程租船的租约订有两个卸货费率时,根据航向选择费率较低的港口卸货,以节省费用。

三、进口货物的交接

进口货物到港后,口岸代理作为国内收货人的代理,负责在港口的接交工作,并负责港口的报关、报验等。报关后口岸代理将海关放行单交收货人提货。进口货物的接交工作是一项重要而细致的工作、涉及面广,情况复杂,一般要做好下列工作:

1. 报关和报验

进口货物需经港口货运代理向当地海关申报,由海关查验放行后,才能将货物提离港区。进口动、植物或其商品,其申报程序是先申请检疫,再报验、报关。

进口货物报关、报验的程序为:接受申报、审核单证、查验货物、办理征税、结关放行。其具体步骤如下:

(1)报关放行。凡进口货物,由港口代理填制进口货物报关单,并随附发票、提单等有关单据。若是科研用品还要附合同副本,对一些特殊进口货物,需要有关部门批文或核发进口许司证和海关盖章的减免税证明,海关检查无误后盖章放行。必要时海关可开箱验货,属法定商检的货物,如需动植物检疫的或药检的,还需附检验合格证书。

非贸易货物不在港口检验放行的需要向海关申报,并填制《国外货物转运准单》,向港口海关办理监管转运手续,经海关同意后,由目的地海关检验放行。非贸易货物所有人应提供有关证明和填制《免领许可证进口物品验放者证》一份。赠送礼品报关,需填制《进口非贸易样品申报单》并附发票一份。如系使馆物资,凭使馆或有关单位证明,向海关办理申报手续。为保证货物及时报送疏运海关规定,货到港后 14 天内一定要到海关报关,超过期限海关将收取货价若干百分比的滞报金。

(2)征税。目前进口货物属于外经贸部各进出口总公司订货的,由各有关订货公司向海关办理纳税手续,叫做集中纳税,凡不属于此项的则在进口口岸当地纳税。为保证进口货物及时纳税,海关规定进口征税货物,必须在货到后 14 天内向海关纳税,否则海关将征收按货价若干百分比的滞纳金。

(3)报验。报验是指有些进口货物向商检局申请商检,以证明进口商品的品质、数量、规格、技术性能等符合我国的有关规定或进口合同的规定。商品检验分法定检验和公证鉴定两种。

法定检验是国家规定的某些进口商品必须经国家商检局检定。公证鉴定是应收货人的要求,对进口商品进行公证鉴定,一般称为验残和鉴重。

2. 理货与现场监卸

在进口货物卸货时,口岸代理作为收货人的代理人,履行现场监卸任务,把好进口货物的质量和数量,维护收货人利益。口岸代理现场工作人员必须配合港口理货人员按票卸货、理货,严禁混卸。已卸货物应按提单和唛头、标志分别堆放。对船边提货和危险品,应根据卸货进度,及时与有关方面取得联系,做好衔接工作。对超限重大件货,应在货物到港前,提供尺码及重量、起吊点和图纸,以利于准备接货车辆或驳船,加速疏运。

重点货物如钢材、机械零件、橡胶,应有专人管理,避免差错,货物卸完后要下船检验,防止漏卸。

3. 残损

进口货物在卸货过程中,如发现货物残损,应进行检验,并要查清残损原因。如系原残,即发货人交货时或在启卸时已有残者,应及时向理货人员和验残人员取得有效证明,以便向责任方索赔。如系卸货过程中发生的工残,应向港方索取商务记录,作为向港方索赔的依据。验残时应注意查明下列情况:

(1)货物内包装的残损或异状;

(2)货物损失的具体数量、重量及其程度;

(3)受损与短少货物的型号、规格;

(4)致残或短少的原因;

(5)货物残损的处理意见。

造成工残的原因可能有以下情况:装卸不慎,方法不对,设备不良,保管不善,衬垫不良,仓库漏雨或渗水,以重压轻,不按标准积载,在港区内丢失,短少或灭损,向船方漏签或错签,无法补救。

4. 溢短卸货物的补救

进口货物在卸船过程中,经常会发生溢卸或短卸情况,除了国外责任外,根据海关法和相关的《关于海运进口货物溢短卸处理暂行办法》规定,对溢、短卸货物可以酌情补救,溢短卸的依据是港口理货公司出具的并经船长或大副签认的溢短签证,溢短卸货物的补救原则是:

(1)凡是同船、同品种、同规格而不同提单的进口货物互有溢短时,都可以相互抵补。

(2)凡是同船、同品种而规格不同的货物,代理人应征得收货人同意后再进行抵补拨交,但要在拨交凭证上注明规格、数量,以便收货人与订货公司结算差价。

(3)对于不能抵补溢短卸货物和纯溢卸货物,凡系口岸代理租船承运的,可按有关委托方提出的主体对象,由口岸代理报关后,交收货人,并把结算凭证寄交有关方。

(4)凡经抵补后尚有短少的,由口岸代理根据理货签证和货物短少证明,向船方办理索赔手续。

成套设备、各种机械、仪器以及性能不同的化工原料、染料、化学试剂、西药等,收货人应通知说明国外发货人有多装或少装,并经港口理货核实不能抵补的货物。

第五节　进口货代业务运作

进口货物到达国内目的港卸船报关后,若由收货人自己到码头提货则称为自提。若由港口代理代表收货人(货主)办理接交货物,并安排运力,将货物转运到收货人指定地点,这种业务称为进口代运。

进口代运业务的具体做法比较复杂,它涉及面广、情况多变、环节较多,需要做大量的联系工作。如联系船舶靠泊、卸货、理货报关、报验、编报运力计划、办理托运、监装发运等。它所涉及的协助单位有港务局、海关、商检、铁路、航空、公路等机构。进口代运业务极大地方便了货主,特别是在港口没有转运代理的收货单位,进口货代业务,可以解决接货转运方面的困难,节省收货人的人力和物力,同时也可以加快进口货物的疏运,减少港口的压力。

进口代理业务是一项服务性工作,必须具有为货主服务的观念,密切联系货主,为货主排忧解难,及时掌握进口货源动向,积极主动接受货主委托,为货主提供方便,遵循平等互利的原则,处理好与委托人的关系,不断提高代运服务质量。

一、进口代运范围及委托手续

进口代理包括下列范围:代理人办理海运进口货物在国内港口的交接、报关、报验、转运等;办理进口货物经由铁路、公路、水路、空运、邮寄、集装箱运输和各种联运方式的港到门运输服务;办理进口的特殊货物,成套设备、危险品、鲜活动植物、放射性物质、冷藏货物等的接交转运工作;根据具体情况,接受临时委托,办理交接代运业务。

进口代理业务的委托手续:各委托单位,如进口公司,订货部门或收货单位,可直接向货运代理提出长期的或临时的委托,并签订《海运进口国内交接、代运协议书》。

二、进口代理的责任划分

1. 进口代理委托人的责任

进口代理的委托人有如下责任:

(1)在进口货物到港前,委托人应按协议要求的时间,将全部商务单证连同进口许可证及批文等，送交代办人。若由于单证不齐或不能及时送到而造成的责任和费用，由委托人承担。

(2)委托人收到《到货通知》后应逐项核对，发现差错，应速电告代办人更改。

(3)对于超限、重大件货物，应将重量、尺码、重心位置、起吊点列出清单，需要特殊技术装载要求的，必须提供图纸，上述资料应尽早寄送港口代理人。当接到代理人到货通知后，委托人应立即派人到港口协助代理人办理装船、装车发运，并负责解决特殊的加固物料。

(4)委托人进口危险品时，必须在合同上注明危规号。当危险品到港后，若包装破漏，无法修补时，由委托人设法就地处理。

(5)对药品、鲜活货物、动植物、冷藏、保温等特殊货物，应在合同中注明海运、装卸、国内转运注意事项的具体要求。货物到港后，委托人到港口协助代理人办理申报动植物检疫手续，解决存货场地和转运等问题，货物需要押运时应派人押运。

(6)当货物在港口发生残损或短少时，限于港口条件又不能在港口办理检验时，可按异地商检办理。委托人收到货物后，应立即联系当地商检机构检验，委理人取得商检证明后，将正副本备一份寄有关部门，据以对外索赔。

(7)由于承运部门不受理，或由于卸理不清、货物严重残损等原因，致使货物不能及时发运时，委托人接到代办人的通知后，应立即派人到港口负责验收，共同研究解决方法。

(8)由于委理人接卸能力不足，提供单证不及时，临时提出变更到站，或动植物检疫时间过长等原因，导致货物不能及时发运，其责任和由此产生的各项费用，均由委托人承担。

2. 进口代理人的责任

进口代理人的责任有如下几点：

(1)代理人应于货物到港前根据进口公司和委托人提供的单证，积极办理进口货物接交、制单、报关、报验和代运准备工作，在单证不齐全时可凭保函报关。

(2)船舶联检后三天内，代理人应立即填制《海运进口货物到货通知》寄送收货人或订货单位。发货人另以《提货通知》通知收货人提货。

(3)在货物发运前，代理人应对货物外包装进行检查，发现异样应及时申请检验，并做好记录。

(4)代理人负责货物按件发运,但对重量不负责任。需要分运时代理人按提单所列数量或重量估算后办理发运。

(5)经由铁路转运时,如一票货不是一车者,代理人可以零担、整车发运或拼车发运,并通知收货人拼装货的合同号、品名、数量、收货人等,发运后寄送拼装清单,也可委托当地货运代理办理分拨转运。

(6)若发现货物包装破损时,代理人有责任整修包装,如危险品包装破漏,无法修补时,应通知收货人设法处理。

(7)为确保货物运输安全,发货人必须按实际需要和有关规定,对超限、重大件货物和特殊货物给予加固后再发运。

(8)在正常情况下,代理人应在货物对外索赔有效期前将货物运出。若因部门等原因不能出发,应及时通知收货人。

(9)代理人可以对运输方式作出选择。

(10)由于代理人的责任,造成错发错运,由港口代理人负责查清纠正,并负责迂回运输所造成的运杂费用。

(11)代理人有责任加强对外运货监装、监卸工作,防止发生差错。

(12)CIF 条件的集装箱到货,需在港口拆箱分运的货物,若要加保时,代理人应代委托人办理加保手续,费用由委托人负担。

货物在规定的保险期(60 天)内未出运时,代理人应代委托人办理续保手续,同时通知委托人延长索赔期限。

(13)代理人为减少船舶挂港,提出变更卸货港时,要与委托人协商改变货物流向,如无法改变,由代理人支付运费差额。

三、进口代理程序

1. 编制要车(船)计划

为疏运进口货物,代理人必须申请要车、要船计划,编制计划的依据主要是预计到货的总量。综合平衡运输。

2. 选择运输方式

进口代理货物的运输方式经常使用的有铁路运输、水路运输、水陆联运、航空运输、邮包运输、公路运输等。具体采用哪一种运输方式,应视具体情况而定,其基本原则是在节省运杂费的基础上,快速安全准确地将货物运输到收货人指定的地点。

3. 发运组织与管理

组织与管理发运是进口代理业务的核心工作,必须做到以下几点:制订发运计划,配备足够的管理人员,其工作时间尽量与港务等部门的工作时间保持一致;现场工作人员应对装货逐项核对,并防止货物在运输途中遭受损失;货物到港后及时核对货物种类和数量是否准确,并掌握货物溢、短、残、损情况、并填写有关单证;掌握对外索赔有效期。

4. 特殊进口货物代理

特殊进口货物的代理业务要比一般货物代理复杂。如重大件、超限货物要向运输部门提供货物的重量和尺码,落实接卸措施,办理危险品代理时,必须提供危险品的品质、性能说明书,说明危险品的性能、防护措施和出险时的处理办法,并说明危规号,对精密仪器和袋装货物应轻装、轻卸,对破箱或破袋要进行修补或调换包装。

5. 船边直提

船边直提是指将进口货物从船舱内吊出后直接装火车、汽车或驳船运走。但直提货物必须是品种单一、整批、大吨位和流向畅通的货物。直提业务必须掌握大船卸船时间、速度,做好船过船或船过车的衔接工作。

四、港口费用

海运进口货物的港口费用,按港口费收项目和发生业务项目计收。

1. 到货费用定额

海运进口货物从卸船的船舷起到卸入码头仓库或货场所发生的费用,通常包括在到货包干费用内。其主要项目有:港务费、卸船费、堆存保管费(货物卸入仓库起×天内实际发生的堆存保管费)及杂费等。杂费中包括因船舶吃水或其他原因而发生的港内驳运费、外挡过驳费、浮吊费、倒垛、过磅、检验费及包装修补工料费,到货费用由港口代理向收货人收取。

2. 代理费用定额

代理费用定额是指港口代理接受收货人的委托,将货物自出仓库至装上火车、驳船上所发生的费用及装车所需的加固物料,并包括×天以外的保管费,其具体项目有:

(1)装卸费。按有关部门颁发的港口收费规则和进口货物装卸费率表规定或根据订立的协议,根据各类物资运输方式的不同比例平均计算。

(2)堆存保管费。自货物卸入仓库起×天以外的保管费即超期堆存费。

(3)装车设备费。整车发运货物所需加固物料、铁丝、夹杠、扒钉等按装货种类所需不同情况平均计算。

(4)杂费。包括零担、快件发运的场站内保管费、搬运费、备品回空费,代理费用定额由港口代理向委托人收取。

第六节　国际航运常见术语理解与应用

一、国际货运代理人

所谓的国际货运代理业,是接受进出口货物收货人、发货人的委托,以委托人的名义或者以自己的名义,为委托人办理国际货物运输及相关业务并收取服务报酬的行业。

二、无船承运人

无船承运人是指无船承运业务经营者以承运人身份接受托运人的货载,签发自己的提单或者其他运输单证,向托运人收取运费,通过国际船舶经营者完成国际海上货物运输,承担承运人责任的国际海上运输经营活动。

三、出口收汇核销

出口收汇核销是以出口货物的价值为标准,即出口企业在货物报关出口后,向外汇管理部门报送银行出具的收汇证明以进行核对。出口单位凭出口收汇核销单出口,收汇后到外汇局办理核销,再向税务机关申请出口退税。出口货物退税的税款是出口货物在国内生产、流通各个环节已缴纳的增值税和应缴纳的消费税。

四、贸易术语

贸易术语,又称价格术语或贸易条件,是指由 3 个英文字母组成的用以表明货物的单价构成和买卖双方各自承担的责任、费用与风险划分的专业用词,如 FOB、CIF。

五、象征性交货

所谓象征性交货就是指卖方只要在约定日期和地点完成装运,并向买方提交包括物权凭证在内的有关单证,就算完成了交货,而无须保证到货。这与实际到货相对应,后者必须将货物实际交给买方或者指定人。

六、保险单

保险单证是保险公司和投保人之间订立的保险合同,是保险公司出具的承保证明,也是被保险人凭以向保险公司索赔和保险公司进行理赔的依据。

七、信用证

信用证是随着国际贸易、航运、保险以及国际金融的迅速发展而逐渐形成的一种结算方式,它以银行信用证基础,由进口地银行向出口商提供付款保证,使得出口商收货货款的风险降低,而出口商必须提交与信用证相符合的单据,才可以获得付款,因此进口商的收货风险也相对减少。信用证是独立于买卖合同或任何其他合同之外的交易,开立信用证的基础是买卖合同,但银行与买卖合同无关,也不受约束。

八、银行保证书

银行保函又称银行保证书是指银行作为担保人向受益人开立的保证被保证人一定要向受益人尽到某项义务,否则将由担保人负责支付受益人损失的保证文件。

九、转关

转关是指进出口货物在海关监管下,从一个设关地运至另一个设关地办理某项海关手续的行为。

十、出口退关

出口退关是指出口货物业经海关放行后,因故未能装上出境的运输工具,发货人或者其代理人请求将货物退运出海关监管区域不再出口的行为。对于出口退关货物,发货人或其代理人应当在得知出口货物未装上运输工具,并决定不再出口之日起 3 日内向海关申请退关,已缴纳出口税的可以在缴纳税款之日起 1 年内提出书面申请退税。

十一、班轮船期表

班轮船期表是班轮运输营运组织工作中的一项重要内容,班轮公司制定并公布班轮船期表有多方面的作用。首先是为了招揽航线途经港口的货载,既为满足货主的需要,又体现海运服务的质量。其次是有利于船舶、港口和货物及时衔接,以便船舶有可能在挂靠港口的短暂时间内取得尽可能高的工作效率。再次是有利于提高船公司航线经营的计划质量。班轮船期表的主要内容包括:航线、船名、航次编号、始发港、中途港、终点港的港名,到达和驶离各港的时间,其他有关的注意事项等。

十二、指定货

如果出口货物是以 FOB 价格条件成交,则货物运输由进口商安排,此时订舱工作就可能在货物的卸货地或输入地由进口商办理,这就是所称的卸货地订舱。卸货地订舱的货物在实践中也称“指定货”。

十三、仓库收货、集中装船

在杂货班轮运输中,对于普通货物的交接装船,通常采用由班轮公司在各装货港指定装船代理人,由装船代理人在各装货港的指定地点(通常为港口码头仓库)接受托运人送来的货物,办理交接手续后,将货物集中整理,并按次序进行装船的形式,即所谓的“仓库收货,集中装船”的形式。

十四、集中装卸,仓库交付

在杂货班轮运输中,对于普通货物,通常采取先将货物卸至码头仓库,进行分类整理后,再向收货人交付的所谓“集中装卸,仓库交付”的形式。

十五、电放

“电放”是指在装货港货物装船后,承运人签发提单,托运人再将全套提单交回承运人,并指定收货人,承运人以电信方式授权其在卸货港的代理人,在收货人不出具提单的情况下,交付货物。

十六、海运单

海运单是收货人和承运人之间订立海上货物运输合同的证明,又是承运人接管货物或者货物已经装船的货物收据。但是,海运单不是一张转让流通的单据,不是货物的“物权凭证”。所以,海运单具有以下两个重要作用：

(1)它是承运人收到货物，或者货物已经装船后，签发给托运人的一份货物收据；

(2)它是承运人与托运人之间订立海上货物运输合同的证明。

十七、美国航线，舱单申报

舱单申报：美国海关申报舱单，采用的方法可以有三种：一是向海关缴纳保证金，获得直接向海关申报舱单信息资格；二是委托船公司代为申报；三是委托别的无船承运人代为申报。

十八、美国航线，自动舱单系统

舱单24小时申报规则：美国《海关法》专门针对驶往美国卸货的船舶的《自动舱单系统(Automated Manifest System，AMS)》作了规定。美国海关制定了船舶舱单中必须填写的内容、采用的格式以及船舶电子舱单的传送方式。任何驶往美国的船舶须在外国港口进行装货前24小时向美国海关报备所有相关货物的舱单。《自动舱单系统》适用于所有途径美国的货物，不论该货物是进口货物还是途径货物，要求船公司或者无船承运人在装港装货前24小时，而不是在最后装货港，将舱单在装船前用电子数据递交给美国海关，由其在货物装船前预先评价海运集装箱走私武装的风险。

十九、提单的签发

提单的签发日期应该是提单上所列货物实际装船完毕的日期，提单签发的地点原则上应是装货地点，提单签发的分数，按航运惯例通常是正本提单一式两至三份。每份具有同等效力，收货人凭其中一份提取货物后，其他各份自动失去其效力。提单必须经过签署手续后才能生效。有权签署提单的有承运人或船长，或由他们授权的代理人。

二十、第三方物流

第三方物流通常也称之为契约物流或物流联盟，在生产到销售的整个物流过程中提供服务的"第三方"，本身不拥有商品，而是通过签订合同或结成合作联盟，在特定的时间段内按照特定的价格向客户提供个性化的物流代理服务。具体的物流内容包括商品运输、储存、配送以及附加的增值服务等。它是以现代信息技术为基础,实现信息和实物的快速、准确地协调传递,是一种专业化的物流服务形式。

【案例一】 倒签提单损害赔偿纠纷案

1. 案情

2006 年 3 月 29 日,福建省 A 经济技术协作公司(以下简称 A 公司)作为买方,通过福建省某进出口公司,与日本 H 公司签订了进口日产东芝牌 RAC—30JE 型窗式空调机 3 000 台的买卖合同,合同约定:价格条件为成本加运费,到达港为福州,卖方应于 6 月 30 日前和 7 月 30 日前各交货 1 500 台,付款条件是买方在接到卖方出口许可证号码和装船的电报通知后,在货物装船前 30 天期间,由中国银行福州分行开立不可撤销的、以卖方为受益人的即期信用证,信用证有效期延至装船后 15 天。付款单据中包括已装船的空白背书、空白抬头、清洁无疵的提单。依据上述合同,日本 H 公司与日本 B 集装箱运输公司(以下简称 B 公司)办理托运事宜。B 公司于 6 月 30 日向托运人 H 公司签发了 W015C090 号联运提单。该提单项下的 1 496 台空调机,于同年 7 月 1 日在日本横滨港装船。A 公司收货后与先期收到的 4 台样机一并进行销售。

7 月 22 日、23 日,B 公司在日本横滨太黑码头的集装箱堆集场地收取了 H 公司托运的第二批 1 500 台空调机,于 7 月 25 日在日本东京向托运人签发了 W015C097 号联运提单。该提单载明承运人 B 公司,承运船舶为"大山"轮,启运港为日本横滨的集装箱堆场,到达港为中国福州的集装箱堆场。B 公司在该提单"签署的时间和地点"栏内签署了"日本东京某年 7 月 25 日",又在"本提单生效后为装船提单"栏内签署了同样的日期。但是,实际上直到 8 月 20 日,"大山"轮才在日本横滨大黑码头装载 W015C097 号提单项下的货物。该轮于 8 月 28 日抵达福州。

7 月 27 日,福建省 A 公司接到日本的电传通知称,W015C097 号提单项下的 1 500 台空调机已于 7 月 25 日装运"大山"轮。A 公司获悉后,即于同月 29 日与第三人福建 F 供销公司签订购销合同,将 W015C097 号提单项下的 1 500 台空调机以每台价格人民币 2 000 元售与第三人。该合同规定,交货期限为同年 8 月 20 日前,逾期交货,供方须承担不能交货部分的货物总值的违约金,并且需方有权解除合同。A 公司由于没有如期收到空调机,未能按时交货。第三人遂于 8 月 26 日通知 A 公司解除合同，并要求A公司按约支付违约金。事后，A公司即向国内数十家单位联系此批货物的销售，因市场滞销均未成交。为减少损失，A公司于以每台1 700港元福州的离岸价格条件，将该批货物向香港一有限公司复出口。

2. 审判

一审判决：

A公司向我国某海事法院起诉，请求判令B公司赔偿因倒签提单行为而造成的经济损失，包括贷款损失及利息共计4 846.06万日元，应支付给第三人的违约金人民币60万元，营业利润损失人民币75万元，律师、会计师咨询费人民币17 000元，以及邮电、差旅费人民币5万元。B公司在答辩中提起反诉，要求A公司赔偿租箱费14 728美元和搬运费576美元。

海事法院认为第三人与原、被告之间有直接利害关系，通知第三人参加诉讼。

海事法院经审理认为：集装箱运输中的承运人在集装箱堆场只能签发待运提单。被告B公司却在货物装船前即签发已装船提单，是对原告A公司的侵权行为，应对由此产生的后果承担责任。同时，由于第三人在合同规定期限内未收到空调机，在依照合同规定解除了合同后，该批货物业已发生堆存、保管费用，因此，被告要求原告赔偿因拒收货物而发生的租箱费、搬运费的反诉请求理由不足。据此，判决由被告向原告赔偿W015C097号提单项下的货款及因复出口的垫支费用损失3 972.32万日元、货款利息损失人民币340 401元、原告应支付第三人的违约金及利息人民币158 550元、营业利润损失6 133.87万日元；原告的其他诉讼请求不予支持，驳回被告的反诉。本诉讼费人民币16 700.17元，由原告负担2 881元，被告负担13 819.17元；其他诉讼费人民币9 350元，反诉诉讼费150美元由被告负担。

二审判决：

日本B公司不服一审判决，向上级法院上诉。

二审法院经审理认为：当事人双方的民事法律关系是由海上货物运输合同所引起。上诉人（即一审被告）所签发的W015C097号提单的性质，依据《海商法》第74条规定，参照1924年《统一提单的若干法律规定的国际公约》第3条第7款的规定，并注意到日本《国际海上货物运输法》第6条、第7条的规定，应确认为已装船提单，银行据此予以结汇，符合《跟单信用证统一惯例》的规定。上诉人在货物尚未装船前签发已装船提单,是倒签提单的侵权行为。

上诉人实施倒签提单的行为,造成了被上诉人(即一审原告)的经营损失,其中包括可得利润损失、进口货价与复出口货价之间差额的损失,以及向原审第三人支付违约金的损失。对此,上诉人应承担赔偿责任。

原审法院在核算被上诉人损失上有误,此外,上诉人倒签提单的行为,并不必然引起集装箱的长期堆放,上诉人就租箱费提出的反诉请求合理,应予支持。

据此,二审法院判决如下:①撤销海事法院一审判决;②上诉人应赔偿被上诉人在 W015C097 号提单中所载货物的货款损失 38 019 618.5 日元;③上诉人应赔偿被上诉人货款损失的银行贷款利息计人民币 362 671.1元;④被上诉人应支付原审第三人违约金人民币 9 万元;⑤上诉人应赔偿被上诉人所需支付原审第三人的违约金人民币 9 万元;⑥上诉人应赔偿被上诉人的营业利润及其利息损失计人民币 810 538.36 元;⑦被上诉人应支付上诉人集装箱租箱费 14 728 美元;上述第②至⑦项,上诉人和被上诉人须在接到本判决书的次日起十日内履行。逾期按照《中国人民银行结算办法》处理。⑧本案一、二两审案件受理费共计人民币 13 555.5 元,由上诉人负担人民币 10 166.63 元,被上诉人负担人民币 3 388.87 元;本案一、二两审案件反诉受理费 320 美元,由上诉人负担 20 美元,被上诉人负担 300 美元;本案其他诉讼费人民币 6 000 元由上诉人负担。

【案例二】 出具保函换取清洁提单被收货人追诉造成损失索赔纠纷案

1. 案情

原告:A 远洋运输公司

被告:某商业对外贸易总公司

原告在起诉书中提出,其公司所属“清”轮在厦门港装载被告托运的 5 000 吨(共 10 万袋)白糖时,因当即发现有 10% 的脏包,于 1990 年 9 月 5 日在收货单上作了批注。按规定应在提单上作同样批注。但被告为能迅速出口货并及时结汇,请求原告接受其 1990 年 9 月 16 日作出的担保,并签发清洁提单。因考虑到被告一时难以换货,在被告许诺承担由此而产生的责任的情况下,我公司给予被告签发了清洁提单。当“清”轮抵达科伦坡港卸完货后，收货人以脏包造成其损失为理由，向斯里兰卡高等法院申请扣船并提起诉讼，索赔金额高达 360 814.83 美元，致使“清”轮被扣达 13 天，我公司蒙受了很大损失。虽然不能以保函来对抗收货人，但我公司仍从维护被告利益考虑，对外据理力争。经与收货人多次交涉，终于达成由我公司赔付 162 366.67 美元而收货人撤回起诉的协议。我公司将上述赔付情况及时告知了被告，并要求被告按其承诺赔偿我公司损失。但与被告多次协商未果，只得诉诸于法律，要求被告履行保函规定的义务，赔偿上述损失。

2. 审判

某海事法院经审理查明：原告所属“清”轮第 93 航次于 1990 年 8 月 26 日抵厦门港，9 月 18 日承运被告托运的 5 000 吨袋装白糖驶离该港，目的港为斯里兰卡的科伦坡港。被告 1990 年 5 月原定承运这批白糖的“南汇”轮因在厦门联检不合格未能成行，造成其货物长期堆放在厦门东渡码头，其间适逢台风天气，又经多次周转搬运，造成白糖部分脏包。原告所属“清”轮大副于 9 月 5 日在收货单上对脏包 10% 作了批注。1990 年 9 月 16 日因信用证即将过期，被告为能及时出口货物及结汇货款，向原告出具保函，要求原告开出清洁提单。保函言明“如果收货人有异议，其一切后果均由发货人承担，船方概不负责……”。同时还查明：收货人以货有脏包为由，向斯里兰卡高等法院申请扣船并提出诉讼。斯里兰卡高等法院为此曾经下裁定对原告所属“清”轮进行扣押，致使“清”轮被扣达 13 天。该高等法院在原告赔付收货人款项后，因收货人提出撤诉而准予撤诉。经审核，原告于 1992 年 7 月 16 日赔付给收货人 162 366.67 美元。上述事实有被告出具的保函，原告出具的收货单、赔偿通知书，斯里兰卡高等法院的裁定（经公证）及法院调查材料在案为证。

海事法院认为：《1978 年联合国海上货物运输公约》（简称《汉堡规则》）对国际航运中所使用的保函效力作了具体规定，即：保函对受让提单的包括任何收货人在内的任何第三人，不发生效力，但对于托运人是有效的。若承运人接受保函而签发提单属有意的欺诈，则保函对托运人无效，承运人不仅无权从托运人处取得赔偿，且要对包括收货人在内的第三方的损失承担无限赔偿责任。我国《海商法》对保函问题未作明确规定。该案涉及涉外运输，因此《汉堡规则》可作参考。本案原告为避免承担责任，欲在提单上作出批注，以便对抗收货人可能提出的索赔，这是承运人的正当权利。托运人为取得清洁提单，向承运人出具保函保证由于因脏包造成损失的责任由托运人承担。承运人接受保函签发了清洁提单。承、托双方的行为均出于善意,符合民事法律的诚实信用原则,不具有对第三人欺诈的故意。被告以保函换取清洁提单,并不是为了隐瞒货物本身的某种缺陷,相反是为克服客观条件的限制,同时避免货物发生变质;承运人接受保函签发清洁提单,也无欺诈收货人的意图,只是为了解决由于货物包装产生的争议。因此,可以认定承、托双方之间保函的效力,将保函视为托运人和承运人之间达成的一项保证赔偿协议,在承、托双方之间具有法律约束力。承运人因保函事项遭受经济损失,应通过保函从托运人处得到补偿。被告也应履行其承诺,赔偿原告经济损失。根据《中华人民共和国民事诉讼法》第7条和海上运输国际惯例规定,经法院主持进行调解,双方当事人本着实事求是,友好协商的精神,于1993年12月10日达成调解。

【案例三】 船东代理在放货时应注意的事项

根据一些材料显示,涉及向船东代理的索赔。其中最主要的原因是代理在没有收回船东签发正本提单的情况下放货。下面结合一些典型案例,就代理放货时应注意的事项,进行归纳并相应做一简单评述。

1. 放货时应收回正本提单

【例4-1】 一家爱尔兰班轮公司的代理仅凭一份据称是寄给他的正本提单,将一内装木浆的集装箱发给了收货人。从收货人提供的正本提单复印件来看,该份提单是指示提单。且已经托运人背书,直到未收到货款的美国发货人询问货物的下落时,代理才注意到自己收到的那份提单正面"货物描述一栏"中打印着"副本且不可转让"的字样,后经调查得知是收货人伪造了托运人的背书。但收货人在提完货后随即破产,代理最终只得承担这一赔偿责任。

【例4-2】 一家班轮公司的法国代理在收货人交回一份正本提单和一份正本提单的复印件的情况下。把两票提单项下的货物同时放给了收货人,而唯一的结果是自己承担了15万美元的赔偿责任。

评述:在实务中托运人或银行通常会寄送正本提单以及买卖合同等文件的副本或影印件给收货人,代理应清醒地意识到这一点,即使收货人把正本提单传真给自己或把正本提单的复印件提供给自己,并不等同于他实际上确实拥有或将会拥有正本提单。

2. 放货时应要回正确的正本提单

【例 4-3】 一个有着 25 年进口家具的进口商向船东代理递交了两份正本提单(实为同一票货的两份正本提单),换取了不同提单项下的两箱货物,最后因进口商破产而使得代理承担了责任。

【例 4-4】 一家英国班轮公司的代理从无船承运人(NVOCC)手中收回了经背书的实际承运人的正本提单,但 NVOCC 指示:应凭收到 NVOCC 的正本提单再放货。代理公司进口部门中负责单证的一个雇员随即在电脑中输入,实际承运人的正本提单已收回。但公司另一位负责放货的雇员据此放了货。结果是 NVOCC 的提单一直留在银行而提货人并未赎单,最后造成索赔案的产生。

评述:在实务中同一票货可能会涉及两个或两个以上的承运人签发的各自正本提单,因此代理应做到收回的正本提单确实是可以放货的提单。

3. 关于凭保函放货

在实务中收货人常常会向船东代理提出要求,正本提单一时还未能拿到,请允许凭保函提货,在这种情况下,代理要牢牢记住:保函并不能免除承运人对提单持有人应负的责任,它最多只是补偿船东赔付给提单持有人的那部分数额。因此,出现这种情况时,代理应遵守以下一些原则:

(1)委托人(一般情况下是船东)是否书面确认同意凭保函放货且同意保函的内容。

【例 4-5】 一家印尼代理得到了他的委托人同意,可以凭银行保函放货,但是该代理在收货人的要求下,没有采纳其委托人提供的保函格式及内容,而是接受了银行提供的保函。但是,该银行保函内容十分简单,只是同意一旦正本提单到达银行手中,则银行保证转交给代理。事实上,该正本提单一直没有到达银行手中,该保函也就不能兑现,代理最终只得自己承担随后的索赔。

评述:对船东代理来说,得到他委托人可以凭保函放货的书面确认固然重要,但更重要的是保函的内容也须经他委托人的书面同意。

(2)货物所有人是否书面同意无需正本提单放货。

【例 4-6】 收货人向一家土耳其班轮公司的代理提出凭该公司的保函,把 12 个内装冻肉的冷藏集装箱发给他。收货人同时还提供了一份托运人的传真,该传真确认作为货物的所有人,他同意无须正本提单就可放货给收货人。从表面上看,传真是由签署商业发票的同一人签发的。考虑到货物本身的特性，代理放了货。但结果是收货人未付货款，上面提到的那份发货人出具的传真也是发货人公司的一位前雇员伪造的，代理最终承担了40万美元的损失。

评述：代理不仅要向他的委托人核实是否同意不凭正本提单放货，而且还要核实托运人已确实同意收货人可以不凭正本提单提货。

(3)共同担保的银行是否是世界一流的银行。

【例4-7】 一家船公司的代理凭着当地一家私人银行出具的保函放了货，事后船公司因为不能成功地从该担保银行取得赔款而向代理索赔。原因是船公司只授权代理凭世界一流银行的保函放货，但该担保银行在本国也非一流银行，更算不上是世界一流，代理最终只得承担船东的损失。

【例4-8】 波斯湾地区的一家代理收到了其委托人的指示，要求把77板箱的三合板放给非提单上记名的收货人。遗憾的是该代理凭着一份当地银行出具的保函把货放给了提单上记名的通知方，最后提单的持有人选择在当地法院起诉该代理。由于担保银行拒绝承兑该担保，被作为第三人加入了此诉讼。经过长达9年的诉期，当地法院最终判决担保银行把货款赔给提单的持有人，但并未判决担保银行承担代理因本诉讼支出的约12万美元的诉讼费。

评述：强调一流银行担保的重要性。其原因是一旦出现索赔，银行可迅速介入并及时、全部地兑现担保，以免代理过多地投入不必要的精力和费用。

(4)担保是否出具给代理和代理的委托人。

【例4-9】 一家班轮公司的远东代理（同时又是一家NVOCC的当地代理）曾接受了一份一流银行出具的且内容十分完整的保函放了货。当提单持有人向该代理索赔，而代理要求银行兑付时，银行拒绝承兑，原因是该银行保函出具的对象是：MASTER/OWNER/CHARTERER。而该代理在接受保函时的身份恰恰是NVOCC的代理，最后因NVOCC破产而该代理自行承担20万美元的损失。

【例4-10】 一家代理的分公司接受了一份出具给他的一流银行的保函，但未包括给OWNER/CHARTERER/其总公司。事后因无单放货而船舶在鹿特丹被扣时，远东的这家银行拒绝承兑担保，因为被起诉的对象并不能享受该担保。

评述：代理在接受担保时，务必警觉并确保所有今后有可能因无单放货而被涉及的有关方都能享受该保障。

(5)保函中是否有足够的财务及时效保障。

保函中有保证承担今后引起的一切索赔及费用的条款,因为仅仅保证货物的发票价值的金额是没有多少意义的。假设一起诉讼案需要等到5年后才能解决的话,加上利息及发生的费用,索赔额很有可能已是货物商业发票价值的2倍。因此,如果担保公司想对担保金额作具体规定的话,则代理应以该案可能会出现的最坏结果作为担保金额。

另外,代理也不应该接受一个仅有12个月或类似规定的担保。因一起因无单放货而引起的官司很难在12个月之内得到解决,所以有这种规定的担保,其实并没有实质性意义。如果担保公司不同意出具一个无限期规定的担保的话。则建议代理根据不同国家本国法律,要求足够长的时效担保。

(6)保函中提到的货物是否与提单或提货单中提到的货物相一致。

【例4-11】 一家班轮公司的香港代理凭着一份银行保函放了货,该保函也得到了其委托人的同意。保函中提到的货物是冻鸡肉,重量11.2吨,货值10万美元。但是代理公司的一位人员因疏忽把提单项下的22.4吨的货发给了收货人,最终担保银行只赔偿10万美元,而另一半货物的损失由代理承担。

(7)银行保函是否正本且是真实的。

【例4-12】 一家班轮公司的西班牙代理凭着5份保函的传真件,把装满电器的5个集装箱放给了收货人。虽然从表面上看,收货人的银行也盖了章,但事后查明,这些保函全是伪造的,银行根本与此事无关,这也给代理造成了巨大的经济损失。

评述:虽然每年上百万票货物的交接没有什么意外,但据一些资料显示,利用伪造的文件来提取货物的企图呈不断上升趋势。因此。代理需时刻保持清醒的头脑。建议代理在收到银行保函时,应向出具保函的银行核实保函的真实性,包括其具体内容。如果代理仅凭一个橡皮图章而把价值不菲的货物放掉,那是十分不谨慎和不明智的。最后,再提醒代理一句:人为的不凭正本提单交付货物,将会使自己面临着潜在的巨大风险——无论是时间还是金钱上的损失。

第五章 集装箱班轮进出口业务运作

第一节 集装箱进出口货运程序和单证

一、进出口货运程序

1. 订舱托运

发货人或货物托运人根据贸易合同或信用证有关条款的规定，在货物托运前一定的时间，填制订舱单向船公司或其代理人，或向其他运输经营人申请订舱。

2. 接受托运申请

船公司或其代理人，或其他运输经营人在决定是否接受发货人的托运申请时，首先应考虑其航线、港口、船舶、运输条件等能否满足发货人的要求。在接收托运申请后，应着手编制订舱清单，然后分送集装箱码头堆场、集装箱货运站，据以安排空箱及办理货运交接。

3. 发放空箱

通常集装箱的空箱由发货人到集装箱码头堆场领取，拼箱货运的空箱则由集装箱货运站负责领取。

4. 拼箱货装箱

发货人将不足一整箱的货物交集装箱货运站，由货运站根据订舱单的资料，核对场站收据装箱。

5. 整箱货交接

由发货人自行负责装箱并加海关封志的整箱货运至集装箱码头堆场，码头堆场根据订舱清单，核对场站收据及装箱单验收货物。

6. 集装箱的交接签证

集装箱码头堆场在验收货物和集装箱后，即在场站收据上签字，并将签署的场站收据交还给发货人,据此换取提单。

7. 换取提单

发货人凭经签署的场站收据,向负责集装箱运输的人或其代理换取提单,然后去银行结汇。

8. 装船

集装箱码头根据待装的货箱情况,制订出装船计划后,待船舶靠泊后即行装船。

9. 海上运输

海上承运人对装船的集装箱负有安全运输、保管、照料之责任,并依据集装箱提单条款划分与货主之间的责任、权利、义务。

10. 卸船

集装箱码头根据装船港承运人代理寄来的有关货运单证制订出卸船计划,待船舶靠泊后即卸船。

11. 整箱货交付

如内陆运输由收货人自己负责安排,集装箱码头堆场根据收货人出具的提货单将货箱交收货人。

12. 拼箱货交付

集装箱货运站在掏箱后,根据收货人出具的提货单将货物交收货人。

13. 空箱回运

收货人和集装箱货运站在掏箱完毕后,应及时将空箱回运至集装箱码头堆场。

二、进出口主要货运单证

1. 订舱单

订舱单是承运人或其代理人在接受发货人或货物托运人的订舱时,根据发货人的口头或书面申请货物托运的情况据以安排集装箱货物运输而制订的单证。该单证一经承运人确认,便作为承、托双方订舱的凭证。

2. 装箱单

集装箱装箱单是详细记载集装箱和货物名称、数量等内容的单据,每个载货的集装箱都要制作这样的单据,它是根据已装进集装箱内的货物制作的。不论是由货主装箱,还是由集装箱货运站负责装箱,集装箱装箱单是详细记载每个集装箱内所装货物情况的唯一单据。所以,在以集装箱为单位进行运输时,这是一张极其重要的单据,集装箱装箱单的主要作用有：

(1)在装货地点作为向海关申报货物出口的代用单据；

(2)作为发货人、集装箱货运站与集装箱码头堆场之间货物的交接单；

(3)作为向承运人通知集装箱内所装货物的明细表；

(4)在进口国、途经国家作为办理保税运输手续的单据之一；

(5)单据上所记载的货物与集装箱的总重量是计算船舶吃水差、稳性的基本数据。

因此，装箱单内容记载准确与否，对保证集装箱货物的安全运输有着密切的关系。

3. 码头收据（场站收据、港站收据）

码头收据一般都由发货人或其代理人根据公司已制定的格式填制，并跟随货物一起运至集装箱码头堆场，由接受货物的人在收据上签字后交还给发货人，证明托运的货物已收到。

接受货物的人在签署场站收据时，应仔细审核收据上所记载的内容与运来的货物实际情况是否相一致，如货物的实际情况与收据记载的内容不一则必须修改。如发现货物或箱子有损伤情况，则一定要在收据的备注栏内加批注，说明货物或箱子的实际情况。码头收据的签署，不仅表明承运人已收到货物，而且也明确表示承运人对收到的货物已开始负有责任。

4. 提单

普通船舶的货运提单是在货物实际装船完毕后经船方在收货单上签署、表明货物已装船，发货人凭经船方签署的收货单（大副收据）去船公司或其代理公司换取已装船提单。而集装箱提单则应以码头收据换取，它同普通船舶运输下签发的提单不同，是一张收货待运提单。所以，在大多数情况下，船公司根据发货人的要求，在提单上填注具体的装船日期和船名后，该收货待运提单也便具有了已装船提单同样的性质。

为此，现行的集装箱提单其正面都有表面条款，以说明货物在使用集装箱运输下所签发的提单性质和作用。该条款由“确认条款、承诺条款、签署条款”组成，主要内容有：

确认条款——表明负责集装箱运输的人是在货物“外表状况良好、铅封完整”下接受货物，并以同样的状况交货，并说明签发给货物托运人的提单系一张收货待运提单。

承诺条款——表明由谁签发提单，以及正本提单签发的份数。普通船提单都列有船长签署的规定，尽管在实际上提单并非由船长签发。现行的集装箱提单一般都列入船公司的名称，而且不管由谁签发提单，都仅是“代表承运人”签字，或者“仅以代理人身份”签字。

5. 设备收据

设备收据是作为集装箱，以及其他机械设备交接的证书，由借方和出借方共同签字。当集装箱或机械设备在集装箱码头堆场或货运站借出、回收时，由码头堆场制作设备收据，经双方签字后，作为两者之间设备交接的证书，主要内容有：

(1)集装箱、机械设备的所有人应提供完好的，并具有合格有效证书的设备、集装箱；

(2)集装箱、机械设备交接时，用箱人、运箱人如无异议，则表示该箱子、机械设备处于良好状态；

(3)用箱人在接收集装箱和有关机械设备后，在使用期内应保持其良好状态，并应负责对该集装箱和机械设备进行必要的维修、保养；

(4)用箱期间，不论是何种原因引起的有关箱子、机械设备的丢失、损坏，均由用箱人负责赔偿，但自然耗损除外；

(5)用箱期间，因使用箱子、机械设备不当所引起的对第三者的损害责任，由用箱人负责赔偿；

(6)用箱人应在规定的时间、地点，将箱子和机械设备如同租赁时的状况交还给出租人，不论是由于何种原因引起的迟期交还，用箱人应支付附加费用；

(7)用箱人只有在事先得到出租人允许的情况下，才可将箱子和机械设备转租给第三者，但原出租人和用箱人之间的责任、义务等各项规定并没有任何改变；

(8)在规定的归还期之前发生箱子、机械设备的灭失、损坏，以及包括不能修复或已无法修复的情况时，用箱关系即告终止。与此同时，用箱人即应办理赔款事项，但在赔偿时应扣除已使用的折旧费。

设备收据分进场和出场两种，交接手续均在码头堆场大门口办理。

出码头堆场时，码头堆场的工作人员与用箱人、运箱人就设备收据上共同审核的内容有：

(1)用箱人名称、地址；

(2)出堆场时间、出场目的；

(3)集装箱箱号、规格、铅封号,空箱还是实箱;

(4)有关机械设备的情况,正常还是异常。

进码头堆场时,码头堆场的工作人员与用箱人、运箱人就设备收据上共同审核的内容有:

(1)集装箱、机械设备归还日期、时间;

(2)集装箱、机械设备归还时外表状况;

(3)集装箱、机械设备归还人名称、地址;

(4)整箱货交箱货主名称、地址;

(5)进堆场目的;

(6)拟装船舶的船名、航次、航线、卸箱港。

6. 进出口货物海关申报单

根据集装箱运输的特点,国际上有许多国家修改了本国海关法令规章和手续,使它适应集装箱成组化运输,也有不少国家共同缔结了关于集装箱货物运输的海关公约。在这些规章和公约中,海关手续被简化到最低限度,集装箱货物只要在启运国内陆地点经海关检验后,并在箱子上加注海关封志就可以一直运到进口国家最终交货地点,由目的地海关检验放行。在运输过程中所经国家的海关仅对集装箱作一记录,并不检查箱子内货物的实际情况。

我国海关对进出口集装箱及所装货物的规定:

凡进口的集装箱货物直接运往内地设有海关的地点,则由口岸货运代理向海关申请办理转运(转点)手续,口岸海关将有关申报单证转交承运人负责带交内陆地海关,由内陆地海关查验放行。

凡出口的集装箱货物,如果是在内地设有海关地点装箱的,则由当地发货人或货运代理向海关申报,由海关将有关申报单证转交承运人负责带给出境地海关凭以监督装船。

进出口货物海关申报单的主要内容:

(1)发货人的名称和地址;

(2)收货人的名称和地址;

(3)交货人地点、装货地点;

(4)途经中转地点;

(5)运输方式;

(6)装箱日期,箱量、填表日期、份数;

(7)单证申报人名称、地址;

(8)有关货物情况(货名、件数、标志、种类、包装、货运单位);

(9)海关、单证申请人签署;

(10)有关备注、附件说明。

集装箱运输下,为满足其运输特点需要制定一些单证外,有些单证仍使用普通货物运输方式的单证,在此不一一说明。

第二节　集装箱班轮出口货运业务

一、发货人在出口货运中的业务

集装箱运输下,发货人的出口货运业务与普通船运输下发货人应办理的事项没有什么特别大的变化,当然也有集装箱运输所要求的特殊事项,如货物的包装应适应集装箱运输,保证货物所需要的空集装箱,在整箱货运情况下负责货物的配箱、装箱等。发货人在集装箱出口货运中的主要业务有:

1. 订立贸易合同

作为出口方,发货人(卖方)首先必须与国外的收货人(买方)订立贸易合同。因为,无论哪一种运输方式,其运输是建立在贸易基础上的。这一点与普通船舶运输的做法完全一样,但合同条件有所变化。

2. 备货

出口贸易合同订立后,发货人(卖方)应在合同规定的装运期限前全部备好出口货物,其数量、品质、包装、标志等必须符合合同条件的规定。

3. 租船订舱

在以 CIF、C&F 价格条件成交时,发货人负有租船订舱之责任。特别是在出口特殊货物需采用特殊集装箱运输时,发货人的这一责任则显得更重要。由于一般集装箱船对上述特殊集装箱的装载数量有限,应尽早订舱。

4. 报关

拼箱货习惯按普通船运输的方法报关,整箱货则通常采用统一报关,因为海关人员到现场审查很方便,既可以更好的发挥集装箱运输的优越性,又可省略一些手续。

5. 货物装箱与托运

报关完毕后,在整箱货运下发货人即可安排装箱,并在装箱完毕后将货箱运至集装箱码头堆场,取得经码头堆场签署的场站收据。拼箱货经报关后运至集装箱货运站,由货运站负责装箱并签署场站收据。

6. 投保

出口货物如系 CIF 价格条件成交,发货人则负责办理投保手续,并支付保险费。也可委托货运代理代投保。

7. 支付运费和签发提单

如系预付运费,发货人只要出示经码头堆场签署的场站收据,支付全部运费后,承运人或其代理人即签发提单。如系到付运费,在支付清运费后,只要出示提单即签发提货单。此外,在对签发清洁提单有异议时,发货人可向承运人出具保证书以取得清洁提单。

8. 向收货人(买方)发出装船通知

在以 FOB、C&F 价格条件成交出口贸易合同下,发货人在货物装船完毕后向收货人发出装船通知则作为合同的一项要件,如货物的丢失、损害系由于发货人在货物装船完毕后没有向收货人发出装船通知,致使收货人未能及时投保,造成该货物的丢失、损害则由发货人负责赔偿。

二、船公司在出口货运中的业务

在集装箱运输中,目前船公司仍占主要地位。因此,船公司作为国际集装箱运输的中枢,如何做好集装箱的配备、掌握货源情况,在各港口之间合理调配集装箱,接受订舱,并以集装箱码头堆场、货运站作为自己的代理人向发货人提供各种服务是极为重要的。从某种意义上说,集装箱能否顺利进行,可以说依赖于船公司的经营方式。在集装箱出口货运业务中,船公司的主要业务有:

1. 掌握待运的货源

船公司通常采用下述两种方法掌握待运的货源情况,并据以部署空集装箱的计划:

(1)暂定订舱。是在船舶到港前若干天左右提出,由于掌握货源的时间较早,所以对这些货物能否装载到预定的船上,以及这些货物最终托运的数量是否准确,都难以确定。

(2)确定订舱。通常在船舶到港前较短时间天提出,一般都能确定具体的船名、装船的日期。

2. 配备集装箱

集装箱运输无论使用哪一种运输方式,且采用集装箱装载货物这一点是不能改变的。因此,在进行集装箱运输之前,首先要配备集装箱,特别是在采用集装箱专用船运输时,由于这种船舶的特殊结构,只能装载集装箱运输,因此,经营集装箱专用船舶的船公司,必须要配备适合专用船装载、运输的集装箱。

当然,在实际业务中并不是所有的集装箱都有船公司负责配备,有的货主自己也配有集装箱。此外,还有专门供出租使用的集装箱租赁公司。要有效的利用船舶的载箱能力,船公司应配备最低数量的集装箱,在进行特殊货物运输时,还应配备特殊的集装箱。

3. 接受托运

发货人或货物托运人根据贸易合同,信用证有关条款的规定,在货物装运期限前向船公司或其他代理人以口头或书面形式提出订舱。船公司根据所托运的运输要求和配备集装箱的情况,决定是否接受这些货物的托运申请。船公司或其代理在订舱单上签署后,则表示已同意接受该货物的运输,船公司接受托运时,一般应了解下述情况:

(1)订舱的货物详细情况;

(2)运输要求;

(3)装卸港、交接货地点;

(4)由谁负责安排内陆运输;

(5)有关集装箱的种类、规格等。

4. 接受货物

(1)集装箱运输下,船公司接受货物的地点有:

①集装箱码头堆场。在集装箱码头堆场接受的货物一般都是由发货人或集装箱货运站负责装箱并运至码头堆场的整箱货。

②集装箱货运站。集装箱货运站在作为船公司的代理时接受非整箱货运输。

③发货人工厂或仓库。在由船公司负责安排内陆运输时,则在发货人工厂或仓库接受整箱货运输。

(2)在上述3种接受方式中、船公司都要了解到:

①是否需要借用空集装箱;

②所需集装箱的数量及种类;

③领取空箱的时间、地点;

④由谁负责安排内陆运输;

⑤货物具体的装箱地点;

⑥有关特殊事项。

5. 装船

通过各种方式接受的货物,按堆场计划在场内堆存,待船舶靠泊后即可装船。装船的一切工作均由码头堆场负责进行。

6. 制送主要装船单证

为了能及时向收货人发出装船通知,以及能使目的港集装箱码头堆场编制卸船计划和有关内陆运输等工作的需要,在集装箱货物装船离港后,船公司或其代理即行缮制有关装船单证,从速送至卸船港。通常,由装船港船公司代理缮制和寄送的单据有:

(1)提单副本或场站收据副本;

(2)集装箱号码单;

(3)货物舱单;

(4)集装箱装箱单;

(5)积载图;

(6)装船货物残损报告;

(7)特殊货物表等。

三、集装箱码头堆场在出口货运中的业务

集装箱码头堆场的主要业务工作是办理集装箱的装卸、转运、装箱、拆箱、收发、交接保管、堆存、捆扎、掏载、搬运,以及承揽货源等。此外,还应洽办集装箱的修理、冲洗、熏蒸和有关衡量等工作。

1. 集装箱的交接

发货人和集装箱货运站将由其或其代理人负责装载的集装箱货物运至码头堆场时,设在码头堆场大门的门卫对进场的集装箱货物核对订舱单、码头收据、装箱单、出口许可证等单据。同时,还应检查集装箱的数量、号码、铅封号码是否与场站收据记载相一致。箱子的外表状况,以及铅封有无异常情况,如发现有异常情况,门卫应在码头收据栏内注明,如异常情况严重,会影响运输的安全,则应与有关方联系后,决定是否接受这部分货物,对进场的集装箱,堆场应向发货人、运箱人出具设备收据。

2. 制订堆场作业计划

堆场作业计划是对集装箱在堆场内进行装卸、搬运、储存、保管的安排,这是为了经济、合理的使用码头堆场和有计划地进行集装箱装卸工作而制订,堆场作业计划的主要内容有:

(1)确定空箱、实箱的堆放位置和堆高层数;

(2)装船的集装箱应按先后到港顺序、集装箱的种类、规格、载重的轻、重分别堆放;

(3)同一货主的集装箱应尽量堆放在一起。

3. 集装箱的装船

为了能在最短时间内完成装船工作,码头堆场应在船舶到港受载前,根据订舱单,先后到港的卸箱顺序,制订出船舶积载图和装船计划,等船靠泊后,码头堆场根据码头收据和装箱单,按装船计划装船。装船完毕后,由船方在装箱单、码头收据、积载图上签字,作为确认货物装船的凭证。

4. 对特殊集装箱的处理

对堆存在场内的冷藏集装箱应及时接通电源,每天还应定时检查冷藏集装箱和冷冻机的工作状况是否正常,箱内温度是否保持在货物所需要的限度内,在装卸和出入场内时,应及时解除电源。

对于危险品集装箱,应根据可暂时存放和不能存放两种情况分别处理。能暂存的货箱应堆存在有保护设施的场所,而且堆放的数量不能超出许可的限度。对于不能暂存的货箱应在装船预订时间内,进场后即装上船舶。

5. 与船公司的业务关系

集装箱码头应保证:

(1)根据船期表提供合适的泊位;

(2)船舶靠泊后,及时提供足够的劳力与机械设备,以保证船舶速遣;

(3)适当掌握和注意船方设备,不违章操作。

船公司应保证:

(1)向码头确保船期,在船舶到港前一定时间提出确实到港通知。如发生船期改变,则应及时通知码头;

(2)装船前2~10天左右提供出口货运资料,以满足堆场制订堆场计划、装船计划之需要;

(3)应及时提供船图,以保证正常作业。如船公司不能按时提供有关资料,则有失去靠泊的可能。

船公司与码头堆场的主要业务有:

(1)收、发箱作业以及其附属业务;

(2)缮制设备收据、签署场站收据；

(3)装、卸箱作业，以及船边至堆场之间的搬运、整理等工作；

(4)缮制装、卸箱清单、积载图报送代理公司；

(5)接受装、拆箱货物的作业，缮制装箱单；

(6)有关集装箱的堆存、转运、冲洗、熏蒸、修理等事项。

四、集装箱货运站出口货运业务

集装箱货运站是集装箱运输的产物，集装箱运输的主要特点之一就是船舶在港时间短，这就要求有足够的货源一旦在卸船完毕后，即可装满船开航。集装箱货运站的主要业务就是集、散货物。集装箱货运站有两种类型，一种叫港口型，另一种叫内陆集散型。集装箱货运站的主要业务有：

1. 办理货物交接

在货物不足一箱时，一般都运至集装箱货运站，由集装箱货运站根据所托运的货物种类、性质、目的港，将其与其他货物一起拼装在集装箱内，并负责将已装货的集装箱运至码头堆场。

集装箱货运站在根据订舱单接受前来托运的货物时，应查明这些货物是否已订舱，如货物已订舱，货运站则要求货物托运人提供码头收据、出口许可证，然后检查货物的件数是否与码头收据记载相符，货物的包装是否正常，能否适合集装箱运输。如无异常情况，货运站即在场站收据上签字。反之，则应在码头收据的备注栏内注明不正常的情况，然后再签字。如不正常的情况较严重，可能会影响以后的运输安全，则应同有关方联系决定是否接受这些货物。

2. 积载装箱

集装箱货运站根据货物到站的情况，在达到一定数量后，即开始配箱、装箱。

配箱时应注意：

(1)当不同货物混装在同一箱内时，则应根据货物的体积、重量、外包装的强度、货物的性质等情况，将货物区分开，包装牢固、重货装在底部，包装不牢、轻货则应装在箱子上部；

(2)货物在箱内的重量分布应均衡，如箱子某一部位的负荷过重，则有可能使箱子底部发生弯曲或有脱开的危险；

(3)在进行货物堆码时，应根据货物的包装强度，决定堆码的层数；

(4)货物与货物之间,应加隔板或隔垫器材,避免货物相互擦伤、沾湿、污损;

(5)应根据货物的不同种类、性质、包装,选用不同规格的集装箱。

货物装箱时应注意:

(1)货物的装载应严密整齐,货物之间不留有空隙,这样不仅可充分利用箱内容积,也可防止货物相互碰撞而造成损害;

(2)应使用清洁、干燥的垫料(胶合板、草席、缓冲器材、隔垫板),如使用未干的潮湿的物料,则易发生货损事故;

(3)在装箱完毕后,应采取必要的措施,防止箱口附近的货物倒塌;

(4)对装载的货物应安全系牢,防止运输中摇晃、紧急制动、碰撞时的货损事故发生。

3. 制作装箱单

集装箱货运站在进行货物装箱时,应制作集装箱装箱单,制作时必须准确、清楚。

4. 将装载的货箱运至码头堆场

货物装箱完毕后,集装箱货运站在海关监督之下加海关封志,并签发场站收据。同时,应尽快与码头堆场取得联系,将已装货的集装箱运至码头堆场。

第三节 集装箱班轮进口货运业务

本节按照海上集装箱出口货运业务,对从事海上集装箱进口货运的船公司、集装箱码头堆场、集装箱货运站、收货人等主要业务环节分别叙述。

一、船公司在进口货运中的业务

集装箱船舶不仅船型大,运输速度也快,且靠挂港口少。因此,从某种意义上说,限制挂靠港口和缩短装卸时间不仅能提高船舶的周转率,而且对船公司的经济效益和使收货人尽快收到货物都是有利的。船公司要达到这一目的,必须要有合理的组织工作程序。船公司在集装箱进口货运中的业务有:

1. 做好卸船准备工作

由于集装箱船舶要求在最短的时间内卸完集装箱,因此没有一个完整的卸船计划,集装箱则有可能停滞在码头上,影响船舶装卸,使码头工作陷入混乱,延迟对收货人的交货。从而在一定程度上,削弱了集装箱运输能缩短装卸作业时间和提高船舶周转率的优越性。

因此,船公司主管进口货运的人,应在船舶从最后装船港开出后,即着手制订船舶预计到港的计划,并从装船港代理那里得到有关货运单证。与此同时,与港方、收货人、海关和其他有关部门尽早取到联系,一俟船舶靠泊稳妥,尽快将集装箱卸下,并办理海关手续,做好交货准备工作。从装船港代理取得的主要单证有:

(1)提单副本或码头收据副本。提单副本或码头收据副本作为制订船舶预计到港通知书、交货通知书、交货凭证、货物舱单、动植物清单,以及答复收货人有关货物方面的各种询问。

(2)积载图。积载图作为编制集装箱卸船计划、堆场计划、交货计划,以及有关集装箱、机械设备、保管、管理的资料。

(3)集装箱装箱单。集装箱装箱单为办理保税内陆运输,以及办理货物从码头堆场运出手续,并作为集装箱货运站办理掏箱、分类、交货的依据。

(4)集装箱号码单。集装箱号码单作为向海关办理集装箱暂时进口手续、设备管理的依据以及作为与其他单据核对所用。

(5)装船货物残损报告。凭装船货物残损报告向责任方提出索赔,是货损事故处理中主要单证之一。

(6)特殊货物表。特殊货物表系向海关和有关方面办理危险品申报,以及冷藏货物、活牲畜等特殊货物的交货。

2. 制作并寄送有关单据

船公司或其他代理公司在收到装船港寄来的单据后,应从速制作下述有关单据寄送有关方:

(1)船舶预计到港通知书。船舶预计到港通知书是向提单副本所记载的收货人或通知方寄送的单据,其内容和提单大致相同,除货物情况外,还记载该船预计抵港日期。普通船运输下,船公司一般没有给收货人船舶预计到港通知书的义务,也就是说可以不送。但在集装箱运输下,为了能使码头堆场顺利地进行工作,防止货物积压,使集装箱有效的利用而不发生闲置,加速周转,则有必要将货物预计到达的日期通知收货人,让收货人在船舶抵港前作好收货准备工作,等集装箱货物从船上卸下即可提走。

(2)交货通知。交货通知是货物具体交付日期的通知，是在确定了船舶抵港日期和时间，并且决定了集装箱的卸船计划和时间后，船公司或其代理人把货物的交付时间通知收货人的单据，货物交付通知习惯先用电话通知，然后寄送书面通知，以防止不必要的纠纷。

(3)货物舱单。货物舱单作为向海关申请批准卸货之用。

3. 卸船与交货

集装箱的卸船与交货计划主要由码头堆场负责办理，但如收货人在接到船公司寄送的船舶预计到港通知后，有时会通知船公司，在他方便的时间提供提货的可能机会。对收货人的这一要求，船公司应转告集装箱码头堆场，在交货时尽可能满足收货人的要求。

4. 提货单的签发

除特殊情况外，船公司或其代理人只要收到正本提单，就有义务对提单持有人签发提货单。因此，提货单的签发是采用与正本提单相交换的形式进行的。提货单仅仅是作为交货的凭证，其不具有提单那样的流通性。

在签发提货单时，首先要核对正本提单签发人的签署，签发提单的日期，提单背书的连贯性，判定提单持有人是否正当，然后再发给提货单。提货单应具有提单所记载的内容，如船名、交货地点、集装箱号码、铅封号、货物名称、收货人等交货所必须具备的项目。在到付运费和未支付清其他有关费用情况下，则应收讫后再签发提货单。

正本提单尚未到达，而收货人要求提货时，可采用与有关银行共同向船公司出具担保书的办法，担保书内应保证：

(1)正本提单一到，收货人应即交船公司或其代理人；

(2)由于没有凭正本提单下发生的提货，对船公司由此而遭受的任何损失，收货人应负一切责任。

此外，如收货人要求更改提单上原指定的交货地点时，船公司或其代理人应收回全部的正本提单后，才能签发提货单。

二、集装箱码头堆场在进口货运中的工作

1. 集装箱的卸船准备工作

如来港靠泊的集装箱船系定期班轮，则应根据协议和有关业务章程的规定，在船舶抵港前一定的时间将船期计划通知码头。如由于天气和其他原因未能按期到港则必须提早通知。在船舶抵港前几天，码头堆场

应从船公司或其代理人那里取得有关单证:

(1)货物舱单;

(2)集装箱号码单;

(3)积载图;

(4)集装箱装箱单;

(5)装船货物残损报告;

(6)特殊货物表。

集装箱码头堆场根据这些单证安排卸货准备工作,并制定出集装箱的卸船计划、堆场计划、交货计划。

(1)集装箱卸船计划。为了减少船舶在港时间,卸船与装船往往同时进行,为使卸船工作有条不紊地进行,有必要制订卸船计划。卸船计划制订是为了能在最短的时间内使大量的集装箱能顺利的装上与卸下。

(2)集装箱堆场计划。集装箱能否合理的安置在码头堆场内,除了影响卸船计划顺利执行外,还将严重影响交货计划执行。为了达到这一目的,有必要制订堆场计划。

(3)集装箱的交货计划。集装箱的交货计划是为了能使从船上卸下的集装箱不积压在码头堆场内,并向最终目的地继续运输,或直接交给收货人所制订的计划。

2. 卸船与堆放

集装箱码头堆场根据制订的卸船计划从船上卸下集装箱,并根据堆场计划在堆场内存放集装箱。从船上卸下的集装箱在堆场内存放时应注意:

(1)空箱与实箱应分开堆放;

(2)了解实箱内货物的详细情况;

(3)是否需要安排中转运输;

(4)在码头堆场内交货,还是在货运站交货;

(5)预订交货日期。

3. 交货

从船上卸下的集装箱货物,交货对象大致可分为:收货人、集装箱货运站、内陆承运人3种。根据不同的交货习惯,交货时应办理的手续有。

(1)交给收货人。当收货人或其代理人前来提取装有货物的集装箱时,应出具船公司或其代理人签发的提货单,经核对无误后,堆场将货箱交给收货人。交货时,码头堆场和收货人双方在交货记录上签字交接,如对所交接的货物有批注,则应将该批注记入交货记录,交货记录是证明船公司责任终止的重要单证。

(2)交给集装箱货运站。如系拼箱货,则由集装箱货运站从码头堆场将集装箱货物运至货运站,并由其拆箱将货交收货人。一般情况下进行的集装箱货物交接,由码头堆场与货运站共同在集装箱装箱单上签字,作为货物交接的收据,码头堆场与货运站是各自独立的,交接时则应制作交货记录,并由双方签署,以明确对集装箱货物的责任关系。

(3)交给内陆承运人。如集装箱货物需继续运往内地最终交货地点,码头堆场则应与船公司或其代理公司取得联系后,再把集装箱交给内陆承运人。在这种情况下,如船公司对货物的责任终止于码头堆场,则应以交货记录进行交接。如内陆承运人作为船公司的分包人,即船公司对全程运输负有责任时,码头堆场与内陆承运人只需办理内部交接手续,在集装箱运至最终交货地点后再办理交货记录。

4. 有关费用收取

码头堆场在将集装箱货物交给收货人时,应查核该货物是否发生了保管费、再次搬运费。另外,集装箱的使用是否超出了免费使用期,如已超出则应收取滞期费,在发生上述费用的情况下,码头堆场应在收取了这些费用后再交付集装箱货物。

5. 制作交货报告和未交货报告

集装箱码头堆场在交货工作结束后,应根据实际交货情况制作交货报告送交船公司,作为日后船公司据以处理收货人提出的关于货物丢失和损坏的索赔。

如收货人一时未能前来提货,码头堆场则应制作未交货报告送交船公司,船公司据以催促收货人早日提货,如收货人仍不前来提货,船公司可对货物采取必要的措施。

三、集装箱货运站在进口货运中的业务

拼箱货由集装箱货运站从码头堆场领取后,则在货运站拆箱,并按提单分类,将货物交给前来提货的收货人。集装箱货运站主要的进口货运业务有:

1. 做好交货准备

集装箱货运站应在船舶到港前几天,从船公司或其代理人处取得下列有关单证:

(1)提单副本或场站收据副本；

(2)货物舱单；

(3)集装箱装箱单；

(4)集装箱货物残损报告；

(5)特殊货物表。

集装箱货运站根据上述单据做好拆箱交货准备工作。

2. 发出交货通知

在确定了船舶抵港日期和卸港计划后，货运站与码头堆场联系确定提取集装箱的时间，根据这一时间由集装箱货运站制定出拆箱和交货计划。

集装箱船舶在港期间，货运站有可能同时进行拆箱交货，接货装箱的作业，其业务相当繁忙紧张，为使拆箱的货物尽早让收货人提走，对收货人发出交货日期的通知是完全必要的。交货日期的通知，也是计算集装箱货物保管费和再次搬运费的依据。

3. 从码头堆场领取载货的集装箱

集装箱货运站在与码头堆场取得联系后，即从堆场领取载货的集装箱，在进行集装箱货物交接时，码头堆场应与货运站在集装箱装箱单上签字。另外，对出堆场的集装箱应办理设备交接手续，由堆场出具设备收据，双方在设备收据上签字。

4. 拆箱交货

集装箱货运站从码头堆场领取集装箱后，即开始拆箱作业。在从箱内取出货物时，应按装箱单记载的末尾向前的顺序进行，这是因为箱内的货物是由装箱地按货物装箱的顺序记载的。拆箱后应将空箱退还给码头堆场。

当收货人前来提货时，货运站则要求收货人出具船公司签发的提货单，在将提货单记载的内容与货物核对无误后，即可交货。交货时集装箱货运站应与收货人在交货记录上签字，如发现货物有异状，则应将这种情况记入交货记录的备注栏内。

这种交货记录与普通船运输下的船舶记录具有同样的性质，是交货完毕的凭证，船公司对货物的责任以双方在交货记录上的签署为准。

5. 有关费用收取

集装箱货运站在交付货物时，应查核该货物有无发生保管费和再次搬运费，如已发生则应收取后再交货。

6. 制作交货报告和未交货报告

集装箱货运站在交货工作结束后，制作交货报告寄送船公司，船公司据以处理有关货物的损害赔偿责任。对未交货积压在货运站的货，则应制作未交货报告寄送船公司，船公司据以催促收货人迅速提货，如收货人仍不来提货，船公司可对货物采取必要的措施。

四、收货人在进口货运中的业务

与普通船运输相比较，收货人在集装箱进口货运中的事项变化不大，但也稍有不同，具体业务有：

1. 签订贸易合同

收货人作为买方首先必须与卖方（发货人）订立贸易合同。

2. 租船订舱

如果货物系以 FOB 价格条件成交，收货人则负有租船订舱之责任，并将有关船名、装船期通知发货人的义务。

3. 申请开信用证

收货人必须在合同规定的日期向其所在地银行提出开证申请，并按合同规定的内容填写开证申请书，请开证行（所在地银行）开证。

4. 投保

进口货物如以离岸价 FOB，或到岸价 C&F 价成交，收货人则负有投保之责任，并支付保险费。

5. 取得有关装船单据

收货人要取得有关装船单据，则必须向银行支付货款，也就是说购买装船单据，或向银行付款后取得装船单据。如在按托收汇票结汇时，进口地银行对出口地银行负有代收货款的责任。所以，在付款交单条件下，收货人只有在支付货款后才能取得单据。如为承兑交单，收货人对接管的票据确认后，才能取得单据，收货人在得到单据后，应仔细审核提单记载的事项和提单背书的连续性。

6. 换取提货单

收货人在提货前，应将提单交还给船公司或其代理人，据以取得提货单。在集装箱货物从船上卸下后，凭提货单即可提货。

7. 提取货物

通常，整箱货应去码头堆场提货，拼箱货则应去货运站提货，应注意的是如整箱货连同集装箱一起提取，还应办理集装箱设备收据。

8.索赔

收货人在提取货物时,如发生货物的丢失、损坏时,即应向责任方提出损害赔偿。

第四节 美国地区条款应用

美国幅员辽阔,内陆城市众多。目前,从远东运往美国中部、南部以及美国湾各个港口的集装箱货物一般都经美国内陆运输。因此,远东至美国太平洋岸的集装箱运输实际上已发展到可经由美国太平洋岸港口,将集装箱货物运至美国内陆城市,特别是美国中、西部的集装箱货物均使用多式联运方式。此种运输方式替代了原来由发货人。发货人安排的货物从港口经由铁路中转至内陆城市的运输,对货主来说,不仅可节省运输时间,提前交付,接收货物,而且手续简便,在货运量集中时,铁路还可给予货主一定的优惠。

目前,我国出口去美国的集装箱货物,美国部分进口商开来的信用证中经常出现 OCP、MLB、IPI 一词。那么,什么叫 OCP、MLB、IPI? 实际业务中如何具体运用? 它们之间有何区别? 这对我国出口商、运输经营人来说必须有所了解,从而有利于集装箱货物的进出口工作,避免实际业务中不应出现的责任纠纷和不必要的费用支出。

一、OCP 运输(内陆公共点运输)

OCP 一词的英文全称为“OVERLAND COMMON POINT”(“内陆公共点”或“陆上公共点”),其含义是指使用两种运输方式,将卸至美国西海岸港口的货物通过铁路运抵美国内陆公共点。从远东至美国内陆公共点的集装箱货物运输,在使用 OCP 运输方式时应注意下列几点:

OCP 运输下的集装箱货物,卖方(发货人)承担的责任、费用终止在美国西海岸港口,货物卸船后,由收货人委托中转商持正本提单向船公司提货,并负责运抵收货人指定地点。

收货人在收到货物单证 × 天内,必须申请进口保税运输,以保证将货物最终运抵交货地。如不按时提出申请,货物即转至保税仓库,从而产生各项费用。避免这些费用支出的做法是收货人或其代理人委托铁路公司代办运输至内陆公共点的保税申请手续。

OCP 运输的集装箱货物,在买卖合同和信用证栏内应加注“OCP 运输”字样，签发提单时，其签发要求与买卖合同、信用证要求相符。

OCP 运输的集装箱货物，如使用某些船公司美国航线专用提单时，因该提单栏内只有“卸货港”、“最终交货地”两栏内容，在国内港口装船运往美国使用 OCP 运输方式，而签发某些船公司专用提单时，目的港一栏内应注明“××港 OCP”。

凡运往内陆公共点集装箱货物，应在卸船×天内由收货人向铁路提供证明，如陆上运输单证、转运单、海关转口申请单等。

OCP 运输不是真正的多式联运，尽管全程运输使用海陆两种运输方式，但海、陆运输区段各自签单，海、陆区段运费各自计收，海、陆区段的运输责任各自划分，因此不具备多式联运使用一张单证、统一责任的要求。

二、MLB 运输（小陆桥运输）

MLB 一词的英文全称为“MINI LAND BRIDGE”，其运输方式是使用海上运输方式将集装箱货物运至美国西海岸港口，卸船后交由铁路运也抵美国东港口或加勒比海港口区域。我国出运到美国的集装箱货物，在使用小陆桥运输时可先将货物运至日本港口，再转运美国西海岸卸船后，交铁路运抵美国东部海岸或加勒比海区域。使用 MLB 运输，对我国出口商、运输经营人来说，应注意以下问题：

小陆桥运输是完整的多式联运，由运输经营人签发全程联运提单，并收取全程运费，对全程运输承担责任。

小陆桥运输下的集装箱货物，其提单制作应分别注明：

卸船港：××港

交货地：××交货地

小陆桥运输下成交的货物，卖方（发货人）承担的责任、费用终止于最终交货地。

小陆桥运输下的集装箱货物，运费计收应根据运输经营人在美注册的运价本收运费，原则上无任何形式的运费回扣，除非运输经营人与货主之间订有服务合同，即在一定时间内提供一定货运量后，货主可享有一个较低运价。

在按服务合同收运费，而货物托运人是无船承运人时，小陆桥运输的集装箱货物应出具两套提单，一套是无船承运人签发给货主的 HOUSE－B/L；另一套则是船公司签发给无船承运人的 MEMO－B/L。前者给货主用于结汇，后者供无船承运人在美国的代理凭其向船公司提货。

三、IPI运输(内陆公共点多式联运)

IPI运输一词的英文全称为"INTER POINT INTERMODAL"运输,与MLB运输相比较,小陆桥运输下的集装箱货物,其抵达区域是美国东海岸和加勒比海区域,而IPI运输方式则将集装箱货物运抵内陆主要城市。两者的运输方式、运输途径、运输经营人责任和风险则完全相同。但与OCP运输相比较,IPI是完整的多式联运,而OCP运输则不是完整的多式联运。使用IPI集装箱多式联运方式时应注意的问题:

在IPI运输方式下,其提单缮制时应写明:

卸船港:××港

交货地:××交货地

运输经营人对货物承担的责任从接收货物时起至交付货物时止,即对全程运输负责。

IPI运输方式下的集装箱货物,在到岸价的情况下,卖方(发货人)承担的责任、费用终止最终交货地。

IPI运输尽管使用两种不同运输方式,但使用同一张货运提单,并收取全程运费。

为使我国出口商对美国航线集装箱货物的运输方式有所了解,并有利于具体业务操作,现将OCP、MLB、IPI 3种运输方式列表5-1加以比较:

OCP、MLB、IPI 3种运输方式比较 表5-1

项目	OCP	MLB	IPI
货物成交价	卖方承担的责任、费用终止美国西海岸港口	卖方承担责任、费用终止最终交货地	与MLB相同
提单签发	仅适用海上区段货物运输	适用全程运输区段	与MLB相同
运费计收	海、陆运输区段分另计收运费	收取全程运费	与MLB相同
保险区段	海、陆运输区段分别投保	可全程投保	可全程投保
货物运抵区域	内陆公共点	美国东海岸和美国湾	内陆公共点
多式联运方式	不具备完整的多式联运	具备完整的多式联运	具备完整的多式联运

四、铁路公司与多式联运的运作

美国私营铁路公司众多，各家提供服务的范围、种类和客户对象也不尽相同。大多从事国际物流业务的公司与以下几家大的铁路公司签订合同，其服务范围如下。

1. UP 铁路干线(Union Pacific)

从长滩港中转到/来自 E1 Paso、Houston、Dallas、New Orleans、Memphis、ST. Louis 等美湾地区的主要内陆中心及周边地区的货物。

从奥克兰中转到/来自盐湖城、丹弗等卡罗拉多河流域的主要内陆中心及周边地区的货物。

2. BN 铁路干线

从长滩港中转到/来自 Kansas、Omaha、Chicago 等中西部地区主要内陆中心及周边地区的货物。

从西雅图到/来自 Minneapolis、Milwaukee、Chicago、Detroit、Kansas city、Louisville、Omaha、St. Louis、Memphis 等中西部及田纳西州内陆主要枢纽及周边地区的货物。

3. CP 铁路干线

从温哥华中转到/来自 Calgary、Edmonton、Saskaton、Regina、Winnipeg、Toronto、Montreal 等东西线贯穿整个加拿大的货物。

从温哥华中转到/来自美国东北沿海及底特律、Cincinnati、Cleveland、Columbus、Milwaukee、Minneapolis 等中西部、俄亥俄山谷内陆中心及周边地的货物。

4. CSX 线

从纽约、巴尔的摩两港中转到/来自芝加哥、Iand、Columbus、Detroit、St. Louis、Cincinnati 等中西部地区及俄亥俄山谷内陆中心及周边地区的货物。

从查尔斯顿港中转到/来自 Atlanta、Houston、New Orleans、Jacksonville、Tampa、Miami 的东南沿海和美湾地区中心城市及周边地区的货物。

5. NS 线

从 Norfolk 中转到/来自 Kansas city、St. Louis、Louisville、Memphis 等中南部产粮区之中心城市和周边地区的货物。

并不是所有地区都用铁路运输，从纽约波士顿，从巴尔的摩到诺福克,从查尔斯顿到威明顿,也可选择驳船运输。

在各港口地区的“门到门”运输以及在内陆中心点附近的“门到门”运输,可选择卡车运输方式。一般而言,在港口周边的260公里半径范围内,用卡车较火车运输来得经济和便捷(一天内卡车司机可以来回)。

内陆运输方式的组合是由多式联运线路开发及成本运价来制定的,每条线路都是最佳运输线路及最低的运输成本,所有港口地区多式联运公司及内陆点多式联运分公司,在操作多式联运货物前,必须检查最佳线路是否存在,并严格按此规定的最佳线路通知有关的分段合同运输商具体承运。如线路不存在,应立即进行线路开发及成本运价分析,尽快规划新的运输线路。

五、内陆多式联运成本价组成

内陆多式联运的成本价只有多式联运公司才有权报价,其成本价是企业实际支出的费用,没有考虑任何商业市场的因素。同商务部门登记的FMC内陆运价本上的内陆运价是两回事,FMC内陆运价已经考虑了市场的因素,有时比内陆成本高,有时比内陆成本低,具体运价定位要视市场。

在设定内陆多式联运成本价时,要考虑以下因素:

(1)港口到铁路站堆场的拖运费;

(2)铁路站的服务费用;

(3)铁路的运费成本;

(4)不连接铁路之间的转接拖运费;

(5)卡车运到内陆CY或CY到门的成本;

(6)在没有空箱堆场的地方,调空箱费或还回空箱附近内陆堆场的费用。

在设定内陆多式联运成本价时,下列因素没有考虑:

(1)底盘车的租金;

(2)码头操作费用(如吊上吊下费、TIR、堆存费等);

(3)因没有足够空箱而产生的空箱调运费。

为何不考虑上述3个因素,是因为这属海运价及商业市场考虑的范围。这也就是为何FMC运价本上的内陆运价同多式联运询价中的内陆成本价不一致的原因。

六、多式联运超重及大件的运输

美国的公路桥梁法规定,20 英尺箱的货重不得越过 38 000 磅,40 英尺箱的货重不得越过 44 000 磅。一旦超重被执勤的公路巡警抓住,卡车以课罚款,并要求当场拆箱,减轻重量,给货主及船东都带来不可估量的损失。

尽管明确规定进出口美国货物的重量限制,但是超重现象仍时有发生。一方面是疏忽造成,另一方面是由于商业市场的需要不得不这样做。

如果在码头堆场,船公司可以不管,由货主自己想办法解决。

如果在港口,则是船公司的责任。可以用特别的底盘车,如 slider、X-10、tri-axle 或平板车运输。使用这些特别的底盘车要增加费用,如果是商业市场必须要做,则船公司自己支付,如果不是这个原因,则要让货主支付这笔增加的费用。

如果特别底盘车也不能用,则唯一的办法是在堆场拆箱减载,所有费用由货主承担。

对到内陆堆场去的超重箱,根据是否有 on dock rail 的卸港,如有可以接受到内陆堆场去的超重箱运输。如果到内陆 Door,则按到达最后的内陆堆场后的处理方法。

对于超重箱运输,客户一定要在内陆堆场清关。因为卸港后可直接装 on dock rail。若在港口清关,则清关后,要等下班船到了才能一起出运。若想尽早出运,必须拖运出码头到火车站集中出运,这样就和特别底盘车一样增加了费用。

关于大件货的多式联运,无论是火车还是卡车运输,基本的原则是不超过 9 英尺宽,货物高度与设备高度不超过 13.6 英尺。

在考虑设备的高度时,参考以下因素:

底盘车高度 4 英尺;

框架箱平板高度 2 英尺;

开顶箱底座 1 英尺。

所有的大件货内陆多式联运,必须征得 IBS(内陆运输公司)总部的批准并报价,超出以上尺寸的大件原则上是不接受的,特殊情况逐案处理。大件装运火车必须得到国家货物局的检验认可,并符合铁路上绑扎的规定,同时必须让货主出示甲板装载的保函。

七、危险品的多式联运

无论用火车还是卡车运输多式联运的危险品,运输之前一定要得到国家货物局或合格的铁路检验员对箱内货物绑扎情况的检验认可,并对箱外危险品识别标志的检验认可后方可出运。

无论是进口还是出口,在订舱时发货人都必须提供 IBS 和各区段运输公司的以下文件:

托运单证:

(1)正确的托运名称、危险品等级、联合国编号、包装类别;

(2)发货人名称、地址;

(3)24 小时服务的应急联系电话;

(4)危险物品的重量;

(5)发货人的危险品申报;

(6)其他法律上需要的资料

危险品案例资料说明书。

那么,哪些危险品多式联运是可以接受的呢?一般铁路公司不接受对身体和安全可能造成的任何原因伤害的危险货物。比如:爆炸品、压缩气体、易燃的物质、传染性、对有毒及放射性物质。

根据危险品的性质,制定了可以直接接受的多式联运危险品,以及需评估后才能接受的危险品清单。

八、进口多式联运的操作程序

一般而言,多式联运的货物要求在第一港卸下,并通过各种运输工具转运到目的地。因此在船舶的积载上,要求将属于多式联运的货分区积载,并能在卸港优先卸货。如港口有 on-dock 的车皮,从船上卸下后直接装双层列车出运。当然,各港口的工作方式以及铁路运输公司等的工作方式不尽相同,但在多式联运时,要求各港口的 IBS 分公司按下列清单一步步地完成内陆多式联运的工作程序。

进口单证部门收到 EDI 进口货物舱单后,打印出多式联运跟踪报告,打印出多式联运舱单报告,审核舱单并核查以下内容:

(1)是否有超重货;

(2)是否有危险货;

(3)是否有超长货、大件货。

如果发现以上这些货物,应作相关处理,此外:

(1)审查舱单报告和跟踪报告,如有错误则改正。

(2)利用多式联运舱单或多式联运成本与路线查询表,核实所有路线是否正确。

(3)根据目的地选择承运人。

(4)呈送分派好的货运单证以便准备交货单和保税运输申请。

(5)发出多式联运通知给内陆点分公司。

(6)发出多式联运舱单给铁路,并得到铁路来的 EDI 发票,通知卡车公司工作计划。

(7)尽快接收到交货单和保税运输批准号。

(8)船舶到达港口,应每天监视提箱、交货和铁路车皮运输时间,并通知内陆公司。

(9)从收货人/经纪人处得到交货指示,并核实运费和清关情况后交货上门。

对内陆点分公司而言,检查卸港公司通知中所讲的多式联运货是否到达,每天检查其提箱、交货情况,若是上门交货条款,则安排"门到门"运输。

九、出口货多式联运的操作程序

在出口货物多式联运中,各分公司同主管公司代理之间的相互联系是非常重要的。为达到这样的效果,应做到以下几点。

订舱前,有关内陆多式联运分公司应核实集装箱是否可用(特别是集装箱不足的地区)。

订舱后,如果是上门提货运输条款,则要同托运人或发货人联系,安排好装箱计划,确定承运人并通知承运人客户装箱的计划。

为了指示铁路出运,空箱提运后,卡车司机要通知船公司每一个订舱号下的集装箱号。

集装箱运到铁路堆场时,所有的动态必须输入管理系统以便跟踪。

内陆公司开始跟踪箱子动态并通知港口分公司,如无动态显示,同铁路管理部门联系要求解释并改正。

港口分公司通过管理系统的多式联运跟踪,报告每天监督出口货的内陆运输,以确保有足够的时间去港口、火车站提箱送码头出口。

如果在运输中有任何延迟,要立即通知相关承运人,并加以解决。

港口分公司收到铁路承运人寄来的到达通知时,立即书面通知分配好的卡车公司提箱并送交码头。

港口分公司跟踪动态,并在港口接收箱子。

对出口货多式联运而言,一定要把握内陆 CY、铁路公司的最后结关时间。每条船舶在各内陆堆场,根据运输时间的不同,有不同的铁路结关时间。如果在铁路结关时间以前将集装箱送至内陆堆场,则该箱子可以赶上在港口船舶的结关时间,否则难以配上预订的船。

十、开展上门交接货的服务

为方便客户,提高服务质量和竞争力度,在多式联运提单下,大多数船公司提供上门交接货的服务。

根据 FMC 的规定,船公司只要在 FMC 登记过内陆运价本费率的和/或服务合同中列明地点的上门交接服务才可以做上门交接货的服务。

在上门交接货的多式联运中,主要提供以下服务:

在货主准备就绪的情况下交接货;

给客户运至客户工厂或仓库提供 2 小时的免费装卸时间;

集装箱货物在重量不得超过 20′/38000Ibs,40′/44000Ibs。

在上门交接货的多式联运中,不提供以下服务:

(1)将箱子拖运至客户工厂或仓库,拖头离开,等装箱完毕,再回来拖箱的服务;

(2)超重货(除非发货人支付特殊底盘车费用);

(3)司机协助装卸货;

(4)需要特殊底盘车或特殊操作(除非愿意支付特别底盘车和特别操作费);

(5)停靠 2 个以上的装箱点;

(6)装卸货超过 2 小时;

(7)油罐运输;

(8)严格限制的危险品。

【案例一】 集装箱灭失责任的确定

一、案由

1989 年 11 月 8 日,C 市塑料厂(简称收货方)通过 J 省进口公司(简称订货公司)从奥地利进口拉丝机设备一套,分装4只集装箱,箱号为:6077639,2330820,4013642,4010772。上述集装箱由S远洋运输公司(简称船公司)所属“商城”轮于1985年8月6日运抵S港Z集装箱装卸公司码头(简称港区)卸货,该轮的舱单及提单均载明集装箱系货主箱。收货方通过订货公司委托S外贸运输公司(简称货代)办理进口申报和提货手续。同年9月18、19日,货代前往港区堆场提货,但未将集装箱随货提走,而在堆场拆箱,拉丝机组主件处于裸装状态,通过公路运输,由收货方押车运至C市,4只空箱连同箱中附有的过滤网等配件均遗留在港区。运输途中因部分设备遭雨淋,个别部件损坏生锈。

1985年9月23、24日,港区为4只箱子分别加上前缀,即“SC×6077639,SC×U2330820,COSU4013642,UFCU4010772”,并在所属船公司的“沱汤”、“枝江口”两轮制作的集装箱单上载明。S海关对此审查后全部放行,同年9月30日,4只箱子被运往国外。

收货方因部分进口设备损坏,部分缺件,遂与奥地利客商驻京办事处交涉,得知拉丝机包装用集装箱为货主所有,就派人到货代处查询。1985年10月18日,收货方持船代出具的“工作联系单”去港区提领空箱未果,查无下落。收货方与货代协议不成,诉诸S海事法院。

原告(收货方)诉称:货代因工作疏忽而失责,未注意到4只集装箱系货主箱而在S港错误拆箱,造成应为收货方所有的4只集装箱空箱(含1只有附件的空箱)的灭失;由于无过滤网等机件设备配套而使奥方技术人员依据买卖合同对拉丝机组的调试无法正常进行,直到收货方多方设法借到同类设备改装后才得以进行,不仅延迟了调试工作30天,并蒙受额外经济损失计有贷款利息9 600美元,奥方人员住宿费4 090元外汇人民币及伙食、待时工资费用人民币125 052元。要求判令责任方追回上述空箱或赔偿4只空箱的价值人民币417 160元,并承担由此引起的其他经济损失。

被告一(货代)辩称:拆箱提货后将空箱留于港区,这是货代工作失慎。但是,没有提走并不一定造成箱子的灭失。货代将拉丝机机组主件运至收货方后,4只空箱连同箱子附有的过滤网等配件仍遗留在港区。在港区掌管控制之下,未去提箱只能导致堆存费的增加或箱体本身耗损,但不直接导致“灭失”。灭失的责任应由船代与港区承担,因为4只箱子是由港区加前缀,被船代安排而“灭失”的。

被告二(船代)辩称:“商城”轮上述航次的进口舱单及提单上均明

确,4 只箱子系货主箱。按业务惯例,船代在接到单证资料后,将上述舱单分发给港区、海关、理货等单位,包括货代。货代理应按提单或舱单内容所列,将货物及箱子全部提走,但货代未能做到。由于货代本身的过失,致使 4 只箱子下落不明,责任应由货代负责。

被告三(港区)辩称:港区按照业务规定,根据货主提单准予提货。本案所涉及的 4 只空箱在港区拆箱提货,空箱装船出口,手续完备,去向明确。在其管理期间,未造成上述空箱灭失,故不承担任何责任。

海事法院认为:被告 S 外贸运输公司(货代)作为原告收货方代理,自行办理货物的进口申报和提货手续,理应按提单所列内容,将货物连集装箱全部提走。由于 S 外贸运输公司失职,未将应提的货物连同属收货方的集装箱一并提走,这是造成本案所涉及的 4 只集装箱空箱及箱中附件灭失的主要的、直接的原因,故应负 80% 的责任;又由于 S 外贸运输的过错行为造成了进口设备的裸装运回,途中受损,加上耽误机器调试,应负由此引起的全部经济赔偿责任。另外,被告 S 外轮代理公司(船代)对空箱出口未予复核,被告 S 港集装箱装卸公司(港区)对空箱添加前缀,两被告对 4 只空箱灭失应各负 30% 的责任。

海事法院判决如下:

被告 S 外贸运输公司赔偿原告人民币 23 445.60 元,外汇人民币 4 090元和 9 600 美元;

被告 S 外贸运输公司赔偿原告人民币 523.38 元;

被告 S 港 Z 集装箱装卸公司赔偿原告人民币 523.38 元。

被告货代与船代均不服一审判决,上诉于 S 高级人民法院。S 高院主持调解,于 1990 年 5 月 23 日以原告收货方自愿从被告货代处减少人民币 5 000 元赔偿而结案。

二、分析

货主箱英文为“Shippers Own Container”,简称“SOC”,含义指发货人拥有的集装箱,它不属于船公司所有,而属于发货人所有或收货人所有(发货人将其作为包装箱卖给收货人)。它有两类:

(1)指发货人应收货人的要求,集装箱随货物一并运往目的港交与收货人。

(2)指发货人用自有的集装箱或向租箱公司租用的集装箱装货后,委托船公司承运至目的港或中途转船后再运到目的港。

对于这一类货主箱，不必返还给发货人，因为发货人已将该集装箱的箱价计入货物的包装费用内，并计入货物总价。一般情况下，在货主箱箱体外表涂刷的原箱主代号应除去，而刷上按发货人意图编写的六位或七位阿拉伯数字的箱号作为标志，以便区分于其他集装箱，使船公司编制货运单证时不会混淆。而且，船公司应按发货人要求在货运单证上注明"SOC"箱，包括在舱单和提单上注明。这样，货代(如果收货人委托)在目的港提货时将该箱连同货物一并提取，并在拆箱后不再收回空箱返回堆场，便于有关方面对集装箱的跟踪管理。

本案涉及收货人、货代、船代、港区等各环节，只要其中一个环节严格把关、恪守其职，就能避免四只空箱子的"灭失"。但是，各方忽视了货主箱运输的箱体交接，造成了不必要的矛盾及经济损失，这是一起混合过错的损害赔偿案。分析如下：

(1)作为货代，S 外贸运输公司在收到订货公司的合同及船代转来的海运提单后，就应按照单证内容填写海关申报单和提货单(又称小提单)，缮制报关单和小提单时应做到单单相符，内容完整、准确无误。本案中，船公司签发的提单上清楚地载明：

401364—2　1×40′Shippers Own Container

401077—2　1×40′Shippers Own Container

607763—9　1×40′Shippers Own Container

233072—0　1×40′Shippers Own Container

然而，货代的制单业务员没有将其填入报关单和小提单上，因此，货代到港区提货时，按常规拆箱，造成不必要的过失。

(2)作为港区，S 港 Z 集装箱装卸公司在集装箱运输中办理箱子的装卸、转运、拆箱、收发、交接、保管、堆存、搬运等业务工作，并在空箱出运中，负责向船代提供箱号。然而，港区在空箱的标记上加上箱主代号，致使 4 只箱子成了中远公司(COSCO)英国 Sea Container LTD.(SCXU)以及美国 Flexi-van Corp(UFCU)的集装箱。其所加的前缀缺乏根据，可能操作人员对货主箱业务不熟悉，或者主观上希望尽快安排空箱出运随意加上前缀箱主代号及时疏港。无论如何这是一种过错行为。港区的这一行为向船代提供了错误的信息资料，无形中转移了集装箱的物权。

(3)作为船代，S 外轮代理公司是 S 远洋运输公司的代理人，按照船公司指示办理集装箱进出口业务，安排集装箱的调运(包括空箱和重箱)，对船公司和集装箱营运人所属的集装箱负有追踪管理之责，行使集装箱及其设备的使用、租用、调运、保管、发放、交接等职能。本案中，S外轮代理公司得到S港Z集装箱装卸公司提供的箱号后，应当核实现场提供的上述是否属S远洋运输公司所有（或为船公司自有箱，或为船公司的租箱），然后负责报关，可是，船代并没有查实就指令出运。这样，船公司客观上成为受益方，免费使用不属于自己的集装箱，实为失职行为，属不当得利。并且没有正确履行代理职责，又未能追回4只空箱，从而导致了4只箱子的"灭失"。

（4）作为收货人，C市塑料三厂通过订货公司与国外客商订立先进设备引进合同，有关的业务员不但要熟悉合同条款，了解货物的大致性能，而且在委托货代办理提货手续时，应当特别注意有关包装的规定。本案中，订货公司与国外卖方的包装条款PACKLNG上写明"20′or 40′one way Container"。意为单程集装箱，无须返回。通常情况下，货主箱由收货人（买方）和发货人（卖方）在买卖双方的合同上明确标的拥有关系，如果收货人当时提醒货代，如果交接时向货代提出异议，认为不应拆箱，如果设备到厂后，有关技术人员即提出缺少外包装和配件而马上与货代联系，或许能挽救因货代过失而带来的直接及间接经济损失。遗憾的是，拉丝厂机组主件裸装入厂后，无人就设备与合同、提单等单证查验，直到外方技术人员来调试机器时发现少了零件，从而不得不进入一场长达4年之久的艰难诉讼。

【案例二】 集装箱装载货损案

一、案由

1988年6月，中国土产畜产进出口公司S畜产分公司（简称S畜产）委托S对外贸易运输公司（简称S外运）办理333只纸箱的男士羽绒滑雪衫出口手续。S外运将货装上S远洋运输公司（简称S远洋）所属"汉江河"轮，并向S畜产签发了北京对外贸易运输总公司的清洁联运提单，提单载明货物数量333纸箱，分装3只集装箱。6月29日该轮抵达目的港神户，集装箱驳卸到岸。7月6日日方收货人Phenix Co. Ltd在港口开箱，日本快船公司出具的"拆箱报告"称箱号为FELU—9301197集装箱下的11只纸箱中有5箱严重湿损，5箱轻微湿损。7月7日3只集装箱由卡车运至东京Phenix CO. Ltd仓库，同日由新日本商检协会检验。该协会于

10月11日出具商检报告:11只纸箱有不同程度的湿损,将湿损衣物的残值冲抵后,实际货损约为1868.338日元,湿损系FWLU9301197箱里档左侧顶部破损所致。在东京进行货损检验时,商检协会曾邀S远洋派人共同勘察,被S远洋以"出港后检验无意义"为由拒绝。

Phenix CO. Ltd依商检报告从货物保险人AIU保险公司得到赔偿,随后AIU取得代位求偿权,先后通过其在香港北京的代理人与S外运联系,S外运未提出赔偿处理意见。1989年9月25日AIU保险公司以货运代理人S外运和实际承运人S远洋为被告,向上海海事法院提起诉讼。

AIU诉称:作为承运人的S外运,S远洋因过错造成其承运的集装箱内服装湿损,货损发生在承运人的责任期间。根据S外运签发的清洁提单,请求判令两被告赔偿损失1868.330日元及利息,并承担律师费诉讼费等。

S外运辩称:S畜产的服装是由实际承运人S远洋承运,货损的原因是集装箱有裂痕,雨水进入箱内造成服装损坏。根据S外运与S远洋1982年签订的集装箱运输协议规定:"S远洋应提供清洁、干燥、无味、完好无损的集装箱……如铅封脱落或箱体破损,集装箱内货发生损坏,则由S远洋承担一切责任"。因此,S远洋应对货损承担全部责任。

S远洋辩称:在正常情况下,S远洋所属船舶(包括"汉江河"轮)由S外轮代理公司签发提单,S外运在没拿到场站收据及在未经授权条件下签发提单,应由S外运承担其后果和责任。

两被告在诉讼中均提出:"汉江河"轮于6月25日在S港装货,29日抵神户卸货,前后5天,而日方商检则是7月7日在东京进行的,即使集装箱有裂痕漏水,也不可能在短时间内造成箱内有良好包装的衣服损坏到如此程度。故要求原告进一步举证采取减少货损的合理措施。如果赔付应根据中远提单条款,按船东责任限制,每件赔付人民币700元。

上海海事法院认为:根据两被告1982年签订的集装箱运输协议"……若造成对货方的损害,先对外赔偿,后再内部分担责任……",两被告对11只纸箱服装的湿损有相当的责任牵连。但Phenix CO. Ltd与S远洋在开箱交货时交割不清,聘请的商检又在港口外进行,故原先对货损索赔及所损害的确切数额的请求举证不力。

上海海事法院在查明事实、分清责任的基础上主持调解。1990年3月28日三方达成协议:

被告S外运和S远洋根据损害事实及提单条款规定,赔付原先AIU

人民币 8 000 元(其中 300 元为补偿原先诉讼费)。

赔偿由契约承运人 S 外运先行给付,再与实际承运人 S 远洋自行协商解决。

本案受理费 1 961.44 元则原先 AIU 负担。

二、分析

货损货差是对外贸易运输中经常发生的。随着国际集装箱化的进一步开展,集装箱运输对提高货运质量有明显的提高,但并不能完全消除运输过程中的货损货差事故。

本案中,根据清洁提单及目的港收货人聘请的新日本商检协会做出的商检证书结论("From what we have surveyed, we are of the opinion that the damage to the cargo was caused by contact with rain water which entered the container through the breakage on it's front roof at Kobe")中可知,货损的原因是由于该集装箱前面顶部有裂痕,雨水进入箱内造成纸箱内衣服损坏,此外,还可以从进出神户港场站的集装箱设备交接单上得到佐证,在其 Inspection of Container 栏中,均有集装箱前面左侧顶部"Broken"(破损)的批注。按照索赔、理赔的近因原则(Proximate Cause),本案货损的近因集装箱箱体的裂痕,属"船残"。可以推断造成裂痕有两种可能性:(1)该集装箱在 S 港装货前就存在裂痕,船方未提供适载集装箱;(2)该集装箱的裂痕是因为船方在海上运输过程中未能恪尽职责,由管货过失造成的。因此,船方应对货损承担赔偿责任。

理赔是一项涉及面广、情况复杂、政策性很强的工作,理赔须细心研究案情,熟悉国际贸易合同条款、国际货运法规、提单条款内容、货物保险合同,商品检验法规、国际航运惯例等,这样才作出正确处理。

本案中,由于 AIU 的索赔是依据新日本商检协会作出的残损鉴定,我方律师在诉讼中认真仔细地研究了对该案起关键作用的商检证书,发现日方申请商检验残的时间和地点存在缺陷。按商检惯例,日本 Phenix CO. Ltd 发现有批注集装箱设备交接单和载明货物湿损的拆箱报告后,就应及时在卸货港当地申请神户口岸商检机关鉴定,而不应把货运到东京,再向商检机构申请鉴定。因此,可以得出这样的结论:日方收货人对易扩大损失的残损商品没有立即申请鉴定检验,也没有采取有效合理的施救以减少货损。因此,对扩大残损应自负责任。

从近年来发生的集装箱货损事故看,由于集装箱本身的原因,如自身不水密、箱子老龄化等而造成货物污损、污染、泄漏损等有上升趋势。在集装箱多式联运过程中,尽管最终承运人交付给收货人的是一个外表状态良好、铅封完整的集装箱,但有时却发现箱内货物已经受损,且难以确定货损区段及货损原因。

我国的《海上国际集装箱运输管理规定》第 12 条规定:"用于海上国际集装箱运输的集装箱,应当符合国际集装箱标准化组织规定的技术标准和有关国际集装箱公约规定。集装箱所有人、经营人应当做好集装箱的管理和维修工作,定期进行检验,以保证提供适宜于货物运输的集装箱。违反本条第 2 款规定,造成货物损坏或短缺的,由责任人按照有关规定承担责任。"第 17 条规定:"托运人或承运人在货物装箱前应当认真检查箱体,不得使用影响货物运输、装卸安全的集装箱"。据此,集装箱运输各有关业务环节应依法行事,把好供箱关,同时各有关方也应认真进行集装箱交接手续并注意以下几点:①重箱:箱体完好,箱号清晰,封志完整无误;②空箱:箱体完好,水密,无漏光,清洁、干燥、无味,箱号及装载规范清晰;③凡箱号及装载规范不明、不全、封志破损、脱落、丢失、无法辨认或进出口文件记载不符,箱体结构不符 ISO 标准,擦伤、割伤、破洞、漏光、不水密、箱门无法关启等,均应在《进出场集装箱设备交接单》上注明。只要业务人员依照规范操作,是能减少、避免集装箱货损事故发生的。

集装箱运输商务中发生事故的原因是多方面的,现结合有关责任方分析如下:

(1)装箱、封箱不当。集装箱运输必须做到安全积载、堆装,适当封箱,操作不当会造成货损,如货物在箱内应均匀分布,不同性质货物应避免混装等。如果是 CY 交付或整箱交付的,装、封箱不当应由发货人或货运代理人负责;如果是 CFS 交付的,装、封箱不当应由集装箱运输经营人或其代理人指定的货运站负责(当然,如果发货人委托代理人办理 CFS 交付的除外)。

(2)装卸、搬运等不当。集装箱的装卸、搬运操作必须谨慎小心,若违章操作,粗暴搬运,使用工具不当等原因造成箱内货物残损的,属"工残",其货损责任由装卸部门承担。

(3)堆放、保管不当。指卸货港的码头、仓库(场/站)对集装箱及拆箱后箱内货物的堆放、保管不善,造成货损,属"港残",是港方责任范围。

(4)船方积载不当。集装箱船舶的结构要求是将大量的箱子装载甲板运输,风险较大。若承运人没有牢固的装置设备或没有科学的积载,或者在航行中船方对载运货物谨慎处理,使集装箱被海浪打入大海或打破造成货物灭失、损害的事故,属“船残”,由船方负责赔偿。

(5)集装箱不适载。在箱子交接方面,船方提供给发货人的箱子应完整无损,清洁干燥,并且有合格的检验证书,如果船方提供的自有箱或租箱不适货运,则货损属“船残”,也由船方负责。

除此之外,还有其他原因,如提单上已有注明的残损,属“原残”,由发货人负责。

【案例三】 HB/L－OB/L 当事人赔偿责任确定

一、案由

广州佛山一家公司(以下称发货人)将装载茶叶的7个集装箱委托一家国际物流公司(以下称物流公司)由广州佛山通过公路拖运到香港装船去孟买港,集装箱在孟买港卸船后再通过铁路运抵交货地(新德里)。该批出口茶叶由物流公司出具全程提单,提单记载:装船港香港、卸船港孟买、交货地新德里,运输条款 CY—CY,提单同时记载“由货主装载、计数”的批注。集装箱在香港装船后,船公司又签发了以物流公司为托运人的海运提单,提单记载装船港香港、卸船港孟买,运输条款 CY—CY。集装箱在孟买港卸船时,7 个集装箱其中有 4 个外表状况有较严重破损,物流公司在孟买港的代理与船方代理对此破损做了记录,并由双方在破损记录上共同签署。7 个集装箱在运抵新德里后收货人开箱时发现,两个外表有破损的集装箱箱内茶叶已严重受损,另一集装箱尽管箱子外表状况良好,但箱内茶叶也有不同程度受损,收货人根据提单上由货主装载,计数的批注向发货人提出赔偿要求,但发货人拒赔,理由是茶叶在出运后物流公司签发的是清洁提单,这证明发货人是完好将货交给物流公司委托的公路承运人,而且,由外理证明的装箱单上也没有对茶叶在装箱时的状况作出任何批注。于是收货人向物流公司提出赔偿要求,理由是物流公司出具了全程货运提单,理应对全程运输承担责任,但同样遭到物流公司拒赔,物流公司的理由是尽管物流公司出具了全程货运提单,但造成箱子破损并非物流公司过失,而是船公司的行为。

在无法从发货人、物流公司那里得到赔偿下,收货人委托律师对物流公司、发货人提出诉讼,法院在受理该案后判定:物流公司、发货人不承担任何赔偿责任。事实上,法院在认定该案当事人的过失责任上有“误区”。

二、该案当事人的赔偿责任确定

从物流公司、船公司各自签发的提单所记载的运输条款看,该批集装箱的茶叶是整箱运输,整箱运输下无论是根据提单运输法规,还是有关国际货运公约,或是运输惯例,其交接双方责任均以“集装箱外表状况是否良好,海关关封是否完整来确定”。也就是说,只要做到上述两点,即在一定程度上可认定发货人责任终止之时,便是承运人责任开始之时,而承运人责任终止时,便是收货人责任开始之时。该案当事人可由图 5-1 中看出。

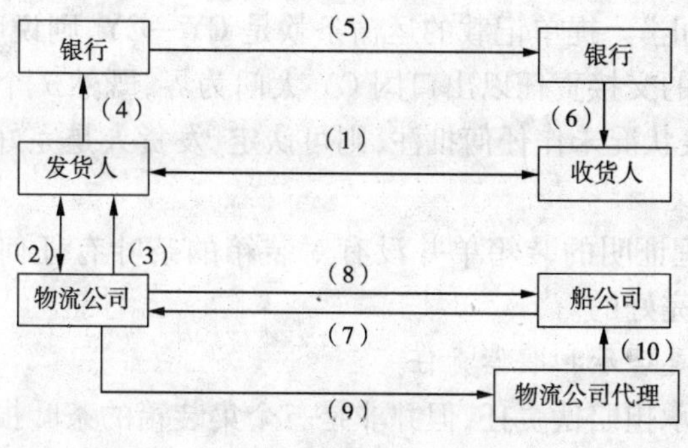

图 5-1　当事人示意图

图中说明:

(1)发货人(卖方)与收货人(买方)订立买卖合同。

(2)发货人与物流公司订立委托代理合同。

(3)物流公司签发自己的全程提单给发货人。

(4)发货人凭物流公司签发的全程提单去银行结汇。

(5)出口国银行将物流公司提单寄给进口国银行。

(6)收货人付款买单。

(7)物流公司委托船公司运输。

(8)船公司签发提单给物流公司。

(9)物流公司将船公司提单寄送国外物流公司的代理。

(10)物流公司代理凭船公司提单提货。

1. 发货人是否承担赔偿责任

发货人不应承担赔偿责任:

(1)当发货人将装载的集装箱交由货代公司,并由物流公司安排集卡拖运至香港装船时,无论是物流公司,还是集卡司机均未对集装箱的外表状况提出异议,因而可认定交接时箱子外表状况良好。

(2)物流公司在接受集装箱后,提单并没有对箱子外表状况作出任何批注。因此,该提单属于清洁提单。

(3)银行接受提单并给予办理结汇,这在一定程度上说明银行也认定该提单是清洁的。

(4)尽管提单上注明"由货主装载、计数",但并不能证明发货人装载的茶叶是损害的,因为整箱提单上的批注仅是提单签发人为保护自己的利益的说明。

(5)集装箱运输下,对承运人责任期限的规定是:"从接受货物时起,至交付货物时止"。提单记载的运输条款是 CY—CY,则说明发货人与承运人对集装箱的交接责任以出口国 CY 大门为界,既然 7 个集装箱进 CY 大门时,对外表状况未作任何批注,则可认定,发货人是完好交货,其责任即告终止。

(6)由外理证明的装箱单并没有对装箱的茶叶有任何批注,这说明装箱时茶叶是完好的。

2. 船公司是否承担赔偿责任

船公司应承担赔偿责任,但并非是三个集装箱的茶叶损害,而是其中两个集装箱内的茶叶损害赔偿,其理由:

(1)7 个集装箱在香港装船时,船公司对 7 个集装箱的外表状况并没有作任何批注,则可以认定是在完好的状态下接货,但孟买港卸船交货时,却发现其中 4 箱已造成箱损,这在一定程度上可认定箱损发生在海上运输区段。

(2)船公司签发的是海运提单,而物流公司签发的是全程提单,因此船公司的地位可这样确定:

①船公司是物流公司的实际承运人,是按物流公司要求完成海上运输;

②但船公司对物流公司又是承运人,因船公司签发了以物流公司为托运人的海运提单;

③船公司与收货人不直接发生赔偿关系,因收货人持有的是货代提单,只有在物流公司赔付给收货人后,再由物流公司向船公司行事追偿权;

④由于箱损发生在海上运输区段，因而船公司即使承担赔偿责任，也是适用海上法规。但赔偿标准则依据是属船公司管货过失，还是其他原因。因为管货过失可按提单责任限制，而并非管货过失则可能按实际损失。但这一赔偿标准是依据物流公司已赔偿给收货人的基础上，即“背对背”赔偿平衡。

3. 物流公司是否承担赔偿责任

物流公司应承担赔偿责任，其理由：

(1)物流公司应承担赔偿责任，但并非是7个集装箱的茶叶损害，而是其中外表状况良好，但箱内茶叶有损害的集装箱，这属集装箱整箱运输下的“隐藏损害”赔偿，即箱子外表状况良好，海关关封完整，但箱内货已造成损害，但无法确定责任方、货损原因、货损区段。集装箱“隐藏损害”赔偿原则是依据提单责任形式，由于物流公司提单的责任形式是网状责任制，因而，物流公司对这一集装箱茶叶承担的赔偿责任是肯定的。因为网状责任制规定：“提单签发人应对全程运输承担责任，如无法确定货损原因、货损区段时，此项赔偿可依据法律上法规”。

(2)物流公司作为全程提单签发人在赔付给收货人后，并非是自己一人承担，而是将这一隐藏损害赔偿在参加全程运输的各承运人之间进行分摊，但是否进行分摊则依据物流公司的意愿。

4. 从保险理论讲，保险公司应承担赔偿责任，但保险公司赔偿的条件是：

(1)集装箱内茶叶损害是在保单承保的责任期限内，如保单记载CY—CY，保险公司对CY—CY期间内的货损承担责任。

(2)集装箱内茶叶的损害是属于保单规定的承保范围内的，因为保险公司也有一定除外责任。

(3)即使茶叶已造成损害，但保险公司在赔偿之前要求由收货人举证造成茶叶损害的原因、责任方，因为保险公司在赔付后依据这一举证行使追偿权。因为货物保险并不意味着保险公司只承担赔偿责任，而没有行使追偿的权利。

因而，收货人能否对保险公司提出赔偿，以及能否得到赔偿，上述条件是根本。

【案例四】 FCL 提单与 LCL 提单内涵不清案

一、案由

某年5月3日,国内W公司与加蓬Z公司签署了一份FOB USD66,000的塑料雨衣出口合同,6月10日W公司收到了Z公司通过银行开来的L/C。L/C规定“SHIMPENT FROM SHANGHAI PORT TO LIBREVILLE PORT NO LATER THAN 30 SEPT, ××',EXPIRY DATE AND PLACE: 15 OCT.××' AND IN CHINA. DOCUMENT TO BE PRESENT WITHIN 15 DAYS AFTER THE DATE OF ISSUING B/L,PARTIAL SHIPMENT ALLOW ONLY BY FULL CONTAINER, TRANSHIPMENT ALLOW, SHIPMENT THROUGH B LINE”(装运从上海港到利伯维尔港,不迟于××年9月30日,有效期和地点××年10月15日在中国,交单期在提单签发后15天,分批只允许整箱,转船允许通过B公司运输)。W公司经审核并认可了L/C。该合同项下的货物共需装运6×40′ FCL,W公司准备分三批发运,7、8、9三个月分别装运2×40′ FCL,且该条款已得到客户的确认。7月18日W公司将第一批2×40′ FCL按时发运,并于8月13日安全收汇。8月4日×公司又向W公司订购了0.6万打FOB USD4,000的雨衣,付款方式D/P。Z公司为节省运费,要求W公司将这0.6万打雨衣装入第二批2×40′货柜中一同发运。W公司考虑到L/C规定只允许整箱分批装运,就向B公司询问如将这0.6万打雨衣装入2×40′FCL可否按整箱运输,B公司答复如果是同一收货人则可以按整箱运输。于是,W公司于8月23日发运了这一批混装的2×40′的FCL。24日拿到两套提单,27日整理好两套单据交银行一套L/C议付,一套D/P托收。28日银行通知W公司L/C项下的单据有不符点。提单中有“LCL(拼箱)”字样,而L/C规定只允许整箱分装,显然与L/C不符。W公司拿来提单仔细审查发现提单中有一集装箱号码后标注了“LCL”字样。于是W公司要求B公司将提单中的“LCL”删除,并强调事先B公司曾承诺可以按整箱运输,然而,B公司并没有同意,原因是:①集装箱号码后标注“LCL”表明此集装箱内货物为混装,共签出了两套提单,实际也是如此。②提货时每份提单只能提取此集装箱内的部分货物。③此2×40′FCL实际发运的手续及收取的费用都是按向W公司承诺的那样按整箱办理和收取的。④如果W

公司坚持要求删除“LCL”,B 公司以在收回已签发的两套提单的前提下签发一套整箱提单。W 公司觉得 B 公司的答复句句在理,只好提供保函交单议付。Z 公司信誉良好并没有因此拒收单据,并及时支付了货款,但此证是通过美国一家银行转让的,该银行却因此多收了 400 美元的费用。

二、案情评析

W 公司对集装箱运输了解不够,尤其是对整箱运输和整箱提单的内涵不清,一般船公司集装箱和拼箱运输是由两个不同的部门来操作,其费用也不一样。由于拼箱要增加拼装和拆箱劳务费,其费用一般要高于整箱,尤其是国外的拆箱劳务费一般都很高。提单是货权的凭证,收货人凭此提取货物。整箱提单收货人可以凭提单提取整箱货物,甚至可以将集装箱拖到自己的仓库卸完货后再送回集装箱。整箱提单一般都注有发货人装箱点数字样,只要交货时集装箱铅封完好,即使箱内件数与提单的件数不一致,船公司对此也不承担责任。拼箱提单则不同,运输公司收货时必须清点货物的件数并清楚地注明在拼箱提单上。交货时运输公司必须按拼箱提单注明的件数交付货物,如有减少,收货人可以向运输公司提出索赔。整箱运输既可以签发整箱提单也可以签发拼箱提单,如有的中间商订购了一个整柜的货物却卖给了两个分销商,中间商常常要求签发两套拼箱提单由分销商各自提取自己的货物。

本案例中 W 公司对集装箱整箱运输中整箱提单与拼箱提单混淆不清,B 公司承诺可以按整箱运输并没有承诺出具整箱提单。假设如果 B 公司出具了整箱提单和一拼箱提单,Z 公司完全可以凭整箱提单提取 1×40′FCL的货物,再凭拼箱提单向运输公司提货甚至索赔,而此时运输公司已无货可交,这岂不是运输公司自找麻烦吗?在本笔业务中,W 公司完全可以要求客户改证增加金额和数量,这样,B 公司就可以签发一套整箱提单交 W 公司交银行议付,就可以避免本案中的麻烦。

第六章　提单运输法规与提单操作

第一节　提单运输法规

一、海牙规则

第一次世界大战结束后，国际贸易又有了新的迅速发展，英国也意识到合同中的免责条款阻碍了自身运输业的发展。于是，在国际协会的协助下，召集了各国航商成立了提单条款的研究小组，于1921年9月在海牙召开了国际法协会会议，起草了有关提单的内容，1922年10月又在伦敦开会讨论，1923年对起草的条款作了修改，1924年8月一些国家的代表在布鲁塞尔签署了《统一提单若干法律规定的国际公约》，即《海牙规则》。该规则于1931年6月正式生效，从而在一定程度上促进了当时国际贸易和航运业的发展。

《海牙规则》作为一个国际货运公约，仅适用于参加该规则的国家，但没有加入该规则的一些国家在制定提单和开展实际航运业务中执行的内容与《海牙规则》并无区别，该规则的主要内容有：

(1)承运人的责任和义务；

(2)承运人的免责事项；

(3)货物托运人的责任和义务；

(4)承运人的赔偿责任限制；

(5)索赔与诉讼时效；

(6)公约的适用范围。

二、维斯比规则

自1931年《海牙规则》生效以来，国际贸易和航运业发展很快，《海牙规则》的某些内容早已不适需要。1963年国际海事委员会在斯德哥尔摩会议上订立了一个对《海牙规则》的修改议定书。会议期间,代表们访问了附近的哥德特兰岛的海运古城维斯比,并在那里由会议主席正式签署了该规则的修改建议,因此,习惯上将该规则称《维斯比规则》。该规则于1968年2月在布鲁塞尔的会议上正式通过,并定名"布鲁塞尔1968年议定书修改的海牙规则",该规则在1977年生效。

《维斯比规则》对《海牙规则》修改的主要内容有:

(1)扩大了公约的适用范围;

(2)提高了承运人的赔偿责任限制;

(3)对侵权行为的请求;

(4)提单的最终证据。

三、汉堡规则

自《海牙规则》、《维斯比规则》实施以来,国际贸易、运输又有新的发展,特别是第三世界。第三世界作为货主国家,为发展自己的经济强烈要求修改《海牙规则》,于是,联合国和发展会议在1968年3月设立了国际航运立法工作组,该工作组的任务是讨论国际海商法给发展中国家的经济带来的障碍,并对需要修改的意见向联合国国际贸易法委员会提出建议。

1969年11月,国际航运立法工作组召开第一次会议,决定优先审议提单的法律。1971年2月,国际航运立法工作组召开第二次会议,决定重点修改《海牙规则》,并进行新公约的准备工作。为避免工作的重复,贸易会议航运立法工作组建议联合国国际贸易法委员会继续接办这项工作,修改提单的法律和惯例,并制定新的条文草案,联合国国际贸易法委员会第四次会议接受了航运立法工作组的建议,于1971年4月建立了另一个国际航运立法工作组,归国际贸易法委员会领导。该工作组前后召开了六次会议,于1978年3月由联合国主持在汉堡召开了海上货物运输会议,通过了"1978年联合国海上货物运输公约",简称《汉堡规则》,该规则于1992年生效。

四、提单的主要法定内容及其作用

1.提单的主要内容

提单并无统一的格式,可由船公司自行制定。在提单的正面主要载明以下内容：

(1)船名和船舶的国籍；

(2)承运人名称；

(3)装货地和目的地或者运输路线；

(4)托运人名称；

(5)收货人名称；

(6)货物的名称、标志、包装、件数、重量或体积；

(7)运费和应当付给承运人的其他费用；

(8)提单签发的日期、地点和份数；

(9)承运人或其代理人或船长的签字。

在上述9项内容中，第(1)项至第(6)项由托运人填写。托运人应向承运人保证他所填报的情况的准确性，如因托运人填写不清楚或不正确，以致引起货物灭失或损害，托运人应负责赔偿承运人的损失。如果承运人怀疑所收到的货物同提单上所填报的情况不符，得在提单上添加批注。第(7)项至第(9)项的内容一般由承运人填写。提单通常是一式三份，但也可以根据托运人的需要适当增加或减少份数。承运人凭其中一份提单交付货物之后，其余提单一律作废。

提单的背面印有详细的运输条款，主要是规定承运人与托运人的权利义务。

2. 提单的作用

提单是国际贸易运输中最重要的装运单据之一，它具有以下3种作用：

1)提单是海上货物运输合同的证明

有些国家(如英国)的法律认为，就承运人与托运人之间的关系而言，提单本身并不是他们之间的运输合同，而只是他们所订立的运输合同的一种证明。其理由有二：第一，在以提单方式运输的情况下，托运人通常都是根据班轮公司事先公布的船期、费率及运输条件向有关班轮公司或其港口代理机构洽订舱位，他们之间的运输合同早在双方洽订舱位的时候就已经成立，而提单则是在订妥舱位之后，在承运人收到货物或把货物装上船舶之后由港口代理人或船长签发给托运人的。因此，提单对于承运人与托运人来说并不是运输合同，而只是在洽订舱位时早已订立的运输合同的一种书面证据。第二，提单是由承运人的代理人或船长签发给托运人的，在提单上只有一方当事人代表签字，而不是由双方当事人共同签字,因而认为提单在形式上不具备合同的要求。

但是,以上情况是指提单对承运人与托运人之间的关系而言。在实际业务中,托运人收到提单之后,通常都用背书方式把它转让给收货人(即提单的受让人,通常是货物的买主)。在这种情况下,对提单的受让人与承运人来说,提单就不仅是运输合同的证据,而且成为受让人与承运人之间的运输合同。他们之间的权利义务关系应以提单的规定为依据,即使原来的托运人与承运人事先另有协议,但由于提单的受让人对此一无所知,所以他可以不受其约束,承运人也不得以此为理由要求改变提单的内容。

2)提单是承运人对货物出具的收据

提单通常是在承运人收到货物之后,根据托运人提供的货运资料签发给托运人的,其中载有:

(1)货物的标志;

(2)货物的包装数量或件数,或者数量,或者重量;

(3)货物的表面状况。

因此,提单的签发就表示承运人已按提单上载明的内容收到货物。但是,提单作为货物收据的作用亦须视其是在托运人手中,还是在提单受让人手中有所不同。对托运人来说,提单只是承运人已按提单所记载的内容收到货物的初步证据(Prima face evidence),如果承运人事实上并没有收到货物,或者他所收到的货物与提单上的记载不符,他仍然可以提出反驳,证明事实并非如此。因为提单上有关货物的资料都是由托运人填报的,托运人应当知道所托运的货物的实际情况。但对于提单上受让人来说,提单就不仅仅是初步证据,而且是终局性的证据(Conclusive Evidence),即承运人对受让人不得否认提单上有关货物资料的记载内容的正确性。这是因为提单受让人在受让提单的时候,并没有机会检查货物,而只能完全凭信赖提单上所记载的事项行事。这在法律上是为保障善意第三者的利益,而且也只有这样才利于提单的流通转让。

3)提单是代表货物所有权的凭证

提单的主要目的是使提单的持有人能够在货物运输过程中通过处理提单来处理提单项下的货物。按照商业惯例,占有提单就等于占有货物,而提单的转让通常具有与交货本身同样的效果。因此,提单就是货物的象征。所谓提单是一种物权凭证,指的就是提单的这种作用。由于提单具有物仅凭证的作用,在国际贸易中,它可以作为买卖的标的物可向银行押汇的担保品。

五、提单的种类

1. 按签发提单的时间分

按签发提单的时间是在货物装船之前还是在装船之后来分类，可以分为已装船提单和备运提单。

(1)已装船提单(Shipped or on Board Bill of Lading)。是指货物装上船舶以后，由承运人签发给托运人提单，这种提单必须载明装货船名和装船日期。由于已装船提单对收货人按时收到货物较有保障，因此，在买卖合同中一般都规定卖方须向买方提供已装船提单。

(2)备运提单(Received for Shipment Bill of Loading)。又称收货待运提单。这是承运人在收到货物但尚未把货物装上船以前签发给托运人的一种提单。由于备运提单没有肯定的装船日期，而且往往不注明装运船舶的名称，将来货物能否出运、何时装运，都很难预料。因此，买方一般都不愿意接受这种提单。

备运提单可以改变为已装船提单，其做法是：当承运人已签发备运提单之后，如他已把货物装上船，则承运人可在提单的正面加注“已装船”字样和装船日期，并在其上签字，这样就可以使备运提单成为已装船提单。

目前，随着集装箱运输的发展，备运提单的使用日益增多。因为集装箱船公司需要在内陆收货站收货装箱，而内陆收货站又无法确定船名和装船日期，所以无法签发已装船提单，而只能签发备运提单，这是集装箱运输的正常做法。

2. 按提单上有无加列批注分

按承运人在提单上对货物的外表状态有无加列批注来分类，可以分为清洁提单与不清洁提单。

(1)清洁提单(Clean Bill of Lading)。是指承运人对货物的表面状况未加批注提单。这种提单表明，货物是在表面状况良好的条件下装船的(In apparent good order and condition)。在承运人签发了清洁提单的情况下，如果在目的港卸货时发现货物表面有缺陷，承运人须承担损害赔偿的责任。但对于经过合理检查不能发现的缺陷，以及因免责海难所遭受的损失，承运人可以免责。在国际货物买卖合同中，一般都规定卖方必须提供已装船的清洁提单。

（2）不清洁提单（Claused B/L, or Foul B/L）。是指承运人对货物的表面状况加有不良批注的提单，如注明“包装不固”。“破包”、“沾有油污”等。这种提单表明货物是在表面状况不良的条件下装上船舶的。如卸货时发现货物遭受损害或灭失，而致损的原因可以归咎于这些批注事项的话，就可以减免承运人的责任。因此，在提单上加列批注是承运人保护其自身利益的一种手段。

3. 按提单的收货人抬头分

按提单的收货人抬头分类，可以分为记名提单、不记名提单和指示提单。

（1）记名提单（Straight B/L）。是指发给指定的收货人的提单，即在提单上的收货人栏内，具体填明收货人的名称，如“给某某公司”，而不填写“或其指定的人”（or order）的字样。这种提单只能由指定人提货，不能转让，因而又称为不可流通的提单。记名提单虽然可以避免提单在流通过程中遗失、被盗或被冒名背书的风险，但却失去了提单的流通性，因此，银行一般也不愿接受记名提单作为议付货款的单据。记名提单在国际贸易中很少使用，一般只有在运送贵重物品、援助物资或展览品时才采用。

记名提单不能以背书方式转让，而只能按债权让与的方式转移。

（2）不记名提单（Open B/L, Bearer B/L）。又称持票人提单。这种提单在收货人一栏内仅填写“交与持票人”（to bearer）字样，既不写明收货人的具体名称，也不填写“凭指示”的字样。谁持有这种提单，谁就可以向承运人提取货物。不记名提单的转让手续十分简便，提单持有人不需作任何背书，只要把提单交给受让人即可。由于这种提单在流通过程中风险较大，因此在国际贸易中极少使用。

（3）指示提单（Order B/L）。是指在提单的收货人一栏内填有“凭某人指示”（to order of ……）字样，或仅填有“凭指定”（to order）字样的提单。前者叫做凭指定人指示提单，后者叫做空白抬头空白指示提单。指示提单是一种可以流通的有价证券，提单持有人可以用背书方式将它转让给第三者，而毋须取得提单签发人（承运人）的认可，所以这种提单买方乐于接受，银行也愿意接受指示提单作为议付货款的单据。在国际贸易中，指示提单是使用最为普遍的一种提单。

此外，从运输方式来分类，还可以把提单分为直达提单（Direct B/L）与联运提单（Through B/L），班轮提单与租船合同项下的提单等。

六、提单的流通性(Negotiable Quality)

提单作为物权凭证,只要具备一定的条件,在商业习惯上就认为是可以转让的。提单的合法持有人可以通过转让提单来转移货物的所有权以及提单所体现的运输合同中的权利义务。这就是提单的可流通性。

1. 提单转让的条件

首先,提单必须根据提单上关于收货人一栏如何填写来确定其能否流通转让。如果在提单的收货人一栏内载有"凭指示"(to order)、"凭某人指示"(to order of …) 或"交给持有人"(to bearer)等字样,即通常所说的指示提单和不记名提单,则是可以转让的提单。但如果在提单的收货人栏内载明交给指定的收货人,即记名提单,则这种提单就不具流通性,不能以背书方式转让。

2. 提单转让的方式

指示提单与不记名提单各有不同的转让方式。指示提单必须由提单持有人在提单上背书,并把提单付给受让人,才能产生转让提单的法律效力,而不记名提单则仅凭交付提单就可以实现转让的目的。

背书就是提单持有人在提单背面签名。如果在签名之外,不写明把货物转让谁,此种背书叫做空白背书(Endorsement in-blank),空白背书后的提单就像不记名提单一样,可以仅交付而再度转让。如果提单持有人除签上自己的名字以外,还写明受让人的名字,或写上凭某某受让人的指示交货,这种背书叫做特定背书(Special endorsement)经特定背书后的提单,必须由受背书人背书才能再行转让。

3. 提单与汇票在流通性上的区别

提单虽然像汇票一样可以流通转让,但提单的可流通性小于汇票的可流通性。在法律上把汇票称为票据 (Instrument),而把提单称为单据(Document)。提单与汇票在流通性上的主要区别在于提单的受让人不像汇票的正当执票人那样享有优于其前手背书人的权利。具体来说,如果一个人用欺诈手段取得一份可转让的提单,并把它背书转让给一个善意的、支付了价金的受让人,则该受让人不能因此而取得货物的所有权,不能以对抗真正的所有人。相反,如果在汇票流通过程中发生这种情况,则汇票的善意受让人的权利仍将受到保障,他仍有权享有汇票上的一切权利。鉴于这种区别,有的法学者认为提单只具有"准可转让"的性质。

七、承运人的权利、义务

承运人的权利义务是由提单条款加以规定的。由于目前大多数国家已采用《海牙规则》,关于这方面的法律已基本上趋于统一。现以《海牙规则》为主并对照《维斯比规则》和《汉堡规则》的有关规定,对承运人的权利义务分别介绍如下:

1. 承运人的基本义务

根据《海牙规则》的规定,承运人的基本义务有以下两项:

(1)承运人应提供适航的船舶。

承运人在开航前与开航时必须谨慎处理,以便:

①使船舶具有适航性;

②适当配备船员、设备和船舶供应品;

③使货舱、冷藏舱和该船其他运载货物的部位适宜并能完全地收受、运送和保管货物。

所谓适航性(Seaworthiness)首先是指船舶必须在设计、结构、条件和设备等方面经受得起航程中的一般风险。其次还要配备合格、健康的船长和合格足够的船员,船舶航行所用的各种设备必须齐全,燃料、淡水、食品等供应品必须充足,使船舶能安全地把货物运往目的地。

船舶的适航性还包括适货(Cargoworthiness),即适宜于接受、保管和运输货物。例如,在装货前,货舱必须适当清扫,如有必要应按检疫机关的规定进行熏舱消毒,如果装载冷藏货,应保证冷藏机的温度适合货物的要求。如果承运人没有尽到的责任,以致货物遭受损失,承运人应负责赔偿。

《海牙规则》只要求承运人在开航前和开航时谨慎处理使船舶适航,而不是在整个航程中都要保证船舶适航。因为海上风险较大,船舶在航行中可能会发生各种意外事故而变得不适航,在这种情况下,除非承运人由于疏忽没有及时采取补救措施,否则承运人可不负责任。开航前与开航时是两个不同的阶段,所谓开航前是指开始装货之前,开航时则指船舶离开锚地之时。

(2)承运人应适当和谨慎地装载、搬运、积载、运送、保管、照料和卸下所承运的货物。

按照《海牙规则》第3条第2款的规定,承运人对货物的责任包括装载、搬运、积载、运送、保管、照料和卸载等方面。在上述各个环节中承运人都要适当地、谨慎地行事,如果由于他的疏忽或过失,致使货物受到损坏,承运人应负赔偿责任。

①适当谨慎地装载。承运人应适当谨慎地把货物装到船上。如果承运人雇用装卸工操作,他应对装卸工的疏忽或过失所造成的货损负责。

如果托运人自行装船损及自己的货物,承运人没有责任,但如果因此而损及他人的货物,承运人仍须负责。

②适当谨慎地搬运。货物装入船舱以后,承运人应根据货物的具体情况,进行适当的处理。例如,在装运散装粮食时,必须安装防摇板和通风设备。装载笨重货物时,要预备绳索,把货物绑紧扎牢,以免货物在运输途中碰损或变坏,如果由于承运人操作管理不当而造成货损,承运人应负赔偿责任。

③适当谨慎地积载。货物装上船后,承运人必须按照货物的品种、性质和包装等特点,妥善进行堆放。货物有轻有重、有液体、固体、气体等不同状态,有的怕熏怕热,有的易碎易漏,各有不同的特点,因此不同特性的货物其堆放位置和方法亦应有所不同。例如,体轻的货物应置于重货之上,怕热的货物不能堆放在靠机舱的地方,怕熏的货物不能与挥发性强的货物装于同一货舱等等。如果由于承运人对货物配载不当,以致货物自身受到损害,或者损及其他货物,承运人均应负责赔偿。

④适当谨慎地运送货物。承运人应以合理的速度,按照合理的航线或地理上、习惯上的航线把货物运到目的港交货,不得无故绕航。如果发生了不正当的绕航行为(deviation),承运人要承担严重的后果。

⑤适当谨慎地保管和照料货物。承运人对于船上的货物应当注意保管和照料,防止货物在运输途中遭受损失。例如,在运输粮食时,必须在舱内通风,以防发热受损。运输水果时,要使冷藏舱保持托运人指定的冷度等。承运人如果对货物照料不善,应对由此而引起的货损负责。

⑥适当谨慎地卸载。承运人应适当谨慎地卸货,如因卸货不当而使货物受损,承运人应负责赔偿。

在正常情况下,承运人应将货物运至约定的目的港交给收货人。但是,如果目的港发生战争、封锁、瘟疫、罢工、冰冻或者承运人无法控制的其他情况,使船舶不能驶入原定的目的港时,船长有权把船舶驰到附近的安全港口卸货,并通知收货人,即可认为承运人已履行其交货义务。

2. 承运人的免责事项

《海牙规则》第 4 条规定了承运人的权利和免责事项。按照该条第 2

款的规定，承运人对下列各种情况下所引起的货物损失，可以免除责任：

(1)船长、船员、引水员或承运人所雇佣的其他人在驾驶或管理船舶上的行为、疏忽或过失。

承运人对因船长、船员或者承运人的其他人员在驾驶或管理船舶方面的疏忽或过失所造成的货物灭失损坏，不负赔偿责任。

(2)火灾，但由于承运人的实际过失或参与而引起的除外。

船舶引起火灾的原因是多方面的，它包括由于船长、船员或装卸人员的疏忽而引起的火灾、由于货物的自然特性而蔓延起来的火灾，或由于其他原因所造成的火灾，承运人对这类火灾所引起的货物损失，以及因扑灭火灾而造成的货物损失，可以免除责任。

(3)海上或其他通航水域的海难、危险和意外事故。

海上灾难(Perils of sea)是指海上所特有的，或船舶在海上航行所特有的各种灾难，如恶劣气候、狂风巨浪、海啸、冰冻等，但不包括陆地上也可能发生的风险。

(4)天灾。

(5)战争行为。

(6)公敌行为。

(7)君主、统治者或者人民的逮捕或管制依法扣押。

(8)检疫限制。

(9)托运人或者货主或其代理人或代表的行为或不当行为。

(10)不论由于任何原因所引起的局部或全面罢工、关闭工厂、停工或强制停工。

(11)暴动和骚乱。

(12)救助或企图救助海上人命或财产。

(13)由于货物的隐蔽缺陷、性质或者潜在缺陷所引起的体积或重量的亏损或其他任何灭失或损害。

(14)包装不固。

(15)标志不清或不适当。

(16)恪尽职责仍不能发现的潜在缺陷。

3. 承运人的责任期限

按照《海牙规则》第1条第5款的规定，承运人对所运货物的责任期限，是从货物装到船上时起，至货物从船上卸下时止。这段时间就是承运人对货物承担责任的时间界限，也是《海牙规则》适用的时间界限。这段时间包括装货过程和卸货过程,但不包括装货前和卸货后这段时间。按照《海牙规则》第7条的规定,关于装货前、卸货后这段时间内,承运人对货物灭失或损害的责任和义务,可由托运人与承运人自行商定,不受《海牙规则》各项规定的约束。

八、托运人的义务

托运人的主要义务是提供托运的货物和支付运费。

1. 提供托运人货物

托运人应当把约定的托运货物及时运到承运人指定的地点,以便装船。同时应在提单上把货物的名称、标志、号码、件数、重量、装货港与目的港的名称以及收货的人名称填写清楚。如果由于托运人所提供的货运资料不准确,致使承运人遭受损失,托运人应负责赔偿。托运人还必须遵照港口有关当局的规定,办妥货物出港的一切手续,并应把有关的单证文件交给承运人。如果托运人没有及时办妥上述各项手续,以致船舶不能出港,造成了延滞或其他损失,托运人应对承运人负责。

2. 支付运费

支付运费是托运人的一项主要义务。运费的支付办法有以下几种:①预付运费;②到付运费。至于采取哪一种付费方法,可由双方当事人在运输合同中加以规定。

预付运费一般是在装货港装货时或在开航前由托运人支付的。按照航运惯例和一般运输合同的规定,凡运费已预付者,不论货物灭失与否,承运人概不退还。

到付运费是在目的港交货时,由收货人支付的。如果货物没有运到目的港,承运人无权收取运费。但只要货物已运到目的港,即使已受损坏,收货人仍须照付全部运费,而不能据此拒付或减付运费,否则,承运人有权留置货物。

3. 发货人装箱、计数或不知条款

《海牙规则》规定如承运人、船长,或其代理人有适当依据怀疑货物的任何标志、号码、数量、重量不能确切代表其实际收到的货物,或无适当的方法进行检验,便没有必要在提单拒绝载明箱内货物的详情。但是,如果提单上缺少这些记载,势必会影响提单的流通性,因此,在实际业务中又不得不根据货主的通知内容予以记载。但另一方面,如果承运人默认了货主提供的集装箱内的件数,则会在能否享受最高赔偿限额等责任限制方面带来不利。因而,承运人在根据货主提供的内容如实记载于提单同时,又保留“发货人装箱、计数”或“不知条款”。以最大限度达到免除责任的目的。如有的集装箱提单规定:“如货物件数是由发货人或其代理人装箱并加封,该种集装箱又为本公司接受运输的,则本提单正面所列的内容(有关货物的重量、尺码、件数、标志、数量等),本公司均不知悉。”在提单中订有不知条款,从表面上看能保护承运人的利益,但其保护范围也有一定的限度,如货主能举证说明承运人明知货物详细情况,且又订上不知条款,承运人仍不能免责。特别是集装箱运输下的整箱货,承运人收到的仅是外表状况良好、铅封完整的集装箱,对里面所装的货物一无所知,所以,有必要加注这样的条款。

4. 铅封完整交货条款

集装箱提单中这一条款的规定仅适用于整箱货交接,也就是说,承运人在铅封完整下接货、交货,业已认为承运人完成货物运输,并解除所有责任。因此,从某种程度上说,集装箱运输下的整箱货交接是以铅封完整与否来确定承运人责任的。如承运人受损人欲提出赔偿要求,不仅需举证说明,还应根据集装箱提单中承运人的责任形式来确定。

5. 货物检查权条款

所谓货物检查权条款是指:“承运人有权,但没有义务在任何时候将集装箱开箱检验,核对其所载装的货物。”经过查核,如发现所装载的货物全部或一部分不能适合运输,承运人有权对该部分的货物放弃运输,或是在由托运人支付合理的附加费后完成这部分的货物运输,或存放在岸上或水上具有遮蔽的或露天的场所,这种存放业已认为按提单交货,即承运人的责任已告终止。

集装箱提单上订有货物检查权条款,是为了承运人对箱内货物的实际状况怀疑,或积载不当时启封检查。承运人在行使这一权利时,无需得到托运人的预先同意,当然一般来说,对由货主自己装载的集装箱启封检查时,原则上应征得货主同意,其费用由货主负担。

6. 海关启封检查条款

根据《国际集装箱海关公约》的规定,海关有权检查集装箱,因此,集装箱提单中都规定:“如果集装箱的启封是由海关当局认为检查箱内货物内容打开而重新封印,由此而造成任何货物灭失、损害,以及其他后果,本公司概不负责”。在实际业务中,尽管提单条款作了这样的规定,承运人对这种情况还应做好记录,并保留证据,以使其免除责任。

7. 发货人对货物内容准确性负责条款

集装箱提单中所记载的内容,通常由发货人填写,或由负责集装箱的承运人或其代表根据发货人所提供有关托运文件制成。在集装箱经营人接受货物时,发货人应视为他已向承运人保证,他在集装箱提单中所提供的货物种类、标志、件数、重量、数量等概为准确无误,或系危险货物,还应说明其危险特性。

第二节 提单操作规范与要点

一、提单正面法定内容记载

国际货运提单并无统一的格式,可由船公司或无船承运人自行制订。下述提单内容为法定记载:

(1)托运人;

(2)收货人;

(3)通知方;

(4)船名、航次;

(5)装船港、卸船港、接货地、交货地;

(6)货物详情(名称、标志、件数、重量、尺码等);

(7)运费支付和其他费用;

(8)有关提单签发(签发人、地点、日期、正本份数)。

上述内容的责任划分原则:

(1)因托运人自行缮制提单内容有误而造成货物灭失或损害,则由托运人自行承担责任。

(2)因托运人申报货物内容有误而造成其代理在缮制时根据申报内容记载而造成货物灭失或损害,则由托运人自行承担责任。

(3)货物代理人在根据托运人申报的货物内容缮制提单时因缮制错误,或填写与申报不符的内容。而造成货物灭失或损害,此项货物灭失或损害或其他损失则由货运代理人承担责任。

二、提单正面内容缮制要点

1. 提单编号(B/L、No)

提单编号统一制定。

2. 托运人(Shipper)

此栏填写托运人的名称、地址,必要时也可填写代码。

3. 收货人(Consignee)

此栏填写收货人的全称、地址,如有可能同时填写电话或传真或代码。

收货人栏内可以是:

(1)具体填写收货人名称(记名提单);

(2)可以是"TO ORDER"或"TO ORDER OF ×××",如果是"TO ORDER"则可理解是凭"托运人指示"。无论是"TO ORDER"还是"TO ORDER OF×××"均为可转让提单。

4. 通知方(Notify Party)

此栏填写通知方的全称和地址,如有可能请填写电话或传真或代码。如提单收货人一栏内已有详细的名称和地址,通知方一栏可以是任何一国的名称和地址。

在签发"TO ORDER"提单时,必须填写通知方全称、地址,电话或传真或代码。如信用证有要求,也可填写任何国家的第二通知方的名称和地址。

注:关于托运人对通知方一栏的申报应符合卸船港或交货地的习惯要求,否则产生的一切责任由托运人负责。有的国家和地区要求通知方必须是在当地,否则不允许货物进口,如巴基斯坦、沙特、印度。

5. 接货地(Place of Receipt)

此栏在多式联运时填写,表明承运人接收到货物的地点,其运输条款可表现为:门—场;门—门;门—站等。

6. 装船港(Port of Loading)

此栏填写货物的实际装船港口,但:

(1)在支、干线运输下,装船港可以是指干线船的装船港口;

(2)异地签单时,货物的实际装船港与提单签发地不在同一港口;

(3)装船港的港口名称应与所装载货物的"VESSEL"一栏中的船名相对应。

7. 交货地(Place of Delivery)

此栏在多式联运时填写,表明承运人交付货物的地点,其运输条款可表现为:场—门;门—门;站—门等。交货地填写时请注意:

(1)如托运人要求在提单上注明最终交货地,而船公司又不接受,则可在“Description of Goods”栏中加注“Final Destination of the Goods Not the Ship：×××，For Merchant's Reference Only”。

(2)如托运人提供了拼写错误的卸船港名称和交货地点，在未与托运人核实下请勿自行更正。因为，提单内容记载应符合信用证的要求，如需要更改则应由托运人提出书面声明。

(3)货物的交接地点应与具体的运输条款相一致，如CY—CY条款则在提单上注明装船港、卸船港即可，如DOOR—CY，则在提单上注明接货地、装船港、卸船港，否则将在责任费用上产生争执。

8. 卸船港(Port of Discharge)

此栏填写货物卸船港港口名称。注：

(1)如在提单记载的卸船港交货，通常收货人出具正本提单中的任何一份便可提货。

(2)如收货人提货的港口与提单上记载的卸船港不符时，则由收货人出具全套正本提单下才可放货。

9. 前程承运人

此栏在货物转运、联运、多式联运时填写，在海运方式下通常是一程船。

10. 船名、航次(Vessel、Voyage No)

此栏填写船舶的具体名称、航次号，但在货物转运或联运或多式联运时注意：

(1)在难以确定二程船船名时请填写“TO BE NAMED ×××船”；或“×××船 or Her Substitute”。

(2)如一程船、二程船不属同一家船公司时，更应注意提单签发。

11. 货物栏(Description of Goods)

(1)标志、箱号、关封号(Marks & Nos. Containers / seal No.)。

通常情况下，托运人会提供货物的识别标志和序号以填写入此栏中，同时此栏中需填写装载货物的集装箱箱号和关封号。如在托运人未能提供关封号情况下，建议加注：

“Seal Number not Noted by Shipper”。

如果有海关关封号则应在此栏中加注。

(2)集装箱的数量和货物件数(No of Container or packages)。

整箱货运输下，此栏通常填写集装箱的数量和型号，如信用证有要求则可在“Description of Goods”一栏中加注由托运人提供的货物件数。

拼箱货运输下,此栏中填写货物件数。

集装箱的型号主要可表现为:20FT、40FT。

Dry Container	DC	干货箱
Reefer Container	RF	冷藏箱
Flat Rack	FR	框架箱
Open Top	OT	开顶箱
High Cube	HC或HQ	高箱

例如:一个内装8箱机械设备的20FT干货箱可表现为:1×20FT DC。如托运人坚持要求标明货物件数,则可在"Description of Goods"一栏中加注"8 Cases machinery Shipper's Load Count"。

注:提单批注表示方法有:

①STC (Said to Contains),内容据称。

②SLAC (Shipper's Load Count),货主装载计数。

③SLCAS (Shipper's Load Count and Seal),货主装载,计数,加封。

④UNCL (Unknown Clause),不知条款。

⑤OCO (One Container Only),一个集装箱。

⑥SBS (Said By Shipper),据货主称。

上述提单批注,并不影响到提单结汇。

(3)货物情况 (Description of Goods)。

此栏填写货物的具体情况,如需填写的内容过多,空间不够的话,则可添加附件,此种情况下请注明:"Quantity and Description of Goods As Per Attached Schedule"。

(4)货重 (Gross Weight kilos)。

此栏内填写装入集装箱内货物的毛重(公斤)。

(5)体积 (Measurement Cu Meters)。

此栏内填写装入集装箱内货物的总体积(立方米)。

(6)集装箱总数和货物件数总数(Total Number of Containers or Packages or Units)。

在整箱货运输下,此栏填写集装箱的总数,如:"Five Containers Only"。

在拼箱货运输下,此栏填写货物的总件数,如:"Twenty Packages Only"。

注:(1)在整箱货运输下,当此栏中填写集装箱总数后,不必再填写

具体的货物件数。

(2)如同时在此栏中填写集装箱箱数和货物件数时,则以提单签发人加注的集装箱数为准。

(3)所谓一件货是指其本身价值超出提单规定的赔偿责任限制。

12. 运费(Freight)

(1)运费和其他费用(Freight and Charge)。

此栏内主要说明各种费收的类别,如海运费、内陆拖运费、燃油附加费用。其中申报货物价值的附加费是指托运人要求在此栏中注明货物价值后应支付的附加运费。

(2)运费预付地点、运费到付地点(Prepaid at. Collect at)。

此栏表明运费支付方式和地点,在 CIF、CFR 价格条件下,运费支付方式为 Prepaid。在 FOB 价格条件下为 Collect。

注:费用栏中仅说明运费支付方式,不必注明运费支付金额。

13. 温度指示(Temperature Control Instructions)

此栏填写冷藏箱运输时所要求的温度,应尽量避免标明具体温度。如托运人坚持表明,则可在此栏中表明"Set At ××℃ As Required by Merchant's,或××℃ ±2℃′"。

14. 正本提单份数(No. of Original Bs/L)

此栏填写根据托运人要求所签发的正本提单份数。

注:正本提单份数注明要求是:

(1)在变更目的港地交货时,收货人应出具全套正本提单。

(2)在提单转让买卖时,应出具全套正本提单。

(3)在寄送提单发生意外时有一补救办法。

15. 装船日期、船名(Shipped on Board the Vessel)

提单签发地点、日期(Place and Date of Issue)

此栏通常填写承运货物的船舶离开提单项下装船港的具体日期,并在日期上盖章,在特殊情况下也可填写货物实际装船日期、地点。

三、集装箱运输条款

由于集装箱运输分整箱货,拼箱货,因此在缮制提单时应特别注意具体运输条款与有关提单内容的填写。

1. FCL 接收—FCL 交付

FCL 接收—FCL 交付通常是指一个托运人,一个收货人,具体运输条款有：

(1)门—门（DOOR—DOOR）。

(2)门—场（DOOR—CY）。

(3)场—门（CY—DOOR）。

(4)场—场（CY—CY）。

上述1.2.3运输条款为多式联运，除填写装船港，卸船港外，还应填写接货地、交货地、使运输条款与填写的内容相对应。

注：(1)如提单中填写的运输条款与内容不符时，其内容记载的法律效力大于运输条款。

(2)CY—CY运输条款可满足直达海运、海海转运、海海联运方式。

(3)上述四种运输条款下的货物运输，均可在提单上加批注条款，如"SLAC、STC、SLCAS、UNCL等"，并不影响到提单结汇。

(4)如是整箱货运输，而信用证注明"Port to Port Shipment"，则可理解为CY—CY运输。

2. FCL接收—LCL交付

FCL接收—LCL交付表明一个托运人，两个或两个以上收货人，具体运输条款有：

(1)场—站(CY—CFS)。

(2)门—站(DOOR—CFS)。

注：(1)FCL—LCL由托运人自行装箱或委托其代理装箱，在进口国港地拆箱后交由不同的收货人。

(2)由收货人支付拆箱费。

(3)提单签发时可加注类似："SLAC、STC、SLCAS、UNCL等"，并不影响提单结汇。

3. LCL接收—FCL交付

LCL接收—FCL交付表明拼箱货接收，整箱货交付，是指两个或两个以上发货人，一个收货人，具体运输条款有：

(1)站—门（CFS—DOOR）。

(2)站—场（CFS—CY）。

注：(1)LCL—FCL由出口国货运站负责装箱。

(2)由托运人支付装箱费。

(3)提单是否加批注则应根据货物实际情况，否则会影响到提单结汇。

4. LCL 接收—LCL 交付

LCL—LCL 表明拼箱货接收，拆箱货交付，通常是指几个托运人，几个收货人。具体运输条款只有一个，即 CFS—CFS。

注：(1) CFS—CFS 运输条款通常由集装箱货运站负责装箱、拆箱。

(2)装箱费由托运人支付，拆箱费由收货人支付。

(3)提单上是否加批注则应根据货物实际情况，否则会影响到提单结汇。

四、运输条款与装卸船费用分担

因不同航线或有关国家港口惯例，运输条款和装卸船费用分担条款出现组合应用，具体表现为：

(1) CY—CY/LO （船公司付卸船费）。

(2) CY—CY/FO （船公司不付卸船费）。

(3) CY—CY/LIO （船公司付装卸费）。

(4) CY—CY/FIO （船公司不付装卸费）。

(5) CY/LI—CY （船公司付装船费）。

(6) CY/FI—CY （船公司不付装船费）。

五、支干线中转条款与中转装卸费用分担

在支、干线中转运输中，经常会出现支、干线中转条款与装卸费用分担条款组合应用的情况：

1. 出口支、干线中转条款与装卸费用分担

(1) CY—FI （由干线船付中转装船费）。

(2) CY—FO （由支线船付中转卸船费）。

2. 进口支、干线中转条款与装卸费用分担

(1) FI—CY （由支线船付中转装船费）。

(2) FO—CY （由干线船付中转卸船费）。

六、预借提单签发

由于托运人未能在装运期内交货，或由于船公司未能在装运期内到港装船等情况下均会出现预借提单签发的情况。原则上不接受预借提单的签发，每一位与提单签发的相关人员，务必慎重处理。如托运人提出要求签发预借提单时，应尽量说服修改有关贸易合同和信用证，延展装

运期。

注:预借提单签发产生的一切责任均由提单签发人承担。

1. 预借提单签发条件

(1)预借提单下的货物必须已经海关放行,已送装船港码头堆场或仓库。

(2)预借提单的签发日期不得超过船舶在港的实际装船日期。

(3)预借提单签发后,必须保证将货物按时装船出运。

(4)预借提单签发的任何信息不得对外泄露。

2. 预借提单签发保证条件

预借提单签发产生的责任均由提单签发人承担,因而应尽量做到:

(1)通知托运人是否由收货人出具保函。

(2)由托运人出具保函和担保,担保金额为货价的150%。

(3)要求托运人修改信用证装运期。

(4)是否有可能由第三方出具预借提单后再签发自己的提单。

(5)保函必须由出具单位盖章。

七、倒签提单签发

由于托运人未能在装运期内交货,但仍要求签发装运期限内日期的提单,该提单为倒签。由于倒签提单的日期与货物实际装船日期不符,原则上不接受倒签提单的签发。并每一位与提单签发的相关人员均应注意,如擅自签发倒签提单而产生的责任均由倒签提单签发人承担。

1. 倒签提单签发条件

(1)倒签提单下的货物必须已经海关放行。

(2)倒签提单签发日期不得超过船舶在港的实际装船日期。

(3)倒签提单签发后,必须保证按时将货装船出运。

(4)倒签提单签发的任何信息不得对外泄露。

2. 倒签提单签发保证条件

(1)通知托运人是否由收货人出具保函。

(2)由托运人出具保函担保,担保金额为货价的150%。

(3)要求托运人修改信用证装运期。

(4)是否有可能由第三方出具倒签提单后再签发自己的提单。

(5)保函必须由出具单位盖章。

注:倒签提单签发产生的一切责任均由提单签发人承担。

八、转换提单签发

由于国际贸易、运输的需要,在实际业务中会出现转换提单的签发情况,转换提单签发要求:

1. 转换提单签发条件

(1)货主(申请人)要求签发或办理转换提单时,则应提出书面申请,经公司或部门领导同意后方可办理。

(2)如第一套提单的收货人或通知方提出在航线挂靠的范围内更改卸货港时,必须提供收货人同意的书面确认。并由收货人在提出的书面文件上确认承担的风险、费用和责任。

(3)如第一套提单的收货人或通知方要求在航线挂靠范围外更改卸货港时,还应得到船公司的书面确认。

2. 转换提单签发要求

(1)货主(申请人)要求办理转换提单时,必须提供第一套提单中发货人的书面确认。

(2)货主(申请人)在办理转换提单时,必须提供保函和担保金额不低于150%CIF的银行担保,并确认由其承担因转换提单而引起的一切责任、费用和风险。

(3)如需办理转换提单,货主(申请人)必须在不迟于船舶抵达第一套提单上的目的港前五天提出申请。

(4)记名提单在办理转换提单时,需有收货人的书面申请。

(5)指示提单在办理转换提单时,需由发货人提出申请,或经发货人背书转让的提单持有人(一般为通知方)提出申请。

(6)签发转换提单前,货主(申请人)必须交换第一套提单的全套正本。

(7)如货主(申请人)无法交换第一套提单的全套正本,必须提供信誉良好的一流银行担保,并确认无条件承担因转换提单签发而引起的一切风险、费用和责任,而且该银行担保必须是无期限和无金额限制的。

3. 转换提单更改范围

(1)转换提单签发地。转换提单(即第二套提单)的签发地应是第一套提单的目的港或中转港,也可以是第一套提单的通知方或提单持有人所在地。

(2)转换提单的记载事宜。转换提单的记载事宜必须与第一套提单中的内容相同,更改的内容仅限于将第一套提单上的收货人或通知方转换为转换提单中的发货人。

(3)分票转换提单。如第一套提单的收货人或通知方提出分票转换提单,则分票转换提单的货物名称、总数、重量、体积等应与第一套提单中的有关内容相同。

(4)日期。签发转换提单时,装货日期必须与第一套提单中的装货日期相同。

(5)运费支付:

①如转换提单运费中运费由预付改为到付的,需及时通知卸货港船公司代理,并应得到第一套提单中的收货人或通知方的书面确认。

②如运费由到付改为预付时,需在签发第二套提单以前收回全部运费。

(6)装货港、装货日期或签单日期。如货主要求更改装货港、装货日期或签单地址的,原则上不予办理。特殊情况下,必须经船公司书面确认后方可办理;

注:①转换提单签发后,签发港代理须将更改内容书面通知公司业务部门,并附转换提单副本。

②办理转换提单及相关费用应向货主及时收取。

九、异地签单

为了满足货主贸易上的需要,为货主提供更快捷、更优质的服务,异地签单已是业务中越来越普遍的一种操作方式。

(1)在接到货主订舱单后,如发现装货港不是本港但又需在本港签发提单时,可以在本港为货主签发提单。在签发提单前,应做如下工作:

①与装货港联系以确认货物是否能在该港装船。

②向装货港代理订舱。

③与装货港代理落实运费及港杂费的收取。

④在得到货物已装船的确认后,签发提单。签单时间应以实际装船时间为准,不得预借或倒签提单。

⑤通知装货港代理提单已在本港签发,以避免装货港重复签发

提单。

(2)在接到货主订舱单后,如货主要求在另一港签发提单,应做如下工作:

①与另一港代理联系并委托其签单。

②将货主订舱单传真给另一港,以便其缮制提单。

③与另一港代理落实运费及港杂费的收取。

④货物装船后,立即通知另一港代理可以签单。

十、提单更改要求和程序

托运人、订舱人在船舶开航后,需要更改已签发的正本提单上的以下内容时,必须提供正式的书面申请和保函及银行担保,并填写提单更改单方可办理:

1. 提单更改内容

(1)发货人、收货人和通知方的更改;

(2)卸货港的更改;

(3)唛头的更改;

(4)货名的更改;

(5)货物的件数、重量和尺码的变更;

(6)货物包装形式的变更;

(7)运费支付形式的变更;

(8)运输条款的变更;

(9)涉及船方利益的变更。

2. 提单更改注意要点

(1)提单在缮制过程中出现个别字母的差错,可以加盖更正章予以更正,但该字母的差错必须是不影响该词或该语句的涵义;

(2)每一份提单的更改不得超过三处,否则必须重新缮制、签发提单;

(3)对手签提单的更改应从严掌握;

(4)如在正本提单签发后(即船舶开航后)发生的变更,修改后的提单必须及时通知船公司和中转港代理或卸货港代理;

(5)因提单的更改而需要重新签发提单的,必须要求托运人、订舱人交还原来已签发的全套正本提单。

十一、提单放货

1. 提单放货原则

(1)如收货人不出具正本提单原则上不放货。

(2)在收货人未付清运费或其他相关费用的情况下原则上不放货。

(3)如对收货人出具的正本提单有异议时,则应核对确认无误后放货。

(4)如提单为指示提单,收货人一栏内有"to order"或"to order of a Shipper / or a Bank 字样,则提单背面必须有托运人背书或与收货人一栏内容相对应的那一方或银行的背书。

2. 特殊的提单放货形式

(1)电报放货(Telex Release)。简称电放,是指正本提单未到收货人手中,或根据托运人要求在装船港收回正本提单,或不签发正本提单,以电传、传真的形式通知卸船港代理将货交给提单收货人或托运人指定的收货人。

(2)电放条件:

①实行"电放"的双方代理需要事先达成协议或默契,就"电放"业务的经办人,通知方式、电放格式订立备忘录。

②"电放"应由托运人提出书面申请,在已签发正本提单情况下则应收回全套正本提单。

③ 如托运人不能交回全套正本提单,则应至少交回一份经正确背书的正本提单,同时应签署保函(保函格式见表6-1)。

④"电放"通知应签署协议(协议格式见表6-2)。

3. 异地放货

异地放货是指由第三地代理接受申请方的申请,收回正本提单并由该代理通知卸船港代理将货物交给申请方指定的收货人。

异地放货的申请人通常为托运人、中间商或正本提单合法持有人。收货人通常是提单中记载的人、或通知方、或提单持有人。

异地放货实际上是一种变相的电报放货,其操作方法可参照电放。

4. 副本提单放货

原则上不接受副本提单放货,但实际业务中出现副本提单放货情况时应做到:

提货保函格式 表6-1

提货保函

致:××××有限公司

关于:船名(航次)________________

抵港日期________________

货物——提单号________________

件　数________________

品　名________________

唛　头________________

发货人________________(全称)已安排上述货物由上述船舶承运发往我司,但正本提单尚未到达。

我司________________(全称)现请求不凭正本提单提取货物。

考虑到贵司接受我司上述请求,我司同意如下:

1. 赔偿并承担贵司以及贵司雇员和代理因此承担的一切责任和遭受的一切损失;

2. 若贵司或贵司雇员或代理因此被起诉,我司将随时提供足够的法律费用;

3. 若贵司船舶或财产因此被扣押或羁留或遭如此威胁,我司将提供所需的保释金或其他担保以解除或阻止前述扣押或羁留,并赔偿贵司由此所受一切损失、损害或费用;

4. 一旦收到全套正本提单,我司将立即将其呈递贵司,我司在本保函中的保证随即终止;

5. 我司以及我担保银行在本协议中负连带责任,无论贵司起诉其中的任何一方;

6. 本保函适用中国法律并接受__________海事法院管辖。

____________________　　____________________

(法人代表签字并盖法人章)　　(担保银行授权人签字并盖公章)

年　月　日　　年　月　日

(1)必须得到有关方书面确认。

(2)通知承运该批或该票货的船公司代理。

(3)提货人出具保函,并由出具单位盖章。

协议格式　　表6-2

<table>
<tr><td>

协　议

××××有限公司（下称甲方）与________________公司（下称乙方）共同达成协议如下：

一、考虑到近洋航线距离短，提单不能及时抵达收货人手中，为方便收货人提货，甲方应乙方要求，同意乙方在受提单收货人委托安排进口代运或乙方作为提单通知方的情况下，乙方可以向甲方及其代理要求凭副本提单，按票出具提货保函和货主的进口货物临时委托书提取上述正本提单项下货物。乙方同时向甲方保证，乙方委托人或乙方即为该正本提单的真正收货人，与上述正本提单项下货物有关的国际贸易合同履行顺利，与该合同利益方不会产生任何争议和纠纷。

二、乙方在受货主委任向甲方要求无正本提单放货时，应以谨慎的态度审查收货人的资信程度，贸易履行等有关情况，并依照本协议第一项中的保证及上述保函的承诺，承担甲方及其代理应乙方要求，未凭正本提单放货所导致的一切损失及费用，包括甲方支付的赔款和发生的诉前及诉后的法律费用。

三、乙方保证在提取货物后一个月内将正本提单交给甲方以换回上述保函。

四、本保函仅适用与甲方的____________航线在__________的放货。

五、本协议自双方签字之日起生效，有效期至__________________。

六、如在执行中发生严重违反本协议的事件，甲方及其代理有权在任何时间终止本协议。

七、本协议及因此引起的争议适用中国法律，并由____________海事法院管辖。

××××有限公司（盖章）　　　　　　　　公司（盖章）

____________________　　　　　　____________________

年　　月　　日　　　　　　　　年　　月　　日

</td></tr>
</table>

（4）由提货人提供150%的货价担保。

5. 无正本提单放货

原则上不接受无正本提单放货，但在实行业务中出现无正本提单放货的情况时应做到：

（1）必须得到由公司或部门领导的书面确认。

（2）通知承运该批或该票货物的船公司代理。

(3)提货人出具保函,并由出具单位盖章。

(4)由提货人提供150%的货价担保。

6. 凭银行保函放货

(1)在指示提单下(TO ORDER B/L)。卸货港代理在接到提货方由于提单晚到或提单丢失而不凭正本提单提货的请求后,应要求提货方出示提单正本/副本影印件、商业发票和装箱单等单据,以审核提货方是否为合法收货人,如果提货方委托代理提货,还须检验其是否有授权委托。

卸货港代理向提货方提供提货保函的标准格式(表6-1),要求提货方按此格式出具保函并要求一流银行(国内为中国银行及其市级分行、中国人民银行下属各商业银行及其市级分行;国外为当地信誉良好的银行)在此保函上有效签字盖章(法人章、担保专用章和进出口业务专用章)。同时,卸货港代理应请装货港代理联系提单上的发货人,取得发货人同意,在此情况下将货放给提货人。

如提货方不能要求上述银行在标准格式保函上签字盖章,卸货港代理应严格审核提货方提供的银行保函是否包括了以下要件:

①致:×××公司;

②船名、航次、提单号、件数、品名、唛头;

③赔偿并承担×××公司及;

④其雇员和代理因此承担的一切责任和遭受的一切损失;

⑤如×××公司及其雇员和代理因此被起诉,保证提供足够的法律费用。

如果担保银行或其保函格式不符合上述要求,卸货港代理应请示,由提单签发人根据货物情况、提货方和担保银行的资信及保函的有效性进行审核。

卸货港代理审核提货方身份和保函的有效性后,凭提货方提供的经背书的×××公司提单正本/副本影印件和保函正本签发提货单,并将有关文件登记存档。在提单晚到的情况下,在提货方将全套正本提单交回后,可将保函退还给提货人。如在提单丢失的情况下,原则上无限期保留保函。如提货方提出返还要求,各代理应根据所在国法律规定一个最低年限。国内进口至少需要保留一年半。

(2)在记名提单下(STRAIGH B/L)。在记名提单下,承运人不凭正本提单放货的风险相对较小,尤其是在英美法系国家。

在记名提单下,代理的操作程序与上述基本相同。除非事先得到发货人相反的通知,否则不必要求发货人同意放货的保证。但重要的一点是要验明提货人的身份以确认提货人是提单上的记名收货人。

(3)凭协议保函放货。凭银行保函提货的方式在很大程度上解决了收货人在未收到正本提单的情况下及时提货的问题,但一票一做,仍需花费一定的时间、精力和费用。因此,针对那些与×××公司有良好合作关系且实力雄厚、信誉良好的大货主,原则上同意接受×××公司出具的保函并签署相关的协议。协议标准格式见上表6-2,其中包括专门的提货保函。协议签署后,提货人只要按票出具提货保函,便可及时提货。

协议必须由公司或部门统一签署,个人不得自行签署。

(4)凭支票或现金担保放货。原则上,可以接受收货人提供的支票或现金担保。但金额至少应是货价的200%。目的港代理在接受支票担保时,应由财务部门严格审查支票的真实性和有效性。在接受现金时,应由财务部门专门做账保管。

第三节　提单法规常见术语的理解与应用

一、海事管辖权

管辖权的含义系指某一国家的法院可以接受当事人的请求审理案件,并作出判决之权。一个国家的法院如对某一案件有了管辖权,即意味着这个案件是按该国的法律来审理。因此在国际贸易实务中,尤其是海洋运输业务,无不争取在处理争议案件时对自己有利,由本国法院审理。所以管辖权问题关系重大,不可忽视。

在1893年美国颁布《哈特法》(HARTER ACT)以前,英国以海上霸王自居,在标榜“契约自由”的幌子下,规定其制定的提单英国法院具有管辖权。1893年,美国颁布了《哈特法》,反对英国这项规定。1924年布鲁塞尔《海牙规则》对提单的管辖权未作专门规定。其后,一些国家的提单都规定承运人本国的法院具有管辖权。但实际上,各国法院都根据本国法律作出规定,或按司法实践对海上货运的诉讼行使管辖权,而不受提单规定的约束。直至1978年联合国国际海运立法会议通过的《1978联合国海上货物运输公约》(即《汉堡规则》)第21条对管辖权才作了规定,原告可以选择下列地点之一的法院提起诉讼:

(1)被告的主要营业所,如无主要的营业所,为其通常住所。

(2)合同订立地,但该合同须是通过被告在该地的营业所,分支机构或代理机构订立的。

(3)装货港或卸货港。

(4)海上运输合同中为此目的指定的任何其他地点。

这是一个比较全面而明确的关于选择具有管辖权的法院地点的规定,它填补了海牙规则的不足。

海事仲裁庭也有管辖权问题,各国对此也有规定。一般说仲裁庭是根据契约的仲裁协议进行仲裁,仲裁协议就是仲裁庭行使管辖权的依据。如果契约当事人一方对仲裁协议的有效性以及对仲裁庭的管辖权提出异议,国际上致有 3 种处理办法:①仲裁庭可以继续进行仲裁,并作出裁决;②仲裁庭仅就案件提出初步意见,最后由法院裁决;③仲裁庭必须停止进行仲裁,等待法院决定。

二、新杰森条款

按一般航运惯例,如果船舶在航程中发生共同海损,则损失费用应由船方、货方和运费支付方三方共同分摊。

在 1893 年以前,美国法院认为,货主可以不分摊共同海损的损失费用。因而加重了船东的责任,"新杰森条款"就是在这个历史背景下产生的。

1893 年,美国发生了这样一件海事案件。由于船方疏忽,致船舶搁浅而造成共同海损,美国法院判决:船方负责共同海损一切损失和费用,货方不予分摊。理由是该轮运输合同未规定船方可以疏忽免责的例外条款,而《哈特法》也未对共同海损的损失分摊作出相应规定。

此案判决公布后,船方为了保护其本身利益,就在租约和提单内增加了一个条款,称之为"杰森条款",其主要内容规定了共同海损的损失和费用,货方应与船方共同分摊。此后,美国法院对"杰森条款"也予以认可。1924 年《海牙规则》颁布施行。该规则对船方责任和豁免条款的规定,比《哈特法》的有关条文较全面、详细。因此"杰森条款"据以作了进一步修改,而成为现时通用的"新杰森条款"。

"新杰森条款"主要内容;①航程开始前后,不管什么原因,也不论是否疏忽而发生的意外、危险、损害或灾难,货主应在共同海损中与承运人一起分担可能构成或可能发生的具有共同海损的牺牲、损失或费用;②对货物的救助及有关的特殊费用亦应列在分摊范围内;③如施救的船舶与遇难船舶同属一个船东,也应按一般救助船舶照付费用;④货主在提货前应向承运人提供有关的保证金。

三、让渡权和代位索赔权

让渡权(Assignment)是被保险人在提单货损向保险人取得赔偿后,将其对船东的索赔权让渡给保险人,使该保险人具有向船东代位索偿(Subrogation)的一种权利。

根据《1906 年英国海上保险法》第 79 条规定:"保险人在处理全损或部分损失赔偿后,自造成损失的海难发生时起,在保险标的方面代替被保险人行使一切权利及索赔。如为全损,保险人有权就所赔偿的标的物余留的任何部分接收被保险人的权利。"由此可见,保险人的代位索赔权是有根据的。

对于提单索赔权的让渡,必须有合法有效的让渡手续。首先,让渡人(被保险人)应向受让人(保险人)发出正式书面证明,说明某轮、某航次、某号提单的货损索赔权已让渡给保险人。在让渡人向船东发出让渡通知书(Notice of Assignment)后,保险人才能出面向船东提出索赔。如索赔不成,再进行法律起诉。这样的程序和手续,在法律上才能认为合法有效。

在保险人获得让渡权后,对船东的索赔金额,不以其向被保险人付出的赔款金额为限度。如有超过,其获赔所得归保险人收益。这与一般的"代位索赔权"在实质上有不同之处。一般行使"代位索赔权",其索赔金额以已付出的赔款额为限。而保险人对船东的代位索赔无此限制。

此外,当让渡人将提单的索赔权让给保险人后,让渡人对提单的索赔权即因让渡而终止,同时也无权再提出诉讼。

四、举证责任

在一切纠纷案件中,举证责任 (Burden of Proof) 是指当事人对自己提出的仲裁或诉讼请求提供证据的责任。

在国际航运业务中,对一切争议案件,不论是通过仲裁或是通过法律诉讼,同样有了举证责任问题。当事人的举证责任在解决争议案件时有重大作用。如果当事人提不出一个可靠的强有力的证据,就难以在仲裁或诉讼中取胜。当然,举证要实事求是,既不能夸大,更不能虚构事实。

要积极主动地对案件进行深入细致的调查，搜集第一手材料和有关证据，以作为举证的根据。

在国际运输中，对于装船货物残损、短少应由哪一方负举证责任的问题，根据合约法规定，一般运输契约的索赔案件，通常是由提赔的一方(原告)负举证责任。在原告一方举证了货物的残短应由被告方负责后，举证的责任就转到抗辩的一方。例如一宗货损索赔案件，由于承运人破坏海上货运契约致货物受损，货主向承运人提赔，并举证证明装货时货物完好无损，在卸货时又有确定残损数量的证据，则承运人应赔偿证据上所示货物残损的数量。除非承运人提出反证，证明货损应归咎于一项除外的原因，才可免除承运人负赔偿之责。如果在索偿的货损数量中，只有一部分属于除外原因，承运人也要举证，否则承运人就要承担全部货损赔偿。假如货物的损坏被证明是由于租船人破坏租约所致，则租船人必须举证，证明货损原因非其破坏租约。若租船人不能举证，就得承担货主的索赔。

对于提单有关货损索赔的举证责任，则有所不同。根据《海牙规则》规定，对提单货损索赔，应出船方负举证责任。如果船方认为对某提单的货损不应由其负责，就要提出相应的证据，证明船方确无责任。至于船方意欲引用免责条款，也应由船方负举证责任。

对于船舶不适航所致的货物灭失和损坏，《海牙规则》第4条第一款规定："假使由于不适航造成了灭失或损害，则证明已经恪尽职责的责任应由承运人或根据本条要求免责的其他人员负担。"由此可见，船方对船舶的不适航有举证的责任。

此外，在履行租约规定的对货物留置权时，有时船东由于种种原因，在卸港未能行使这一权利，则必须由船东提出证明，由当地港务当局或律师确证船东在卸港未能行使对货物的留置权。船东凭这一证明向租船人索偿。

以上是根据《合约法》对举证责任有关事项的说明。至于《过失法》对举证责任的规定有所不同。如受害方以过失法控告责任方，举证责任是由责任方即被告方提出。例如某停泊在锚地的船舶被一艘航行的船舶碰撞受损，停泊的船舶控告航行的船舶，要求赔偿损失。该案件的举证责任应由被告方的船舶提出。如被告方提不出任何证据，只有承担碰撞损失的全部责任。

五、潜在缺陷与隐蔽缺陷

潜在缺陷（Latent Defects）与隐蔽缺陷（Inherent Vice Defects），两者所指各有不同。前者关系到货物，后者关系到船舶。

潜在缺陷系指货物原有的性质或固有的缺点所造成的损失而言，这种损失是货物本身变化的自然结果。其损失虽然发生在船舶航行过程中，但与船方任何行为无联系，因而船东对此不承担任何责任。例如：活鱼、禽和牲畜，因其本身的原因，发生疾病死亡；粮谷发热霉变或虫蛀；新鲜蔬菜水果在途腐烂；液体货物的蒸发或发酵变质等等。

根据上述，货物潜在缺陷一般包括：

(1)货物在运输途程中的一般正常损耗；

(2)液体货物的自然蒸发和一般正常的漏损；

(3)新鲜蔬菜水果的腐烂变质和活牲畜、鱼、禽的疾病死亡；

(4)货物在运输过程中数量和品质上的一般自然损耗和质变；

(5)货物自然性和发酵性所引起的损耗等等。

与上述相反，如果货物发生损失的原因不是由于货物本身原有的性质所造成的，而是船方造成的某种外来原因所使然，则船东应负赔偿之责。如发货人已将货物的性质和包装情况通知船方，而船方未采取对该货物本身性质所要求的应有照料，以致货物仍然受损，则船东不能援引"货物潜在缺陷"例外条款而免责。但是，如果由于发货人对装船货物的性质和包装情况通知错误或根本未予通知，则船方只能按一般知识提供照料，而不承担货物可能发生的损失。此外，如货物的损失是由于包装不当所造成，则船方自无责任可言。

六、舱面货与自负风险

在国际航运中，一个托运人向船公司托运一批货物，原则上这批货物应装在船舱内，而不是装在舱面甲板上。除非事先得到托运人同意，或是这类货物有在舱面载运的十分普遍和通常的习惯。而这种习惯可以推论为，任何一个托运人在托运这类货物时，都了解到他的货物可能装在舱面，而且船方将该货装在舱面是得到他默契同意的。只有这样实质的惯例，才是法律上认为具有实效的惯例。

有的提单对货物积载未作特殊规定，这可理解为所有货物都是装在船舱内，即使托运人口头同意装舱面，也不能改变提单的书面规定。

有的租约规定，货物可装在舱面走廊的通道上。租船人已按此装货，但船长在提单上仍然批注该批货物实际积载的处所，而不出清洁提单。

舱面货之所以被如此认真对待，是因为舱面货被认为是一种特殊货物。根据《海牙规则》第1条C款规定：

"'货物'，包括货物、制成品、商品以及不论任何种类的物品，但不包括活牲畜和运输契约上说明的装在舱面而且确实是如此装载的货物。"

从这一条规定可以看出，舱面货是不属于《海牙规则》所述"货物"一词的含义之内的，因此船公司对承运。"舱面货"采用专门条款来做补充规定，如船公司提单均规定：

"……舱面货、植物和活牲畜的收受、装载、配载、载运、保管和卸载均由托运人或收货人承担风险，承运人对其灭失和损坏不负责任。"

这条规定可以清楚地看出，对舱面货是由托运人自负风险的。

但海上运输实践中的一些事例说明，所谓托运人自负风险，并非运输过程中一切风险都由托运人承担，它仍有一定的界限。

(1)"自负风险"中的"风险"，是指正常的风险，如风雨、浪湿货物等。如果货物的损坏是由于船员的疏忽造成，船方自不能免责。除非提单上订明："船方不承担无论什么原因或无论怎样造成的舱面货的残短灭失。"

(2)"自负风险"并不意味着承运人可以将货物交由一艘不适航的船舶承运，也不能理解为承运人可以解除承担提供适航船舶的基本义务。但是，值得注意的是有一类提单对舱面货条款规定为："……承运人对它们(指舱面货，下同)的灭失和它们所遭到的损害不负责任，即使由于本船不适宜航行……"这个条款的内容是值得商榷的，因为它已脱离了承运人应提供一艘适航船舶的基本义务。

(3)"自负风险"也不能理解为承运人可以解除按合同规定的时间交付货物，或是不恰当抛货，或拒绝交货等应承担的义务。

(4)运输合同中对货物在中途港转船的规定是"船东付费，托运人自负风险"，是指在中途港货物转船工作中的风险，不包括中途港转船后货物运往目的地的风险。因为转船后的货物是由另一艘船承运，签发了另一份提单，因此不适用下一艘船的风险也由原托运人自负。

(5)某轮装货时，发生船体倾斜部分甲板货坠落海中。事故原因发货人和船东各执一词，而真实原因无法查明。处此情况下运输合同中虽有“发货人自负风险”的规定,但不能解除船东由于无法查明货损原因而对货物损失应承担的责任。

七、货物积载

船东对于船舶承载货物的安全负有绝对责任,除非租船合同条款或法律另有规定。因此,作为船东的代表船长,必须在谨慎和合乎技术要求的情况下,进行货物的积载,并且必须在船上备有充足的垫、隔舱和加固物料,以使货物固定在一定位置上,避免由于接触其他货物或者接触到船边而受损伤。同时,在堆载货物行间留有适当空间以利通风,从而使货物完全处于良好状态之中。

根据上述,船东对于装船货物的积载应承担下述责任:

(1)在符合技术要求条件下,使船舶能够满载装运一切它所能合理装载的货物;

(2)在符合技术要求条件下,适当积载货物应做到:①船舶适航;②防免货物损坏;③不亏损舱容。

(3)船舱积载的货物,避免由于疏忽或缺乏了解而与其他货物接触发生变质、损耗等造成的损失。但由于货物本身性质或内在缺陷或包装不足等原因所引起的损坏除外。

可是,如果装船货物的积载工作是由租船人安排的装卸工人担任的,则船东的责任是否发生变化?在任何情况下,船长为了维护船货安全,有责任和权力,对装卸工人进行的积载工作进行监督和指导,不论装卸工人是由船方或租船人委派的。因为货物的积载恰当与否,可能危及船舶的安全,造成船舶不适航,也可能因为货物积载的原因,使船东承担某种额外责任。但是,虽然船长具有这样的监督权力,在租约规定由“租船人装船、积载及平衡货物的工作”的条件下,仍然不承担货物因积载不当造成损失的责任。除非租船人能确实证明这项损失是由船长的命令造成的。基于这个原因,租船人为了避免由于装卸工人由租船人委派,船舶的积载由租船人办理,船方可以对积载不当不承担责任。因而有的租船合同规定:“租船人可以委派装卸工人,船东承担费用,在船长监督及负责情况下进行适当的积载。”既有“负责”二字,则如发生积载不当造成损失,自应由船方承担赔偿。

此外还有一种情况:假使货物的积载的方法是由发货人亲自指示或由其同意的,则发货人对货物积载不当所造成的货损和船舶亏舱损失,都无权向船东提出异议或反诉。同时,发货人也不能为使船舶装载更多的货物,要求船长进行不安全的积载,因为船长要对船货安全负责。

八、首要条款

首要条款是承运人按照自己的意愿印刷在提单上表明本提单所适用的国际法规的条款。

一张提单,如果在首要条款中说明是适用《海牙规则》,则承运人就要承担《海牙规则》所规定的责任和义务,并享有该规则所赋予的免责权利。如果提单条款对承运人的责任和义务的规定比《海牙规则》的规定减轻了,按《海牙规则》第 3 条第 8 款的规定,这种减轻部分是无效的。相反,假使承运人在提单条款中,明文规定放弃了某些权利或豁免,或者增加了某些责任或义务,则按《海牙规则》第 5 条规定,这些增加的或放弃的部分是有效的。例如:按《海牙规则》规定,《海牙规则》成员国签发的提单可适用《海牙规则》,对非成员国则不适用。为使成员国船公司在非成员国签发的提单也适用《海牙规则》,这些公司在提单上列以首要条款,表明《海牙规则》也适用于在非成员国船公司所签发的提单。

在海运提单尚未引用《汉堡规则》修改前,大多数海运国家对提单船、货双方的权利和义务,都是采用《海牙规则》的规定。英国的《海上货运法》就承认《海牙规则》,但美国就例外。美国的首要条款规定,对于船、货双方的权利义务是以美国《1936 年的海运法》为依据,与此相反的规定一律无效。

美国《1936 年海运法》与《海牙规则》比较,有下述 4 个方面的不同点:

(1)对于提供适航的船舶,一般规定船方在航次开始时提供适航就可以了。但美国《海运法》不明确规定在航次开始时的适航,这就意味着要船方负全航程绝对适航的义务。

(2)按一般规定,海运法只适用于装运出口货的提单,而美国却规定装运进、出口货的提单都适用。

(3)《海牙规则》规定每件货物赔偿最大限额为 100 英镑,系指黄金价值。而美国《海运法》规定为 500 美元,却未指明系黄金价值。

(4)一般认为装卸货或上、下旅客而发生的绕航是合理,但美国《海运法》却对此视为不合理。

九、政府禁令

政府禁令是指船籍国或船籍国的友好国家或敌对国的政府及其有关的法定机关发出的禁令,以对船舶航程或整个航运事业进行的任何干涉行动,有时这种行动是采取武力行动。现举几个事例说明如下:

(1)禁止某种货物进出口的禁令。如某轮装运一种货物至某国,在船舶抵达目的港之前某国政府突发禁令,禁止这种货物进口,致使船舶不得不开往另一国港口卸货。

(2)禁运。某一国家对海区实施封锁禁运,不准外国船只航行本国港口,并对来港船只施行武力强制行动。

(3)检疫规定。如某一国家规定,凡染有某种传染病或来自某疫区的牲畜一律不准进口。

(4)违禁物品的充公。对于政府禁令例外条款的援引,有几点应予注意:

(1)经司法程序的任何法庭的裁决不属政府禁令之列,如某国海事法庭对某轮所作的扣船决定。

(2)某轮提单列有“政府禁令”免责条款但该轮船东已了解到某国对某种货物是禁止进口的,仍然继续载运该种货物驶往,致遭“禁运”,则船东不能引用例外条款免其责任。

(3)甲、乙两国正式宣战后,航行在海上的乙国船舶为恐遭甲国海军俘获,故船长在航程中谨慎地绕航,造成延误。这种绕航和延误,可以援引“政府禁令”条款而免责。

(4)某国政府可能实施某项禁令,但该轮船长出于对“禁令”可能性的担心,在“禁令”未发布前不接受原定去该国的航程,则不能引用例外条款而免责。

(5)甲、乙两国宣战后,乙国某轮仍装运一批拟转口运往甲国的货物。在航程中,该轮被其本国的海军扣留检查,该批货物被充公。但因查明该轮尚无与敌人进行贸易的企图,故将船舶放行,但已造成船舶长时间的延误。

由于船东装运这批拟转口运往敌国的货物,并未征得其他发货人的同意,违反了船东对其他发货人的职责,因此一切后果由船东自负其责,而不能援引例外免责条款。

从上述几个事例说明,船东能否享受“政府禁令”而免责的权利,在于案情的分析，并非提单列有“政府禁令”条款就可无条件地引用。

十、海上危难

海上危难(Peril of The Sea)是指船舶在海上航行经常遇到的意外危险。这种危险是由于海上特殊情况发生的某种意外，而事先无法预知并加以预防的。因此，凡属海上危难事故，船东不负船、货损失的责任而予免责，如：

(1)由于海上气候、风浪、闪电、狂风、礁石、浅滩等的破坏或袭击所造成的损失。这类海上危难是由于某种完全特定于海上的行为本身对船、货所造成的损失，因之应列入海上危难之内。

(2)由于海上风浪突然急剧的意外所造成的损失，如船舶搁浅、船舶毁损等。这种海难行为，具有一种特殊性质。它的发生是由于某种不可抗拒的力量，或是不可避免的意外以及不能以人力的一般谨慎和技能可以防范的力量所造成。

(3)海浪进入船舱直接毁损了货物，或船舶受海浪袭击导致船身倾侧，使舱内货物受损。这类海难事例，包括两个方面：一是海水进入货舱，直接造成货损；二是船舶受海浪袭击，船体颠簸，致货物积载移动造成货损。前者系直接受海上特定的行为本身造成的货损，后者系间接受海上危难对货物的影响而造成的损失。此两者均在海难范围之列。

(4)船舶装小麦一批，受海水浸损。海水是浴室内通往海上的水管漏洞进入的，但水管的漏洞，是老鼠在航程中咬穿的。这个案例，如确实证明船东及船上工作人员均无疏忽过失之处，则造成小麦水浸损失原因是老鼠行为的后果，即老鼠咬穿水管进水，因之属海难范围之内。

除上述外，仍有两点需要说明：

(1)与海上或与海上航行没有任何特殊关系的危难造成的损失。虽然是在海上航行中发生的，但不能包括在海上危难之内。如货舱发生火灾，货物发热受损，货物被老鼠咬损等等。

对于货物在舱内发热受损，如果船舶在航行中由于气候恶劣，为了防止海水从通风筒进入货舱，故将其关闭，致货物在舱内发热受损。这种情况是属“与海上航行的特殊关系的危难造成的”，故应属海难范畴之内。

(2)如果海损的发生是由于船舶不适航所造成的，则不能引用海上危难而免除船东的责任。

十一、天灾和不可抗力

在海洋运输实践中，天灾和不可抗力具有两种特征。

（1）“天灾和不可抗力”不是人的行为，它是一种与人的行为相反的或是与人力无关的行为。在一般正常的情况下，不能由于人的努力可防止其发生，它的发生是不可避免的，人们对此无能为力。

但是，有一点需要说明，根据上述这一条特性的推论，是否在任何情况下，凡是不属于人为的行为，都可以论证是一种天灾，这必须根据事实情况来分析判断。例如某轮货物浸水受损，经调查证实是由于老鼠咬穿了水管，海水浸入所致，船方已尽一切努力采取合理措施予以防堵，承运人无疏忽之咎，属海难事故，故不承担货损之责。从这个案例看，老鼠之为害，既非人为，也非自然原因，当然不能推论为天灾。因此不能得出结论，不是人为就是天灾。

（2）“天灾和不可抗力”的发生完全是自然原因。如闪电、触电等所引起的灾难，这些灾难，不能预先估计而予以防免。

例如一批货物存仓库保管，在存仓期间，由于仓库一场火灾而遭烧毁。这场大火，没有证据证明系由于当时雷击闪电所造成。相反，各方证据证明，是仓库管理人员的过失引起了火灾，是人为造成的，因之承运人不能援引“天灾和不可抗力”而免除其责任。

可见：“天灾和不可抗力”是一种自然行为而非人的行为。对于灾害危难的发生，人们完全处于被动而无能为力，不能预知而做到合理谨慎予以防免。

对于船东援引“天灾和不可抗力”条款以豁免其责任，船东必须举证证明：

（1）造成危难事故的原因不是人为而是自然行为。

（2）事故发生事先无法预知，而是船舶在海上所处特殊情况发生的某种意外，不是通过合理谨慎和预见可以防止的。

如果船东提不出这两项证据，则“天灾和不可抗力”就不能成立，船东也不能免责。

十二、火灾

船舶火灾的发生除明显的原因外，有时情况很复杂，船货双方各执一词，虽经火灾专家和保险专家会同商议，也难得出一致的结论，最后不得不通过海事法庭进行裁决。

对于火灾发生的原因，归纳起来一般有下述几点：

(1)天灾和不可抗力。如一艘油轮在航行途中遇到一个闪电，致油船爆炸起火成灾，这场大火原因很明显是天灾，船东对此可免责。

(2)船舶不适航。如船舶的烟囱由于未装金属网，火星落到舱内造成火灾。这是船舶不适航，并非天灾，船东要承担责任。

(3)货物自然特性或固有瑕疵，如货物在舱内自燃而引发的火灾。如船方已做到适当谨慎，并在准备、接受、积载货物诸方面恪尽职责，则船方对火灾的发生并无责任。

此外，有一个颇具争议的问题，就是船舶在不合理绕航后发生的火灾，其责任应该归谁？

在一些判例中有不同看法，应归之于船东责任的有：①船舶不合理绕航所构成的新航线作业，非货方关系人所自愿，则新航线所产生的火灾损失，货方关系人不应承担责任。②船舶不合理绕航后，货物的正常保险业已失效，故船东对绕航后包括火灾的一切损害均应负全部责任。③如提单上虽有"火灾、在海上的一切危难和意外均例外"的条款，但由于船舶不合理绕航，就不能认为船东已履行提单所规定的义务，因而船东也就不能享受提单例外条款的保护。

也有的认为不应归之于船东责任：

(1)有的法庭和某些学者们认为：在船舶不合理绕航与火灾的发生有因果关系的情况下，船东不得享受免责的权利。反之，如果不合理绕航与发生的火灾无因果关系，则船东仍可予以免责。理由是在提单列有"新杰森条款"的情况下，并不因为船舶不合理绕航而使这个条款失效。如船舶发生共同海损并非因绕航而产生，即两者无因果关系时，仍可得到共同海损的分摊，只有两者之间存在因果关系时才不能分摊。因此火灾之发生相同于以上情况时，也应该按此原则办理而不应例外。

(2)另有一种意见是：船舶不合理绕航，除货物损害之发生系由于天灾、天敌、货物固有瑕疵或托运人过失外，承运人负责将货物安全运达目的地。这个意见把船舶不合理绕航与正常航行视同一般而同等对待，否定了不合理绕航是违约的重要原则，这与一般公认的观点是不相容的。

十三、不法行为

在国际海洋运输中，由于船长和船员的不法行为，导致船舶或货物遭受损失或灭失。

所谓"不法行为"是一种有目的、有意识、有欺诈意图的违反职责的明知故犯的行为。由于这种行为造成了船舶或货物的损失在国际航运案件中,这种事例有:

(1)船长或船员对船舶或货物任何恶意的不法和欺骗行为,如船长为了私人的目的将船舶绕航,造成船舶欺骗性的延误。

(2)船长或船员对货物任何错误处理,如以欺诈行为将货物出卖。

(3)船长或船员对船东财产有犯法意图的任何行为,如有意将船舶搁浅凿沉。

"非法行为"从法律意义上说是违法的。但也有例外,如:船员因未及时领到应得的工资,故阻止装卸工卸货,以迫使船东迅速解决发薪问题。这样,无疑对船东的利益有所损害。但这种行为在法律上不算违法,因船员的目的仅是为了其自身应得的利益,别无其他。当然,如果严格说来,这种行为也可被视为是一种非法行为。

有时船长的某种行为是得到船东同意或授意的,则不能认为船长是非法行为。但是,如果这条船舶当时已对外出租,租船人对船舶已拥有占有权,则对租船人来说,船长的行为是一种不法行为。

"不法行为"与"疏忽"的错误是两种截然不同的概念。与"不法行为"相反,"疏忽"是一种无目的、无意识、无欺骗意图地造成船舶或货物损失的错误行为。一个受船东雇用的装卸工,在工作时因疏忽的过失造成船舶或货物的损失。由于装卸工是船东的雇员,则船东不能辞其咎而应承担其损失责任。但是,如果该装卸工在被雇用期中,在其职务范围内,不论是为自己利益或装卸公司利益而有"不法行为",则装卸公司不能逃避其责任而免负赔偿之责。这说明"不法行为"与"疏忽",不仅在性质上有所不同,在责任承担上也有区别。

有的提单对"不法行为"有这样规定:"海盗、抢劫、偷窃,船长和船员的不法行为例外"。某轮到卸港后发现货物遭偷窃,但这条规定的"偷窃例外"系指外来的偷窃,而船长无法证明船上货物遭偷窃是外来的,因之船方不能引用这一例外条款而免责。

另一提单也有类似规定:"不论什么种类,也不论是在海上、岸上或海上来的海盗抢劫、偷窃均例外"。某轮货物装船后,船东雇用的装卸工偷窃了货物,但提单规定不适用于船上雇用的工作人员,因而其损失仍应由船方负责。当然,船方对外赔偿后,仍可转向装卸公司获得补偿,因为装卸公司要对装卸工的不法行为负责。

对于船长某些不法行为，如上述事例提到的不法行为，船东不负责任。如果船东勾结船长共同进行这类不法行为，则船东承担主要责任。

十四、方便旗船

对船东来说船舶挂方便旗要比悬挂本国旗在经营上要方便得多。主要由下述几个因素形成的：

(1)提供方便旗的注册国，允许商船的所有人和(或)管理人员可以不是该国的公民，也可以允许不雇用该国国籍的船员。同时，对船东的更换不加限制，船舶的转移过户比较容易。

(2)营运成本低。注册国一般仅按船舶吨位征收注册费和年度税，免收船舶所得税或征收很低的所得税。

(3)某些国家、地区，由于政局不稳定，银行拒绝或提出条件苛刻的贷款，因而迫使船东不得不挂方便旗。

(4)注册手续简单，一般在注册国的驻外领事馆办理。

(5)挂本国旗，国家管理部门对船公司控制严格，对船舶安全要求标准高，并且监督执行国家和国际的各项有关公约和法规。而方便旗注册国，既不希望控制这些船公司，也无国家要求，更无权力机构督促执行各项国际法规。

根据上述，船东拥有方便旗船队，在经营活动上比较自由，获得的经济利益也比较丰厚，从而它为方便旗船的建立和发展提供了基础。

十五、海上货物运输合同

海上货物运输合同尽管与国内货物运输合同不尽相同，但也是一种经济合同作为一种经济合同，它应具备下列主要条款(或内容)：①货物名称；②货物的数量和质量，包括货物的包数或件数、重量或者体积等；③运费的支付；④履行的期限、地点，包括装货港和卸货港及在装货港接收货物的日期等；⑤违约责任；⑥托运人和承运人名称及签字；⑦提单类别及份数；⑧船舶名称；⑨其他。根据《海商法》等法律规定的或按经济合同性质必须具备的条款，以及当事人一方要求必须规定的条款，也是合同的主要条款。

海上货物运输不同于国内货物运输，《海商法》第四章关于海上货物运输合同对此作了特别规定。海上货物运输合同只有首先根据《海商法》这些规定订立才有效。《海商法》第 44 条规定:海上货物运输合同和作为合同凭证的提单或者其他运输单证中的条款,违反本法关于海上货物运输合同规定的则无效。《海商法》没有规定的,要按照我国《民法通则》、参加的国际条约等有关法律规定和国际惯例来订立合同。据此,当事人双方订立的海上货物运输合同只有符合下列要求才有效,违背这些要求则无效。

(1)要求以书面形式订立的合同必须书面订立。《海商法》第 43 条规定:"承运人或者托运人可以要求书面确认海上货物运输合同的成立。但是,航次租船合同应当书面订立,电报、电传和传真具有书面效力。"这就是说,以提单为凭证的班轮运输合同可以以书面协议订立,也可以以口头协议订立,因为在口头协议情况下,提单证明了合同的存在,实际上起了一种书面合同的作用,使承、托双方明确了权利、义务关系,而航次租船合同,必须由承、托双方签订书面协议。

(2)不得违反我国法律和我国缔结或参加的国际条约。首先是不得违反《海商法》关于海上货物运输合同的规定。《海商法》没有规定的,也不得违反我国其他法律(如《民法通则》等)和有关国际条约的规定,违背的则无效。作为海上货物运输合同的证明,提单当然也不得违反这些法律规定。

(3)一方不得采取欺诈、胁迫等手段与另一方订立合同。海上货物运输合同仍应坚持平等互利、协商一致、等价有偿的原则,任何一方不得把自己的意志强加给对方。违背这一要求,承、托双方订立的合同也无效,承运人签发的提单也无效。

(4)不得违反国家利益或社会公共利益。在《海商法》和其他法律及国际条约都没有规定的情况下,双方可根据国际惯例等来订立合同,但所订立的合同要符合国家和人民利益,否则无效。

无效的海上货物运输合同,自承、托双方订立时就无法律效力。合同无效应视情况确认是全部无效还是部分无效,部分条款的无效不影响其他条款的效力。《海商法》第 44 条规定:违背《海商法》第四章关于海上货物运输合同规定的合同、提单或其他运输单证中的条款无效,此类条款的无效,不影响该合同和提单或者其他运输单证中其他条款的效力。将货物的保险利益转让给承运人的条款或者类似条款则无效。对于无效的海上货物运输合同、提单,责任方应赔偿对方的经济损失。如果双方互有责任,各自应按过错程度承担自己的责任。如果承、托双方互相勾结,偷运国家禁止出口的货物或第三人的货物,坑害国家或第三人利益,他们之间由此签订的运输合同应全部无效,其非法货物和收益应予没收或返还第三人,并视情节轻重给予相应处罚,构成犯罪的应追究其刑事责任。

值得注意的是,根据《海商法》第45条规定,上述第44条关于违反本法第四章对海上货物运输合同规定的合同的无效处理,不影响承运人在该章规定的承运人责任和义务之外,增加其责任和义务。也就是说,在《海商法》规定的货运承运人责任、义务之外,增加承运人的责任、义务,并不受第44条关于无效合同规定的影响,即不视为违反《海商法》第四章规定。承运人是否遵守海商法规定和在这些规定之外能否增加其责任、义务,则是两个不同的问题。

十六、对货物责任期间的理解

根据《海商法》第46条规定:在海上货物运输中,承运人对货物的责任期间,包括货物处于承运人掌管之下的全部期间,它可视情况进行界定,即:

(1)承运人对集装箱装运的货物的责任期间,是指从装货港接收货物时起至卸货港交付货物时止,货物处于承运人掌管之下的全部期间。集装箱装运的货物实行的是“门到门”或站到站的交接方式,承运人应当从装货港接收该货物(还未装上船)时就开始承担责任,一直到卸货港把货物交付给收货人为止。

(2)承运人对非集装箱装运的货物的责任期间,是指从货物装上船时起至卸下船时止,货物处于承运人掌管之下的全部期间。但是,承运人如果就非集装箱装运的货物在装船前和卸船后所承担的责任,与托运人达成了协议,那就不能仅仅按照前述责任期间承担责任,还必须根据协议的规定承担责任。

《海商法》对班轮运输中承运人的主要责任作了规定,它们可归纳为以下几个方面:

(1)第47条规定的适航责任,即承运人在船舶开航前和开航当时,应当谨慎处理,使船舶处于适航状态,妥善配备船员、装备船舶和配备供应品,并使货舱、冷藏舱、冷气舱和其他载货处所适于并能安全收受、载运和保管货物。

(2)第48条规定的安全运输货物的责任,即承运人应当妥善地、谨慎地装载、搬移、积载、运输、保管、照料和卸载所运货物。

(3)第49条规定的及时航行责任,即承运人装货完毕后应当准时开航,并按照约定的或者习惯的或者地理上的航线将货物及时运往卸货港,航行期间不得随意变更航线。但是,如果船舶在海上为救助或者企图救助人命或者财产而产生的绕航或者其他合理绕航,这不属于不按上述航线航行、违反运输合同的情况。

(4)交付货物的责任,即承运人应当按照合同约定,在卸货港把货物交付给收货人。

(5)货物的损害赔偿责任,即在承运人责任期间,一旦货物灭失或者损坏,除了《海商法》规定的承运人不负赔偿责任的情况外,承运人应当负赔偿责任。

十七、海上货运承运人赔偿责任基础

承运人是否负赔偿责任,主要取决于对货物灭失、损坏或其他经济损失是否有过错(故意的或者过失的)。如果是承运人故意或过失行为造成货物或其他经济利益损失的,除了法律规定的免责情况外,承运人应负赔偿责任。反之,如果损害不是承运人的过错行为所致,即或是意外事故、不可抗力所致,承运人不负赔偿责任。承运人有过失,包括实际过失和推定过失,推定过失是指承运人提不出证据证明损害不是自己过失所致的,应视为承运人有过失。据此,《海商法》在有关条款中对承运人在什么情况下负赔偿责任和不负赔偿责任作了比较详细的规定:

1.关于是否承担赔偿责任的总原则

根据我国《海商法》第46条规定,除了承运人不负赔偿责任的情形以外,承运人对在承运人责任期间以内,货物发生的灭失或者损坏要负赔偿责任。

2.关于迟延交付情况下的赔偿责任问题

(1)根据第50条规定,除了承运人不负赔偿责任的情形以外,由于承运人的过失,致使货物因迟延交付(即货物未在约定的时间内,在约定卸货港交付)而灭失或者损坏的,或者货物虽然没有灭失或者损坏但是使托运人遭受经济损失的,承运人负赔偿责任。

(2)在迟延交付的情况下,如果未能在约定的时间届满60日内交付货物,有权提出赔偿请求的人可以认为货物已经灭失,要求承运人负货物灭失的赔偿责任。

(3)第82条规定,对迟延交付造成经济损失的,如果自向收货人交付货物的次日并连续60日内未收到收货人就此而提交的书面通知的，承运人不负赔偿责任。

3. 关于免除承运人赔偿责任的情形

根据《海商法》第51条规定，在责任期间货物发生的灭失或者损坏是由于下列原因之一造成的，承运人不负赔偿责任，即承运人免责情况：

(1)船长、船员、引航员或者承运人的其他受雇人在驾驶船舶或者管理船舶中的过失；

(2)火灾，但是由于承运人本人的过失所造成的除外；

(3)天灾，海上或者其他可航水域的危险或者意外事故；

(4)战争或武装冲突；

(5)政府或者主管部门的行为、检疫限制或者司法扣押；

(6)罢工、停工或者劳动受到限制；

(7)在海上救助或者企图救人命或者财产；

(8)托运人、货物所有人或者他们的代理人的行为；

(9)货物的自然特性或者固有缺陷；

(10)货物包装不良或者标志欠缺、不清；

(11)经谨慎处理，仍未发现的船舶潜在缺陷；

(12)非承运人或者承运人的受雇人、代理人的过失造成的其他原因，承运人依上述规定免除赔偿责任的。除第2项规定的原因外，应当负举证责任，提不出证据的，应视为承运人有过失，承运人应负赔偿责任。

4. 关于共同原因所致损失的赔偿责任

第54条规定：货物的灭失、损坏或者迟延交付是由于承运人或其受雇人、代理人的不能免除赔偿责任的原因和其他原因共同造成的，承运人在其不能免除赔偿责任的范围内负赔偿责任。

除了上述一般规定外，《海商法》还对承运人在几种特殊情况下的赔偿责任问题作了规定：

1. 关于活动物的赔偿责任问题

根据《海商法》第53条规定：因运输活动物的固有的特殊风险造成活动物灭失或者损害的，承运人不负赔偿责任。但是承运人应当证明业已履行托运人关于运输活动物的特殊要求，并证明根据实际情况，灭失或者损害是由于此种固有的特殊风险造成的。反之，未能证明的，或者是由于承运人过错造成的，承运人应负赔偿责任。

2. 关于在舱面上装载货物的赔偿责任问题

根据《海商法》第 53 条规定：承运人在舱面（甲板）上装载货物，应当同托运人达成协议，或者符合航运惯例，或者符合有关法律、行政法规的规定。这样，将货物装载在舱面上，对由于此种装载的特殊风险造成的货物灭失或者损坏，不负赔偿责任。反之，承运人不按照约定或惯例或有关规定擅自将货物装载在舱面上，致使货物遭受天灾或者损坏的，应当负赔偿责任。

3. 关于危险货物的赔偿责任问题

根据《海商法》第 68 条规定：对托运危险货物，托运人没有以书面形式将其正式名称和性质以及应当采取的预防危害措施通知承运人或通知有误的，承运人可以在任何时间、任何地点根据情况需要将货物卸下、销毁或者使之不能为害，而不负赔偿责任。承运人知道危险货物的性质并已同意装运的，仍然可以在该项货物对于船舶、人员或者其他货物构成实际危险时，将货物卸下、销毁或者使之不能为害，而不负赔偿责任。海商法这样规定，是为了使承运人能切实保护在船人员和船舶及其他货物的安全。当然，如果承运人已经知道危险货物的性质并同意装运，如果该项货物并没有构成实际危险，将货物卸下、销毁，承运人此时应负赔偿责任。

4. 关于无法交货的赔偿责任问题

根据《海商法》第 86 条规定：在货物交付过程中，在卸货港无人提货或收货人迟延、拒绝提货的，船长可以将货物卸在仓库或其他适当场所，由此产生的损害承运人不负赔偿责任。

【案例一】　舱面装载受损赔偿

一、案由

浙江省工艺品进出口公司（以下简称托运人），于 1989 年 6 月委托上海外贸运输公司（以下简称承运人），运往美国滑雪手套一批，价值 15 122.4美元，价格条件为：CIF PITTSBURGH。

托运人于 1989 年 7 月 14 日取得由承运人签发的“金发船务有限公司”的全程已装船清洁提单。起运港为上海，卸货港为香港，最终目的地为 PITTSBURCH。提单注明：W/T ATH. K. BY A. P. L. CONTAINER VES-

SEL,签发日期为 10 JUL. 1989,一程船名是:"龙江"(LONG JIANG V. 8907)。

托运人在货物装运前即按常规向中国人民保险公司浙江省分公司(以下简称保险公司)投保了一切险和战争险,保险金额为 16 634.7 美元。

该货于 1989 年 8 月中旬运抵目的地。收货人发现部分货物因受潮而发霉,即向保险公司当地代理 TOPLIS & HARDING INC 提出检验和理赔要求。该代理于 1989 年 8 月 22 日以电传通知保险公司称货物不同程度受损,整个损失约占全部保险 55%,索赔金额为 8 226.755 美元。保险公司当即派人到上海调查货物装运经过情况,查明该货自上海装船时被配载在龙江轮的舱面上,并取得配载船图。据此,保险公司以被保险人未保"舱面险"而拒绝理赔,托运人向承运人索赔。

在 1989 年 8 月至 1990 年 6 月近一年的时间内,托运人向承运人不间断的进行口头和书面的交涉、协商,但承运人以自己是"无船公共运送人"为理由,认为应向"承运人",即一程船船公司(深圳宝达集运公司)和二程船船公司(美国总统轮船公司)提赔。

鉴于《海牙规则》第 3 款第 6 条我国《民事通则》第 136 条的规定,此类案件的诉讼时效为一年。托运人于 1990 年 7 月即委托上海对外经济贸易律师事务所对该案提起诉讼,确定被告为"合同承运人"香港金发船务有限公司,后又补充提单签发人上海外贸运输公司为第二被告。上海海事法院于 1990 年 8 月 13 日受理此案,经过初步调查,即向被告发出应诉通知,双方律师在管辖权问题上进行了书面的辩论,最后该公司于 1991 年 5 月派人来上海与发货人协商,并于 1991 年 6 月 28 日双方达成和解协议,由金发船务有限公司赔偿发货人损失 55 000 美元,约占全部损失的三分之二。另三分之一的损失经发货人与保险公司协商,取得了该公司的理解和支持,由该公司予以补偿。托运人在收到全部赔偿后,于 1991 年 7 月 15 日向上海海事法院申请撤诉。

二、分析

(1)托运人在遇到此类索赔案件,而保险公司又拒绝理赔时,不能知难而退,要根据事实,相信法律,据理力争。本案中,托运人方面充分体现了这种锲而不舍的精神。在案件处理的整个过程中,在经过将近一年的反复交涉未能取得任何结果的情况下,决定聘请有经验的律师,在诉讼时效内及时向上海海事法院起诉。最后在法院进行审理的过程中又经过对于“管辖权”问题的争辩，致使被告要求和解，终于得到了全部外汇损失的赔偿。

(2)就本案而言，起诉的对象当然是“承运人”。但“承运人”的情况比较复杂，从表面来看上海外贸运输公司是直接的承运人，又是提单的签发人，似乎就是被告，然而提单的具名人是“香港金发船务有限公司”，而上海外贸运输公司是该公司的代理人。从法律上讲香港金发船务有限公司是“合同承运人”，列为第一被告，而代理人应列为第二被告才是正确的。

(3)本案争议的焦点是货装舱面而托运人未投保舱面险。根据海上运输的配载规则，一般货物都必须装在舱内，如果遇到实际困难，承运人认为不得不装在舱面时，承运人必须事先征得托运人的同意，并取得其书面确认方可。但在本案中，承运人违反上述规则和惯例，擅自将货物配载在舱面上，事先未以任何方式告知托运人，所以在这种情况下，托运人没有理由去投保“舱面险”，如果因此而受到损失显然是不幸的受害者，而造成本案全部损失的责任属于承运人则是非常清楚的。

(4)保险公司经过调查后认为，货物受到海损与货物装在舱面有关，但托运人未曾投保“舱面险”，因此坚持了拒绝理赔的原则。另外，保险公司理解托运人是在“不知情”的情况下未保“舱面险”的，因此在本案最后和解时，保险公司也从实际出发给以损失差额的补偿，充分体现了保险公司对出口的支持和处理具体问题的灵活性。

(5)诉讼过程中，双方律师在管辖权问题上展开了争辩。

港方律师根据被告公司制定的提单条款规定，对上海海事法院审理该案的管辖权提出异议：认为按原告与被告双方认定的管辖协议，该案应由香港法院审理。

我方律师指出，《海牙规则》对管辖权问题，未有任何明确规定，但允许把托运人和承运人之间就这一条款自行达成协议。事实上，提单上的这一条款往往由承运人片面规定，托运人很少有选择权。而《汉堡规则》则规定在管辖权方面，原告(包括货主和承运人)有选择法院的权利。

司法管辖权是国家的主权，根据我国法律和国际条约的规定，我国法院对合同履行地或合同签订地在我国，我国法院有管辖权，所以，上海法院对本案有管辖权。

【案例二】 托运人出具保函引起的诉讼

一、案由

上海土产进出口公司在1988年5月委托上海海兴轮船公司所属“德州”轮承运12 057吨散装山芋干，从上海运往意大利Ravenna港。“德州”轮于1988年6月19日到达目的港。卸货后发现山芋干一部分受潮发霉，并被外来物质玷污，且卸货重量比提单载货重量少193.6吨。山芋干短重损失由该货的中间商香港成希达国际有限公司的保险公司索赔，该货物保险人按索赔金额全部赔付12 572.11美元了案，山芋干的发霉及玷污损失，收货人在卸货时获得船方保赔协会——西英保赔协会的3.5亿意大利里拉（相当于282 942美元的）货损担保。

上海海兴轮船公司以上海土产进出口公司在山芋干装货时出具保函和船方保赔协会已提供收货人3.5亿意大利里拉两点理由，在上海海事法院向上海土产进出口公司提起法律诉讼，要求被告赔付“德州”轮山芋干发霉及玷污损失。

经查，这批山芋干在上海装船时，船方在大副收单上批注：

船方对货物短重损失不负责

船方对货物霉损不负责

船方对在船舱内割袋而引起的货物污损失不负责

上海土产进出口公司为了获取清洁提单结汇，向中国外轮代理公司上海分公司提交了一份担保函，保函中批明船方对散装货物数量及质变不负任何责任，并如因此而发生的问题，当由上海土产进出口公司负责解决。上海土产进出口公司也表示同意赔付，但对赔付金额双方暂时尚未达成一致意见。

二、分析

承运人上海海兴轮船公司手中持有上海土产进出口公司出具的保函，这保函应视为他们之间的一项保证赔偿协议。依合同法原理分析，此种保函为合同当无疑问，但这种合同不同于一般意义的担保合同，属特殊的担保合同，其法律效力是受限制的。这种特殊的担保合同，从其实际作用看，并不是在运输合同订立时，为保证主合同的履行而订立的，而是在船舶装货时，由于对货物数量或品质有异议，承运人和托运人之间就日后可能发生的损害赔偿责任归属的约定。从担保的形式来看，似乎具有独立的，实质性质的内容，但实际上仍是具有明显的从属性特点。其担保的功用最终归属仍是对运输合同权利人利益的保护，是间接地对运输合同的一种担保。这种间接的担保就是特殊担保合同与一般担保合同的一种担保不同之处。特殊是特殊担保合同的被保证接受人不是运输合同中的权利人，而是义务人，是由义务人为防止其履行义务中所发生的风险责任要求有利益方提供合同的保证。基于这种特殊性，所以这种保函在效力上仅对承运人与保证人之间有效，对善意收货人来说仍是无效的。由于在托运人和承运人明知货物的数量或品质在装船时已有异议的情况下，承运人接受保函，并签发清洁提单，从法律角度上讲，应被视为托运人和承运人之间串通共谋，承运人不能以保函对抗善意第三方。故本案船方的保赔协会不得不向收货人提供货损担保，并将由船方同收货人协商最终的赔付金额，然后再由承运人上海海兴轮船公司凭保函向上海土产进出口公司追偿。

从本案的过程中得到以下几点启示：

船方或船舶代理人接受了保函将给承运人带来许多风险。

在大多数国家，保函在法律上是不能生效的，承运人不能以保函对抗善意第三方。

承运人一般都向“保赔协会”投保第三者责任风险。“保赔协会”承保第三者责任风险的责任起讫是从货物装船开始到卸船完毕为止。如果货损早在装船之前发生，“保赔协会”不负责任。而只能由承运人自负。由此可见，承运人接受保函后，如卸货时发现的货损货差确系是在装船前已发生，承运人往往无法把货损责任转移给“保赔协会”。

承运人赔付收货的损失之后，一般也很难按保函向托运人全额追回赔款。因为托运人常抗辩，货物的货损货差是因为船方在运输途中没有履行其应当适当地和谨慎地保管和照料货物的义务引起的，这样就给承运人在向托运人追偿工作中造成很大困难。

托运人出具保函同样将给托运人自己带来许多风险。

托运人因出具保函，获得了清洁提单而结汇。而一旦收货人掌握了此情况，往往会以欺诈行为起诉托运人，引起不必要的麻烦，影响今后贸易的正常进行。托运人将承担承运人应负的赔偿风险。保函内容往往比较笼统，一旦发生货损货差时很难据此分清托运人和承运人之间的各自责任。承运人往往将运输途中应负的赔偿责任也全部转嫁给托运人。例如本案的保函中，就注明船方对散装数量及质变不负任何责任，造成托运人处于被动局面。因此，本案保险公司赔付的山芋干的损失也可向托运人追偿。

托运人将承担货损进一步扩大的风险。因货物装船时已发生湿损或霉损，这受损的货物在运输途中必然会影响同船的完好货物，使货损进一步扩大。如本案中，在装船时发现部分麻袋中山芋干已发霉，但由于未及时采取换货措施，将霉损的山芋干与完好的山芋干混杂一起，造成卸货时827 吨山芋干霉损，国外收货人提出索赔金额高达 146 714.34 美元。

在我国对外贸易中，托运人出具保函以获船方清洁提单结汇的情况相当普遍，其中绝大部分属有关部门把关不严而造成的。例如本案中出运的山芋干已经商检，但装船时却发现部分山芋干霉损，卸货时山芋干重量又严重短缺。由于商检把关不严，才造成托运人不得不在货物装船时出具保函，以获得清洁提单结汇。

总之，保函的问题应引起各有关方注意。托运人和承运人不能明知装船时货物已发生货损货差，而仍以保函来换取清洁提单。当然，我们也不能不看到，保函在国际航运中还有其一定的作用。货物装船时，如包装外表仅有轻微的缺陷，并不影响商品质量，或者价值不高的散装货物在数量上有少量短缺，那么按国际航运习惯，在无其他情况下，承运人可接受保函，对于包装外表略有缺陷的货物坚持要求托运人调换，这种要求一般也很难得到满足。通常会给承运人带来船期损失，故保函是否出具和接受，要视不同情况而定，托运人和承运人都必须对此全面考虑，并谨慎处理。

【案例三】 提单货物名称与包装上的名称不符

一、要点提示

海运提单记载的货物品名是表明货物内容的重要依据，提单签发人应根据提单记载的货物名称交付货物，否则，将承担交货不能的责任。由于在货物交付运输的过程中，涉及诸多与交付货物有关的人，在无明确约定和不能证明由谁实际装箱的情况下，提单上记载的 CFS/CY 货物交接方式，成为本案判断装箱义务人的唯一依据，由于认定在 CFS 交接条件下，承运人承担装箱、货物清点义务，承运人应承担交货不能的赔偿责任。

二、基本案情

1997年11月22日，大华公司与万里公司签订4份进口合同，约定大华公司向万里公司进口氨纶丝35吨、36吨、36吨、30吨，允许溢短5%，单价26 500美元/吨，CFR中国港口。上述货物均由中远公司承运。1997年12月4日，货物在韩国釜山装船，中远公司代理签发了4份已装船提单。提单记载：收货人凭指示，通知方为大华公司；交货地福建泉州；运输方式CFS—CY；货物为A级氨纶丝（纺织用），货物装在20尺集装箱内；提单作了“托运人装箱和计数”和“据说装有”的批注；提单记载数量分别为36吨、36吨、37.728吨、31.392吨。货物于1997年12月15日抵达泉州后诸港集装箱堆场。上述提单经过数次背书，最终于1998年8月10日经背书转让至福建外贸，福建外贸于8月17日换取提货单之后向泉州海关申报验货，海关查验发现集装箱内装的是涤纶丝而非申报的货名“氨纶丝”。9月3日，福建外贸请商检对货物进行检验，认定集装箱箱体无损，铅封完好，装载货物的纸箱上标有涤纶丝“TEXTVREDYARN”字样，箱内货物为涤纶丝，福建外贸为此支付商检费64 674.00元人民币。福建外贸因箱内货物与提单记载不符合而拒收货物。泉州海关因福建外贸申报品名与实际不符，将上述货物予以拍卖，并对福建外贸科以处罚。福建外贸对中运公司提起诉讼，要求中远公司按照提单及有关单证上记载的货物名称交付货物或赔偿等价的货物损失。

三、处理结果

一审法院判决：中远公司没有按提单记载交付货物，应承担全部责任并赔偿福建外贸的所有损失。中远公司不服，在法律规定时间内提起上诉。二审法院认为，当时有效的《中华人民共和国海上国际集装箱运输管理规定实施细则》和《中国远洋货运运价本》对集装箱运输的货物交接方式的规定可作为本案的依据。集装箱站—集装箱堆场（CFS—CY）的交接方式中，承运人负有装箱点数的义务。中远公司作为本案货物的承运人自己签发了提单，已选择了CFS—CY的交货方式，虽然又在提单上作了“托运人装箱计数”和“据说装有”的批注，但该批注为无效批注。福建外贸对本案提单流转情况以及对外付款所作的解释，有提单及银行相关证据证明，符合案情事实，没有相反证据足以推翻。福建外贸持有提单的事实和合法性应予认定，其根据具有物权凭证的提单主张权利，应予支持。中远公司应根据提单及有关单证上记载的货物名称交付货物或赔偿等价的货物损失。且本案情况不属于我国《海商法》规定的限制责任赔偿的范围,中远公司无权享有责任限制。

中远公司不服,向最高人民法院提出再审申请。在再审庭审中,中远公司主张:货物由托运人装箱,费用也由托运人支付,中远公司接受的是整箱货,其在提单上所做的批注是有效批注,在交货上不存在任何过错。福建外贸对其损失,不能提供证据证明,其在原审所提供的证据不足以证实货物价值。并为了证明是托运人装箱点数,中远公司提供了如下新的证据:韩国海兴公司业务部经理的证言,韩国东部公司副总裁证言,韩国进出口货物度量测量公司总经理证言以及托运人出具的船运托运单,各相关方出具的装箱单、理货单、装箱单/重量备忘录和海兴公司根据托运人出具的船运请求单所开立的货运提单副本。

上述材料经质证,福建外贸认为:①中远公司提供的证据不具有证据的客观性、真实性,因而不具有证据效力。因为证人均是中运公司的业务关系人,且部分证人的证词中出现“据本人所知”和“据我们所知”字样,该证词不能客观的再现事实,全少不是本人所经历,不是直接证据。②证词内容自相矛盾,不能相互印证,不具有证据的证明力。如,韩国东部公司副总裁证言称,货物重装入中远公司的20英尺集装箱内,并由海洋会社公司铅封。而海洋会社公司的业务经理证言却称,是和韩国东部公司的工作人员一起铅封的;又有如船运请求单载明的货物品名为“氨纶丝(纺织用)级别A”,海洋公司出具的理货单没有记载货物品名,而装箱单上载明的品名是“丝线”,仅在品名标注上三单就存在相互不符。③证据与其他证据相矛盾。如测量公司称,在1997年12月对本案货物进行测量。但是,该证词所附的“装箱单/重量备忘录”上标注的时间是“1997年8月27日”,并不是1997年12月。而且品名上注明是涤纶丝。这份证据不仅本身矛盾,其内容进一步证明中远公司在准备提单时已经知道货物是“涤纶丝”,故意在提单上标为“氨纶丝”进行欺诈。综上,中运公司向法庭提交的证据不能证明其主张即由托运人装箱点数,却从反面证明了本案货物是由承运人的代理海兴公司在其指定的集装箱货运站接收,并由其指令、雇用有关公司装箱、核对和测量的。

中远公司则认为:①双龙公司的船运托运单,理货单和装箱单记载的货物品名,虽不完全一致,但无矛盾之处,即在三个文件的记载上并未出现两个或两个以上的特定货物品名。没有记载和记载为丝线不是对船运请求单所记载的氨纶丝的否定。②证词并不存在矛盾冲突，表明了货物倒箱是经一系列的委托关系完成的。③度量公司出具的“装箱单/重量备忘录”上记载了涤纶丝的品名，这只能证明箱内货物实际就是涤纶丝，而不是氨纶丝。氨纶丝的主张才恰恰存在欺诈。④本案中海公司所承揽的倒箱业务是货主双龙公司委托的，因为若是承运人委托，其应将相关费用一并计入运费向托运人收取，再另向实际从事装箱、理货的机构支付相关费用。而本案中所有的相关费用都是双龙公司依次支付的，与承运人毫无关系。

再审法院认为，中远公司不能举证本案集装箱货物是托运人装箱，其在提单上所作的“托运人装箱计数”和“据说装有”的批注为无效批注。根据提单所确定的CFS—CY交接方式，中远公司负有在装货港集装箱货运站按件接货并装箱的义务，并有义务按提单表面记载向善意的提单持有人福建外贸交付货物。中远公司不能交付载明货物，应承担赔偿责任。原审认定事实清楚，适用法律正确。

四、法律分析

本案的争议焦点主要在于：①CFS—CY交接方式中承运人承担的责任具体有哪些；②B—L上记载的内容有冲突时承运人的责任应如何进行认定。这些问题常常在海运货物实践中引起争议，该案的审理明确了有关问题。

1. CFS—CY交接方式中承运人的责任范围

承运人的责任范围包括责任期间和责任内容两大方面。责任期间是指承运人对货物应负责的期间。由于承运人在此期间内不能免责的原因，货物发生灭失或损坏，承运人应负赔偿责任。责任内容指承运人按照法律法规的要求或合同的约定所应承担的义务。因本案提单记载的交接方式为CFS—CY，中远公司作为承运人的责任期间应为从在装货港的CFS接收货物到在卸港的CY交付货物（参考我国《海商法》第46条）。其责任内容除了在责任期间妥善和谨慎的管理货物外，还应严格履行接收货物时的装箱义务。根据当时生效的《中华人民共和国海上国际集装箱运输管理规定实施细则》第59条规定：“海上承运人与托运人或收货人应根据商定的集装箱货物交接方式办理交接、划分责任。商定的集装箱货物交接方式必须明确列入提单、舱单及场站收据。”

并在第（八）款中规定“站到场（CFS—CY）交接。托运人负责将货物运至海上承运人指定的装货港集装箱货运站按件交货;海上承运人在装货港集装箱货运站按件接货并装箱,负责运抵卸货港集装箱堆场整箱交货;收货人负责在卸货港集装箱堆场整箱提货并拆箱,拆箱后应将空箱于规定期限内交至海上承运人指定的堆场。"这明确表明,在集装箱站/集装箱堆场(CFS—CY)的交接方式下,承运人在装货港负有装箱点数的义务,要保证实际货物信息如货名、件数、体积等与提单的记载完全一致。

2. B/L上记载的内容有冲突时承运人的责任应如何进行认定

承运人、船长或承运人的代理人向托运人签发提单,表明承运人已接管运输提单上所记载的货物,并占有该货物。因此,我国《海商法》、国际公约及国际惯例,均认为提单具有货物收据的作用。当提单在托运人手中时,它是承运人按提单记载收到货物的初步证据("Prima Facie Evidence"),若此时托运人和承运人之间产生纠纷,承运人可以提出反证,证明实际收到的货物与提单上记载的内容不符。但当提单转移或转让至善意的第三者收货人或提单的受让人时,除提单上订有有效的"不知条款"外,提单将成为承运人按其记载的内容收到货物的绝对证据(Conclusive Evidence),即使提单记载的内容与事实不符是托运人的原因所致,承运人亦不得以此对抗善意的第三者收货人或提单的受让人。

此案中,收货人与承运人之间就实际货物与提单记载不符产生纠纷时,承运人在提单的"托运人装箱计数"和"据说装有"等保护自己的批注,往往得不到法院的支持(即不能构成有效的"不知条款"),因为《海牙规则》和《哈特法》都规定,船东不能利用订约自由(即使托运人同意)来减免自己所应承担的责任义务。我国虽然不是《海牙规则》的签约国,但该规则为世界大多数国家所采用,因视为国际惯例。在目前我国没有相关法律明文规定的情况下,可以参照国际惯例的做法。同时承运人还可能被法院认定为对收货人构成欺诈,丧失责任限制的权利(《海商法》第59条)。即使欺诈性质不被认定,根据《海商法》第56条中仅规定承运人对货物的灭失或损坏享有责任限制,所以在交付货物不符的情况下,承运人也很难主张责任限制。

五、经验教训

根据提单的性质,提单上所载明的内容被视为相关方之间合同的证明,其显示的运输条件,表明了承运人的责任期间及责任范围。在不同的运输条件下,承运人的责任期间及责任范围有着较大的差异。承运人需根据运输条件的不同,采取各有侧重的管理措施,确保货物的安全接受、运输和交付。

当提单上载明在起运地接运条件为 CFS 时,这意味着承运人接运的是非整箱货,在接收时有装箱点数的义务,所以承运人要在装箱的过程中加以严格注意,确保显示在提单上的信息如货物的品名、件数、体积等和货物实际信息完全一致;同时若发现货物表面破损或外包装不良,应在提单上加以批注;在装箱过程中,应确保箱内货物已被充分绑扎且积载得当。以避免在目的港发生因收货人发现实际货物不符合提单记载或货损货差,而凭提单上 CFS 运输条件及完好记载直接向承运人索赔。

当提单上载明目的地的交接条件为 CFS 时,这意味着承运人负责将货物运抵卸货港集装箱货运站拆箱按件交货,承运人要保留清晰的拆箱记录。

当提单上载明的运输条件为 CY—CY,CY—DOOR,DOOR—DOOR,DOOR—CY 等时,这意味着承运人均是按整箱货接收或交付,根据相关法律规定承运人仅须对箱体外部状况负责,只要交付时箱体外部完好,通常可认为承运人已经妥善的完成了运输义务。

实际中,承运人往往根据市场或客户的需要签发了交接方式不同的提单,而一般仅直接安排货物的海运段的运输,对于货物在堆场(CY)的堆存、在货运站(CFS)的装箱和拆箱及海运两端的路上运输通常委托堆场、货运站、路上运输公司等供应商来实际操作。在这种情况下,根据法律规定,承运人也应按提单上载明的运输条件对货主承担责任。

为了完全履行法律和运输合同规定的义务、降低经营风险,承运人不仅应加强自己本身的管理,也要对供应商进行评审,选择合格的供应商,签订协议,明确划分责任,确保对各运输段的有效监控。尤其在装港为 CFS 的交接条件下,承运人应对所选的货运站进行严格评审,并对其装箱操作完全监控,确保谨慎妥善的完成法律规定的装箱点数的义务。

【案例四】　海运单(SWBL)

海运单,又称运单(WAY BILL,W/B)是证明国际海上货物运输合同和货物由承运人接管或装船,以及承运人保证将货物交给指定收货人的一种不可流通的(NON—NEGOTIABLE)单证。虽然海运单在海上运输中出现是近几年的事情,但今后随着海运业的发展和人们对它理解的加深。它会逐步被广泛应用到实际业务中。只要货物的所有权中途不被转卖或者在运输途中不被抵押,应该讲海运单完全可以代替提单。

海运单是不可以转让流通的(提单是可以流通的)。海运单的流转同提单一样。海运单在承运人接管货物或将货物装船后,应托运人要求,由承运人、船长或承运人的代理签发。托运人凭海运单及其他单证,根据信用证到银行结汇。装货港的承运人或代理人将海运单的内容,通常通过电子通信手段,传送给目的港承运人的代理人。目的港承运人的代理向海运单上载明的收货人或通知方发出到货通知。收货人凭到货通知,到目的港承运人的代理那里出示有关证明领取提货单提货。签发海运单应注意:收货人一栏必须填写收货人全称和地址,而不可用“TO ORDER”或“TO ORDER OF ×××”表达。

海运单与提单最大的区别是海运单不是物权的凭证。所以海运单上一般都标有“不可流通,转让”(NON—NEGOTIABLE)字样。签发海运单时。在目的港放货只要是发货人所说明的收货人即可。而签发提单时,在目的港放货要凭船公司签发的提单放货。这也是海运单没有流行的一个重要的原因。由于海运单不能转让,所以用海运单转售货物不如用提单转售货物方便。比如,X 公司的货物卖给 Y 公司,收货人是 Y 公司,但货装船后 Y 公司又想将货物转卖给 Z 公司。

如果签发的是海运单,船公司只能将货物交给 Y 公司。要想更改到 Z 公司。需要发货人 X 公司到船公司处更改,这里可能涉及买卖贸易方面问题,X 公司不一定会同意更改,还需要 Y 公司和 X 公司之间交涉,可能会耽误时间。但如果签发的是提单。Y 公司只要通过背书就可以将货物转让给 Z 公司。其次。船公司只要根据发货人的指示,将货物交给发货人所指示的收货人即完成运输义务,签发海运单发货人承担较大的风险。以上是签发海运单最大的缺点。当然,签发海运单也有许多优点:比如,如果提单流转较慢。货到港后,收货人急于提货,但提单未到,正常情况下船公司是不会无单放货的。有时又碍于双方是长期合作伙伴,如果不放货,可能会影响彼此的合作关系。所以有时在实务中一般要采取比较变通的办法(如索要保函等)来解决。如果签发的是海运单。此类事情就迎刃而解了。为使大家对海运单和提单两者的理解更清晰,将提单和海运单的差异简单列表6-3提示。

提单与海运单间的差异 表6-3

内容\单证	提单	海运单
运输合同	否	是
运输合同的证明	是	否
物权凭证	是	否
转让买卖	是	否
流转	通过银行	随货而行或电放
证据效力	承运人与托运人是初步证据 承运人与收货人是最终证据	最终证据
与托运人	提单关系	合同关系
与收货人	提单关系	没有关系

为了方便起见,建议在日常运输业务中除油类和散货运输以外。尽可能使用海运单,特别是近洋集装箱运输。由于目前集装箱运输所投入船舶的船速日益提高,货物交付也随之加快。但提单的周转有时会滞后于货物到港,这样会引起收货人提货的麻烦。如采用海运单,就不会发生这样的事情。还有跨国公司内部之间的原料、产品等方面的运输,因他们是母公司与子公司或子公司与子公司的关系,使用提单反而没有使用海运单简单。当然有时也会因买卖双方之间的信誉、货物是否转卖等情况,使用海运单也会带来一些麻烦,所以在日常实务中要根据具体情况具体分析,尽可能地使用海运单。

【案例五】 集拼箱运输条款的应用

L/C CFS—CFS、B/L CY—CY在集装箱运输业务中通常称之为集拼箱运输条款。即对货主是拼箱交接形式。而对船公司却是整箱交接形式。其运输条款本身而言,前者系指几个托运人与几个收货人。而后者系指一个发货人与一个收货人。集拼箱运输条款是因国际贸易、国际运输方式的变化之外,主要原因是货运市场、航运市场的发展所致。因为集拼箱运输条款对货主不仅可满足信用证结汇要求,而且可按实际托运的货物尺码支付运费。对签发House—B/L(简称H—B/L)的无船承运人来说,在收取货主支付的运费和支付给船公司的运费之中赚取运费差价、对签发 OCEAN—B/L(简称 O—B/L)的船公司来说,因签发整箱货提单而减少了诸多业务细节,减少了不应承担的责任。因此,当今集拼箱业务的发展可以说是方兴未艾,特别是进入国际多式联运与物流时代的今天。集拼箱运输是一个巨大的市场,其利润也为从事该项业务的人们所关注。

1. L/C CFS—CFS、B/L CY—CY 运输条款之应用

根据交通部海上集装箱运输管理规则规定,CFS—CFS 运输条款是指:"发货人将不足以装满一个集装箱的货物运至出口国家集装箱货运站、由集装箱货运站负责装箱后交由承运人运至进口国家集装箱货运站,进口国家货运站在拆箱后将拼箱货交由收货人"。规则中对 CY—CY 运输条款的规定是:"发货人在自行装箱后,将整箱货运至出口国家集装箱码头堆场交由承运人运至进口国家集装箱码头堆场交收货人,并由收货人自行负责拆箱"。尽管规则对运输条款作了明确规定,但在具体运作中涉及问题较多,特别是信用证规定拼箱交接、而提单却注明整箱交接时,则通常涉及两套提单的应用,即 H—B/L 和 S—B/L。前者系由无船承运人签发的拼箱货提单,而后者系由船公司签发的整箱货提单。其具体操作如图 6-1 所示。

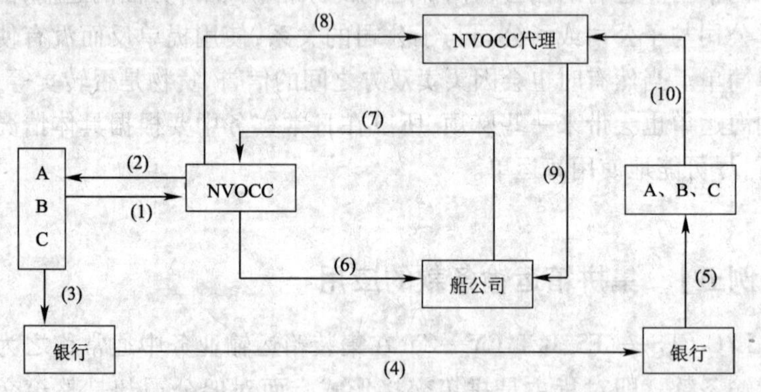

图 6-1 操作过程

图中说明:

(1) A、B、C 为不同的货主,将拼箱货交由无船承运人;

(2) 无船承运人在接收托运的拼箱货后签发自己的 H—B/L;

(3) 货主 A、B、C 持无船承运人的提单去银行结汇,因为信用证规定 CFS—CSF,而无船承运人提单也记载 CFS—CFS,即单单相符;

(4)出口国银行将 H—B/L,转到进口国银行;

(5)进口国不同收货人 A、B、C 从银行取出 H—B/L ;

(6)无船承运人对 A、B、C 货主的货进行整理装在同一箱内后,以整箱方式交由船公司运输(对船公司而言,此时接受的是一个装载货物、外表状况良好、关封完整的整箱);

(7)船公司在接受整箱货后,向无船承运人签发 O—B/L,并在 B/L 上记载 CY—CY 运输条款;

(8)无船承运人将整箱货提单转国外代理;

(9)在船公司将整箱货运入进口国后,无船承运人代理凭 O—B/L 去船公司提货;

(10)无船承运人代理在提取整箱货后拆箱,收货人 A、B、C 凭 H—B/L 去无船承运人代理那里提货。

操作流程说明:

在上述集装箱运输业务中,对签发 H—B/L 的无船承运人其法律特征是非常明显的。对真正的托运人来说,由于他签发的 H—B/L 是一张全程提单,因而成为契约承运人。但又由于他自己并没有承担真正的运输,仅是将货物装箱后交由真正的拥有运输工具的船公司运输。因此,相对船公司而言,无船承运人又成了货物托运人,其法律特征可归纳为:

(1)本人不拥有运输工具,但有权签发自己的提单(拼箱货提单);

(2)因签发自己的提单,而对货物运输承担责任;

(3)因签发自己的提单,有权收取货物运费(拼箱货运费);

(4)有双重身份,对货主是承运人,对船公司是货物托运人;

(5)有权订立运输合同。

集装箱运输条款的普遍接受与广泛应用其根本原因是经济利益。如在图中(1)为,A 货主出口 10 立方米的玩具;B 货主出口 5 立方米玩具;C 货主出口 12 立方米玩具,并由他们各自向船公司提出用箱后将货物装载箱内。尽管他们的货物不足以装满一个整箱(一个 20 英尺普通集装箱的装箱尺码和计费尺码通常是 30 立方米),但船公司在收取运费时仍按规定的计费吨收运费,自然船公司收取了 3 个整箱运费。而事实上,A、B、C 货主出运的玩具可装载在同一箱内,如交由无船承运人运输,无船承运人则按 A、B、C 货主实际托运的尺码收取运费。由于无船承运人与船公司通常订有底价协议,因此在收取 A、B、C 货主的拼箱运费后,无船承运人以整箱运费交由船公司,从而赚取其中差价。

由于 L/C CFS—CFS、B/L CY—CY 同时使用到 H—B/L、O—B/L,从事该行业的人员必须对两套提单的区别有一个准确认定,以保证业务的正常运作,提单的区别见表 6-4 所列。

提单的区别　　表 6-4

提单 内容区别	H - B/L	O - B/L
提单中的托运人	真正货主	无船承运人或代理
提单中的收货人	在替代内不转让时,通常是买方	无船承运人代理
提单中的承运人	无船承运人	船公司
运输责任	对全程承担责任	对海上区段承担责任
运输收取	收拼箱货运费	收取货运费
运输条款	CFS—CFS	CY—CY
提单流通途径	通过银行	通过无船承运人或随船
转让买卖	可转让买卖	不可转让买卖
提单当事人	托运人,无船承运人,收伙人	无船承运人,船公司, 无船承运人代理
证据效力	对托运人是初步证据, 对收货人是最终证据	对托运人、收货人无法律效力

2. H—B/L、S—B/L 同时应用案例分析

案由:

上海一家公司(以下称货主)将价值 5 万美元的食品添加剂交由无船承运人运输。无船承运人在接货后签发 H—B/L,无船承运人在签发 H—B/L 后将食品添加剂交由另一家公司装箱(以下称装箱人),并由装箱人出具 O—B/L。

装箱人在装箱时,同一箱内除装载食品添加剂外。还装载了 40 桶樟脑粉,收货人在收到食品添加剂后做质检,质检报告认为食品添加剂已失去使用价值,该批出口货由人保承保。

收货人凭保单向人保提赔。人保在赔付后取得权益转让证书,向全程提单签发人,即无船承运人追赔。但无船承运人认为:"即使由我签发全程提单,但食品添加剂失去使用价值属装箱过头所致。根据中华人民共和国(海上集装箱运输管理规则)规定,集装箱装箱不当产生货物损

害,则应由装箱人承担责任。另外,国际劳工装箱准则也规定:装箱人勿应将性质不相容的货物装在同一箱内,因此,应由装箱人直接承担赔偿责任”。然而,装箱人认为:“即使因装箱过失造成食品添加剂失去使用价值,但我与货主之间一无合同关系,二无提单关系,在法律上构成侵权过失,而装箱不当的过失,装箱人可按责任限制赔偿”。而人保认为:“我已赔偿给货主,并取到代位求偿权,而货主持有的提单系由无船承运人签发,理应由无船承运人赔偿”。由于无船承运人、装箱人均不愿直接承担责任,人保向法院对无船承运人提出诉讼。同时,无船承运人也向法院对装箱人提出诉讼。然而,在开庭前 2 天装箱人的联运保赔协会与人保达成协议庭外解决。此案的处理可见图 6-2 所示。

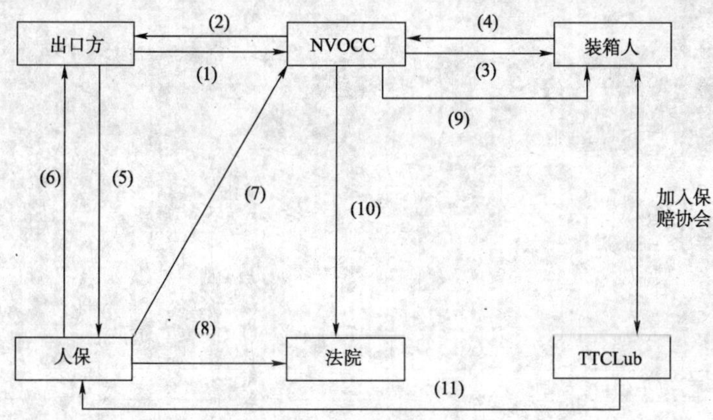

图 6-2　操作流程

图中说明:

(1)出口方将食品添加剂交由无船承运人运输;

(2)无船承运人接受货物后签发 H—B/L;

(3)无船承运人将食品添加剂交由装箱人装箱;

(4)装箱人向无船承运人出具 O—B/L;

(5)出口方向人保买保险;

(6)人保赔付给出口方;

(7)人保取得代位求偿权向无船承运人追赔;

(8)无船承运人不赔,人保向法院诉无船承运人;

(9)无船承运人向装箱人追赔;

(10)装箱人不赔,无船承运人向法院诉装箱人;

(11)联运保赔协会与人保协议解决此案(根据《海商法》规定,承运人对一件货物承担赔偿限制为666.67个特别提款权，约800美元，40桶樟脑粉按40件赔偿）。

目前，我国对集拼箱操作中有关无船承运人、货代、货主、船公司之间责任划分无明确的法律规范，从事该行业的人员除掌握具体业务外、应准确把握提单当事人之间的权利、责任、义务，既保证业务的顺利开展，又可正当的保护自身利益。

第七章　程租船实务运作

第一节　程租船实务管理

程租船(也称为航次租船)的通常含义,是指船舶按照船、租双方事先约定的运费率和条件由船东将船租与租船人,按时自某一个或若干个港口装运整船或一定数量的货物,开到一个或若干个卸港卸下货物,完成租约规定的货运任务,以取得运费的货运方式。

程租船有几个主要特点:

(1)船舶在租约规定整个运行期间的管理调度由船方负责;

(2)一切营运费用,包括港口使费、船务代理费、船用燃料物料和船员工资等均由船方负担;

(3)租约具体规定了装运货物名称和数量、装卸港口、装卸率,以及滞期费和速遣费的计算;

(4)船舶航行中时间损失由船方承担。

(5)船东与租船人之间的装卸费用分担。

程租船对租船人来说在货运安排上比较省事,也便于估算货物运输的费用,便于进行经济核算,因此一般大宗单一的货物而装港比较少的运输大多使用程租船。

程租船的形式,除一条船运一船货的单航次程租外,还有:

(1)连续航次程租(CONSECUTIVE VOYAGES)。用一艘船连续完成若干相同的程租航次,连续的若干航次,不得中断。连续航次,一程装货,一程空放,船东不得用空放揽载其他货物。连续航次租约执行到合同终止日期,虽租约规定的连续航次的次数,由于预料不到的原因而未完成,租约仍在合同到期之日即告终止,租船人不得要求继续执行未完成的航次。

(2)包运合同(CONTRACT OF AFFREIGHTMENT)。在一段时间内,以相同的租船条件,由若干艘船承运一大批货。如在3个月内派30艘船,自加拿大西岸运送100万吨粮食至中国港口的包运合同。在运输任务大、运输时间比较集中的情况下签订包运合同,这样可减轻租船人租船压力,有事半功倍的效果。

(3)来回航次程租(ROUND VOYAGES)。是用一艘船既装来程货,又装回程货的来回程航次,这在租船人已掌握来回程货源情况下可使用。来回程装运不同货物,则分别计算运费。

以下就程租船实务作一叙述。

一、船东和租船人的责任和义务

1. 船东的责任和义务

1)船名、船旗不得随意更换

(1)船名是租船合约的重要条件之一。租船合约签订后,船东不得任意要求更改船名,或是以其他同型、同规范的船只来调换,但也有例外情况:

①在租约执行期中,船东因船舶转售过户需要更改船名。船东在得到租船人确认同意后,正式签订修改船名的补订书,具体细节在过户一节中详述。

②租约订明的船只在到港装货前因故灭失,合同受阻而终止。船、租任何一方都无权要求另一方接受另一艘船代替履行租约,除非租约已订明可使用代替船的规定,则以代替船来履行租约是合法的。

③租约将船名订错,经租船人调查验证,该轮确系原来约定的船舶,则租船人不得拒绝接受。

船东之所以要以代替船来顶替,往往是由于国际租船市场运价下跌,船东为了谋取可能获得的最大利润,千方百计提出要求,以代替船顶替原租约不能履行任务的船舶,租船人自无义务接受。

(2)船旗也是租船合约的重要条件之一。租约订错了船旗,或是船舶不是悬挂租约规定的船旗国的船旗,都是船东毁约行为,租船人有权取消租约。因为船旗不仅涉及租船人国家的国别政策,而且关系到租船人在洽租时的选择。如果某一时期某国船旗,对船舶安全和租船人在揽货和经营上有重大不利影响,则租船人可不予租用,尤其在战争时期,船旗是识别船舶是否中立的根据,因此租船人在租船时必须严加关注。

在租约执行过程中,船东也有更换船旗的事实,但这必须得到租船人的同意,否则不得随意更换。

2)船舶必须适航(见第二节一)

船舶适航责任有三种:一是绝对适航责任;二是“恪尽职责”责任;三是船东过失责任。任何一艘程租船,要求船东按普通法承担船舶绝对适航的义务是做不到的。法律对船舶适航的要求,是根据租约的具体规定而定。例如租约规定:船舶在开航前或开航时,承运人应恪尽职责使船舶适航,或是不是船东过失或参与,船东就无须对船舶适航负责等等。

“船舶适航性”主要含义包括4个方面:

(1)船舶的设计、结构、状态,以及其他各项必要设备方面,具备了应付航程中通常可能发生的危险的能力。

(2)配备了一个合格的船长和足够的有能力的船员。

(3)在接收、运载和保管货物方面必须合理地符合安全的目的,不致因积载的问题而引起危险。

(4)船舶从一港开出,它的设备要适合这一特定航次的要求。

所谓“恪尽职责”责任,不仅船东本人,所有船东雇员和船东代理人都应该恪尽职责。船舶在航行开始前或开始时的某一个指定时期,由于船方未作一项预防措施而事后经查验证明是必要的事情,就不能认为恪尽职责。

有的租约条款与按租约所签的提单,在船舶适航责任上规定不一致。提单条款规定承运人的责任大于租约条款规定的责任,当提单持有人向船东索赔后,船东可要求租船人补偿。

船舶适航的责任是不能转移的,不能因为租船人已对船舶适航认可而使船东免责。例如:某轮装运航空汽油,船舱经过专门清洗检验后,其清洁度经租船人认可。但是船到目的港后发现航空汽油污染,造成大量货损。船东认为该轮清洁度经租船人认可适合装船,因而对航空汽油的污染货损不承担责任,法院最后裁决船东应予负责。因船舶适航责任并未转移,除非租约明确订明船舶油舱一经检验合格,船方即履行了船舶适航的责任,卸货后如发现任何油质问题,船方不承担责任。只有这样船方才可以免除责任。

3)船舶不能作不合理绕航(见第二节二)

船舶绕航,即船方未按照租约已约定的地理航线航行到目的港的运输行为。如果这种绕航既无正当理由,也非必要,即属不合理绕航。它构成根本毁约,使租约失效,除非租约已订明可使用代替船的规定。

《海牙规则》未对“合理绕航”下明确的定义。各国法律对“合理绕航”各有不同解释:有的国家认为,船租双方共同了解,并预先商议好的绕航,属“合理绕航”。有的国家规定,对船租双方都有利的绕航,属“合理绕航”。如船舶在航行途中遇风暴、冰、雾、战争状态,或避免一场危急的实际危险等。也有的国家规定,船舶因装卸货物或上下旅客而发生的绕航,不应视作“合理绕航”等。

按《海牙规则》第4条第4款规定:“为救助或企图救助海上人命或财产而发生的绕航或任何合理绕航,都不能作为破坏或违反本规则或运输合同的行为。承运人对由此而引起的任何灭失或损失都不负责任。”据此,由于上述原因发生的船舶绕航,租船人不能责成船东负责。

在合理绕航问题上仍有两点值得注意的:一是如程租约中订有保赔协会的加油绕航条款(P&I BUNKER DEVIATION CLAUSE),船舶在合理范围内为加燃油而绕航,不是违约行为;二是如船舶使用的装船提单中有“自由绕航条款”的,则船舶的绕航无可非议。

4)船舶合理速航

船东不得为其本身利益,如为节省燃油而降低船舶的正常航速。

2. 租船人的责任和义务

1)提供租约规定的货物

租船人按照租约规定的货物供货是租船人的绝对义务。如果租船人提供非租约规定的货物,就构成毁约行为。因为不同的货物性质各异,它对保管的要求不同,承运条件和运价也有差别,同时也可能造成积载困难和船舶可能的损坏。因此租船人对不能按照租约规定的货物供货违反租约的条件(CONDITION)应承担违约的责任。为此,在签订租约时,对承运货物的品名,尤其是危险品,要将其规格和性质写清楚,以免发生争议。

假如船舶已准备就绪,租船人由于其本身的原因不能及时提供货物装船,则租船人破坏了租约的一个保证项目(WARRANTY),因此船东不能为此而取消租约。但船舶因等货的延滞损失,船东可向租船人索赔。只有租船人明确表示已不能供货装船,或船舶滞港等货时间太长(如租约规定的航次仅需一个月,而船舶滞港等货已超过一个月),导致租约受阻而销约。

租船人因下述几种原因而不能按租约供货造成租约受阻是可以免责的:

(1)由于在签约当时未可预见的原因不能供货使租约受阻。如签约时所约定的货物因输出国突然禁止出口,停发出口许可证导致租船人无法供货,租约受阻而终止。但是,由于发货人公司倒闭而不能供货,不能视作租约受阻。因为按贸易习惯,发货人公司倒闭的风险,由租船人承担。

(2)租船人提供证据,确实证明租约规定的货物在装货港存仓期间遭受一场水灾或其他自然灾害全部毁损而不能装运,以致租约受阻。但是,如果装船货物为2万吨,而水灾受损仅200吨,未达到租约不能履行的程度,就不能构成租约受阻。

(3)由于租约免责事项而非租船人过失不能装船。如地震将装港海底输油管震断,使油船一时不能装货。地震是免责事项,则不能作为租船人毁约。

此外,如租约规定装运的货物为:食糖/棉花/小麦,若食糖不能供货,应装棉花或小麦,除非3种货物都因突发事件货源中断,租约才能算作受阻而终止。

又如租约规定装食糖,选装小麦。当食糖不能供货时,租船人有权选装小麦。如租船人不行使这选择权,则租约即告终止。

又如租约规定在新加坡/泰国曼谷装食糖。如新加坡禁止食糖出口,应在曼谷装货,不能算作租约受阻,除非新加坡和曼谷在装船当时都禁止食糖出口。

2)船舶应装满载或既定数量的货物

"满载"是指货物装满船舶的载货空间(即货舱),或是指包括燃料、淡水和储备品,装入货物后,使船舶达到满载吃水线。

"满载"一词意味着船东将船舶全部载货能力交给租船人使用,租船人承担按该船可能安全载运的最大限度的货物数量装船的义务。不论租船人未负责平舱浪费了舱容,或是因为选港吃水不足未装满货载,或是因装港备货不足未满船等等,均需负担空舱费。空舱费是船舶未装到满载,租船人对船东运费损失的一种补偿。如果因装港政府当局突然禁令对尚未装船货物暂停出口,致船舶未能满载,则非租船人过失,船东就不能索取空舱费。

租约装货的重量,一般都规定有百分之几伸缩或上下幅度。如20 000公吨大豆,5%伸缩由船东选定,或是最多20 000公吨,最少19 000公吨,由船东选定。这个重量就是"既定重量"。租船人必须据此提供足够的货物,否则因装舱不足,租船人就要负担空舱费。但是,船长宣载的装船量为约10 000公吨,而实装9 700公吨,租船人因而退关300公吨,要求船东赔偿损失。但300公吨在“约”字幅度内,船东不承担赔偿责任。

3)负责提供装卸货的安全港口

有关安全港问题在下一节“装卸港口”中详细说明。

4)负责将货物送到船上吊杆可以达到的地方

这就要求租船人做到船边交货(FREE ALONGSIDE)。如果租约规定装卸条件是“船方不负担装卸费用”(FREE IN AND OUT),租船人负责货物的装卸,并支付装卸费用。

5)负担滞期费

当租船人实际使用装卸货时间超过租约规定的可用装卸货时间,对船东船期损失应赔偿滞期费用。

二、装卸港口

一般说程租约的装、卸港是由租船人选定的。租船人对此在法律上要承担一项默示义务,即选港必须是安全的,不论租约是否订明要选定安全港。

程租约对装港和卸港有两种订法:一是港口列名,二是港口不列名,租船人可在租约规定的区域范围内选港。租约的装港和卸港一旦列名,则港口安全的责任由船东承担。装港和卸港由租船人选定,则港口安全责任由租船人承担。

“安全港”一词在国际航运实务中有其特定含义。1958年伦敦仲裁“东方都会”轮(EASTERN CITY)判例,曾对“安全港”作如下定义:“一个港口称之为安全港,是在没有不正常情况(ABNORMAL OCCURANCE)下,船舶的驶入、使用和驶出该港时,没有发生一个具有良好航海驾驶技术也无法避免的危险。”

1980年12月,波罗的海国际航运公会(BIMCO)等4个组织联合发表的“1980年租船合同装卸时间定义”(CHARTER PARTY LAYTIME DEFINITION 1980)中“安全港”下了一个定义:“一个港口在某一段时间内,船舶可以到达、驶入、停留或离开,在没有特殊情况下,没有遭遇一个具有良好航海和船舶驾驶技术所不能避免的危险。”

从上述两个定义的文字来看,内容基本一致。所谓“不正常情况”或“特殊情况”,也就是影响港口安全的因素。归纳起来,大致有几个方面:

(1)政治因素。如战争、社会暴乱……

(2)船舶因素。船舶吨位大小、长度和吃水深浅,小港航道吃水浅,对小船安全,对大船则不安全。港池小造成大船无回转余地。

(3)港口因素。港口潮汐、航道标志、港口安全设施、冰冻期限制以及锚地过驳装卸等。

(4)天气因素。大风暴、冰冻……

1968 年,伦敦仲裁"大格玛"(DAGMAR)轮案件,又对"安全港"作了另一个判例。某船舶寄泊于某一港口,除非事前被通知下述事项,否则租船人要承担由于港口不安全造成船损的责任:一、港口遇有强风暴侵袭前,已嘱船方采取安全措施,避免船舶在港不安全;二、如港口当局不能提供气象报告,必须事前告知船方自行收听气象广播。租船人并有义务通过其港口代理,向船方提供港口天气预测资料,以便船方及早准备,以保证安全。

中国租船公司一租轮,于 1973 年 2 月在意大利吉拉(GELA)港因遇大风船舶与码头相撞船损案,伦敦仲裁即引用"大格玛"轮案判例,认为租船人安排的吉拉港,在船舶遭受大风袭击的当时是不安全的港口。由于该港无天气预报,而港口当局和租船人的港口代理都没有及时将天气变化情况预告船方,致船舶未能提前离开码头避风,故船损责任应由租船人承担。

从这个判例来看,它比"东方都会"轮的判例有了引申。一艘租船到达一个港口后,可能因某种特殊情况的发生变得不安全,如暴风袭击。租船人仍然要合理尽责,即在风暴发生前提供有关气象预报情况,尤其像安全设备很差的港口,租船人有责任通过港口代理做好必要的安排,使船舶避开危险,否则租船人不能辞其咎,这是因为港口是由租船人选定的。

从上述对安全港的定义和判例可以看出,租船人对选港的安全是否要承担责任,一要看租船人对选港是否恪尽职责;二要看当船舶在选港处于不安全情况时,租船人是否通过其港口代理采取措施合理尽责地使船舶避开危险。

因此,如果租船人选港安排不当,使船舶遭受上述某种因素的影响造成船舶的不安全,租船人自不能免除责任。船舶受到的损失,包括港口吃水不够和船舶未满载的空舱损失等,都要由租船人承担。

但是,如果租船人在选港当时已恪尽职责,确定这个港口是安全的,后来由于某种特殊情况发生,如突发的战争或暴乱造成港口不安全,则租船人不负选港不安全的责任。

1982 年有一个判例就是这样裁决的。一艘“意弗埃斯”(EVIAS)轮被困在伊拉克巴士拉港。船东以不是安全港为由,控告租船人违约。经 5 位法官审议后认为:该轮被指派去巴士拉港当时,预计该港是安全的,但该轮进入该港后,发生了两伊战争,使该港处于不安全状态中。由于两伊战争是一个突发的非常事件,是属于“不正常情况”或“特殊情况”,因而不能说租船人破坏了租约,判船东败诉。

对于租船人宣港的时间,如租约未作具体规定,则租船人必须在一个合理时间内宣布选港。例如,船舶在中国沿海已越过上海港向北方航行,租船人才宣布卸港在华南黄埔港。这个选港的宣布,在时间上是不合理的。因而造成船方绕航损失,自应由租船人承担。另外,宣布卸港有一个地理顺序(GEOGRAPHICAL ROTATION)问题。例如船舶自西欧到中国,卸港顺序应是先青岛后大连,而不是相反。否则,租船人也要赔偿船东绕航损失。

租约已订明了装港和卸港,在执行租约时就不能随意改变。租船人宣布选港也是这样,选港业经宣布,就是终局的,不得随意改变。有时船东同意改港,往往要索取一笔改港费,不论有无实际损失。另外,租约虽规定了租船人有权选港,但在装完货后签发的提单上已打上了目的港,则租船人无权再行使选港。

有些程租约还订有一个“就近条款”(NEAR CLAUSE)。即在指定的装卸港后加上:“或该港附近可以安全到达并经常保持浮起的地点”。当船方认为指定港口不安全,船舶可以开到一个附近安全地点装卸货。

但在使用这个条款时,一些主要海运国家法律有不同规定:

1. 时间的限制

英国的判例,例如考虑到港口冰冻期可能二、三个月,一场罢工会持续几个星期,故英国法律允许在这种情况下可使用就近条款。另一些西欧国家法律规定,船舶在原定港口“不是几天的耽延”(A DELAY OF NOT MANY DAYS)的情况下,船方就可以使用这个条款。法国法律规定最宽,原定港口当时不能作业,船方就可引用这个条款。

2. 范围的限制

按英国的法律规定,船舶以航行到距原定港口最近的一个安全港口进行作业为原则。这个新选定的港口就是一个合理的安排。据英国的一个判例:某轮原定金边卸货,后以港口不安全的理由,船方改在位于金边东南250英里的西贡卸货,法院肯定这是合理的安排。船舶在西贡卸货后,船方完成租约航程的责任,货物由西贡运回金边的费用由租船人自付。

法国和北欧国家法律,对“范围”不加肯定。如租约规定卸港是“一个区域内的一个港口”(A PORT WITHIN ARANGE)时,由于船方无法事先预知卸港情况,当租船人指定这个区域某个卸港有不安全因素时,船方就可使用这个条款。

因此,在运用“就近条款”应该按照“范围原则”(AMPIT RULE)来安排。如上述判例金边改在西贡卸货,是属于原定卸港处于同一区域范围内的就近港口,是合理的安排。如果从德国汉堡开往金边的船舶,改在埃及赛德港卸下,就不能认为同属一个区域范围内的港口,是不合理的。

但也有例外情况,按英国、德国法律规定,凡船租双方在签约当时可以肯定或可以预见的港口阻碍,则不能引用这个条款。例如在签约时,租约规定的港口已进入或将进入冰冻期,船方已完全了解这情况,因而船方不能以冰冻为理由引用这个条款。

“金康”(GENCON)租约的“冰冻条款”和“罢工条款”在使用“就近条款”上对船东极为有利。其“冰冻条款”规定:船长有权为防止船舶被冰封,可不在装港装货而离去,在卸港租船人也可支付滞期费或是同意船舶驶往其他附近港口卸货。

“金康”的罢工条款规定:如装港发生罢工,租船人在接到船东通知48小时内决定,同意把罢工时间作为装货时间并照付费用,或是取消租约。在卸货港发生罢工,租船人在48小时内答复,或是让船舶等待罢工完毕卸货,滞期费减半计算,或是让船舶驶往附近港口卸货见(第二节三)。

“金康”租约还规定:从原卸港至其他附近港口,其距离超过100海里,运费要相应增加。此外,如租约未订有“就近条款”,船舶只有在两种情况下才可以改变目的港卸货:一是装港和卸港两个所在国成为敌对国,两地的贸易成为非法,从而使租约也变为不合法,不能再去目的港卸货;二是当租约受阻不能执行时,船舶就不存在必须去租约原定的目的港卸货。

三、运费

运费是对船舶运输货物的一种报酬,是船东赚取利润的来源。因此,运费是租约条款的重要部分。某一时期运费的高低,取决于国际租船市场的运价水平,这是根本的,也是决定性的。一艘程租船运费的决定应考虑很多因素以及它与租约其他条款的关系,主要有4个方面:

(1)承运货物品类、货价高低、装运积载难度、货物保护,以及对船上设备的要求等。

(2)装卸费由何方负担,运费预付还是到付,佣金的高低等。

(3)装卸率高低,装卸时间计算方法,可用时间有何种扣除等。

(4)港口装卸效率和港口使费高低,有无其他需船方负担的费用和可能发生的损失等。

1.运费计算方式

运费计算方式有两种:一是运费率,按照船舶可载货单位重量或单位容积所表示的金额数。如每吨100美元,或每立方尺100美元。有时货物的装港是一个而卸港是几个时,在租约中应具体订明:如一装一卸每公吨28美元FIO(USD28.00 PMT FIOT BSS 1/1);一装二卸每公吨28.75美元FIOT(USD 28.75 PMT FIOT BSS 1/2)。

另一种是整笔包价运费(LUMPSUM FREIGHT)即按船定一笔整船运费。如整船包价200万美元。船舶定了整船包价后,如租船人装货不足,则运费照付。但船东必须按租约规定保证提供载货吨量和舱容,如船舶载重量或容积不足,则从包价运费中比例扣除。

按运费率计算运费的载货量,以装入量(INTAKEN QUANTITY)或是卸出量(DELIVERED QUANTITY)计算相差很大。因为有的货物在运输过程中由于蒸发而减量。相反,有的货物在运输过程中吸收水分而增重。另外,使用不同装卸工具,也会发生减重现象。如用抓斗卸货因散失而减量。因此在租约中以什么货量计算运费要明确。对于包装货,通常是使用装入量,也就是提单所记载的货量。提单货量也有毛提单货量(GROSS BILLS OF LADING WEIGHT)和净提单货量(NET BILLS OF LADING WEIGHT)之别。包装货一般用毛提单货量,只有袋装糖习惯上用净提单货量。

对于散装货,由于货物在途中吸收或挥发水分,装卸港衡量方式可能有差异,以及船舱卸货不清或有舱脚等原因,使提单的货量与卸货重量不一致。在运费到付的情况下,一般是按两个不同货量中较小的一个重量支付运费。

2. 运费的支付

(1)根据英国普通法规定,船舶到达目的港或指定的泊位,准备就绪卸船交货时才能支付运费。这表明船东要在完成租约规定的承运任务后才能得到运费。如船舶在距目的港或指定泊位仅有几十米航程的水域沉没全损,就不算完成任务得不到运费,也不能按完成运输任务的百分比收取比例运费(PRO - RATE FREIGHT)。因此,船东为了在租约即将受阻的情况下取得运费,不得不采取用其他船舶将货物运目的港的转运方式,这是普通法许可的。普通法对船舶发生共同海损时,也认可用其他船舶来转运货物。如果提单中列有转运条款,用其他船转运货物,则属合法。船东因使用其他船转运货物的运费损失,可以得到保险人的补偿。

全部或部分预付运费,也是不被普通法认可的。从一些判例表明,运费在签发预付运费提单几天后支付运费,仅是付款方式的一种安排,而不是支付运费的法律原则的改变。除非租约条款清楚地表明,运费在货物装妥后,即视作船东所应赚取的。从而超过普通法对运费支付的法律原则。否则,运费仍应在船舶卸船交货时交付,而受普通法制约。

预付运费对租船人来说,要承担一定的风险。因为按英国法律和一般租约规定,预付运费,不论船舶和货物是否灭失,船东概不退还。但是这种风险,通常由于货物是以到岸价(CIF)投保的,运费已包括在货价内一并投保,因而这个风险转嫁给保险人承担。

运费在卸船交货时支付,这对船东来说也承担了一定风险。因为这样使船东无法留置货物来索取运费。船东既失去这个手段,只有向租船人索要运费。如果租船人以"责任终止条款"来推托,只有提交仲裁。

(2)按照航运习惯和很多判例表明,运费仍有一种不可触动(UNTOUCHABLE)即不可克扣的特性。租船人不得因为发生任何争议,就不按租约的规定支付运费,或作任意扣除。除非租约已订明某些情况可以从运费中扣除的规定。

法律上对一般案件允许被告人可使用"对等抵偿"(EQUITABLE SETOFF)的方式进行某些扣除。这个方式只有在期租船支付租金时可应用,程租船的运费支付,法律是不允许使用"对等抵偿"的。所以正常的途径是租船人如与船东在货运上发生争议,一切运费照付,同时办理索赔。

(3)船舶所装货物的限量超过了租约规定的船舶吃水限度。如原约定装20英尺,而实装了30英尺,租船人应按实装30英尺运费。如因超装产生减载、驳运等费用损失,可向船东索赔,而不能拒付运费,拒付运费是毁约行为。而船东超装货物,仅是对租约条款未达到保证的要求,其所产生的损失,租船人可以索赔。

如船舶所装货物受损,只要卸下的货物从商业意义上说与原装货物相同,则租船人应照付运费。如货物受损是船方的责任,租船人可向船东提赔。如受损货物已完全变质,面粉因受水损变成糨糊,食盐水损后成为盐水,就可以不再付运费。因为糨糊和盐水都不是原来租约规定装载的货品。

四、受载日和解约日

受载日(LAYDAYS DATE)是租船人可以接受船舶最早的装货日期。解约日(CANCELLING DATE)是租船人可以接受船舶最晚的装货日期。船舶的受载日和解约日是租船人考虑船舶是否符合需用和能否洽租的重要条件之一。从船东立场出发,受载期距离长些,可以掌握充裕的时间,避免船舶脱期。对租船人来说,则希望受载期短一些最容易备货。受载期长短,由船租双方商定。一般情况近期船的受载期可短,如7~10日,远期租船可长,如15~20日。

如果船舶在受载日以前就到了装港,并已在各方面作好装船准备,要求提前装货。按照租约租船人可以拒绝,一直等到最早受载日装船。但是考虑到船租双方的利益,如果装船货物已备好,租船人可与船东洽商提前装船的条件,装卸时间达成以二分之一或三分之一来计算这对双方都有利。相反,船舶在解约日未抵达装港,或到达了但在各方面未准备就绪,租船人有解除租约的选择权。如果船东由于谎报船位或不合理绕航导致到船延迟。这种谎报的陈述经查实有据,就构成毁约行为。租船人不仅有权解除租约,并有权要求船东赔偿损失。

船东明知船舶到达装港时间是在原定解约期之后,但船长仍应将船舶开往装港,在准备就绪通知书递交后,由租船人决定是否接受该轮是否解约。但是有的租约为了照顾船东利益,如"金康"租约就有这样的规定:"……租船人必须在船舶预定到达装港时间至少48小时以前将解除合同的决定通知船舶所有人"。

我国《海商法》第97条也有类似的规定:"……出租人将船舶延误情

况和船舶预期抵达装货港的日期通知承租人的，承租人应当自收到通知时起 48 小时内，将是否解除合同的决定通知出租人。”

有的船东为了防范船舶到达装港超过解约期，要求租船人在租约上增列一条款，即租约解约期以完成该轮上一航次租约任务为准。这样，上一航次租约未执行完成，新租约解约期可以得到宽延。

对于连续航次租约，往往在第一航次规定了解约期，以后的航次则根据装卸情况及回程至装港进行下航次的时间推算。

由于船舶超过解约日到船可能被终止租约，因此对临界解约日的到船，以到达港口法定管辖区就算到船，不论该轮尚未到达港口商业区或指定的泊位。例如某轮在解约当日的 23 点 59 分到达了港口法定管辖区就算到船，尽管船舶准备就绪通知书要在下一日的办公时间才能递送。

五、到达船舶

1. 到达船舶的含义

在程租约的执行过程中，船舶是否按租约规定的解约日前开到指定的装货港或指定泊位是一个重大事项，它关系到租约的销约期和装卸时间的计算。

如前所述，租约销约期所规定的船舶到达，只要船舶在解约日当日 24 时前到达租约指定的港口法定管辖区，即算作到达船舶。但“准备就绪通知书”所规定的到达船舶要具备 3 个条件：

(1)船舶已到达租约规定的港口商业区或指定的泊位。

(2)船舶已在各个方面作好装货或卸货的准备。

(3)船舶已正式书面将“准备就绪通知书”送交租船人或收货人。

因此，“准备就绪通知书”所规定的到达船舶的含义，是指船舶实际到达的一个指定地点或指定泊位，它能有效地置于租船人支配之下，供租船人立即使用。

2. 港口租约(PORT C/P)

程租约有两种类型，一是港口租约，即船舶到达指定港口，不论是否获得泊位，即算作到达船舶。但是，“到达船舶”以什么标准来衡量它确已到达港口，这首先要从港口的概念来确定，港口概念有：

(1)国家法律管辖区，是国家领海的概念，不属于商业上所说“港口”的范畴。

(2)港口法定管辖区,一般以港口锚地或锚地引水站为起点的区域范围。

(3)港口商业区,是指靠近实际的和经常的装运某类货物的现场地点,或是通常船舶等待进入装卸泊位的地点。这个地点是距离船舶最后靠泊装卸不太远的地点,这个“不太远”究竟是多远尚无定论。

一般情况,船舶到达港口的概念是以到达港口商业区为准。但是随着国际运输船舶吨位逐渐变大,港口的概念也逐渐扩大。因此港口的地点可在港口商业区范围内或以外,但必须在港口管辖区范围内。1973 年英国对“J. OLDENDOR. FF”轮判例可以作为注解。该轮到利物浦卸货,船开到距码头 17 英里的港口商业区以外的灯塔处下锚寄泊。经法院初审和高等法院复议,均以该轮未到商业区不算到船。最后由上议院裁决:判定该轮算作到达船舶,理由是:①灯塔抛锚处已在该港管辖区范围内;②凡到利物浦港口船舶,均经常在此等泊。从这个判例可以看出,显然已将港口“商业区”扩大到港口管辖区范围。

有的程租约因船租双方为了避免对船舶到港解释不一致,具体订明船舶过港口海关或过灯塔算作到船。

此外,也有的程租约还订上这样的条款:“不管进入港口与否”(WHETHER IN PORT OR NOT),则船舶不受港口商业区或港口管辖区的限制。另一条是“不论靠泊与否”(WHETHER IN BERTH OR NOT),它必须与“船舶到达”相联系才能发生作用。一般说,“不论靠泊与否”,仅适用一艘已抵达到港的船舶。其含义是船舶已经抵港,即使船舶未曾靠泊,也算是到船。如果船舶仍在港外,尚未算作到港船舶时,则不能引用。除非租约条款中作一规定:“……港口装卸时间,不论靠泊与否,均自抵港时起算。如该船需在港外锚地等候泊位,装卸时间自抵达锚地时起算,而不论该锚地是否在港口的法律、行政或财政限界之内……”。

我国船舶到达港口是以船舶到达港口锚地或港池外泊位即算到达,这是港口法定管辖区的概念。

3. 泊位租约(BERTH C/P)

泊位租约是程租约的另一种类型,是指船舶必须到达船舶指定的泊位,才算到达船舶。因此,这类租约必须订明租船人应承担选定一个当船舶抵港即可靠泊泊位的义务,但这一条在执行上受到很多客观因素的制约。

(1)港口拥挤无泊位靠泊,哪一方承担等泊的责任须具体分析。如船舶到港等泊是由于某种非租船人可能控制的突发事件造成的，租船人就不承担责任。例如港口因有船搁浅，造成航道堵塞，致多艘船舶排队等待进港靠泊。当航道开放后，船舶一拥而上，占满了泊位，因而已无选定的泊位，这非租船人的责任。又如某港口等泊情况严重，是该港长期存在的现象，而非由某一突发事件所造成，则租船人就要承担船舶到港不能立即靠泊的责任。

(2)船舶必须过驳减载后才能靠泊。如船舶装载的货物未超过租约规定船舶的吃水限度而需过驳减载，其责任不在船东，则船舶到达过驳处即算到船。但如船舶装载货物超过船舶规定的吃水限制，责任在船东，则不能作为到船，损失时间不计装卸时间。

(3)因港口罢工而等泊。如租约订有"标准谷物租约罢工条款"(CENTROCON STRIKE CLAUSE)，则由于罢工阻挠所损失的等泊时间不计为装卸时间，租船人不承担责任。除非租约订明尽管订有"罢工条款"，等泊所损失的时间仍应计为装卸时间。作为泊位租约，船舶从上述等泊、过驳、等潮的停泊地点到指定泊位的航行时间，应由船东承担，不计为装卸时间。

六、准备就绪通知书

"准备就绪"的含义是指一艘船舶能完全适合立即装载租约所规定的货物。

船舶的"准备就绪"包括3个方面：

(1)船舶已在各个方面做好装卸准备；

(2)船舶真正适合装卸租约规定的货物；

(3)船舶的"准备就绪"业经租船人认可。

船舶在各方面做好了装卸准备，从装货港来说，即船舶货舱清洁、干燥、无味，适合装货，所有装货设备都已准备好备用。如果船舶经检验发现，或是舱盖漏水、下陷；或是舱内仍留有上航次未卸清的货物；或是重要的装卸设备损坏；或是船舱要熏蒸才能取得灭鼠证书；或是舱壁生锈等，都不能算作准备就绪。至于船舶存油不多，尚需加油补足，船舶小修等等，不能说是未准备就绪。因为装卸货物的准备就绪不受船舶是否在海上适航所影响。添足了油，修好了主机，是适航就绪或开航就绪。在法律上它不影响装卸就绪。但如港口当局规定船舶进出港必须有随船的证书(如海上人命安全公约所要求的各项证书)，如未随船携带，则不能进出港。因而就不能认为该船舶已准备就绪。又如租约已订明装卸就绪的诸项条件,则到船检查时缺一不可,不论这个条件对货物装卸有无实际影响。如租约规定船舶取得免疫证后才能算准备就绪就是这种性质的条件。因为船舶到港的检疫,只是一项例行手续,它并不影响装卸准备就绪,除非船舶是来自疫区。

船舶卸货准备就绪要求比较简单,船舶的舱口检测良好,所有卸货设备已做好准备,即算准备就绪,船舶装卸准备就绪后,才能递送“准备就绪通知书”。

“准备就绪通知书”是船舶抵达指定的港口或泊位,在各方面做好了装卸准备,并经过检疫和办妥港口各项手续后,船长向租船人发出的表明船舶已经做好装卸准备,可以随时装卸租约所规定的货物,并可按租约所规定的时间,开始计算装卸时间的书面通知,它是船舶起算装卸时间的根据。“准备就绪通知书”只需在第一装港办理递交手续,其余装港无需递交。卸港如何递交则按租约规定办理。一个值得注意的情况是,由于装船提单在船到卸港前,往往经过了多次转手,船方已无从了解最后的收货人是谁,因此船长无法也无需再递送“准备就绪通知书”了。

递交“准备就绪通知书”,理论上应不受时间的限制,因为它完全是事实的陈述,不受白天和黑夜的影响。船舶只要在各方面准备好了,随时可递交通知书。但租约往往规定“准备就绪通知书”应在办公时间递送,而且不是在递交后即起算装卸时间。这由于租船人要进行装卸工作的安排。有的租约订明在递交接受后24小时起算。也有的规定上午12时前递交,下午1时起算,12时以后递交,第二天上午8时起算。

星期六上午9时递交通知书,起算时间遇到假日如何办?有一判例可作参考。某轮租约规定为:“准备就绪通知书”递交后24小时起算装卸时间,星期日和公众假日不算。该轮船东认为,该轮应在星期一零时起算。而租船人认为应在星期一上午9时起算。经法庭裁决船东胜诉。理由是①周日不计,应截至星期日的24时;②由于周日不计,再不能给予额外的通知时间。

七、可用装卸时间

1. 可用装卸时间(LAYTIME OR LAYDAYS)

一艘程租船完成按租约规定的运输全过程需用的时间,包括从装港至卸港的运行时间和装卸租约规定货物的装卸时间。前者与租船人无关,船东可以自行控制,而后者,涉及与租船人的关系,船方无法控制。因此,租约规定租船人可在多少时间内完成装卸作业,这就是可用装卸时间,"可用装卸时间"在租约里有几种订法:

(1)装卸共用若干天(ALL PURPOSE),如装卸共用 10 天,装货港用了 3 天,则卸货港只有 7 天。

(2)平均装卸率若干公吨,以实际装载量除以装卸率即得出可用装卸各多少天。如实际装货量为 20 000 公吨,装卸货率为 1 000 公吨,则可用装货和卸货各为 20 天。另一种订法,平均每天装货率为 1 000 公吨,卸货率为 500 公吨,实际装货量为 20 000 公吨,则可用装货时间为 20 天,可用卸货时间为 40 天。

(3)按船舶可供装货的舱口数,订出装卸港的装卸时间。如某轮装货为 15 000 公吨,5 个舱口,最大舱口装货量为 5 000 公吨,每日装货量每舱口 500 公吨。英国的计算法,以最大舱口 5 000 公吨每日装卸 500 公吨计算,则装卸各为 10 天。而欧洲的计算法,五个舱口每日装卸每舱口 500 公吨,则日装卸量为 2 500 公吨,15 000 公吨货物装卸各为 6 天。很明显英国的计算法对租船人有利。

(4)习惯速遣(CUSTOMARY QUICK DESPATCH)船舶按习惯速度进行装卸。这在船方负责装卸条件下才使用这个条款,这种条款不计算滞期和速遣。

可用装卸时间是约束租船人的。租船人接受了船舶"准备就绪通知书"的一定时间后,就开始计算装卸时间,时间损失由租船人承担。一旦超过就进入滞期,并付滞期费。只有两种情况是不计装卸时间:①租约除外条款明确规定,天灾、海难、假日、罢工、大雨……不计装卸时间;②船方的毁约或单方面造成的事故延滞,如船长不开舱卸货。

2. 可用装卸时间的订法

在程租约中,可用装卸时间有不同订法,主要有:

(1)天(DAY)。是从午夜零时到次日午夜零时的历日。连续日(CONSECUTIVE DAYS),连续几天就是几天,不管天气因素如何,没有任何扣除。通常在少数租约(如矿石、石油等)中使用。因为没有时间扣除,对船东有利。

(2)天气(WEATHER)。天气因素包括雨、雪、暴风、冰冻……天气以船舶所在装卸港内天气为准。如某港锚地大雨,而装货码头无雨,则属好天气。对此如有争议,船方有举证责任。

(3)工作日(WORKING DAYS)。工作日的概念是以一天作为一个整体,按港口习惯,属于正常工作日子就是工作日。星期日和节假日都不是工作日,工作日以工作是否按标准费率付费而定。星期日和节假日加班工作,都是不按标准费率付费的。至于几个工作时算一个工作日,要看当地港口习惯。如某港规定自上午8时至下午4时,8个工作小时算一个工作日。则一般船舶上午10时开舱作业起算装货时间,当日工作6个工作小时,至次日上午10时才算一个工作日。如次日恰逢假日则应扣除,则到再次日上午10时才算一个工作日。

(4)晴天工作日(WEATHER WORKING DAYS)。晴天工作日包括既是晴天又是工作日两个方面。它是装卸工作未因天气恶劣而受阻的一个工作日,是天气情况允许进行装卸工作的一个工作日,而不管租船人的意向或计划是否利用这个具有装卸条件的一天。至于这一天是完全工作日,或部分工作日,应根据天气情况而定,不是根据其他特殊情况。

有时港口有小雨,船舶装卸煤炭可以照常进行。因小雨对煤炭质量无影响,故仍算"晴天工作日"。但对装大米或食糖的船舶,就不能算是"晴天工作日"。由于天气对不同货物有不同影响,因此船东与租船人之间因看法不一致而发生争议。

"晴天工作日"与"晴天允许工作日"(WEATHER PERMITTING DAYS)在含义上有区别。"晴天工作日"完全根据天气情况而定,某日是非"晴天工作日",即使租船人无货可装,仍然算作非"晴天工作日",不计装卸时间,这对租船人有利。但"晴天允许工作日"则不同,它不仅要看天气情况是否属非"晴天工作日",而且要看是否影响租船人的装货。要具备这两个条件,才能判定是否晴天工作日。如某日天气有雨,但租船人无货可装,则天气有雨对租船人无影响,就不能扣除装卸时间。又如某港正常工作时间是上午8时至下午4时,当日港口下雨到下午3时半,已不便安排工人进行装货。但在"晴天允许工作日"条件下,这半小时仍要算装卸时间。雨停了但租船人未能安排工人作业,而非天气不允许作业,因此装卸时间照算,这条款当然对船东有利。

(5)"24小时晴天工作日"(WEATHER WORKING DAYS OF 24 HOURS)和"连续24小时晴天工作日"(WEATHER WORKING DAYS OF 24 CONSECUTIVE HOURS)。这两种订法不同之处在于有无"连续"二

字。但实际运用时差别很大。前者是指在好天气情况下,24 个工作小时才算一个工作日。而后者是指在好天气工作日内连续 24 小时算一个工作日。例如在好天气情况下,某轮在星期一上午 10 时起算装卸时间,到星期二上午 10 时算一个工作日。如果在此期间下雨 2 小时不能作业,则到星期二上午 12 时算一个工作日。由于这种计算工作日比较合理,现在为大多数程租船租约普遍采用。

3. 可用装卸时间的扣除

在实际洽谈程租约的条款中,根据装卸港口的习惯或和租船人业务需要,往往在可用的装卸时间中有一些扣除的规定,即在某种情况下不计算装卸时间。

(1)程租约通常星期日和节假日除外(SUNDAYS AND HOLIDAYS EXCEPTED),假日是按港口当地法律和习惯所订定的公众假日为标准。

(2)星期六算不算假日是有争议的。有的国家规定星期六下午不工作,但某轮仲裁决定中仍照算工作日。理由是一天 8 小时工作,其中 4 小时不工作,无质的变化,不能认为一天 24 小时都工作才算工作日,因此照算装卸时间,但是这个仲裁决定是不公允的。为此,“巴尔的摩谷物泊位租船合同 1913”拟订了一个“星期六条款”,规定:

①如果当地港口在星期六没有工人工作,或是要支付额外加班费才能工作的话,不算装卸时间。

②如果星期六有部分时间是上述情况,则装卸时间只算到正常工作条件结束之时。

③如果星期六有 6 个小时或超过 6 个小时的正常工作条件工作时,则整个星期六算作装卸时间。

(3)“星期日节假日除外用了不算”(SUNDAYS HOLIDAYS EXCEPTED EVEN IF USED),这条规定很清楚无须再作解释。另一种是“星期日节假日除外用了就算”(SUNDAYS HOLIIDAYS EXCEPTED UNLESS USED),这个“用了就算”的规定是按实际使用的时间计算,用了 4 小时算 4 小时,而不是算整天。

(4)船租双方商定的某些扣除规定。如熏蒸不计装卸时间,罢工不计装卸时间等均属此。

上述各种扣除有一点值得注意的这些扣除只有在船舶尚有可用装卸时间的条件下才有效。如果船舶可用的装卸时间已经用完,船舶发生了滞期,则租约上一切扣除时间的规定都全部失效。

4. 加班工作的装卸时间计算

一艘程租船到达装卸港后进行加班工作有 3 种不同情况:一是在尚未计算装卸货时间前进行加班工作;二是在装卸货过程中,也就是在正常工作日中做加班工作;三是租约规定除外的时间,即在星期六下午、星期日或节假日中加班工作。

上述 3 种情况中,在第一、第三两种情况下,即使进行加班工作,也是不计装卸时间的,除非租约中有这样规定即在这些时间加班装卸货,可按一半时间计算。

在第二种情况下,如果港务当局命令加班工作,这要看租约有无相关的规定,以决定是否计算装卸时间。如租约订明:"每连续 24 小时晴天工作日装卸货××××吨,星期六下午星期日和假日,即使使用也不计算装卸时间……"。根据这一条,一个正常工作日是从午夜零点到次日午夜零点的连续 24 小时,不论在此阶段连续工作与否。因此,港务当局命令在正常工作日做加班工作,并不影响船方在该期间对被允许装卸时间的使用,租船人命令加班工作也是如此。因为不论加班与否,这对租约所规定的装卸时间的计算并无影响。

如租约规定是"24 小时晴天工作日",则晴天工作合计到 24 小时才算一个装卸日。如装卸货港口正常工作日是上午 6 时到下午 6 时,一个 24 小时工作日就等于该装卸港口的两个正常工作日。因此在该港口正常工作日以外的时间做加班工作,是要计算装卸时间的。

星期六下午能否计入装卸时间首先要查阅租约的规定,如果租约已明确订明,星期六下午即使使用,也不计入装卸时间,这问题的答案是完全肯定的。如果租约中无此规定,就要看当地港口对星期六下午是正常工作日还是假日。这取决于当地的法律和习惯而定。因为例假日基本上是一种法律观念。当地法律规定某日为例假日,那就是最后决定。如果当地法律对此无任何规定,就要考虑到当地港口的习惯,是否承认这个特定的日子是例假日。如果星期六下午是正常工作日,当然要计入装卸时间,如果作为例假日,则不计入装卸时间。

对于船舶装卸时间的使用,有一条原则,即在租约规定所允许使用的全部装卸时间内,租船人可以自由使用。租船人有权使船舶装卸工作暂时停顿,尽管租船人可以在较短时间内完成装卸任务。而船方在租约允许的装卸时间内不能要求租船人加快装卸,更不能要求进行加班工作。

八、滞期费与速遣费

1. 滞期和滞期费

船舶在程租约规定的可用装卸时间内,未将货物装完或卸完,致船舶继续在港内停留,则自可用装卸时间终止之时起,至将全部货物装完或卸完为止的一段时间,称船舶滞期(VESSEL OF DEMURRAGE)。船舶滞期是属违约性质,船东因船舶滞期所遭受的损失,租船人按照租约规定对船东支付若干罚款,这种罚款就叫做滞期费。

滞期费有几种订法:①每天多少金额;②每吨多少金额;③按船舶登记总吨或登记净吨多少金额。通常订为每天多少金额,不足一天按比例计算。滞期费高低,根据租船市场运价水平、船舶在港口耗油量及租约规定装卸港滞期可能性大小等因素来决定。

由于滞期时间过长,影响船方下航次安排,或因船舶滞期而未能履行下航次的租约,使船东蒙受违约罚金的损失。因此在程租约中,常为滞期规定一个限度。对超过时限的时间损失称之为"超滞期损失"。这种损失租船人应按船东实际损失,即该轮当时国际租船市场运价予以赔偿,这比滞期费高得多。"金康"(GENCON)程租约条款中规定:滞期费只适用十天的滞期,超过十天租船人有责任赔付超延滞损失(DAMAGE FOR DETENTION)。

船舶发生延滞损失,很多情况不是由于货物装卸延误而产生的。如装卸工人与租船人发生争议,致船舶延滞;因船舶装错了货,需卸下重装,发生延滞;货物装好船后,因买方收货人未定,致提单不能立即签发产生的延滞等等,这些都与货物装卸无关,不属一般滞期概念。因此,这些损失不适用滞期费,而应付给船东延滞损失赔偿。

当船舶进入滞期后,除纯属船方责任原因造成的停工待时的时间不计为滞期外,其余的时间,包括租约的一切扣除的时间均应计为滞期时间,因而滞期费一直继续计算不间断。这就是"一旦滞期、永远滞期".(ONCE ON DEMURRAGEALWAYS ON DEMURRAGE)的原则。之所以如此,因为滞期是一种违约行为,租船人不仅要支付滞期罚金,而且也不能享受租约所赋予的各项扣除的权利。除非有这样规定:"星期日、节假日时间不算,不管是计算装卸时间还是计算滞期费",或是"在任何情况下,罢工、关闭……均不计装卸时间和滞期费",这样才能照常享有免责条款的规定。

关于船舶滞期费的收取,卸港滞期费向提单收货人收取毫无疑义的,至于装港的滞期费如何收取，在国际航运上有两种处理办法。一是在提单上批注，表明装港滞期费的金额，由卸港提单收货人支付；二是不在提单注明，认为滞期费是一个统一概念，应包括装港和卸港两方面所发生的滞期损失。如果提单收货人不付装港滞期费，船东有权留置船上的货物。这两种处理办法比较，以前者为佳。

2. 速遣和速谴费

在租约规定的可用装卸时间届满前，货物装卸作业提前完成，从装完或卸完货物时开始，到可用装卸时间届满为止，所节约的全部时间或全部工作时间称为速遣时间。

由于货物提前完成装卸作业，船东获得船期利益和节省了港口费用，因此船东按照租约规定的速遣费率和节省的时间，支付一定奖金给租船人，这称为速遣费。通常租约的速遣费为滞期费的1/2。如滞期费每日3 000美元，速遣费每日1 500美元。

速遣费时间的计算有两种方法：一是按"节省全部时间"（ALL TIME SAVED）计算，也叫做速遣时间连续计算。当船舶进入速遣后，到可用装卸时间完了时止所经过的全部时间，均计为速遣时间。例如：可用装卸时间于6月14日10时截止，而实际作业完成于6月10日10时，则节省全部时间是4天。另一种方法是以"节省全部工作时间"（ALL WORKING TIME SAVED）计算，也可称为速遣时间非连续计算。当船舶进入速遣后，到可用装卸时间完了时止，则可将可以进行装卸工作的时间计为速遣时间，除外时间如星期日、节假日等均不计为速遣时间。仍用上例，如6月12日是假日，应予扣除，则节省时间仅为3天。这两种方法比较，对租船人来说，前一种方法较后一种方法有利。但通常程租约大多规定以"节省全部工作时间"计算速遣时间，这就有利于船东。

3. 滞期费和速遣费的计算滞期费和速遣费有3种计算方法

（1）可用装卸时间不可相互抵用（LAYTIME NON REVERSIBLE）。是以租约规定的可用装货时间和可用卸货时间，按装港和卸港分别计算而不能相互抵用。如装货港和卸货港各有几个，都算作一个装货或卸货时间连续计算。

（2）可用装卸时间可以相互抵用（LAYTIME REVERSIBLE）。这种计算方法与上述1相反。当装货可用时间使用完了，可以用卸货可用时间来抵用，而不马上计算滞期，直到装卸工作完成后，一次起算总滞期。这对租船人是有利的。程租约有一种条款（ALL PURPOSE），规定装卸一共多少天,就是在装卸全部完成后,一起计算滞期费。

(3)可用装卸时间平均计算(LAYTME AVERAGE)。这是在上述(1)计算基础上,以装卸港分别计算滞期或速遣的结果,合并冲销后按滞期费或速遣费来计算的。例如,某轮按上述(1)计算方法得出:装货港速遣5天,卸货港滞期3天,按平均法冲销后为速遣2天。以滞期每日3 000美元、速遣费每日1 500美元计算。可以看到,平均法计算要比上述(1)计算法对租船人有利,现作一计算并比较如下。

以可用装卸时间不可相互抵用法计算。

租船人装货得速遣费为:

$$5 \times 1\ 500 = 7\ 500 \text{ 美元}$$

租船人卸货付滞期费为:

$$3 \times 3\ 000 = 9\ 000 \text{ 美元}$$

租船人实付滞期费:

$$9\ 000 - 7\ 500 = 1\ 500 \text{ 美元}$$

以可用装卸时间平均计算法计算。

租船人实得速遣费:

$$2 \times 1\ 500 = 3\ 000 \text{ 美元}$$

但是,使用平均法计算应该注意一点,如果装港和卸港都是滞期,或是都是速遣,则平均法不能使用。因此,目前在程租约中很少采用平均法来计算滞期和速遣。

以下举两个简单的实例,分别以"星期日和节假日即使使用也不计时间"、"速遣按全部时间计算"和"星期日和节假日除非使用才算工作日"、"速遣按节省全部工作时间计算"两种情况计算如下。

【例7-1】 某程租约规定:

装货为1个晴天工作日;

卸货为6个晴天工作日;

星期六12时至星期一8时是假日;

星期日和假日即使使用也不计时间;

滞期费每日4 000美元;

速遣费按节省全部时间每日2 000美元。

装卸港实际装卸记录:

装货自星期五0时开始至下周一20时止,卸货自星期五0时开始至下周一20时止,现按3种不同计算方法分别计算如下。

(1)可用装卸时间不可相互抵用法。

装港时间表 7-1:

表 7-1

摘 要	可用时间	使用时间	滞期时间	备 注
星期五	1	1	—	
星期六	—	1	1	星期六开始滞期,一切除外规定无效,照计滞期时间
星期日	—	1	1	星期日照计滞期时间
星期一	—	0.83	0.83	星期一0时至20时合0.83天滞期
共计	1	3.83	2.83	

根据上表,装港滞期 2.83 天。

滞期费:2.83 ×4 000 =11 320 美元。

卸港时间表 7-2:

表 7-2

摘要	可用时间	使用时间	速遣时间	备 注
星期五	1	1	—	
星期六	0.5	0.5	1	星期六0至12小时,合0.5天。12至24时按"节假日即使使用也不计时间"规定,不计时间
星期日	—	—	1	星期日不计时间
星期一	0.66	0.5	0.16	星期一0时至8时不计时间,8时至20时12小时合0.5天,8时至20时12小时合0.66天
星期二	1	—	1	
星期三	1	—	1	
星期四	1	—	1	
星期五	0.84	—	0.81	租约规定卸货时间为6天,故星期五只有0.84天可用
共计	6	2	4	

根据卸港时间表计算:

卸港速遣(节省全部时间)为 4 天;

速遣费:4 ×2 000 =8 000 美元。

总结该轮按第一种方法计算,装港滞期费 11 320 美元。

卸港速遣费 8 000 美元,该轮租船人实付滞期费 3 320 美元。

(2)可用装卸时间相互抵用法。

装港时间表7-3：

表7-3

摘要	可用时间	使用时间	速遣时间	备　注
星期五	1	1	—	
星期六	—	1	—	按规定可从卸货时间取0.5天时间免予滞期
星期日	—	—	—	星期日不计时间
星期一	—	0.5	—	从卸货时间取0.5天时间
共计	1	2	—	

根据相互抵用法原则,装货时间不足一天,在卸货时间内取用补足,故装货港无滞期。

卸港时间表7-4：

表7-4

摘要	可用时间	使用时间	速遣时间	备　注
星期五	1	1	—	
星期六	0.5	0.5	—	星期六0至12小时,合0.5天。12至24时按“节假日即使使用也不计时间”规定,不计时间
星期日	—	—	—	星期日不计时间
星期一	0.66	0.5	0.16	星期一8时至20时共12小时,合0.5天,另节余0.16天为速遣
星期二	1	—	1	
星期三	1	—	1	
星期四	1	—	1	
星期五	0.84	—	0.84	
共计	5	2	3	

租约规定卸货可用时间为6天,因装港借用1天,故卸港可用时间为5天。

根据上表,卸港速遣(节省全部时间)为3天,速遣费:3×2 000 = 6 000美元。

总结该轮按第二种方法计算,装港无滞期,故租船人实得速遣费6 000美元。

(3)可用装卸时间平均计算法。

根据上述(1)的计算方法,装港滞期为2.83天,卸港速遣为4天,两互相冲销后速遣为1.17天,租船人实得速遣费:

1.17×2 000=2 340美元。

【例7-2】 某程租约规定:

装货为2个晴天工作日;

卸货为5个晴天工作日;

星期六12时至星期一8时是假日;

星期日和假日除非使用才计工作日;

滞期费每日4 000美元;

速遣费按节省全部工作时间每日2 000美元。

装卸港实际装卸记录:

装货自星期四0时开始至星期六20时止,卸货自星期四0时开始至星期六20时止。

(1)可用装卸时间不可相互抵用法。

装港时间表7-5:

表7-5

摘要	可用时间	使用时间	滞期时间	备 注
星期四	1	1	—	
星期五	1	1	—	星期六开始滞期,一切除外规定无效,照计滞期时间
星期六	—	0.83	0.83	星期六0时至12时是工作时间,12至20时是假日,按"除非使用才计工作日"规定照计时间
共计	2	2.83	0.83	

根据上表,装港滞期为0.83天。

滞期费0.83×4 000=3 320美元。

卸港时间表7-6:

表7-6

摘要	可用时间	使用时间	速遣时间	备 注
星期四	1	1	—	
星期五	1	1	—	
星期六	0.83	0.83	—	星期六0时至20时,共20小时,合0.83天
星期日	—	—	—	按节假日没有使用,不计时间

续上表

摘要	可用时间	使用时间	速遣时间	备　注
星期一	0.66	—	0.66	
星期二	1	—	1	
星期三	0.51	—	0.51	
共计	5	2.83	2.17	

按租约卸港可用卸货时间为5天，实际使了2.83天，故速遣2.17天（节省全部工作时间）。

速遣费：2.17×2 000＝4 340美元。

总结该轮按第一种方法计算，装港滞期费3 320美元，卸港速遣费4 340美元，租船人实得速遣费1 020美元。

（2）可用装卸时间相互抵用法。

装港时间表7-7：

表7-7

摘要	可用时间	使用时间	速遣时间	备　注
星期四	1	1	—	
星期五	1	1	—	
星期六	0.83	0.83	—	0.83天系从卸货时间内取用抵补
共计	2.83	2.83		

根据上表，该轮装港无滞期、无速遣。由于装货时间取用了卸货时间0.83天，故卸港卸货时间仅余4.17天。

卸港时间表7-8：

表7-8

摘要	可用时间	使用时间	速遣时间	备　注
星期四	1	1	—	
星期五	1	1	—	
星期六	0.83	0.83	—	
星期日	—	—	—	
星期一	0.66	—	0.66	
星期二	0.68	—	0.68	
共计	4.17	2.83	1.34	

该轮装卸时间相互抵用结果，卸港速遣（节省全部工作时间）为1.34

天,租船人实得 1.34×2 000 =2 680 美元。

(3)可用装卸时间平均法。

根据上述(1)的计算方法,装港滞期为0.83天,卸港速遣为2.17天,两相冲销后速遣为1.34天,租船人实得速遣费:1.34×2 000 =2 680美元。

九、港口使费与装卸费

1.港口使费

程租船不同于期租船的特点之一是程租船装卸港港口使费由船东负担,而期租船则相反由租船人负担。

港口使费是程租船船东估算营运成本组成部分之一,其内容包括:

(1)港务费。是港务当局为补偿因保持港口水域航道畅通、船舶安全进出港、停泊和顺利装卸而发生的航道设施维护保养,以及提供有关服务的费用。港务费包括:船舶港务费、货物港务费、领航费、拖船费、移泊费、解缆系缆费、停泊费等。

(2)船舶吨税。是国家进出口国境的船舶,按船舶吨位(通常按净登记吨)缴纳,有效期为一月、三月或一年计征的关税。

(3)装卸理货费。包括装卸货费、理货费、验舱费、熏舱费、平舱费、起货机工力费等。

(4)转运费是船方负责中转货物时产生的费用。

(5)船务代理费。

(6)其他杂费。如驳船费、机械设备使用费、交通艇费、扫舱费、装拆隔板费等。

上述费用是港口使费所包括的主要项目,至于程租船船东具体负担港口使费中哪些费用,要按租约条款来决定。

2.装卸费

(1)船方不付装船费,即"FREE IN"(简称"FI")船方管卸不管装。相反,船方不付卸船费。即"FREE OUT"(简称"FO")船方管装不管卸。

船东可能由于对装港或卸港的装卸船费用不了解,不愿负责装货或卸货,即采用这两种条款,现在租约中使用不多。

(2)船方不付装卸费,即"FREE IN AND OUT"(简称"FIO"),船方不管装货和卸货。现在散装货装卸作业,大多使用岸上自动化装卸工具,从仓库通过管道系统直接装船,成为一道工序一笔费用,已经不再需要货到船边倒装而划分费用。目前,装运散装货多采用这个条件。但使用这个条件,还必须明确理舱(STOWED)和平舱(TRIMMED)费用由谁负担,为了避免船租双方解释不一,包装货以订“船方不付装、卸和理舱费”,即“FREE IN AND OUT STOWED”(简称“FIOS”)。散装货订为“船方不付装、卸和平舱费”即“FREE IN AND OUT TRIMMED”(简称“FIOT”)较好。

(3)船方负担装货费和卸货费,即“GROSS TERMS”,也称为班轮条件(LINER TERMS),租船人不愿负责装卸就可采用这个条件。这个条件费用的划分以船边为界。租船人将货物送到船边吊杆能到达的地方。船方负责装舱、理舱或平舱,卸货时船方要把货物卸到船边,责任才算终了。

有关装卸费用的划分,应说明3点:

(1)“FIO”条件是船方不负责装卸费用,但是船方仍要对货物的安全积载负责,因为船方要对船舶适航负责。

(2)贸易合同与租约在装卸费用划分上要相互适应。如贸易合同是“FOB”,发货人(卖方)的交货以船舷为界,越过船舷后应由买方负担货物的一切风险和费用。但买方派来的租船是“FIOST”条件,发货人和船方都不负担理舱或平舱费,就造成装货港工作上的困难。又如贸易合同是“FOBST”条件,而买方派来的船是“GROSS TERMS”。这又发生发货人和船方都负责理舱费和平舱费的重复现象,这是业务运作上要注意的问题。

(3)租约所指的装卸仅限于装货港和目的港对货物的装卸,船舶在航程中途进行减载或重装,所产生的装卸费应由船方承担。

3. 其他各项费用

下述各项费用是以“FIO”租船条件,从理论上对这些费用负担的划分。如租约上有明确规定,则按租约办理。

(1)理舱费和平舱费。按普通法理解,船舶要负责装卸货及其他有关费用。班轮条件就符合这个要求。如船舶是“FIO”装卸条件,则在理论上船方应负担杂件货的理舱和散装货的平舱费用。因理舱和平舱是船舶稳性所必需。即使租约规定这两项费用由租船人负担,船方仍然要对此负责。

(2)捆绑费和加固费。程租约如对这两项费用未予订明,则应由负责装卸货的一方承担。滚装船租约对这两项费用订得很明确,船方负担“装货、理舱和(或)捆绑、加固及卸货费用”。但在装运超长、超重大件,成套设备和重型机械等，必须明确捆绑费和加固费用由何方负担，避免船租双方发生争议。

(3)吊机操作费。这项费用原则上应由船方提供吊机手，如雇用码头工人，应由船方负担。

(4)开关舱费。首次和末次开关舱由船方支付，其余由租船人支付。理由是装卸货过程中间开关舱是装卸工作的一部分，应由租船人支付。至于开关舱的时间是否计算装卸时间按租约规定办理。

(5)移泊费。移泊是一种移动的过程，是船舶从起锚开动到下锚止动的一段时间。如某轮移泊共用去 4 小时，其中等候拖轮 3 小时，实际用于移泊的时间仅 1 小时，而非 4 小时，现场事实记录必须将情况记载清楚。以下对几种不同的移泊情况的费用负担加以说明：

①锚地间移泊。不计装卸时间，移泊费由租船人负担。

②从锚地到泊位。如属港口租约，移泊时间要算装卸时间，费用由租船人支付。如属泊位租约，不计装卸时间，费用由船东支付。

③从一个泊位到另一个泊位。在租约允许使用另一个泊位的移泊，不计装卸时间，费用由租船人支付。

④增加泊位的移泊的时间和费用都由租船人承担。

(6)理货费和公证费：

①船舱内理货。船方雇用岸上理货员在舱内边装货边理货，由船东付费。

②水尺公估。由船东付费，一般不计装卸时间。

(7)加班费。一般是以谁申请加班谁支付费用，港务当局命令安排加班，由租船人付费。滚装船例外，即使港务当局安排加班，也是船东付费。

(8)工人待时费。首先应分析造成待时的原因，如果由于船上绞车损坏，则工人待时费以及船方租用岸吊费用均由船东支付。如果因码头工人损坏绞车而造成停工，经港方确认，则绞车修理费由港方承担，工人待时费原则上由港方承担，或由装卸货方支付。纯属供货方原因造成待时，如一时供货不上而待装，则工人待时费由货方负担。

(9)过驳费。属租方原因的过驳，费用和装卸时间由租船人承担，属船方原因的过驳，费用由船东支付，装卸时不计。

(10)装卸指导员工时费是我国港口特有的费用。港口当局规定，这项费用由程租船船东支付。

第二节　程租船合同术语理解与应用

一、船舶的适航性

船舶的适航性是履行运输契约的一项重要保证。除非运输契约有相反的规定,船东应提供一艘具有适航性的船舶承担运输。违反这项保证而使货物遭受灭失或损害,船东应负赔偿之责。

船舶适航性的一般含义,包括两个方面:①船舶在各方面适合于预定的航次,并在开航前适宜于受载所承运的特定货物,在开航时具有足以应付和抵御特定航程和特定季节可能发生危险的能力;②船舶具有足以应付可以预见的各种风险的能力,并保证货物安全。

《海牙规则》对船舶的适航性规定:①船方必须恪尽职责使船舶适航;②船舶应当适当配备船员、装备和物料供应;③货舱、冷藏舱、冷气舱及其他一切存货处适宜于并能安全载运和保管货物。《海牙规则》第4条第1款规定,对于船舶因不适航所致的货物灭失或损害,船方如要免责,必须承担"恪尽职责"的举证责任。

在航行习惯中,对船舶适航性的默示保证(IMPLIED UNDERTAKING),可归纳为2个要点:①船舶一开始装货必须适航,即船舶适于并能安全地接收、载运和保管货物,船舶在开航时必须适航,即船舶必须适于并经受在特定航线上的一般风险。②如整个航次分几阶段进行时,应在每一阶段后适航,以便进行下一阶段的航行。这项保证并不意味着连续性的保证,而只是每一阶段某一点上的适航状态。船东对于船舶适航性究竟承担什么责任,必须视运输契约的具体条款规定。在运输契约中,对船舶适航性最严格的规定,是按普通法对船舶绝对担保有安全航行能力(WARRANTY OF ABSOLUTE SEAWORTHINESS)。船东必须对船舶一切不适航的事实负责,即使船舶机件或设备上任何缺陷,在一般谨慎的处理下也不能发现的潜在瑕疵(LETENT DEFEAT)也不能例外。目前一般运输契约,船东为保护本身利益,都不愿承担如此的绝对责任。

但也有一些运输契约,对船舶适航是按《海牙规则》负恪尽职责的责任。这里所述的"恪尽职责",不仅限于船东本身,而且对船长以及船方所有雇员也必须如此,美国《哈特法》(HARTER ACT)对此有一条款规定:"船东责任应当及时勤职的行为,并不限于船东本身的行为,而且及于船东代理人的行为,或由船东所雇用任何人代为做的一切工作,使船舶具有安全航行能力。”这一条款的含义,即免除船东凭藉以委托他人代做的工作为理由,而卸除其本身对船舶适航与否的一切责任。1939 年有一宗涉及船舶适航与否的案例,其最后的裁决结论:“使船舶在各方面有安全航行能力或提供一艘适航的船舶是船东的义务,不管船东是否将这些工作委诸于技术专家、自己雇用的职工或其他代理人。”因而对于船舶的适航性,船东的雇用人员及其代理人的疏忽过失,同船东的疏忽过失一样,都不能免责。只有他们做好及时勤职工作,使船舶在各方面有安全航行能力,才可免除责任。当然,对于船舶潜在的未能凭视觉发现的瑕疵,船东是不承担责任的。

还有一些自由签订的运输契约,如“金康”租约范本第 3 条第 1 款规定,船东对船舶适航性所负的责任,就限制在“谨慎”的范围之内。即船东对非其个人过失或参与的事情不承担适航的责任。如果运输契约对船舶适航性的规定,按英国《1924 年海上货运法》办理,那么船东也只能负担“谨慎”的责任。因该法规第 3 条第 1 款规定:“承运人应在开航前及开航时,负责适当地谨慎做到及时勤职。”

“谨慎”一词,对船东并非毫无限制和约束。例如:船东在船舶开航时是否“谨慎”地注意到船舶各种状况船舶如有缺陷船东是否“谨慎”地在船舶开航前把它纠正过来,如果船东对应注意的问题而未注意,对应处理的缺陷而未尽职,则船东未尽到“谨慎”的责任,因而仍应对船舶不适航负责。船舶的缺陷对船舶的适航有重大影响。美国法庭把船舶缺陷根据其性质划分为大缺陷(MAJOR DEFICIENCIES)和小缺陷(MINOR DEFICIENCIES)。前者如船舶舱盖板极其严重失密,需大整修,船舶对适装某种特定货物的设备需长时间才能安装好,等等。这些缺陷已严重违反在各方面适于航行的条件,致使船舶失去了受载期,因而不得不违约。后者如主机在装货时小修船舱内积余一些压舱水立时可泵出等,这都不影响船舶装货和开航,因之不能因船舶暂时不适航而违约。

在运输过程中,船舶的适航性与运输实践的某些关系互有作用。为了进一步阐明船舶适航性的含义,现将几种关系分述如下。

1. 船舶适航与积载关系

船舶积载不良,可能是船舶不适航的起因,但是积载不良仅影响到货物安全,而未影响船舶航行的安全,其性质就有所不同,不能和船舶不适航混为一谈。例如某轮装载桶装油料一批,一层一层积载,由于船舶无二层柜,其上又堆装了重货,致油桶压漏受损,也污染了其他货物这纯属积载不良,未造成船舶不适航。但是若由于积载不良而使船舶航行受到危险,那就造成船舶不适航了。如某轮装载钢材,由于堆装捆扎不当,航行中钢材在舱内移动,致船舶失去稳性而倾侧,必须重新捣装加固才能续航,这属于船舶不适航性质。

一般运输契约多订有积载上疏忽免责条款,纯属积载不良的货损,船东承担赔偿责任。但因积载不良造成船舶不适航,船东也不能引用这条款而免除责任了。

2. 船舶适航性与货物适航性关系

船舶承运特种货物,运输契约的默示保证就要求船舶以及它的设备适合于装运这项特殊货运的目的,这里所述的船舶适航性也包括货物适航性。也就是说,船舶承运特种货物,不仅船舶要适航,而且也指对货物的适航。当船舶受载时,应适合于特种货物的要求,开航时应适合承运特种货物的航行。例如船舶载运冷冻货,船舶的冷藏舱不仅要适合接收货物,而且能平安运到目的地。否则如果由于冷藏机损坏不能制冷,造成货物腐烂变质,就是船舶不适航。又如某轮载运活牛一批,提单条款规定:"船舶不负责牛由于逃亡或意外疾病、死亡方面的任何损失,……"该轮在装船前,由于船舱未进行适当熏蒸清洁工作,致活牛染口蹄疫而死亡。对此,船东有责任给予赔偿。因提单规定在运输途中的损失不承担责任,不影响船东提供于接受该批活牛船舶适航性的基本义务。

3. 船舶适航性与甲板货关系

船舶适航性保证,在装运甲板货情况下,需要根据具体情况才能决定。例如船舶本身结构坚固,具有船舶适航的保证条件。但是由于装载一批甲板货,使它失去应付航行中可能遇到风暴危险的能力,从而造成了货物的损失。但这项装载甲板货是货主同意的,因而货主就无权根据船舶适航的默示保证,向船东提出赔偿要求。如果装在甲板上出于船东本人的意图,同时这种货物习惯上不应装在甲板上,这就不能免除船东的责任了。

4. 船舶适航性与特定条款关系

在某些运输契约中,往往有这样的条款规定。如:"船方负担费用,发货人负担风险。"这个条款也不能免除船东对船舶适航性的义务。如某轮载运一批货物,船到港后由船方安排驳船将货物运到码头卸货。提单载明:"船方负担驳船费用,货方负担风险。"但由于船方安排的驳船破旧不堪,又无遮盖,致货损严重。法庭判:驳船不适航,船东负责赔偿货损。又如:某轮提单订有“船东不负责可以保险的损失”的条款,该轮由于船舶不适航而发生货损,保险人不予赔偿。因而这个条款也不能免除船东对船舶适航的基本义务。

5. 船舶适航性与“发货人”承诺的关系

船舶适航性,不论发货人对船舶情况作任何承诺,都不能免除船东的责任。船东对船舶适航的责任是不能转移的。有一判例证实这个结论:某轮载运航空汽油,船舱经药物清洗,其清洁度发货人认可同意。但货到目的港后,经化验,证明航空汽油因货舱清洁度不够而受损。发货人向船东索赔。船东认为货舱清洁度经发货人认可而拒赔。最后法庭裁决:船舶不适航,船东负责赔偿。因船舶的适航性是船东的基本义务,不能将此责任转移到发货人。

船舶适航性在运输各阶段中的履行,对船东应承担的责任关系重大,有必要进一步说明。以划清船东在船舶适航性保证的责任界限。

(1)船舶在航行开始前受载时的一个阶段,船舶应保证适于接收货物,并承受在装货阶段的一般危险事故。

(2)船舶在完成受载待命开航的停泊阶段,船舶应适于安全地保持和保管已经积载船上的货物。

(3)船舶开航时船舶必须适航,但开航后船东无绝对责任,除非确证是船东的责任。

(4)如船舶航程包括几个阶段,而每一个阶段的要求和所需设备不尽相同,则船舶适航保证开航时必须具有第一阶段适航,也可以一次满足全程适航要求,或是分阶段满足适航要求。

(5)船舶有权在中途港停靠加添必要燃料,如船舶在开航前未备足全程所需燃料,不能说船东违反了船舶适航性保证,但仍需备足到达中途港以前所需的燃料。在中途港开航前,又必须备足下一航所需的燃料。如果由于船长疏忽,估算存油、用油错误,在中途港未加足燃料,或应加而未加燃料,都属船东违反船舶适航性保证。

二、船舶在航行途中的绕航

根据国际航运习惯,船舶在海上航行,如无被认可的特殊原因是不允许绕航的。船舶的绕航是船方(承运人)未将其船舶按照已约定的地理航线航行至目的港。船舶不绕航是履行运输契约的一个条件,违反这个条件,就构成根本毁约,货主有权认为契约已失效。而船东则无权引用租约和提单规定的例外条款,也无权援引海商法赋予的各种豁免以求免责。因此,船舶必须在没有必要的绕航或延误的情况下履行其约定的航程,以最直接和安全的航线运送货物至目的港。自动和没有合理理由的绕航是违反合约的行为,船东必须由此承担一切损失。

对于船舶的绕航,国际法规中有相应的规定:

《海牙规则》第4条第4款规定:"如在海上救助或企图救助人命或海上财产而发生的绕航,或者任何合理绕航,都不得视为对本规则或运输契约的违反或破坏。承运人对此引起的任何灭失或损害概不负责。"

美国《1936年海上货运法》第4条第4项规定:"在海上为了救助人的生命或财产所发生的任何绕航,或任何合理的绕航,并不认为违反公约或破坏本条例之规定,或破坏运送契约。因此而发生的任何灭失或毁损,承运人不负赔偿之责。但绕航的目的是为了装卸货物或上下旅客,则应认为是不合理绕航的表面证据。"

从以上两个法规的条文来看,它们对船舶绕航的基本原则是一致的。这两个法规都提到"合理绕航",但何谓"合理绕航"并无明确定义。美国《海上货运法》仅说明:"装卸货物或上下旅客"是"不合理绕航"也无完整概念。因此,各个航运国家对船舶绕航的解释各不相同。

英国法律对船舶合理绕航的规定比较严格。救助人命或减免一个实际危险,如风暴、冰冻、战争状态或租船人过失等造成的船舶绕航,或是船货双方事先已计议好,或已假设商定好的对某种情况下的绕航,算是合理绕航。德国法律的规定:只有在对船、货双方都有益的情况下的绕航才是合理的,单对船方有利不能算作合理。北欧国家的法律规定比较宽容,如一挪威船为了换船员,使船舶靠岸航行而搁浅,致船货俱损,挪威法院判定,靠岸航行增加危险事小,而船东更换船员事有必要,故法院认为绕航合理,这是对船东一方有利的判决。

由于船舶的绕航关系到保险的责任,英国《1906年海上保险法》第46条对绕航也作了相应规定:

"如有船舶无正当理由驶离保单规定的航线,保险人自该船开始绕航之时起即不再负责,即使在任何损失发生前,该船已驶回原航线亦无济于事。"

但是,为了考虑某些实际存在的特殊绕航事件的发生,英国《海上保险法》第49条又作了一些例外规定:

(1)由保单中的特殊条款授权的;

(2)超出船长或其雇佣人员控制能力的环境下所造成的;

(3)为了执行明示或默示担保而成为合理需要的;

(4)为了船舶或保险标的物安全而成为合理需要的;

(5)为了营救生命或营救危及生命的遇难船舶;

(6)为了船上任何人员获得医疗帮助而成为合理需要的;

(7)由船长或船员的不法行为所造成的,如果不法行为是承保风险之一。

在对绕航或延滞加以原谅的原因不复存在时,船舶必须恢复其原定航线,并以适当速度进行其规定的航次。

值得注意的是根据上述条文的含义,船舶绕航营救人命可以不丧失保险权益,如纯粹为营救财产,则不能再享受保险权益。船上承载的货物保险即行中止,船东要承担一切绕航的后果。这一点英国《海上保险法》的规定与《海牙规则》和美国《海上货运法》有不同之处。

此外,一些船东的保赔协会,对船舶绕航加油,还订了一项特殊条款,称之为"保赔协会加油绕航条款"(P&I BUNKER DEVIATION CLAUSE)。这个条款主要内容是船舶可自由在租约规定的装、卸港直接和通常航线或脱离直接和通常航线的加油港加满油舱。其加油量,不论是否满足租约航次需用或超过其需要量。这个条款的特点:一是允许船舶可以脱离租约指定的装卸港通常的地理航线赴加油港加油而不认为是不合理绕航;二是加油数量不限,即使超过租约航程需要量也被认可,这对船东很有利。以上各节可以看出船舶绕航要受到多方面的约束和限制。一些船公司为了取得绕航的自由,往往根据其业务需要,在提单上增列某些"绕航自由"条款,以达到不因船舶的绕航而丧失其权益,例如:

(1)"在一切情况下,船舶有拖带救助船舶的自由。"这一特定条款是规定船方可以拖带救助其他船舶这就解决了船舶不能纯粹为营救财产为目的绕航问题。

(2)"船舶载运的货物通过目的港,并将上述货物进行转运的自由,船东负担费用,发货人负担风险。"一些船公司的提单有此条款。因船公司与有关当局约定,负有船舶"按期到达、按期离港"的义务。因此船舶不能为卸货目的而停港超过预定的时间,或是预见到目的港将发生极大延误的可能,故船舶可不在目的港卸货,而从其他港口卸货转运。

(3)“为了救助人命和财产,可按任何顺序弯靠任何港口以及绕航自由。”在这个条款中,所谓“任何顺序弯靠任何港口”一语,虽然意味着船舶航行可以不受地理顺序的约束,但是它应该是指船舶在航程中可以弯靠一般和经常弯靠的港口,而不是指世界上任何港口。

综上所述,在当前国际航运法规对“合理绕航”尚无统一解释的情况下,要分辨船舶绕航是否合理,只有根据其事实,并以当时各种有关情况进行分析。这种绕航在运输契约中有无相应的规定而被允许,这种绕航是否对船货双方都有利益,这种绕航在该航线上有无惯例,或者在航运习惯上是否被允许,这种绕航是否由于天灾、公敌、战争威胁或托运人的过错等所迫使的,经过事实分析从而作出相应的结论。

由于船舶绕航原因很复杂,处理的结果也各异。为了进一步了解有关绕航的问题,举例加以阐述:

(1)船舶脱离正常航线而绕航,对货物造成的任何损失是否应由船方负担?

某轮承运石灰石,船舶在航程中脱离其正常航线。由于气候恶劣,石灰石受湿发热发生火灾,船搁浅,石灰石全损。该轮提单虽列有“火灾、在海上一切危难和意外均例外”的条款。但由于船舶绕航,就不能认为船东已履行提单规定的义务。因而就不能享受提单内有利于船东的各项例外条款的保障,因此船东对货损要负赔偿之责。

另有一案,该轮提单中列有“公敌除外”条款。该轮在绕航中被敌方所击沉,船货灭失。但该轮不能引用“公敌除外”条款而免责。因为船东无法证明船舶如没有绕航上述的船货灭失也一定会发生。

这两个案例说明,船舶脱离了正常航线而绕航,都不能得到免责的除外条款所保护,因之船东都要承担货损的赔偿。

(2)船舶承运多种货物,其中某一种货物因某种原因需要船舶绕航,则对其他货物做如何处理?

某轮装运活牲畜和钢材,航程中途牲畜饲料用尽,必须绕航到正常航线外的一个港口添购,这对钢材造成不合理绕航。为此,船东为避免钢材不合理绕航而被中止保险。万一发生事故,难以承担损失赔偿,故不得不按钢材货价投保“船东责任险”(SHIP OWNERS' LIABILITY INSURANCE),而该投保的保险费应由牲畜的货主承担,因该轮绕航是因加添牲畜饲料而产生的,如牲畜货主拒付这项保险费,船东可以对船上牲畜实行留置权。

(3)船舶因苏伊士运河封闭,绕航好望角,其增加的运费,应由何方负担?

某程租船自墨西哥运货至印度,航行中途苏伊士运河宣告封闭。该轮绕航好望角,里程增加了 4 000 余海里额外费用增加约 67 000 余美元。船东要租船人予以补偿。双方对此争议不下。最后由法院判决,船东败诉。理由是如果在履行租约期间发生一件基本上截然不同的情况,而双方当事人对此事先并无规定特定条款以资遵守,在此情况下租约应予中止。而该轮租约事先对绕航好望角并无特定条款规定由租船人承担绕航费用。更重要的是绕航好望角或驶经苏伊士,在航程性质上并无基本不同,至于航行时间不同,也不是根本不同。因而不成为中止租约的理由,故船东要求租船人补偿绕航额外费用不能成立。

但是,另一个程租约的情况则有所不同。该租约指定船舶从印度装铁砂至热那亚,货物装船开航后,苏伊士运河封闭,致该轮不得不绕航好望角。但是这个程租约有一个条款规定:"当该轮驶经苏伊士运河时,船长以电报通知热那亚港口代理。"根据这一条款,法院作出不同于上述案件的结论。法院认为该轮这一条款使船长负有一项义务,即该轮必须经苏伊士,而绕航好望角或走苏伊士是两个基本不同的航路因此租约受阻。租船人应负担绕航好望角的额外费用。

从上述两个案例可以看出,如果租约有一条明示的或默示的条款,规定船舶承运的货物须经苏伊士,或是货物的运送应取道签约日之通常和习惯的航路。如签约日通常及习惯的航路是走苏伊士,则在履行租约期间发生了一件基本上截然不同的情况——改道走好望角,则造成租约受阻,船东可据此向租船人索取绕航好望角额外费用的补偿。

三、罢工对程租船计算装卸时间和货物安全的影响

罢工的一般含义系指一伙劳动者以停止工作为手段,向其雇主提出某种条件的要求,而希望获得雇主让步的行为。这一含义由于时代的变迁,它随着工业历史的发展而发展。到目前它的范围不仅仅限于工人工资的纠纷,有时涉及国际航运组织对工人的影响和某些属于政治权利的斗争,现今常见的有"同情罢工"、"总罢工"等均属罢工范畴。

根据国际航运一般惯例,由于船员或码头工人罢工阻延了装卸工作,

船舶所受时间损失,是不计入装卸时间之内。至于因罢工而产生的其他损害或滞期费,租船人和船东均不能要求赔偿。

对于“罢工条款”的具体运用,除租约有特别规定者外,应根据不同情况有所区别。一般的原则是船舶在租约规定装卸允许时间内发生了罢工,则“罢工条款”可以引用的在船舶准备发出备装或卸货通知前发生罢工,船舶损失时间的船东不能要求算作装卸使用的时间。船舶在卸货港允许卸货时间终了后发生罢工,而那时船舶已发生了滞期费,则租船人不能因罢工而中止滞期费的责任。即在罢工时间内也不能停止计算滞期费,租船人获得速遣费时,船舶因罢工所受任何时间损失,应计入装卸可以使用的时间内,有的租约范本订有此条款。

租船人如明知租约规定的装卸港正在罢工,则租船人无权要求将船舶开往该罢工的港口,而必须在一个合理的时间内,作出改变装卸港口的安排。除非租船人提出有力证据,证明租船人已作了改变装卸港或换装货物的努力未获成功,只有等候罢工终了再行装卸货,别无他法,或者租船人在考虑改港安排时,已得到该港有即将解除罢工的确证。因租约罢工条款已赋予租船人因罢工致装运的货物未能装卸,租船人不负任何阻延的责任的权利,则租船人有义务在“合理时间内”改变装货或卸货的港口。

由于程租约都规定罢工不计装卸的时间,这对船东的关系甚大。而且由于罢工可以随时终止恢复到正常,并不能使租约根本不能执行而构成租约受阻。所以船东在罢工条款中尽力争取较好的条件,以减轻其可能遭受的损失,如“金康”租约的罢工条款对船东比较有利。

“金康”罢工条款要点:

(1)租船人和船东对罢工所产生的后果,以及延误执行租约的义务都不承担责任。

(2)船舶因罢工原因不能进行装货时,船东可要求租船人在接到船方有关通知48小时内答复是否接受罢工所损失的时间仍按装卸时间计算,否则船东有撤销租约的选择权。

(3)如果船舶在罢工前已装好了部分货物,租船人可按实装货量支付运费,而船东有权另揽其他货物,连同已装的部分货物一同载运至目的港。

(4)船舶因罢工原因不能进行卸货时,船东可要求租船人接到船方有关通知48小时内答复,或是待罢工结束后卸货,如发生滞期减半计算,或是在邻近不罢工的港口卸货，如离原卸港超过100海里时，则运费相应增加。

罢工对货物安全的责任，根据有些国家货运法规定："由于罢工……致货物灭失或损害，既非承运人亦非船东应承担其责任。但若为承运人自己的行为所致，就不能解除承运人的责任。"

美国有一个判例：某轮装运橘柑×××吨，部分提单货物运到美国东岸港口，剩余运到加拿大的孟德利亚。在船舶将抵美国港口前，所有东岸港口都处于罢工状态之下。很多船舶都因此改变了卸港安排。但该轮未作改变，致使船舶耽搁了50多天才卸货，橘柑全部损坏，货方进行索赔。法院判承运人对此负有疏忽之责，应照数赔偿货方损失。

这项判决的依据是根据该轮所签的提单第4条"自由条款"（LIBERTIES CLA USE），其内容是："承运人对任何情况……的判断，认为可能发生损害、阻延，或对船舶、货物或船上人员有不利的风险，承运人……得直接或间接将该轮驶往承运人所选择的港口，并卸下货物……也可将货物留在船上，直到下次回航……或以其他方式运送货物，一切费用及风险由货主承担。"因此，该轮承运人应考虑到所有货主的利益。在美国东岸港口都处于罢工情况下，应根据提单第4条赋予取运人的权力作出一项合理决定，将该轮驶往一非罢工港口，或在加拿大指定的卸货港口卸货，以避免货物损坏。由于该轮承运人未作改港安排，有疏忽之责，因而不能免除其承。

四、租船合同与提单法律效力

以租船承运货物，在业务实践中有一个重要而值得注意的问题，就是如何正确理解和处理租约与提单两者的关系，这个问题比较复杂。它虽然是航运业务，但涉及国际贸易、银行实务和法律关系，这里所说的只是一般情况和概念。

从航运的范畴来说，租船合同和提单在性质和内容上是不相同的。租约条款是在不违背国际上公认的航运习惯的限度内，由船租双方达成的协议，其内容可不受限制。但提单所包含的承运契约则不同它要受国际公约的约束，在有的国家要受海上货运法限制。因而按租约签发的提单，就会有两种不同的合同和法律关系交织在一起。其一是受制于租约关系，另一受制于提单与提单持有人关系。这样就在履行货运的某些方面产生了困难，要解决这个矛盾，就需要将租约与提单结合起来，使按租约所签的提单构成承运契约。

按照租约签发的提单,一个重要的原则,是船东不能被要求或被授权签发与租约不一致的提单。只要提单在租船人手里关系不大,船东和租船人的一切权利和义务可按租约条款采处理。但是,提单到第三者手中就要约束船东,因此必须将租约中某些有关条款包括在提单内才能制约船东与第三者的关系。基于此有些租约里包括这一条款,即在提单上加以批注,其他一切条件按照租约规定办理(ALL OTHER CONDITIONS AS PER C/P)。

在提单上有了上述批注,并不意味着租约的一切内容都可以包括在提单内。"其他一切条件"一般含义仅系指:提单收货人提取货物和船东交付货物时应履行的有关权利和义务等条件。提单持有人要对装卸港滞期费负责的条款;船东为收取空舱运费和滞期费行使留置权条款;装卸港使用泊位数条款;货物装卸率和滞期及速遣费率条款;货差货损责任条款等。根据英国仲裁若干判例,它的适用范围仅以收货人对有关卸货条件为限,包括运费的支付、卸货期限和留置权行使等。

有些提单有这样的批注:"运费及其他条件按租约规定办理"(FREIGHT AND ALL OTHER CONDITIONS AS PER C/P)。这里所述的"其他条件",其范围仅系指租约内有关支付运费的其他条件,不包括租约内其他性质的条款。因而如果租约条款规定:"提单应认为是装船数量的结论性证据"(B/L SHOULD BE DEEMED CONCLUSIVE PROOF OF THE CARGO SHIPPED),而在装船提单上批注:"运费及其他条件按租约规定办理",则不能认为租约规定的"装船数量的结论性证据"已包括在提单内,因为提单批注只能解释有关运费支付的其他条件按租约办理。如果提单的批注是:"其他一切条件按租约规定办理",其范围可理解为租约上述规定包括在提单内。

上述情况仅是租约与提单一般采用的结合内容,其含义比较狭窄。但也有采用含义非常广泛的结合,即将租约所有内容都并入提单内。如:"租约所有协议、条件、条款和除外都结合于提单中"(A LL THE TERMS, CONDITIONS, CLAUSE AND EXCEPTIONS OF THE C/P ARE INCORPORATED IN THE B/L)。即使如此有一些租约条款仍然不能结合在提单里,其一根本违反提单性质的条款。如租约规定的责任终止条款(CESSER CLAUSE),是租船人与船东之间的关系,而提单是船东与收货人之间有关货物运送、卸船及交付等事项的规定。两者性质不同,因此责任

“终止条款”不能包括在提单内。其二不是收货应该履行的条款，如租约规定船只可以使用几个连续航次条款，它是船东与租船人之间的关系，它与提单收货人无关。其三有不适用的条款，如仲裁条款按一般情况，租船合同有仲裁条款的规定，而现行的提单却没有仲裁条款，有关提单执行中的争议在航运习惯上多采取法律诉讼来解决。因此，这不仅在解决争议案件的方式上不一致，而且对解决争议案件管辖权的规定往往也不相同，所以不能结合，除非在租约上明确，根据租约仲裁条款或提单的有关规定解决争议具有同等效力，因而必须根据实际情况来判定两者能否结合。

此外，在租约与提单结合上应值得注意的事项：

(1)如前所述，船东不得被要求或被授权签发与租约不一致的提单。但有一个例外：即提单的运价可以与租约不一致。由于国际租船市场租价的变化，在租船转租当时，可能发生市场租价高于或低于租约原租价的情况。租船人考虑到为获取最大利润或减少因租价下跌的损失，其运价可以不按租约原价计算，而在提单上加注一条：“运费费率不损害租约”(AS SUCH RATE OF FREIGHT AS PRESENTED WITHOUT PREJUDICE TO THE C/P)。这就给租船人一个权利，使其在运价上得到好处，但这种权利仅限于运价，租船人无权在其他条款上与租约不一致。

(2)按租约签发提单，要使有关的提单生效，而不致被议付银行拒绝承付，则必须在有关信用证上按国际商会“跟单信用证统一处理规则”第19条规定作相应的文字说明，明确提单按租约签发，以便议付银行接受这种租船契约项下和受租约约束的提单。

(3)提单上的批注究竟涉及哪一个租约应明确。一条租船除原船东出租的租约外，可能经过了几次转租，签了几个转租租约，而每个转租租约条款内容不尽相同。因之要辨别提单的批注是属于哪一个租约，就要注明该租约的签约日期，以免发生误解。

(4)按租约签发提单，不论是期租或程租，如果提单责任超过了租约规定船东应承担的责任，则船东可向租船人索赔予以补偿。但是如果是光船出租，则提单是提单持有人与租船人的关系，船东不承担任何责任。提单只能约束租船人，不能约束船东。

此外，如在装运不同关系人的货物和不同关系人持有的提单的法律关系应注意：

(1)如租船装运自己的货物，提单抬头也是租船人，则船东与租船人之间的权利与义务就法律关系而言仍以租约条款为依据,提单只是货物收据和货物流通的凭证。提单内容和条款不能被认为是船租双方的新约定,或是对租约条款的修改,提单条款与租约有矛盾时仍以租约为准。

但是,如果上述租船人抬头的提单,由租船人背书让与第三者,则承运人(原船东)就不能以租约条款的规定来制约被受让的第三者,而应以提单为准。如承运人由于对第三者所承担的责任超过了租约规定而蒙受损失时,则可按照租约要求租船人偿还。

如果上述提单不是签给租船人,而是托运人,后来托运人又将提单背书转让给租船人。在此情况下,提单虽在租船人之手,但不因此使提单只起货物收据和货物流通凭证的作用,而应作为主张权利的依据。

(2)另一种情况是一艘租轮装运的不是租船人自己的货物,而是第三者(托运人)的货物,此所签发的提单不能以租约条款约束第三者。同时由于租船人以承运人身份接受托运人的货物,因而原船东和租船人都是承运人,对托运人都要负责。托运人可根据提单向船东或租船人办理损失索赔,船租双方再按租约协商分担损失赔偿的责任。但如果这个托运人知道租约的存在,也知道租约的内容和条款规定,而提单是由租船人授权签发的,这样的提单就不能约束船东。同时,如果托运人与租船人另签新租约,并由租船人(二船东)使用自己的提单,或由租船人授权代理签发的提单,则由租船人负责。但是由于船东和(或)船员侵权行为致使货物受损,原船东仍应负责。

(3)使用租船人提供的提单,即以租船人作为承运人的提单。这与原船东不发生任何法律关系。即使租船人本人持有这种提单,也只能作为收货凭证和结汇单据。原船东与租船人的关系,只能以租约为依据,这种提单在第三者手里,也与船东无法律关系。如果船东提供的提单,由于租船人与船东已签了租约,则船租双方的法律关系以租约条款为依据。在此情况下提单加注与租约相结合的批语成为租约提单,则该提单成为船东与提单持有人的法律依据作为承运契约。

特别应注意的是一艘租轮承运货物所签发的提单在什么时候才能构成承运契约?如前所述,提单是所载货物所有权凭证。因而按租约签发的提单如在租船人自己手里,它仅是一个货物收据,如果在第三者手里,就有运输契约作用。但是,由于不同情况其构成运输契约的时间各不相同,如表7-9所列。

表 7-9

装货人	提单抬头	背书	构成承运契约时间
租船人	收货人		从提单交给收货人手里即构成承运契约
租船人	租船人或其指示	给受让人	提单经背书转给受让人时起算*
租船人	收货人或托运人	给租船人	提单经背书转给租船人时起算
托运人	托运人		提单交给托运人时起算

*:如果货物灭失,而租船人将提单转让给第三者,按英国威廉·麦克尼尔(WILLIAM MENAIR)爵士和爱仑·姆卡塔(ALANA. MOCATTA)大法官的意见,只要契约一经构成《海牙规则》所称的"承运契约",则适用于《海牙规则》,因而该提单可自承运货物装船时起算为承运契约。

五、货物留置权与责任终止条款

在程租船运输的实务中,货物的留置权与责任终止条款二者是相互关联并共同存在的。如果船东未掌握对货物的留置权,则租船人就不能终止承担船方索赔的责任,现将两者的关系说明如下。

1. 货物留置权

货物留置权是程租约条款中重要项目之一,各主要航运国家对货物留置权的法律规定不尽相同。

英国法律规定:船东有权扣货直至被索赔方付了欠款,但船东无权卖货,扣货只能对运费索赔和共同海损分摊有效,其他索赔则无权扣货。除非租约上订明如滞期费、空舱费等,船东也有权扣货。

美国法律对货物留置权规定范围较宽,包括滞期费,同时对被留置的货物也可以出卖。

德国法律规定:除了运费和滞期费可以扣货外,同时可以扣货作抵押。假如债务人破产,该抵押品船东有权出卖,并对其索赔可优先赔付。

法国法律规定:船东无权扣货,但船长如从有关方面得到授权,可根据货物留置权将货物卸下,存在一个第三者手中,如需要也可以出售。此外,法律并赋予船东一特权,即在货物交付后,船东对运费和滞期费索赔,排在其他债权人之先。

荷兰法律规定:船东不得扣货,但有权在交货前取得提单收货人付费的保证,如无保证交货工作得以终止。这项规定是强制性的,违反规定的任何做法均属无效。

对于货物留置权条款,必须说明在提单或租约里才有效。在行使扣货权时,有一个值得注意的事项,即装港滞期费能否在卸港留置货物。根据英美法律,对滞期费一词是包括装港和卸港的滞期费,因而无需在提单上加以特别注明。但欧陆国家的法律不同于此,如装港发生滞期费,必须在提单上注明款额,船东才能享有扣货权,否则只有卸港的滞期费可留置货物。

2. 责任终止条款

责任终止条款(CESSER CLAUSE)的含义是货物装上了船,预付运费、空舱运费和滞期费等付讫后,租船人的责任即告终止。此后,船东如需对货物要求支付运费、滞期费和共同海损摊分等,可以行使货物留置权。

这个条款在现行的程租约中已经使用。但从法律和实践的观点来看,却存在一些问题,有的港口地方法律或规定不准许行使货物留置权。有的港口或因批准留置货物手续需时很长,船舶不能久留耽误下一航任务,或因当地港口无仓库,无法留置货物,或因港口拥挤,留置货物的船舶安排泊位的顺序要推迟,影响船期,或因收货人是当地军政当局,船东不敢扣货等,因而责任终止条款也就无法行使。即使可以行使货物留置权的港口,由于留置货物必须办理申请批准卸货和存仓等一系列手续,延长了船舶在港时间,增加了费用负担。

而且,即使有个"责任终止"条款,也不是一切责任都可以终止。如收货人违约多用了泊位或是选港拖延而使船舶多走了一段航程等,船东无权对此而扣货。因此,这些损失赔偿租船人仍要负责,而不能因为提单有责任终止条款可以开脱。由于上述原因,有的船东为了维护其利益,在程租约中增订一条款,即对租方的"责任终止"有所限制。如留置货物仍收不到应收的各项费用,或是因故未能留置货物,租船人仍要负责。"金康"(GENCON)租约第8条就规定,当船东留置了货物仍收不到款时,租船人仍要负责。

六、船东的责任限制

船东责任限制概念,起源于一场官司的裁决。荷兰有一宗案件,一艘船舶装载的大量黄金被盗窃,如此巨大损失,船东无力全额赔偿。后经法院判决,船东的赔偿限于投资总额,也就是这条船的船价,从此这个船东责任限制的概念就一直相传下来。英国在海事法律中,把对船东的责任限制在立法上肯定下来,并作了相应的具体规定。到了1957年,第一部

《船舶所有人责任限制国际公约》公诸于世,这是当前国际上已经生效的有关船东责任限制的国际公约。这份公约除美国外,其他大多数国家都予以承认。

该公约的主要内容有下述几点:

(1)该公约适用的船舶是海船,同时给予各缔约国保留确定哪些船舶得与海船一样享有公约的权利。

(2)责任限制的主体。第一类是船东,包括租船人、经理人和经营人(注:美国只允许船东享受责任限制,后三种人不能享受);第二类是船长,船员和船方其他雇佣人员。

(3)责任原则是过失责任。对上述第一类人犯有过失,不得享受责任限制,对第二类人造成的过失损失,船东等可享受责任限制。

这一条重要的一点是船东责任限制只保护船东在履行运输契约时遭受到的意外损失。如果船东有破坏运输契约行为,如船方把装运的贵重货物偷出卖了(这属基本毁约行为),就不能享受责任限制,因之责任限制要看船东有无过错或欺骗毁约行为。

(4)责任限制的损害赔偿,只包括人身伤亡、财产损失和清除船舶残骸,或对港口、航道所造成的损害引起的责任义务。

(5)责任限制不适用于海上救助、共同海损以及对船长、船员和船方其他雇佣人员的雇佣合同所引起的债权,对油污和核能损害的赔偿也不适用。

船东办理责任限制手续,一般由律师代理。船舶因责任事故在港口被扣,要提供保证金才能放行。这项保证金额,船东可以结合责任限制的最高额提供,而不是完全按扣船人所提的金额。但这必须由律师代表船东向当地法院申请责任限制,待法院同意后船舶才可放行。

七、货物运输中的中途停运权

中途停运权(RIGHT OF STOPPAGE IN TRANSIT)又称中途停止权。其含义是指货物于装船后,卖方脱离了对货物的直接占有权,提单已转移,货物仍在运输过程中,但卖方尚未收到货款。在此情况下,卖方有权停止货物在中途的运输,从承运人或其代理人手中收回占有权,这种权利称之为中途停运权。

中途停运权就其性质来说,是法律上赋予卖方的一种紧急措施,使尚未收到货款的卖方对货物行使的一种货价留置权。这种货价留置权不同于一般留置权，行使中途停运权要具备两个条件：一是在货物占有权已经脱离后才能行使，二是只有在发生一种新情况时，如买方破产丧失支付能力时才能存在，而一般留置权无需具备这两个条件就能行使。

在法律上之所以赋予卖方这种权利，是由于托运人（卖方或其代理人）与承运人之间建立了运输合同关系，而这种关系在法律上属于"委托"关系。因之在某种情况下，在运输过程中，托运人对运输合同的内容可以要求作某些变更或修改。但这种变更或修改而使承运人遭受到损失时，托运人应负赔偿之责。

在英美两国的法律中，对中途停运权的行使都有明确规定。如英国《提单法》规定了原托运人或货主可以行使中途停运权；美国的统一商业法也规定了卖方对货物运输途中的停止交货的权利和限制。

根据上述法律规定可以认为，当卖方将货物出卖并装上船舶仍处在运输过程尚未到达目的港，或由代理人保管尚未交付给买方占有以前，虽然提单已转移给买方，但此时发现买方破产、丧失清偿债务能力，或经济有困难不能支付货款时，卖方为维护自身利益，可以行使中途停运权，而将货物从承运人或其代理人手中得到占有权，保留货物，直到买方付款时为止。

对于中途停运权的行使，在时间上有一定限度。它必须在买方或其代理人还没有取得占有权从而终止运输过程以前的任何时间内行使。过此时限运输过程终止，则中途停运权不能行使。因此行使中途停运权的要求，必须在一定时间内提出才能有效。所谓运输"中途"是指从货物交付承运人或其他保管人以便能交给买方时开始，到买方或买方代理人自上述承运人或其他保管人取得货物时为止的一段时间。

对于运输"中途"有几种情况必须加以注意：

（1）如果买方或买方代理人在货物尚未到达提单所指定的目的港以前接收了货物，则运输"中途"即告结束。

（2）如果货物到达目的港后，买方或买方代理人拒绝接收货物，则运输"中途"仍继续存在并未终止。

（3）如果货物到达目的港以后，承运人或其他保管人接受买方或买方代理人的要求，继续代表买方占有货物，并根据买方的指示将货物运往其他地点或作其他处理，则运输"中途"业已终结。因为承运人或其他保管人继续代表买方占有货物与上述的运输"中途"无关。

（4）如果买方派租船接受装运的货物，不论卖方是否知道船舶运输的目的港，它对尚未收到货款的卖方行使中途停运权并无影响。

(5)如果货由承运人或第一程承运人将货物交付其他若干人，使货物继续处在运输过程中，则货物在抵达最终目的港以前，运输“中途”应被认为仍在继续。

对于中途停运权的行使应采取一定的形式。为使中途停运权的提出在法律上生效，必须由尚未收到货款的卖方或卖方代理人签发书面通知书。这个通知书发给对货物具有实际占有权的船长，或发给其船公司。如果通知后者则必须有一定的充裕时间，以便船公司及时转告其工作人员或代理人予以执行。

在对货物行使中途停运权的过程中，有时要受到某些情况或关系的制约。了解这些情况或关系，并明确处理这类问题的原则则有利于中途停运权的顺利执行。

(1)对货物行使中途停运权，从承运人或其他保管人手中收回货物占有权，仅仅是恢复保留货物，直到买方付清货款为止，并不能因此取消原已洽妥的贸易。除非是易腐货物，买方在合理时间内仍未付清货款，为免货物受损卖方可以出售货物。

(2)卖方向承运人发出中途停运权书面通知后，不能违背承运人的意愿。而在船舶未抵达目的港的中途，要求收回对货物的直接占有权，或是要求在运输中途将货物交付给卖方。

(3)对货物行使中途停运权，承运人或其他保管人对有关费用具有优先占有留置权。即有关货物的费用享有优先偿付的权利，而中途停运权应排在之后，但对承运人或其他保管人所具有的一般留置权则不在此限。一般留置权系指有关买方(货主)可能欠付承运人或其他保管人的任何名义和任何其他款项均属此。对于一般留置权项下的款项偿付不能优先，而是排列在中途停运权之后。

(4)卖方向承运人或其他保管人发出有关行使中途停运权的书面通知后，应即接受货物的交付，并应清付由于交付货物而产生的费用。同时，应根据运输合同清偿承运人或其他保管人具有对货物的留置权。如果承运人或其他保管人，在接收了卖方为行使对货物的中途停运权的合法通知后，仍将货物交给尚未付清货款的买方时，则卖方有权向对方提出赔偿损失的要求。

(5)卖方对货物行使中途停运权，原则上不受买方已将货物出售或作其他的处理的约束，除非买方在采取上述行动前已征得卖方的同意。

但是,如果买方确定将货物出卖,或作其他方式的处理,货物的提单作为物权单证已合法地转移到第三者手中,而第三者是通过合法的贸易,并支付一定的代价取得这份单证,则卖方无权对该批货物行使中途停运权。如果买方将提单采取抵押方式转移给让受人,则在该让受人优先行使其所具有的权益后,卖方才能行使对货物的中途停运权。

(6)如果卖方转移给买方的提单上已加注了某些条款,买方并将提单又转移给让受人。而该受让人执行了加注在提单上的条款,则卖方就不能行使对货物的中途停运权。相反,在该让受人未执行提单上加注的条款前,仍要受卖方对货物中途停运权的约束。

八、承运人"疏忽""免责"条款

《汉堡规则》虽已生效,但在各航运国家各类航运契约和提单尚未修改前,海上货运契约承运人的"权利与豁免",仍然以《海牙规则》的有关条款为依据。大多数船公司提单的"责任"和"豁免"条款,其内容就是如此。

承运人对海运货物的灭失或损害,《海牙规则》第4条第2节规定了17项免责条款,"疏忽免责"是其中的第一项,其条文:"船长、船员、引水员或承运人所雇用的其他人员,在驾驶和管理船舶中的行为、疏忽或过失,承运人都可免除责任。"

这个条款有几点值得注意的事项:

(1)承运人享有"疏忽免责"的豁免权利有一个先决条件,即承运人必须在船舶航程开始前和开始时"恪尽职责",使船舶在各方面具备适航状态这是一项绝对的保证,也是一项基本义务。违反这项保证而造成的货物灭失或损害承运人不能援引"疏忽免责"条款而免除责任。

承运人在承运契约中另一项默示保证,是在船舶航行和运送货物上要做到小心谨慎。其含义是,承运人对运送的货物在积载和安全保护方面负谨慎的责任,违反这项保证所产生的后果,承运人也同样不能免责。

以上两项保证,都是作为货物承运人应遵守的准则。

(2)在海上运输实务中,谁的疏忽可以免除责任,疏忽免责的对象是谁,按《海牙规则》规定包括"船长、船员、引水员或承运人所雇用的其他人员"。很明显承运人本人或其代理人的疏忽不包括在内。例如船东(承运人)因疏忽雇用了一个在各方面知识不具备,而又毫无能力的不称职的人员当船长。后来在航行上发生了事故,证明是由于上述原因造成的。则事故的损失承运人不能以疏忽为理由而得到免责。又如:承运人因疏忽发出不用引水员的指示,从而发生了事故也同样不能得到免责的。

对于承运人雇用人员的疏忽,如果造成货物灭失或损害的原因,不是由于“在驾驶和管理船舶中的行为”、“疏忽或过失”,也不能援引“疏忽免责”条款。如岸上装卸工人在装船时的疏忽即属此类,因为装船疏忽不在“驾驶和管理船舶”的范畴内。

(3)承运人在运输过程中何时可引用“疏忽免责”条款,在承运契约里免责条款是将承运人的责任限定在承运人掌握货物的全部时间之内。如承运契约规定的条文是“航程中的疏忽”,则“航程中”应为履行契约的全部时间,即从开始装货之时起到卸货完毕为止。在这个时限内凡属“在驾驶和管理船舶”范畴内的疏忽都可引用免责条款。

(4)船舶“驾驶上”的疏忽列为免责事项。“驾驶”一词根据法庭在某案例判例中解释为“船舶在行动状态下,对于船舶实际的管理行为”。

英国斯克鲁顿(SCRUTTON)在其“船长船员和船东其他雇员的疏忽”一文中,对“不适当驾驶”(IMPROPER NAVIGATION)一词,引用了某案例法官所下的定义:“在航程中,对船舶或船舶一部分若有不适当举动,即为不适当驾驶,装舱不善自应包括在内,除非装卸工人是在港口雇用的。”对“装船不善”复经其他法官加以补充:“装船不善”影响航行安全,才能作为“不适当驾驶”。下述案例可作说明:例如某轮在开航前,船员未将货舱边门缝嵌紧,致海水浸入舱内,小麦受损,经判为“不适当驾驶”。而另一案例,由于船舱不洁,小麦受损,法庭未判为“不适当驾驶”。这两个案例的区别:前者影响船舶航行安全,而后者仅是对货物缺乏妥善保管,涉及货物在载运上的安全。因此,如“装舱不善”只影响到货物安全,而不影响航行安全,其性质就不相同,就不能与船舶不适航连在一起。

(5)关于船舶“管理上”的疏忽。

船舶“管理上”的疏忽,是指在航程期中,在处理船舶业务工作中一切必要的行为和措施上的疏忽。例如:

①因轮机员疏忽,部分海水管阀被打开,海水浸入造成货损。

②船上盥洗室排水管因操作疏忽,误将水管搞破,致积水流入货舱货物受损。

③油舱装油前疏于检查,污染了货物。

④船上固定和永久设备(如冷藏库),由于使用和保管上的疏忽,造成货损。如该冷藏库既为货物所用,也为船上食品保藏使用,如因某种疏

忽造成货损,同样按管理上疏忽处理。

对于船舶"管理上"的疏忽必须关系到船舶。对货物疏于注意和缺乏妥善的保管过失,不包括在船舶"管理上"的疏忽之内。如粮船没有开舱通风,致货物受损,船舶开舱通风不慎,海水进舱使粮食霉变,因装船不慎,桶装化学品外溢,未及时采取措施而继续留在舱内,使其他货物污染等。这些都是对货物缺乏注意的过失,不属于船舶"管理上"的过失,因之承运人不能免责。

此外,假使管理船舶的疏忽或过失,是在装船阶段或航程开始时发生的,都不能认为是管理方面的行为。如,船舶设备不足,由于积载不良使船舶在航行中不能保持安全平衡等。只能按违反适航保证来处理,而不能以疏忽免责条款以解除船东应承担的责任。

(6)在某些承运契约条款中,有"托运人负担风险"或"收货人负担风险"或"租船人负担风险"……这样一些词句,其目的是承运人试图将航行中某一阶段货物载运风险转嫁给托运人或收货人或租船人。但是,这样的词句也限于非由承运人的疏忽所致的货物灭失或损害才产生效果,并不能免除承运人本身因疏忽而破坏了对船舶适航的保证。从法律意义上说免责条款只能限制承运人的责任(LIABILITY),并不能限制其义务(DUTY)。

但是,也有一些承运契约,承运人在免责条款上又作了进一步规定。如有的船公司提单规定"转运、换船、联运和转船"中。"……费用由承运人负担,但风险则由托运人或收货人承担。承运人的责任是限于他本身经营的船舶所完成的那部分运输。"也有提单有类似的规定:"……凡因其他部分运输所发生的灭失或损害,而提出的赔偿要求,即使全程运输的运费都由他收取的,承运人也概不负责。"

很明显这样的条款,已超出了《海牙规则》的适用范围。虽然根据《海牙规则》第7条,承运人与托运人之间可就"对货物装载海上载运该货的船舶以前和卸离该船以后的灭失或损害……的责任和义务"自由达成协议,但这样的条款是否能免除承运人应承担的基本义务仍值得研究。如果承运人安排转运货物的二程船是一艘在各方面都不适航的船舶,因而造成货物的灭失或损害也不承担责任,是一个需要进一步探讨的问题。

(7)在分析承运人对货物的责任时,首先要研究承运契约的有关条款,不同的承运契约,虽有同类性质的条款,但内容也不尽相同。尤其在处理货物索赔案件涉及豁免条款时,要分析案情与条款加以对照,才能得出承运人应否负责的正确结论。如某轮承运契约的免责条款,“引水员、船长或船员在驾驶上的任何行为,疏忽或过失所造成的损失,船东概不负责。”该轮装船时,由于装卸工人积载疏忽,货物遭到损失。根据案情:其一货物因积载疏忽致损,不是“驾驶”方面问题,其二装卸工人未包括在免责条款内。因而法院裁决承运人应负赔偿之责。另一案例的免责条款:“引水员、船员、轮机员或在船上服务的其他人员,不论在驾驶上的或其他方面的疏忽或过失,船东概不负责。”由于承运人的雇员在装船时有所疏忽,致货物损坏,法院判决承运人免责。

这两个案例的免责条款不同之处,后者条款中有“在船上服务的其他人员”和“在其他方面的疏忽或过失”,这就扩大了免责的范围,而把“承运人的雇员”和“装货时的疏忽”都包括在内,因而承运人得到豁免的权利。

(8)托运人或收货人对承运货物的灭失或损害,要责成承运人予以赔偿,就要提出有利的证件,证明由于承运人或其代理人的疏忽,或是船员或承运人雇用的其他人员的疏忽(不是船舶驾驶上或管理上疏忽)所造成的灭失或损害。承运人如有异议应由承运人举证证明非由其或其雇用人员的疏忽或过失,进而再由货方举证,但首次举证的责任在货方。

【案例一】 A 航运公司与 B 进出口公司滞期费纠纷案

一、案由

原告:巴拿马 A 航运公司

被告:中国 B 进出口公司

原告 A 航运公司为与被告中国 B 进出口公司滞期费纠纷一案,向海事法院申请留置被告在“凯”轮上的货物,作为已到期的滞期费(40 万美元)和继续发生的滞期费的担保。

海事法院受理该案后,查明:某年 10 月 9 日,中国 B 进出口总公司(以下简称买方)与美国某国际销售股份有限公司(以下简称卖方)签订一项买卖合同。合同约定买方从美国进口 24 000 吨废钢铁,按成本加运费计价,由卖方租船,从美国东海岸港口装货,装运期自 10 月 20 日至 11 月 30 日,卸货港中国大连。合同附加条款的第 6 条第 1 款规定:卸货港每连续 24 小时晴天工作日应卸货 1 500 公吨(节假日除外),滞期费每日 4 500 美元,滞期时间连续计算。11 月 9 日,卖方同巴拿马 A 航运公司签订了租船合同,租用该公司所属“凯”轮。租船合同约定,滞期费按每日 4 600美元计算,船东享有留置权。

“凯”轮在美国罗德岛普维斯港和波士顿港将买方购买的 24 500 吨货物装船后,分别于 11 月 29 日、12 月 6 日签发了以中国对外贸易运输公司为通知人的指示提单。该轮于 12 月 7 日从波士顿启航,次年 1 月 18 日到达卸货港大连,该轮到港后,递交了《准备就绪通知书》,停泊在锚地等待卸货,但港口一直未予卸货。以后大连外轮代理公司通知该轮移往青岛港卸货。该轮于 2 月 13 日到达青岛,直至 3 月 14 日才开始卸货。5 月 9 日,该轮船东向海事法院申请留置收货人在船上的待卸货物,并要求收货人立即支付已到期的 40 万美元的滞期费和预计至卸货完毕可能继续产生的滞期费。根据租船合同第 8 条规定:“船东因运费、亏舱费和滞期费对货物享有留置权”,而且船长签发的提单上含有“合并条款”,订明“所有其他条件和除外事项依据租船合同”,租船中的滞期条款同样适用于收货人,“为确保船东收取全部滞期费,船东有权留置货物”。

二、审理

海事法院经审查认为:原告所主张的货物留置权是因船舶滞期而引起的。租船合同中订有留置权条款,被告虽不是租船合同的当事一方,但被告所持的收取该轮载运货物的凭证,是租船合同项下签发的提单,而该提单条款中附有“所有其他条件和除外事项依据租船合同”的“合并条款”。所以,租船合同中的滞期条款对提单持有人,即本案中的被告具有约束力,被告应向原告支付该项滞期费。原告为了保全其请求权的行使,申请留置在船货物是正当的。

据此,海事法院裁定:“准予原告要求留置被告货物的申请,从裁定书送达之时起,停止交付货物,责令被告在 5 日内向海事法院提供中国银行信用担保,除非原告与被告自行和解,我院将行使对本案的审判权”。被告通过中国银行提供了信用担保,并要求继续交付货物。海事法院依法裁定,接受被告提供的中国银行信用担保,责令原告从裁定书送达之时起继续交付留置的货物。在法院的调解下,原告和被告就滞期费的具体数额和支付方式等问题自行协商,达成如下和解协议:

(1)原告同意将滞期费近 50 万美元做 10% 的特别扣减;

(2)被告向原告支付扣减后剩余的滞期费40多万美元。

为此,原告申请解除中国银行保函对被告的约束力,海事法院审查认为:原告和被告达成的协议是在法院查清事实,分清责任的基础上进行的,符合民事诉讼法的规定和国际习惯做法,可予准许。故裁定准予解除中国银行保函对被告中国B进出口总公司的约束力。

三、分析

在本案中,原告与被告之间的纠纷实际是一起因航次租船合同引起的争议。航次租船合同与班轮运输合同一个重要的区别,就是前者主要是双方当事人协商约定的,当事人之间的权利与义务由合同来定。本案中卖方(即航次租船合同的承租人,又是托运人)与A航运公司(航次租船合同的出租人,又是承运人)之间签订的航次租船合同是合法的,因此具有法律效力。本案的关键是A航运公司作为承运人签发的提单对买方(即本案收货人或提单持有人)是否具有约束力。根据海商法第95条规定,对按照航次租船合同运输的货物签发的提单,提单持有人不是承租人的,承运人与该提单持有人之间的权利、义务关系适用提单的约定,但是提单中载明适用该航次租船合同的条款。本案中的提单持有人是B进出口公司而非承租人(卖方),且提单上明确载明租船中的滞期费条款同样适用于收货人。也就是说A航运公司与B进出口公司之间的权利、义务关系应当适用A航运公司与卖方签订的航次租船合同的有关约定。因此,A航运公司在发生滞期费问题时,为了保护自己的利益,依据合同约定有权留置船上的货物。

【案例二】 航次租船合同空驶费纠纷案

一、案由

原告:深圳中远运输有限公司

被告:黑龙江省苏东边境经贸商品展销中心

原告系国家主管机关审核批准的经营国际及国内海上运输的航运企业。1994年7月16日,原告与被告经协商签订了航次租船合同,合同规定:被告承租原告"SKIPPER N"轮,自乌克兰尼古拉耶夫港装运钢材11 000吨至中国上海港,受载期为1994年7月25日至7月30日,被告于合同生效后 3 个银行工作日内预付 30% 的运费,余额运费于船抵上海港前 24 小时付清,装货时间按每晴天工作日日装货量 1 200 吨计算。船抵装港后,自受载期内的日期起算 10 日内无货,原告有权解除合同,被告应付运费总数的 80%(含预付 30%)作为损失赔偿金。双方还商定如有纠纷,由哈尔滨市人民法院管辖。同年 7 月 18 日,双方在航次租船货物运输合同上签字后经黑龙江省公证处公证生效。但被告却未按合同约定向原告预付 30% 的运费。

1994 年 7 月 23 日当地时间 15:15 时,"SKIPPER N"轮抵尼古拉耶夫港,并递交了"装货准备就绪通知书"。因被告未按期开出购货付款信用证及修改信用证,至同年 8 月 8 日未向原告提供合同约定的装载货物。8 月 9 日,原告书面通知被告:自 7 月 30 日起至今日,船等待装载已 10 天,但现仍无货可装,我司决定解除合同,由此产生的损失由你司负责。遂于当日当地时间 10:30 时指令"SKIPPER N"轮驶离尼古拉耶夫港。同年 8 月 24 日,原告以被告违约为由向大连海事法院提起诉讼,要求被告按合同约定赔偿空驶损失金 422 400 美元;支付 7 月 25 日至 8 月 9 日船舶滞留 16 天的滞留损失赔偿金 191 600 美元;支付 30% 预付运费 1 个月利息 1 029.6 美元。

被告在法定期间提出管辖权异议,认为:该航次租船货物运输合同未实际履行,不属海事、海商纠纷案件,且合同签订地在哈尔滨市,始发港在乌克兰尼古拉耶夫港,卸港在上海,被告所在地在哈尔滨市,经公证的合同约定纠纷由哈尔滨市人民法院管辖,大连海事法院没有管辖权。

二、审理

大连海事法院对被告的管辖权异议经审查认为:原、被告所签订的航次租船货物运输合同虽未实际履行,但并不影响因该合同所产生的纠纷性质。该案为海商纠纷案件,依法应由海事法院管辖。合同中协议管辖条款因违反我国法律规定,不具有法律效力。合同规定的目的地为上海港,但合同未实际履行,原、被告双方住所地也不在上海,因此此案由上海海事法院管辖不符合最高人民法院《关于适用〈中华人民共和国民事诉讼法〉若干问题的意见》第 18 条的规定。鉴于原告在大连设有办事机构,被告在地理上距本院较近,此案由大连海事法院管辖即方便当事人诉讼,又有利于案件的审理。根据《中华人民共和国民事诉讼法》第 38 条之规定,大连海事法院于 1994 年 10 月 7 日裁定:驳回被告的管辖权异议申请。

被告对此裁定未在法定期限内提起上诉,对原告的诉讼请求,被告未作书面答辩。在公开开庭审理时,被告口头辩称:原告不是我国外贸部1991年颁发文件中列明的可从事代理运输的企业,原告无远洋运输合同签约权,故原、被告签订的合同无效。因买卖合同中的买方江苏省淮阴特殊钢总厂没按期开出修改信用证,致卖方未按期供货装船,应追加其为第三人参加诉讼。根据《海商法》第90条规定,被告不负赔偿责任,原告未经被告同意提前撤船,对合同不能履行亦负有一定责任。

大连海事法院经审理认为:原告与被告签订的是航次租船的海上货物运输合同,非船务代理合同。原告在经营范围内与被告签订的航次租船合同依法有效,应受法律保护。被告因开具和修改信用证问题,逾期未提供约定的货物,非《海商法》第90条规定的法定免责事由,被告要求免责的主张无法无据,本院不予认可。被告与江苏省淮阴特殊钢总厂以及被告与原告之间的纠纷是基于不同的法律关系而产生的,非必要的共同诉讼,不宜合并审理。租船合同约定自受载期内的日期起算10日内无货,原告有权解除合同。双方对解除合同期的起算时间的意思表示虽不明确,但将受载期的最后一日作为解除合同的起算时间当属合理。因此,原告予1994年8月9日当地时间10:30时撤船,已超过约定的解除合同期限,原告提前撤船的违约事实并不存在。被告在合同中订明赔偿原告80%运费损失是对其违约责任的限定,默示包括因被告违约而导致合同解除所可能给原告造成的一切损失的赔偿。原告另要求船舶滞留损失及预付运费利息损失的赔偿请求,无合同及法律依据,本院不予支持。依据《海商法》第100条之规定,大连海事法院于1994年12月26日判决如下:

(1)被告赔偿原告“SKIPPER N”轮空驶费422 400美元;

(2)驳回原告的其他诉讼请求。

本案诉讼费15 853.88美元(原告已预交),原告承担4 965.50美元,被告承担10 888.38美元。

公开宣判后,原、被告均未提起上诉。

三、评析

本案纠纷在实体上主要涉及以下几个方面的法律问题:

(1)原告是否有权单方解除合同?

解除合同是我国法律设置的一项制度,它包括法律允许解除合同和严格限制合同的解除两层含义。所谓限制合同的解除,是指合同一经依法成立,就具有法律的约束力,当事人必须严格遵守,不得擅自变更或解除,擅自变更或解除就应依法承担由此而产生的法律后果。这是我国法律规定的重要原则。所谓允许解除,是指当事人在订立合同后,由于主、客观情况的变化使合同履行成为不可能或不必要时,合同继续存在已失去了积极意义或将造成不必要的经济损失的法律允许当事人解除合同。这不仅是解除合同制度存在的依据,也是解除合同必须具备的条件。不符合条件的合同解除便是违约,不但不会产生合同解除的法律后果,还要承担违约的责任。因此,衡量本案原告是否有权单方解除合同,就是要看原告解除合同是否符合法定或约定的解除合同条件。我国《海商法》第 100 条规定:“承租人应当提供约定的货物,经出租人同意,可以更换货物。但是更换的货物对出租人不利的,出租人有权拒绝或解除合同。因承租人未提供约定的货物致使出租人遭受损失的,承租人应当负赔偿责任。”依据这一法律规定,在航次租船的情况下,出租人的船抵装货港后,在受载期内承租人未提供约定载货物,如果租船合同没有相反约定,出租人无需经承租人同意,就有权单方决定解除合同,并有权要求承租人赔偿解除合同的经济损失。本案原、被告在租船运输合同中约定的“如果船抵装货港后,从受载期内的日期算起 10 天内无货,原告有权撤销合同”,不违背法定的解除合同条件。当合同约定的解除合同条件发生时,原告单方解除合同的行为,既不违法,也不违约。因此,大连海事法院判决原告有权单方解除合同是正确的。

(2)合同不能履行非被告的原因所致,被告能否援引我国《海商法》第 90 条的规定免除责任?

实践中,产生合同不能履行的原因是多方面的,因某些法定的原因使合同不能履行而解除所产生的损失,当事人是不负赔偿责任的。我国《海商法》第 90 条规定:“船舶在装货港开航前,因不可抗力或其他不能归责予承运人和托运人的原因致使合同不能履行的,双方均可以解除合同,并互相不负赔偿责任”。该条法律规定的当事人不负赔偿责任的条件,是因发生了不能预见不可避免和不能克服的地震、海啸等自然现象和战争、封锁及罢工等社会现象以及其他不能归责当事人的原因使合同不能履行的情况。非因上述原因,而是由当事人的过错造成合同不能履行的,责任人是不能援引该条的规定免除赔偿责任的。本案购货信用证虽不是由被告直接开具,但被告有义务在船抵装港前和之中办好包括信用证在内的一切手续,以保证货物按时集港受载。在开具信用证或货物应该集港时间内,没有证据证明是因发生了不可抗力或货物灭失的意外事故而使开具信用证或使货物集港受阻,货物未按时集港待装,完全是被告没有及时催办好信用证的过错造成的。因此,大连海事法院判定被告不能援引《海商法》第 90 条的规定免除责任是正确的。

(3)货物落空的损失如何确定?

我国《海商法》第 89 条规定:"船舶在装货港开航前,托运人可以要求解除合同。但是,除合同另有规定外,托运人应向承运人支付约定运费的一半。"依据这一法律规定,在航次租船运输托运人有过错的情况下,法律允许对货物落空解除合同的损失计算方法有两种:一种是法定的计算方法。即当事人在合同中未约定损失计算方法时,托运人要求或因托运人原因在装货港开航前解除合同的,托运人就应向承运人支付约定的运费的一半以补偿损失。另一种是约定的损失计算办法。即如果当事人对损失的计算在合同中已有约定,就按约定的办法计算损失。从法律规定两种计算损失办法可以看出,法律规范托运人向承运人赔偿货,物落空损失,并非是承运人已产生的实际损失,它即包含已发生的损失,也包含可能产生的损失。不论承运人因解除合同实际遭受的经济损失是多少,在没有合同约定的情况下,托运人只需向承运人支付约定的运费一半,以作为对承运人损失的补偿即可。即使承运人实际遭受的损失超过约定运费的一半的,承运人也无权就超出部分再向托运人索赔。如果承运人的实际损失低于约定运费一半的,承运人也无需将其差额返还给托运人。同样,在合同约定计算损失的情况下,托运人按约定的计算办法赔偿承运人的损失后,承运人也不能再以实际损失大于约定计算办法计算出的损失的理由要求托运人进行赔偿。本案原、被告就货物落空的损失的计算在合同中已有约定,这种约定的损失计算办法包含了因被告违约而导致合同解除所可能造成的一切损失的赔偿。原告在诉讼中另行要求赔偿船舶滞留损失及预付运费利息损失,显然是没有法律依据和其他合法依据的。大连海事法院按双方当事人约定的损失计算方法,判决被告支付解除合同所造成的空驶费损失,而不支持原告要求赔偿船舶滞留和预付运费利息损失等是正确的。

【案例三】　滞期费留置货物案

一、案由

原告:韩国元喜海运株式会社(WONHEE SHIPPING CO. LID)

被告:南太万达龙(天津)国际贸易有限公司

被告:天津华升物业有限公司

1993 年 7 月 21 日,原告韩国元喜海运株式会社与被告南太万达龙(天津)国际贸易有限公司签订了天津至俄罗斯那霍德卡往返航次的租船合同。合同约定:南太公司租用原告所属圣文森特籍“星光”轮,装运 1 500吨牛肉罐头从天津运至那霍德卡港,装三天卸三天,装运 1 500 吨钢材自那霍德卡港至天津,在那霍德卡港装船时间允许三天。滞期费每日 2 000美元。因装运的上述货物系被告天津华升物业有限公司出口及进口,上述合同签订的同时,两被告之间也签订了与上述合同内容大致相同的往返航次租船合同。

1993 年 7 月 31 日,原告所属“星光”轮在天津港第三港埠公司码头靠泊作业,于 8 月 2 日装货完毕驶离天津港。该轮于 8 月 8 日 18:00 时抵那霍德卡港锚地,8 月 13 日 20:24 时靠泊,8 月 14 日 19:10 时开始卸货,8 月 22 日 11:60 时开始装货,9 月 2 日 11:40 时装货结束。“星光”轮返驶抵天津港后,因与南太公司就在那霍德卡港产生的滞期费发生纠纷,原告拒绝卸下 1 500 吨钢材货物,并欲留置船上货物运回韩国扣押。

天津华并物业有限公司得知后,以其托运的罐头丢失 12 吨及原告拒卸其所属的 1 500 吨钢材为理由,于 1993 年 9 月 16 日申请天津海事法院诉前扣押原告所属圣义森特籍“星光”轮。天津海事法院裁定扣船后,天津华升物业有限公司经与原告协商达成协议,由天津普利达房地产开发有限公司为天津华升物业有限公司提供 10.4 万美元的担保,原告向天津华升物业有限公司交付货物。协议达成后,天津华升物业有限公司申请解除对“星光”轮的扣押,天津海事法院于 9 月 25 日裁定,解除了对该轮的扣押。

1993 年 10 月 31 日,原告为追索船舶滞期费,向天津海事法院提起诉讼,称:按与南太公司的航次租船合同的约定,第一航次运费包船 35 000 美元,第二航次运费包船 37 000 美元。“星光”轮按合同规定的时间抵达天津新港装运货物，于同年 8 月 8 日抵达那霍德卡港卸货和装货，直至 9 月 2 日离开那霍德卡港，共用 22 天 22 小时 40 分钟，除去合同规定的可用时间，滞期为 16 天 22 小时 40 分钟，按合同约定的滞期费率，滞期费为 33 888 美元。按合同规定，南太公司应于 1993 年 9 月 7 日前将两航次运费 72 000 美元付清，但南太公司仅支付了第一航次的部分运费 3 万美元，因此，船东依据合同对船载货物依法进行留置。但天津华升物业有限公司却以其托运的罐头丢失 12 吨（值 85 332 美元）及船方拒卸其货物为理由，申请对“星光”轮实施了扣押。虽经双方协商达成协议解除了扣押，但船方为此遭受了巨大船期滞留损失，并支付了扣船执行费 5 000 美元。由于南太公司的严重违约，致使我方在运输中遭受巨大损失，请求法院判令南太公司支付所欠运费和滞期费，判令天津华升物业公司赔偿我方扣船船期滞留损失，两被告未作答辩。

二、审理

天津海事法院经审理认为，根据航海日志，“星光”轮在那霍德卡港的装卸记录及气象报告等证据材料，“星光”轮在那霍德卡港产生滞期费 33 888 美元是成立的。南太公司作为承租人应该履行合同之义务，赔付原告因船舶滞期所产生的上述损失，然后有权向天津华升物业有限公司追偿。在诉讼中，南太公司已将所欠运费如数付给原告的代理天津市航运公司，原告也予以确认，原告关于运费的诉讼请求已经解决。根据合同的约定，原告应向南太公司索赔所欠运费和滞期费，无权留置不属南太公司而属天津华升物业有限公司所有的货物。因此，天津华升物业有限公司以原告拒绝交付货物为理由申请扣船是正确的，由此产生的扣船损失应由原告自负，故对原告要求赔偿扣船损失的请求不予支持。经法院主持调解，双方当事人于 1994 年 3 月 3 日自愿达成如下调解协议：

（1）天津华升物业有限公司自愿赔偿原告 33 800 美元，作为与本案有关的最终的和全部的赔偿。

（2）上述款项自协议生效后 30 日内汇至天津市航运公司。逾期不付则按中国人民银行结算办法的规定，每延付一日加付 1‰的滞纳金。

（3）原告收到上述款项后，将天津普利达房地产开发有限公司为天津华升物业有限公司出具的担保退回该公司。

（4）本案诉讼费 6 910 元人民币，由南太公司承担 3 000 元，由天津华升物业有限公司承担 3 910 元。

天津海事法院认为上述协议符合法律规定予以确认。

三、评析

本案由于承租人不付滞期费而引起出租人留置货物，以及实际发货人和收货人因出租人丢失货物和拒卸货物而申请扣押船舶这一系列纠纷，其焦点问题就是船舶滞期费问题。作为出租人的原告在诉讼中请求的滞期费是否存在？原告船舶被扣押后产生的滞期损失是否应予以支持是本案首先需要解决的问题。

根据本案查实的证据材料，原告所属"星光"轮在那霍德卡港发生滞期是事实。但由于原告与南太公司签订的合同中未明确规定装卸时间的起算，因此，如何确定其滞期时间长短，是本案首先要解决的一个问题。天津海事法院对此是依据国际航运界惯用的"金康"(GENCN)合同格式来认定的。"星光"轮于8且8日18:00时抵达那霍德卡港锚地，装卸准备就绪通知书即应于8月9日上午递交，于8月9日13:00时开始起算装卸时间。按合同约定，"装三天、卸三天"，混合计算可用6天，扣除一个周日，即从8月16日13:00时进入船舶滞期，直到9月2日11:40时装货完毕，滞期时间应为16天22小时40分。按合同约定的滞期费每天2 000美元计算，"星光"轮在那霍德卡港的滞期损失为33 888.88美元。根据原告与南太公司的合同关系，南太公司作为承租人就有义务赔偿原告的滞期费损失。同时，由于南太公司与天津华升公司签订了相同内容的航次租船合同，该滞期损失又是该合同中作为出租人的南太公司的滞期损失，作为该合同中的承租人的天津华升公司就有义务赔偿南太公司的该项滞期损失。正因为上述合同之间的权利义务连带关系，让最终义务人向实际权利人支付滞期费损失就是可行的。

由于船载货物属天津华升公司所有，而不属与原告有直接合同关系的南太公司所有，因此，原告因南太公司欠付运费及滞期费，就只能采取其他方法向南太公司追索，而不能对天津华升公司的货物行使留置权。因此，原告留置天津华升公司的货物，拒不交货实属留置货物范围上的错误。天津华升公司在原告欲驶离天津港将船载货物运回韩国扣押的紧急情况下，为保全自己的货物所有权，申请扣押作为船舶所有人的原告的"星光"轮，一方面它属与船舶营运有关的海事请求，另一方面作为被扣押船舶所有人的原告对该海事请求负有责任，符合最高人民法院《关于海事法院诉讼前扣押船舶的规定》(在此之前为《关于诉讼前扣押船舶的具体规定》)的条件,其申请扣船正确。因此,原告因“星光”轮被依法扣押所产生的船舶滞期损失和扣船执行费用损失,是自己的错误行为所造成的后果,只能自行承担,即不能向天津华升公司追索,也不能向南太公司追索。

【案例四】 航次租船合同下货物落空费等费用案

一、案由

原告:海南省东方海运有限公司

被告:海口富通石油实业公司

1995 年 11 月 6 日,原告海南省东方海运有限公司(下称东方海运)与被告海口富通石油实业公司(下称富通公司)签订了一份航次租船合同。合同约定:被告富通公司租用原告东方海运所属的“云油 5 号”轮,装载 90 号汽油 1 600 吨自北海港至海 13 – 5 村港,合同受载期为 11 月 7 日至 8 日,运费为每吨 85 元,不足 1 600 吨按 1 600 吨计算,超过 1 600 吨按实载吨计算,劳务费每吨 5 元。如因富通公司原因造成货源落空,则富通公司应按总运费的 100% 赔偿给东方海运作为落空费,富通公司应在合同签订后一天内付清运费,逾期则按每天 400 元交纳滞纳金。装卸允许时间为装港 24 小时、卸港 24 小时,装卸时间以船舶抵装卸港锚地抛锚报到之时起算,至装卸完毕拆除油管以及办妥货物手续时止,滞期费率为每小时 800 元。合同还约定:被告富通公司的货物必须具备合法手续,若因货物手续不合法造成的船方一切损失,由富通公司负责赔偿。

1995 年 11 月 9 日 12 时,东方海运所属“云油 5 号”轮从海南八所港起航,11 月 10 日 5 时抵达北海港,6 时 25 分靠妥停泊于北海港锚地的新加坡籍“MT. Juremg Gurama”轮右舷,9 时零 5 分接管自外轮上驳油,16 时 30 分装油完毕,18 时 40 分移泊至北海港锚地等待启航返海口马村港。11 月 11 日 12 时,“云油 5 号”轮被北海市公安局暂扣,理由是该轮所装的 1 600 吨 90 号汽油没有合法手续,系走私货物。11 月 17 日,“云油 5 号”轮根据北海市公安局的要求交付了 10 万元担保金,并将所载汽油卸入公安机关指定油库后获准离开北海返航。

1996 年 4 月 15 日,东方海运向海口海事法院提起诉讼,以富通公司未依约办好货物的合法手续导致货物装而又卸,“云油 5 号”被扣导致船舶严重滞期及担保金损失为理由,请求法院判令被告富通公司支付其船舶落空费、滞期费、劳务费及赔偿担保金损失等共计人民币 418 000 元。

被告富通公司答辩称:我司与东方海运签订的航次租船合同规定的受载期是 11 月 7 日到 8 日,但东方海运所属的“云油 5 号”迟至 11 月 10 日才抵达合同约定的受载港北海港。东方海运擅自变更合同约定受载期的行为已构成违约,根据有关法律规定,我司有权解除合同。原告东方海运在合同约定的受载期外载运并被公安机关扣留的汽油不是我司所订购,故由此引起的所谓落空费、滞期费、担保金等费用和损失与我司无关,应由东方海运自己承担。

二、审理

海口海事法院经审理查明,1995 年 11 月 7 日至 8 日,东方海运所属的“云油 5 号”轮正在海口马村至三亚八所之间进行另一航次的油品运输,11 月 9 日 12 时自八所港起锚开航北海,其间东方海运未将船舶不能在约定受载期内抵达装货港的情况通知富通公司。11 月 10 日 5 时“云油 5 号”轮抵北海后,由南宁东方石油公司安排该轮靠外轮驳油,此安排没有富通公司的指示。11 月 11 日,因涉嫌走私汽油,该轮在北海被扣。富通公司与北海某公司订立了一份供油协议,约定最迟供油期为 11 月 9 日下午,超期则供油协议自然失效。

海口海事法院经审理后认为,原告东方海运与被告富通公司所签订的航次租船合同,双方意思表示真实明确,其内容亦符合成律规定,是合法有效的,双方的行为均应受该合同条款的约束。原告东方海运未能在该运输合同约定的受载期内,指派合同约定的运输工具“云油 5 号”轮抵达受载港北海港,违反了运输合同的约定,应承担违约的民事责任。被告富通公司依据交通部《水路货物运输规则》第 95 条的规定,有权解除合同。原告东方海运在被告富通公司否认“云油 5 号”轮所载的汽油系其所订购的情况下,未能提供足够的证据证明该轮在合同受载期外装载的汽油是富通公司所有或所订购的。因此,原告东方海运所称其虽有超过合同受载期的违约行为,但其已实际履行了运输合同的主张,不能成立。鉴于上述事实和理由,原告东方海运要求被告富通公司支付运输有关费用及赔偿担保金的诉讼请求,缺乏事实和法律依据不予支持。依照《中华人民共和国经济合同法》第 29 条第 1 款,《水路货物运输合同实施细则》第 9 条第 1 款第(一)项的规定,该院作出如下判决:驳回原告东方海运的诉讼请求。

原告东方海运和被告富通公司在法定的上诉期限内均未提起上诉，上述判决遂发生法律效力。

三、评析

本案是一宗航次租船合同纠纷，涉讼标的额不大，但双方的争议范围与通常审理的航次租船合同纠纷却有所不同。一般的航次租船合同纠纷，双方当事人的争议多围绕货损货差、运费支付、滞期责任及滞期费计算等合同约定的内容而展开。本案的当事人双方对合同条款的理解趋于一致，但对出租方（承运人）在合同受载期外受载的货物是否属于承租方（货主）所有，即承运人所载运货物是否是合同约定的受载物发生了争议，从而衍生出诸如航次租船合同解除的条件和方式，当事人举证责任等法律问题。

1. 关于本案航次租船合同解除的条件和方式问题

本案所涉的航次租船合同中，对受载期有明确的约定，即 1995 年 11 月 7 日至 8 日。而本案的事实表明，在合同约定的受载期限内，出租人（承运人）即原告所属"云油 5 号"轮正在从事另一航次的运输经营，其显然不可能在约定的受载期限内将该轮派往约定的装货港承载被告的货物，对这种明知的必然造成延误，原告没有及时通知被告，从而导致"云油 5 号"轮在合同受载期后的 11 月 10 日抵装货港，而被告全然不知情的情况发生，对此，作为出租人（承运人）的原告有明显的违约行为。此种违约行为的法律后果之一，是承租人有权解除合同。至于解除合同的方式是否需要承租人明示，则涉及对《水路货物运输规则》第 95 条如何正确理解的问题。该条第 1 款规定："出租人在约定的受载期限内未能提供船舶的，承租人有权解除合同。但是出租人将船舶延误情况和船舶预期抵达装货港的日期通知承租人的，承租人应当自收到通知时起 48 小时内，将是否解除合同的决定通知出租人。"从该规定前段看，只要出租人未能在约定的受载期内提供船舶即构成承租人据以解除合同的条件。但该规定对此种情形下承租人解除合同的方式未作明确的表述，由此也造成了当事人及法官在理解上的差异，这不能不说是该规定的一个疏漏。对解除合同方式的理解，主要有两种意见：一种意见认为，在此种情形下承租人解除合同应有一种明确的意思表示。货规第 95 条规定的是承租人解约的条件，此种解约条件须有一定的形式才能构成解约的事实，这种形式就是承租人的明示。如承租人未明示解约,则合同依然有效,出租人有权要求继续履行;另一种意见则认为,从货规第 95 条第 1 款前段和后段的联系可以得出一个必然的结论,只有在出租人将船舶延误情况和船舶预期抵达装货港日期通知承租人这种情况下,承租人才须以明示的方式通知出租人是否解约,如出租人未尽将船舶延误情况和船舶预期抵装货港日期通知承租人的义务,则承租人可以任何方式解约而无需通知出租人,判决采纳了后一种理解。结合本案事实,原告未能在受载期内提供约定船舶已属违约,而且原告在本案合同约定的受载期内正在进行的是另一合同项下的航次运输,这一事实进一步证明,原告的这种违约是必然的,可预见的,由此可见原告的违约具有主观上的故意。在已构成违约的情况下,原告又未履行其将船舶延误及预期抵港日期通知被告方的法定义务,据此,被告以何种方式解约,原告已无权追究了。

2. 关于原告在约定受载期限之外承载的货物是否属于合同约定的受载货物的问题

原告是否已实际履行合同,其关键问题在于查明原告运载合同受载期限之外承载的货物是否属于合同约定的受载货物,如果答案是肯定的,则可证明合同已经被实际履行,前述关于合同解除条件和方式的争论无任何意义。反之则证明合同已被解除,原告依据合同提出的诉讼请求于事实无据。

原告在受载期限外指派“云油 5 号”轮抵装货港,并未通知被告,“云油 5 号”轮在北海港靠泊外轮驳油也非根据被告的指示进行的,而是由与本案无关的案外人一手安排的。且另一极具证据效力的事实是,被告与北海某公司订立的供油协议中约定的最迟供油期限是 11 月 9 日下午,超期则供油协议自然失效。

而“云油 5 号”从外轮上驳油的开始时间是 11 月 10 日 9 时零 5 分。这一事实表明,与本案合同约定的受载物相关联的供油协议已然失效,合同约定的受载物自然也就不存在了。由此得出的结论是,原告承载的货物不是合同约定的受载物,进而可以认定原告与被告之间的航次租船合同已经解除。

3. 关于举证责任问题

当事人举证责任的原则是,除了法律明确规定的几种举证责任倒置的情形外,当事人必须对自己的主张提供证据,也就是俗称的“谁主张、谁举证”。本案中,由于原告的违约,被告对双方订立的合同有解约权,且这种解约权无需用特定的方式行使，那么，原告要使其已实际履行合同的主张成立，就要承担全面的举证责任。原告在诉讼中提出其虽有超受载期的违约行为，但其已实际履行了合同，应当据此享有合同约定的收取运费、滞期费等的权利，其据以支持这种主张的主要观点是“云油 5 号”轮承载的是合同约定的受载物，“云油 5 号”轮实际承载的货物是 90 号汽油，数量为 1 600 吨，装货港为北海港，这些都与合同约定一致。问题是，汽油是一般种类物而非特定物，仅证明实际承载的货物和合同约定的受载物均为汽油，还远远不足以证明其主张成立。因此，法院审理认为，原告未完成对其主张的举证责任，故其主张不能成立。

第八章　期租船实务运作

期租船是根据租船合同约定的条件,在一定期限内船东提供船舶的一种租赁方式。在期租租约期限内,租船人支付租金,取得船舶的使用权。租期从几个月到若干年。也可以期租一个航次,不具体规定期限,以完成一个特定货运任务为限度,这称之为航次期租(TIME CHARTER ON TRIP BASIS),例如租约规定为加拿大西岸装货,在中国卸货的航次。

期租船的主要特点:

(1)船舶所有权和占有权均为船东所掌握。其他有关船舶的管理、航行、人事、财务和技术等也均由船东控制。

(2)船舶由租船人根据需要调度和安排,组织营运。租船人承担除了停租和船东毁约行为以外的时间损失风险。

(3)船舶经营费用,如港口使费、捐税、船用燃油、货物装卸费、理舱费、平舱费等,都均由租船人负担。

(4)船东配备船员,并负担船员工资、给养、船舶维修保养和船壳机器保险费用。

(5)租金以载重吨为单位,按每吨每日历月的租金率计算。每半月或一月预付一次。不足一月,按比例支付。

(6)船舶在租期内运行期间,租船人要掌握船舶动态,安排货物装卸,添加燃料油,办理起租停租,以及审查航海日志和机舱日志等工作。

在期租船租赁中,仍有一种按一定期间租船,而不同于期租的特殊方式,叫做光船租船(BAREBOAT CHARTER or DEMISE CHARTER)。船方按照租船合同提供一艘空船船长和船员的配备、供应给养、储用备品、船舶的营运管理以及一切费用(船舶折旧、保险、修理费等船舶维持费用除外)的开支都由租船人负责。在船舶租赁期间,船东除保留船舶所有权外,租船人实际上掌握船舶的支配权和占有权。从这方面说,光船租船合同应是一种财产租赁合同,而不是运输合同。但在实际业务中,仍把它看作是租船运输的一种方式。

第一节　期租船实务管理

一、期租船船东和租船人的责任和义务

1. 船东应履行的责任和义务

期租船在租赁期中，除按租约条款规定者外，船东应履行下述几项的责任和义务：

(1)应使船舶处于有效状态。对船舶的装船、卸船和安全积载负责，即使装卸工不善积载而对船舶适航性产生的影响，船东也不能推卸责任。

(2)对船舶应尽遣航。如船长在拥挤的航道上，或在大雾、大雪恶劣天气下，或避让海上浮冰和漂浮物等情况下减速航行，或是为了船货安全，夜间拒绝进港等都是正常的，租船人无可非议。如果船舶货物已装妥，由于船舶加热未妥，或是船员上岸未归，而不能及时起航，船东要承担时间的损失。

(3)选择适当的航线。如在航行中遭遇大风，为使船货安全，可合理选择一个非航线的港口去避风。

(4)提供一切习惯性的帮助。如开关舱、加固捆绑货物、搬移垫料和扫洗舱等，对于超越习惯性的协助工作，船方可以拒绝。

(5)听从租船人的命令和指挥，使船舶日夜工作，并按照租船人指示签发提单。在没有充分理由下，船长不得拖延签发提单，或拒签提单，或在提单上加注不恰当的批语。除非租船人指示不合理，或违反租约、或违法。船方也无权扣押或保留已签字的提单，即使租船人拖欠了租金未付。

2. 租船人的责任和义务

租船人在租约执行期中，除按租约条款规定者外，应履行以下两项责任和义务：

(1)船舶在装卸港口的货物装卸，即使货物有残损，也不得拒卸。租船人拒卸货物是毁约行为，要赔偿船方损失。

(2)对船长不得发出不合法的指示，如倒签提单，违反租约的指示，如装运租约规定除外的货物，影响航行和船舶安全的指示，如装运舱面货不顾船舶的稳性等。由于租船人不恰当的指示对船舶造成的损失，租船人承担责任。

二、船舶规范和船舶状况

一艘期租船的船舶规范和船舶状况，对租船人来说，关系到船舶是否适合营运需要和影响经营成果的重要因素，是租船人需要考虑的重大问题之一。

船东对船舶规范的描述，主要部分有：船旗、船型、船级、建造年份、船舶长宽度、净登记吨、总登记吨、总重吨、载货重吨、载货容吨、满载吃水、航速、耗油量、起重设备、主机型号和制动功率、甲板/货舱舱口数目等。

船旗是租船合同条件项目之一。一艘租船使用哪一国籍的船旗关系到承租人国家的国别政策。在和平时期，船旗涉及拟进行贸易国家的法律、法规和法令，以及航行规则和租船合同适用的法律范围。在战争时期，船旗关系到船舶能否航行中立国问题。租船合同订明船舶使用哪一国籍船旗，出租人不得随意更换，除非事先得到租船人同意。出租人用错了船旗，租船人有权取消租船合同。

船舶在租期内必须保持在签约时的等级，如果在租期内由于某种原因丧失了原有的等级，租船人无权拒绝装货。由于船舶不能保持原等级而增加的保险费，租船人可向船东索赔。

船东对租约有关船舶描述的正确性负有责任。如果船舶实际规范与租约的描述不符，租船人有权向船东索赔。如发现船东有欺诈性的误述，其严重程度使租船人无法使用该船舶时，则租船人有权取消租约，并向船东索赔。

为使租赁的船舶适合于特定的用途（如装粮，船舱要很清洁，不能有锈渍、污渍等），或特定的装卸工具（如使用抓斗装卸），必须在租约上订明，以免在执行租约过程中发生争议。

《中租1980期租约范本》（简称中租期规的范本）对船舶规范和船舶状况的规定，有3个特点：

(1)“船东保证在交船之日以及在整个租期内”船舶要适航。按一般期租约规定，船舶在交船前和交船时，船方应恪尽职责使船舶适航，这是参照《海牙规则》规定的承运人（船方）应负的责任和义务。但中租（中国租船公司）的期租约范本，对船舶适航的要求推进了一大步。这就加重了船东应承担的责任和义务。

《中租期租约范本》还规定：“本船应紧密、坚实、牢固，处于良好状态，在各方面适于货运……”这是要求船舶绝对适航的概念。从实际来说,一艘船舶要达到绝对适航是困难的。因此,在交接船的实践中,引用了对适航的主要和次要缺陷之分的原则。属船舶主要缺陷,使租方无法及时用船,则可取消租约。属次要缺陷,只要船方及时补救,不影响租方用船,则不能销约。

所谓主要缺陷是指在一个短时间内无法有效矫正的缺陷,或是缺少船舶航行必备的一切有效证书,而不是在一个短时间可能获得的。例如:船舶承运重件货,所需100吨重吊损坏一时不能修复;装运冷冻货的冷藏机械,其主要机件不能运转,需要长时间的拆换重装;货舱舱盖板经水密试验严重漏水,是橡胶垫老化需要重新调换等。这些事例证明船舶实质上尚未做好准备,还需要一个较长时间才能把这些缺陷做到完全有效的矫正。因此它们属于主要缺陷,租船人可以销约。

至于次要缺陷是指某些并不影响船舶进行装卸作业和开航的缺陷。例如船舶主机微小损坏,不影响装卸作业,可以在货物装毕前修好;船上吊机三天后需用,有点小毛病需换几个小零件,三四小时就可完成;船上少两个船员,可在船舶开航前补齐等等。对于这些可以及时补救的缺陷,由于它既不影响装卸、又不影响开船,因此租船人无理由要求销约。

(2)"船东保证在交船之日,以及在整个租期内"船舶规范与租约附表描述相符。在这方面船租双方争议最多的是航速问题。

中租期租约范本有关航速的规定是:"在好天气条件下满载航速××××节"(SERVISE SPEED FULLY LADEN UNDER GOOD WEATHER CONDITION ××××KNOTS)。一般租约订法,如"BALTIME 1939"规定:"在风平浪静的水上,满载航速可达到大约××××节"(FULLY LOADED CAPABLE OF STEAMING ABOUT ××××KNOTS IN GOOD WEATHER AND SMOOTH WATER)。

从上述两份租约对航速的规定来看,其相同点:一是"满载";二是"风平浪静"的"好天气"。

在一般天气情况下,船舶在海上航行水的阻力是影响船舶航速的重要因素。"满载"船舶的海上阻力必然比空船为大,航速相对要低因之船舶空载或满载与航速有直接关系。由于船舶是货运工具,因之用满载衡量船舶航速是合理的。海上绝对风平浪静好天气的情况是没有的。一般说,只要海上在蒲福氏风级(BEAUFORT SCALE)4级风,而没有暗涌或其他自然因素的影响,就可以被认为是风平浪静的好天气。但是,这对船舶大小是有关系的。一艘超级油轮在太平洋航行中,遇到蒲福氏6级大风,仍然是好天气，但对一艘 5 000 吨级小船，就不能算是好天气。

这两份租约条款最重要的差别在于“可达到”即“有能力”(Capable)达到和“大约”(About)两个字。

“有能力”是从船体本身的角度来说的。即在租约规定的条件下，船舶在海上航行“有能力”达到租约规定的航速。“有能力”，一般是指船舶在订约时的能力，或交船时的能力，或在阻约执行过程中某一时间的能力，而不是整个租期的能力，这方面中租条款规定是比较严格的。

“大约”航速是指在租约规定条件下，船舶航行达到的大约速度。根据伦敦仲裁和法院的判例：大约一词一般以大约超过 5% 或 1/2 节为度，即船舶在风平浪静好天气和满载均情况下，航速下降不超过租约规定航速的 5% 或 1/2 节。例如一艘航速 15 节的期租船按减速 1/2 节计算，则实际航速达到 14.5 ~ 15 节就算是合格了。如果一艘期租船，租船人将其派往热带水域港口停泊了半年，船底长满了贝壳类的污物，使该轮航速减低了 1 节，则租船人就不能按减少 1/2 节的标准向船东索赔航速不足了。

中租期租约范本取消“大约”一词意味着在租约期内，船东要保证船舶达到一个固定的航速。从实际情况看一艘航速 15 节的船舶，签订了五年的期租约，船舶不可能在五年内保证一直维持 15 节的航速。船方为了履行对租船人的责任，往往将这份五年租约的航速，订为 14.5 节，或前二年订 15 节，后三年订为 14.5 节，以避免租船人索赔。

计算航速是以一个航次、一个航次来计算的。一个航次航速高，另一个航次航速低，两者不能互抵，因为这两者之间，没有相互联系的关系。

至于节省了燃油而减低了航速，如租约原订每日耗油 25 吨，航速 15 节，某次航行中，耗油减为 15 吨，航速为 12 节。即：耗油减少了 10 吨，航速减少了 3 节。租船人要求索赔 3 节航速的损失。但船东以实际损失为理由要求抵消。这种抵消是否可以成立尚无定论。如果可以抵消难免给船东一个钻空子的机会，因为减少 10 吨的油价足够补偿租船人对船舶减速 3 节的索赔。但多数船东认为这两者关系密切，互为影响。如一方获益，一方赔偿，则不合理，故认为应可抵消。一旦在实际租船业务中碰到这类问题，船租双方可以协商解决。

至于船东在执行期租约过程中节省了燃油，可否增加租约的租金，这是不可以的。由于在租约签订后租金已定，不能因为船东执行租约好一点就提高租金。

(3)如船舶规范与租约不符，租船人有权扣除租金。按一般期租约规定，租船人只有在两种情况下可以扣除租金：一是船舶发生搁浅入坞修理，机器在航行中故障等情况下的停租，二是船方毁约行为造成的时间损失，而中租期租约在这方面扩大了租船人的权利。

三、航行范围

《中租期租约范本》规定的航行范围是以伦敦保险人学会保证条款范围（INSTITUTE WARRANTY LIMITS）为基础的。如果船舶被派到“IWL”以外地区，则由租船人支付附加保险费。根据“学会航行范围”，伦敦船舶委员会具体规定了船舶在某个时间航行到下述地区某经纬度时，要加收附加保险费：

北美（大西洋）区

大湖和圣劳仑斯水域

波罗的海

俄罗斯北方水域

沙克哈林岛

南极

中租期租轮经常到加拿大圣劳仑斯河和大湖区各港装运进口粮食，这是“学会航行范围”以外的水域，因此租船人要支付附加保险费。

《中租期租约范本》又规定，租船人应负责指派船舶驶往安全的港口、锚地或地点。此外，租船人还可派船驶往需要支付附加保险费的地区。这就明确如按中租的期租约规定，租船人负担了船舶附加兵险费，就可以派船驶往“战区”。《中租期租约范本》第23条，也明文规定租船人不得指派船舶驶往冰封港；或由于冰情，港口航道即将或可能撤去灯塔和航标的地点；或因冰情，在船舶装卸完毕后不能驶出的地点。

上述几个方面的规定，是符合国际航运的习惯做法，是船东普遍接受的。但有一点应该注意：中租期租约虽然规定期租船舶可以派往“IWL”除外地区，由租船人支付附加保险费。但是这仅表明租船人得到这个权利，而不能排除租船人对履行期租约的其他义务，如选择安全港的责任规定等。

在《中租期租约范本》航行范围条款中，也有两个方面是存在争议的：

（1）“船舶照例安全搁底地点是否可不浮起”。“安全搁底”这个概念不是所有船东都能接受的，如塘沽新港，船舶搁底一般无危险，但有时也会发生船损。为了避免事后争议,在船舶发生搁底后,必须及时派潜水员摸底并作出报告。如船底确有损伤,应载明损伤部位和面积大小,如无损伤则应写明无损伤的结论,并由船长签认,以作为理赔的依据。

(2)"但不包括封锁和围困险"(EXCLUDING BLOCKING AND TRAPPING RISKS)。由于近年来的局部战争中,如苏伊士运河被封闭和两伊战争河口被封,都有部分船舶被封闭围困在河内。租船人不承担"封锁和围困险",就意味着船东要负担这部分的风险责任。同时在这个条款里也未明确船员拒绝航行危险区域所产生时间损失的负担问题,因此不少船东在这方面是有异议的。

四、交船和还船责任

1. 交船 (DELIVERY OF VESSEL)

交船是船东将租约所指定的船舶按规定的条件交给租船人使用的一种正式手续,船舶交船日期即就是租船人按租约开始计算并支付租金的日期。

船东和租船人双方为了各自的经济利益,都很重视期租船舶交船条件的选择。考虑在什么时间、地点和条件下交船,对其最适合、最有利、最省费。对期租船交船地点的规定,主要有下述几种:

(1)船舶在租船人指定的港口交船。船舶抵达指定港口港区内,即算抵达交船地点。如果指定的港口是租船人的装货港,这对租船人最有利,租船人接船后就可装船,而一切交船手续是在租船人的代理控制下进行。如果交船地点为港内的列名泊位,则船东必须把船舶引航至该泊位后才能交船。

(2)船舶在租船人指定的港口引水站或引水站引水员上船时交船。如港口是分段引水,租约应明确是第一段引水站还是最后段引水站,后者对租船人有利,这可节省接船后船舶到泊位的航行时间。

(3)船舶在航行过×××港交船,或过×××港××小时交船,或过×××经度×××纬度交船。这3种方式易生异议,例如某轮在海上某处交船后到装港,按航速和航程计算应为5天,而船方谎报受天气影响为9天,租船人难以查核落实。为避免这一弊端,不如给船方一笔额外补贴(BOUNS),补偿船方从交船地点到装港这段的时间费用,比较实际可靠。

(4)船舶在卸货港卸毕或卸毕后×××小时交船,这种方式多用于期租船续租。

(5)船舶在×××港不论何时准备好就交船,这种方式对租船人最为不利。

船舶在租约规定的交船到期之日,仍未准备就绪交付租方使用,租船人有销约的选择权。船舶在海上或在某一指定地点交船,租船人接受了“交船通知”,这就意味着选择权的消失。但在船舶到港后如发现某些缺陷,只有引用“停租条款”来解决。除非有重大缺陷。如货舱严重破旧锈损;舱盖板密封失效需全部换装橡皮垫;主要装卸工具和设备须长时间修理等等。这些缺陷说明船舶并不具备在各方面适航的条件,显示船方的交船具有欺诈性的误述(FRAUDALENTMISREPRESENTATION),影响租船人及时用船。如有争议租船人可以向法庭上诉。如果是微小的缺陷,船方可及时矫正或补救,并不影响装货和开航,租船人当不能提出任何疑义。但是按美国法律,只要租船人发现船舶某方面不适合航行条件,不论其影响装卸作业与否,都可以行使销约权。

当租船人行使了销约选择权后,不论租船市场有什么变化,即使租进了高价的代替船,租船人受到损失,也不能向船方索赔。但是,如果确证由于船方的欺诈性误述,使租船人无法及时用船,租船人不仅可以取消租约,还可以向船东索赔。

有关交船检验,租约一般规定:船租双方各委托一个检验师检验,或船租双方共委托一个检验师检验,或在船租双方同意下接受租方或船方委托的检验师检验。比较这三种方式,以其中第二种方式较好,这样可以避免检验结果不一致易发生争执。检验项目按船舶一般状态检验,如机舱检验,对租船人来说实无需要,可不进行。检验的目的在于确证船舶是否坚实、紧密、强固,并在各方面适合航行。故检验的重点在货舱部分,检查舱盖密封情况,护货板和舱底板有无短缺,污水沟是否完好等等。对装运食品类商品,如粮食、原糖等,必须检验有无虫害,以免影响货物安全。对于船舶的深舱应与其他货舱一样,是供租方使用舱位的一部分,其清洁度也应与一般货舱一样。如果船舶在交船前,深舱内打入压舱水,船方应重新清洗,使之与货舱同样清洁、干燥、无味,以适装杂货为准。护货板和舱底板如有损坏和短缺而在交船前修理有困难,在不影响装货情况下可先行接船,并在接船证书上批注。当租船人一经提出要求,船方必须立即负责全部装齐,并负担装修的时间和费用。

测量存油。先查明租约规定的计量单位,是公吨或长吨,有无伸缩,如有不足,租船人可要求船方补足。测油所用的时间按中租期租约规定:

交船由船方负担,还船由租船人负担。

有关交船时间,租约必须订明是以格林尼治时间还是以交船当地时间计算。根据实践应以使用格林尼治时间为佳。这样,还船也使用格林尼治时间,标准一致对船租双方都不吃亏。

有关接船时间,中租期租约规定在办公时间接船。如船东要求在星期天或公共节假日交船,或船舶在最早交船时间前抵达指定的交船港,船东要求提前交船。在此情况下,如果租船人装船货物已备妥,接船后又可立即开装,则租船人可与船东洽商节假日接船或提前接船的条件。一般可按节假日或提前接船的天数租金的一半或三分之二计算,或保留节假日或提前交船条件在还船时同样有效。这对船租双方都有利的。

还有一种情况:当船东明知船舶不能在销约期前赶到交船港口,要求租船人决定是否取消租约。租船人答复船到港后再定。这就逼使船东不得不将船舶驶往交船港口,否则船东要承担毁约责任,并赔偿租船人损失。如果船舶抵港后,租船人决定取消租约,则船舶空航一趟。为解决两难困境,船东往往要求在租约上增订一"询问条款"(INTERPELLATION CLAUSE),规定船东有上述情况的询问时,租船人应在一定时间内具体答复是否解除租约。我国《海商法》第 97 条也有此项规定这对船东是有利的。

如船舶从他港驶赴指定港口接船,必须在船方办妥海关和联检手续,靠好指定的泊位,完成货舱检验和测定油水后才能接船。

如船舶是驶离港后接船,则接船时间应从引水员离船的时间起算。如果接船港是分段引水,则接船时间应从引水员在最后引水站下船时起算。

如果接船后,由于船方原因耽搁船期,必须做事实记录。

"接船证书"是一个重要文件。其记述的内容不能有不实之词因为在租约期满还船时,除了船舶自然损耗和租约规定租船人不承担损坏责任的部分外,必须按船舶交付使用时大体相同的良好状态交给船东,如发生争议需要查对"接船证书",核实责任方。

船舶港口使费一般原则是交船前一切费用由船东支付,接船后一切费用由租船人支付。对于驶离某港或指定某港交船的进出港使费负担,租约必须明确规定,避免船租双方解释不一。

2. 还船 (REDELIVERY OF VESSEL)

还船是租船人在租约期满时,按照租约的条件将船舶交还给船东的一种正式手续。船舶还船之日，就是租船人停止继续支付租金之时。

租约还船的规定，大多采用与交船一样的几种方式，只不过船租双方调换了一个位置。对租方最有利的还船方式，是以船舶不论何时何地准备好即还船。这样除非船东就在还船港租出去，否则要支付一笔出港使费。因此船东往往要求还船条款订为："出港引水员下船还船"（DROPPING OUTWARD PILOT），这笔出港费就转嫁由租船人承担。

还船具体手续基本与交船一样，但是有几点值得注意的事项：

(1) 预计还船的日期，在向船东发出还船通知前要认真查实，应有合理的根据，力争准确。

(2) 测量还船油的数量，要查清存油各舱和可能存油的船舱，防止船方私吞存油。

(3) 仔细查对接船、还船两个检验报告。除正常自然损耗外，船舶应与接船大体相同的良好状态还给船东。如船东提出有装卸公司承认的由装卸工人损坏的护货板、舱底板或其他船具设备等，应敦促责任方负责修理或赔偿。如必须到国外修理应得到责任方确认，以免事后推翻，影响合同履行。

(4) 清舱和垫料处理。如租约未规定由船员处理，应及早委托港方工人办理。为争取时间，在得港方同意下可卸完一个舱清理一个舱，不致影响船期。

(5) 节假日还船。如无节假日交船的先例，必须得到船方同意，必要时可酌给船方一些补贴。船方既同意节假日还船，则在"还船证书"上不应再加上任何批注。如："还船以租船合同为准"，"一切条款、条件和除外事项按照租约办理"等。

(6) "还船证书"上必须有船长和船租双方或代理人签字。如有争议事项，可做"事实记录"注明由船租双方按租约解决，切不可作任何涉及租船人责任的批语。

有关超期还船问题这在期租船经营实践中经常发生并引起争议的问题。

从理论说，如期租合同规定船舶租期为一年，按一般判例，法庭允许给予租船人一个附加补充期。在这个补充期内还船，租约仍继续有效。但是，如果租约期规定为"最少××月/最多××月"，由于租约已限定租期最多××月，因而就没有附加补充期。

审议超期还船的案件，伦敦仲裁师要查核租船人最后一个航次安排是否合理。例如：某轮按租约规定到最后还船燃油只剩一个月，租船人根据航程距离和港口装卸效率计算，作出最后一个航次的安排：装货 10 天，航程 10 天，卸货 10 天，共 30 天，预期可按时还船。但实际情况如由于卸港天气影响耽搁了 5 天。伦敦仲裁师认为：这个最后一个航次安排是合理的，超期 5 天还船不是原安排的错误，因而是可以允许的。但是，如果租船人指定的卸港是一个长期严重堵塞的港口，船舶到港后一般要等泊 4、5 周，而租船人最后航次的安排掩盖了这个情况，仍以正常装卸运转的 30 天来计算，这是不真实的，也是不合理的。因为即使在没有气候影响因素下，最后航次也需要 50 天至 60 天才能够完成，而不是 30 天。因之仲裁师不认为这是合理的安排。

伦敦有这样一个判例。某期租合同规定，租期 6 个月，可有 20 天的伸缩，该轮于 1970 年 3 月 8 日交船，最晚还船期应为 9 月 28 日。而实际还船期为 10 月 7 日，超期 8.416 天。英国最高法院判决：租约最晚还船期并非限死，因租约条款中有“大约还船日期”（AN APPROXIMATE DATE FOR REDELIVERY）一语。超期时限不是长得不合理，不算违约。因此，租船人仍按租约原租价支付超期租金。

从上述情况看，还船超期要看租船人是否以事实为根据作合理安排。如果这个安排考虑到可以预知的各种因素，而其所需的总共船期并未超过最晚还船期，则不能认为不合理。否则将一些已知的影响还船期的因素有意或无意地忽略，例如将装卸港长期排队等泊不计在内，因而在制订安排之初已显然不能做到按期还船，这个安排不能认为是合理的。这就要求在最后航次安排上要细致慎重，要实事求是。如因考虑不周或有明显错误，租船人就要承担违约责任。对于正常合理的超期用船租金，除租约另有规定外，仍按原租价支付。对于不合理超期用船租金，如租船市场运价高于原租约的租价，则按市场运价支付。

五、停租

停租是一项维护租船人利益的条款，租船人在租约规定的某种条件下有权办理停租，但不能因此拒绝负担本应负担的其他费用。租船人办理停租应负举证的责任。

根据停租的原因，大致可归纳以下几个方面：

1. 船舶本身的原因

船舶搁浅、碰撞、触礁、火灾（不是船舱货物的自燃）或其他海难事故;船壳、水管、油管破裂;绞车或其他装卸工具损坏或故障;停电、蒸汽停止或其他机件故障;清洗锅炉或检修汽缸活塞;船舶进坞修理、熏舱、扫洗舱(不是货物的原因)等等。

2. 船舶证件、船用物料等因素

船舶适航证书、灭鼠证书等失效、需要补办,添购海图、船用零配件和物料等耽延了船期。

3. 船员因素

船员漏船(船舶要起航船员未归)、死亡、罢工、纠纷、不法行为和更换或补充船员等造成船舶的耽搁。

4. 其他因素

(1)由于船方原因,船舶被有关当局扣留,或船方无理拒绝装卸货物、拒绝开航或移泊等损失的船期;

(2)船舶在海上或驶离港口交船,抵港后发现船舶不符合租约规定要求,影响装货的耽延时间;

(3)船舶不能有效工作,不能立即执行要求完成任务,或未采取必要措施,以保持船舶的效率所产生的时间损失等等。

对于某些特殊情况造成船期损失,但不能办理停租。如:为进行救助的船舶绕航;将偷渡者送上岸的航程时间;因挂方便旗遭港口国际运输工人同盟(INTERNATIONAL TRAN SPORT WORKERS FEDERATION,简称ITF)抵制的时间损失等等。

在某些期租约中,在停租条款内还加上一条"相等距离"的条款。例如:某轮从A港开往B港,途中船舶因故需到C港入坞修理。故船舶自A港至C港一段航程时间、船舶在C港入坞修理的时间以及船舶自C港开航至D点的时间,全部办理停租,船舶自D点开航时起租,从D点到B港相当A港至B港的同等距离,可用图8-1所示。

期租约的"停租条款",按照英国法律规定,即使船舶发生了某种停租条款中有关停租事项,但未造成租船人的船期损失,就不能停付租金。例如船舶在航行途中发现吊机有某种故障需要修理,因租船人在运输途中并不需用吊机,未造成租船人的时间损失,自无理由办理停租。但美国法律与此相反,只要船舶发生停租事项,不论租船

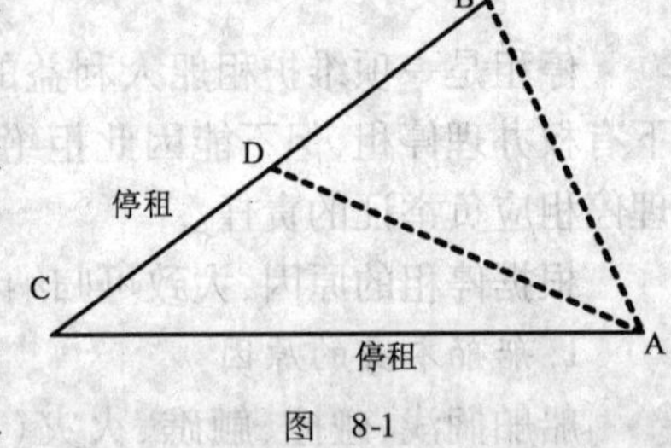

图 8-1

人有无船期损失，都可办理停租而停付租金。

对停租时间租船人不能要求相应延长租约期，除非期租中有明文规定。《中租期租约范本》规定："租船人有将任何停租时间加在租期内的选择权。"

船舶在停租期间所产生的一切费用，如进出港使费、引水费、拖轮费、解缆系缆费、熏舱费、倒舱费、检验费等，根据中租期租约规定均由船东负担。由于停租而发生的装卸工人待时费以及其他罚款也由船方负担。某些船东认为装卸工人待时费和罚款均系间接损失，不应由船方负担，这是船租双方长期争议的问题之一。有的期租约条款就明确订明，船东对停租事项的后果不承担责任，这就表明船东对停租的间接损失不负责任。

由于造成停租的原因很复杂，在办理停租工作中会碰到一些问题。例如：船舶发生火灾，一时分不清究属船方或货方（租方）的原因。租船人认为船舶所装的货物没有自燃因素，因而要办理停租，船方持异议则反对办停租，而港口消防专家也未能作出结论。船租双方都提不出权威性证件证明起火原因，因而发生争议，无法签"停租证书"。又如绞车损坏，船方认为是装卸工人操作不当造成，应由租船人负责。租船人认为：即使是装卸工人操作不当，按租约规定，装卸工人是在船长指挥下工作，也属船方责任。双方各执一词，相持不下。由于这些问题情况不一，船租双方各自为了维护其自身利益，看法难以统一。

因此，在签署"停租证书"时必须注意：对于船租双方无争议的停租应在证书上填明停租的时间、地点和停租当时的存油量（如存油量有疑问，应请检验师测定）。如经常发生的绞车损坏停工，应填明停车时间和影响作业的舱口数，以便正确计算停租金额。对于办理停租有争议的，在必要的情况下，可在证书上批注："船租双方按租约条款解决"。如仍不能取得一致意见，则可签"事实记录"，说明事实情况，以使船租双方商讨解决。

六、装卸损坏责任

对于装卸货损责任，在期租船实务中由于装卸工是由租船人雇用，他们所造成的货损，自应由租船人负责。但也有期租约条款规定，船方应对装卸工所造成的货损负责。

至于船舶的装卸损坏，除了船员在执行职务时所造成的船舶损坏外，不少期租合同规定是由租船人承担责任。但条件是在事故发生 24 小时内,船长必须书面通知租船人或其代理人,并进行联合检验,逾期租船人不承担责任。

上述条件中之所以有个时间限制,是为了便于船租双方及时在现场找公证人查找事故原因,确定损失程度和估算损失金额,以便租船人向装卸公司或保赔协会提赔。

也有的期租约规定,船舶装卸损坏,由船方与装卸公司直接处理,但在装卸公司否认其责任时则仍由租船人承担责任。

中租期租约条款不同于此。该租约第 21 条规定:装卸工人和理货人员,由租船人进行安排,但是作为船东的雇员,根据这个原则,由于船方雇员的疏忽、过失行为或判断错误所造成的损失,自应由雇主船东负责,这样就明确了港口工人与船方之间的关系。这一条款中又规定,租船人不承担引水员、拖船或装卸工对装载不良或不合理造成船舶灭失的责任,这对租船人是有利的。

但长期以来,在期租约执行过程中,船方在我国港口为船舶装卸损坏和货差、货损问题与港方经常发生争议。有时船方掌握到确证,证明船损是由装卸工人疏忽造成的,或是由于装卸工人的过失,而货差是理货计数的差错。但这些方面有时很难得到港口有关方面的确认,往返争执,影响船期。

七、转租和过户

1. 转租(SEB-LET)

在国际租船业务中,期租船租船人以二船东身份将期租船转租给第三者是一种正常业务。但是租用二船东的船舶必须谨慎,要选择信誉好的二船东。因为二船东本身不是船舶所有人。租用二船东的船舶风险比较大。

《中租期租约范本》规定:租船人有转租本船的选择权,但原租船人对船东仍有履行本租约的全部责任。

这个条款说明原租船人称为二船东后,掌握了两份租约。他一方面要执行转租租约,另一方面又要执行原租约,他对这两份租约都要承担租约条款规定的各项责任和义务。

期租船转租后,船东、原租船人(又是二船东)和转租租船人三方,在相互的业务关系上有 3 种情况:

(1)转租租约条款与原期租约条款一致。即在两份租约上签约双方的权利和义务相同。这样,二船东在处理与原船东和转租租船人的业务关系上,不存在任何困难。例如两份租约都规定了船东对货差货损负责。则在转租租约的执行过程中发生了货差,转租租船人向二船东索赔,二船东以转租租船人提供的索赔证件,转向原船东提赔。如转租租船人索赔的是船期损失,而转租租约的租金高于原期租约租金,则船东败诉时,二船东要向转租租船人补付原船东赔付转租租船人的租金差额。

(2)转租租约与原期租约条款不一致。如转租租船人承担船具损坏责任,而原期租约租船人不承担船具损坏责任。因此在转租租约执行过程中发生船具损坏时,二船东按转租租约向转租租船人索赔,并获得赔偿。但原船东不能获得这笔赔偿,因原期租约并无此相应条款。有时,原船东要求租船人(二船东)将这项权利转让给原船东,由原船东向转租租船人索赔船具损失。如二船东同意了原船东的要求,必须签署转让"代位索赔权"(SUBROGATION)的证件作为法律依据,否则原船东无权向转租租船人提赔。

(3)转租租约二船东承担的义务大于原期租船船东所承担的义务。如发生某项损失时,转租租船人按转租租约向二船东索赔,二船东只能自行承担理赔义务,而不能转向原船东索赔。

以上 3 种情况,从业务角度来研究,是以第 1 种情况对二船东有利,第 3 种情况最差。二船东能否在转租船舶时取得好条件,取决于当时租船市场供需情况。

在转租业务中有一个值得注意的问题。即在转租租约中,是否仍赋予转租租船人在转租租约中再保留转租的权利也就是说是否在转租租约中再保留转租条款。如保留这一条款,则转租租船人是一个"空头租船人"时,他租进船舶是为了再转租或对外揽货,从中捞取利益。这种经营有时不免带有很大投机性。如不保留转租条款,则转租租船人多数是一个实际用船人。两者比较,对二船东来说,前者比后者要承担更大的风险。

1990 年,中租公司曾将多艘期租船转租给一家美国运输公司。这是一家没有商誉的空头租船人,是个狡猾的投机商。他租进船后向市场揽运货物。当其收到运费后,不久即宣告公司破产倒闭,携款潜逃。因此二船东既未收到租金,但又不得不出面收拾残局。将该轮装运的货物运到目的港,然后收回船舶,遭受很大损失。为了减少转租风险,首先须对转租租船人要慎重选择,对其资信情况力求摸清,而后成交签约。

2. 过户(DEMISE)

期租船在租期过程中,船东由于其本身原因,将其船舶转让给第三者,这就产生了船舶所有权转移和变更船东关系的问题。对于租船人来说,自然无权干预船东转让其船舶的正当行为。但租船人为维护其本身权益,不得不慎重审查新船东的情况,并有权作出自己的决定。

船舶所有转移的手续,涉及已签期租约的执行和修订,一般有以下几个程序:

(1)原船东首先以书面正式向租船人提出船舶过户要求,介绍新船东资信和其他有关情况,并对过户前发生的属于期租约范围内的一切财务和索赔悬案的处理,明确是否由新船东承担全部责任,抑或由原船东继续处理。

(2)租船人对新船东情况审查后,对船东正式确认是否接受期租船舶的过户要求。一般说租船人无理由拒绝船东过户的要求,除非租船人提出确实证据,说明新船东缺乏商业信誉,或是租船人曾有过与其合作的不愉快的历史记载。

(3)在租船人接受船舶所有权的转移并同意期租约过户,新船东应以书面确认。过户后将严格执行原期租约和相关的所有该租约"补订书"的全部条款,并对过户前遗留的财务和索赔案件,按原船东、新船东和租船人三方协商一致的意见办理。

(4)根据上述确认各点签署"补订书",作为期租约不可分割的一部分,船租双方据以执行。

过户工作重要的有两点:一是新船东资信情况要通过各种途径查清,不能听信原船东的片面介绍。二是过户前未清结的财务和索赔案件的处理原则要落实,以免承受不应有的损失。

八、留置权

《中租期租约范本》对留置权(MARITIME LIEN)有如下规定:

为了索回本租船合同项下的赔偿,船东有权留置属于定期租船人的货物和转租运费,以及提单运费。为了索回预付而不应得的款项,索回因船东违约而造成的损失,租船人有权留置船舶。

这个条款明确订明在一定条件下,船东有权留置租船人的货物、转租运费和提单运费,租船人也有权留置船东的船舶。

对于行使船舶留置权的范围,根据1952年布鲁塞尔《关于海运船舶国际公约》规定,行使扣留海运船舶的范围包括:船舶碰撞、人命伤亡、海难救助、船舶租赁和使用、运输契约、货损、共同海损、拖带、引航、船用品供应、船舶修理、船员工资,以及对船舶所有权、占有权、抵押权或质权和营业收入等方面的争议而引起的损失请求。在此范围内只要债权人根据有关契约条款和法律,对船舶行使了留置权,海事法庭就有管辖权。

留置权具有不可消灭的性质。当船舶过户给新船东,留置权还存在,但对物(即船舶)的诉讼权即消失。而美国法律例外,根据美国《1971年联邦留置权法案》规定,船舶过户新船东,受害人仍有行使对物诉讼权。假如一艘船舶过户给一个新船东,如果这条船原船东对外尚有索赔悬案未解决,按美国法律该轮仍有被扣留的危险。但是,船舶被扣留后经法院将船舶在市场被公开拍卖,由于拍卖前已登报声明,如无人申请留置权,则拍卖后留置权即已消失。

租船人对船舶行使留置权必须遵守3条原则:①对同一海事案件,原告只能向法院申请扣留船舶一次,而且只能扣同一船东的船舶;②对船舶所有权、经营和抵押,以及质权方面的海事请求,原告只能申请扣留本船,而不能扣留同一船东的其他姊妹船;③对已经留置的船舶,以及关于碰撞、救助和船员工资的海事请求,即使当时船舶所有权已经转移,原告仍可以申请法院扣留。

对船舶行使留置权,必须通过海事法庭按法律程序办理。

一般说,船舶在什么地方被扣,那个国家的海事法庭就有管辖权,并按这个国家的法律来处理。有时,一些被告为了维护其利益,企图改变某一国家海事法庭的管辖权。例如某轮撞坏一个国家港口堤坝,船舶在英国被扣。被告认为:撞坏的堤坝不是在英国,双方当事人也不是英国人,因而要求英国法庭终止审理。英国法院认为:在英国法院的案件,被告可以申请终止审理,如果被告能证明在英国诉讼,对被告和原告双方都没有好处,而且对被告更有不便之处,这样,英国法院才会同意终止审理。

此外,由于各国海事法律规定不一,审理扣船的时间有长有短。如荷兰海事法庭,原告上午提出申请,下午即可扣船。而希腊海事法庭须一周左右时间才能扣船。船舶在港停留时间很短,错过时机,就无法扣船。因而选择什么港口扣船,必须慎重考虑。

仍有一个值得注意的情况:有时并非船方的责任,而船舶被扣造成船方很大麻烦,例如一艘租船往往由于租船人在港口的费用拖延未清造成被扣。根据美国《1972年联邦海事留置权法》(FEDERAL MARITIME LI-

EN ACT1972）规定，凡属供应必需品费用结算引起的纠纷，受害方无需查明费用由谁负担，就可对船舶行使留置权。除非船方事先向港口供应商发出一个解释性通知（CONSTRUCTIVE NOTICE）申明。凡是租船人命令他们提供的服务，其费用只能向租船人索取，与船方无涉。如租船人拒付，只能告租船人，不能告船方。

为此，船东为保护自己，避免上述麻烦，不得不在到达每一个港口向供应商发出一个"解释性通知"。

关于对转租运费行使留置权，往往是由于原船东与二船东之间，在执行原期租约上发生财务上争议。原船东按租约规定向转租租船人发出通知，要求他把转租运费交付给二船东和原船东双方同意的账户或共同开立的账户。如二船东拒绝，原船东可向法庭申请发出"禁制令"强制执行。

中租公司曾有一案例。中租一艘期租船转租给第三者，由于原船东与二船东（中租）在原期租约执行上有索赔案件的争议，原船东宣布留置转租运费。开始二船东以两份租约、两种关系为理由，要求转租租船人按转租租约照付运费。后转租租船人以原船东与二船东争执不下，遂将运费存入伦敦一家银行，等待案件最后裁决，结果索赔案二船东败诉。

从这个案件得出一个教训，转租船舶如与原船东有争议悬案未解决，则转租运费就有被原船东留置的可能。对于要安排转租的船舶，宜先将有关悬案处理了结。否则不仅转租运费长期拖延拿不到手，经济上受损失，而且通过法院对悬案的裁决，对二船东未必有利。这样既费时、费事，也增加费用开支，可能得不偿失，甚至全无所得。

另外，由于船东破产，船舶被扣，也会造成租船人不利的后果。中租公司一艘期租船，在租约执行期中，船东宣告破产。船舶被抵押银行扣留，并向法院申请拍卖。但船上有租方的货物和存油，因而租船人不得不聘请律师向扣船港法院声明货物和存油的所有权。并在法院同意下，卸下货物和存油，另派船运回。中租遭受租金、货物装卸、存仓和回程运费等项损失。但船东已破产，只有参加扣船，希望获得一点补偿。可是，赔款排队的顺序：银行借款居首，其后是船员工资、港口费用，最后才是租约项下租船人的索赔。摊分的结果，中租是毫无所得。

由此可见，一艘船如有几个债权人一并宣布扣船，当船舶拍卖后得款，就有一个摊分债款排队的问题。谁先谁后，关系很大。一般次序：救助费用，船员工资，港口服务费，侵权行为损失，有留置权的租约索赔。从这个排队次序看，对租船人最为不利。因之租用长期期租船，选择殷实可靠的船东很为重要。尤其现今一条船一个公司的情况下，公司的破产倒闭，租船人很可能牵连受损失而得不到补偿。

九、解约、毁约和撤船

1. 解约(Discharge of Charter)

根据《中租期租约范本》规定，租船人行使解除租约的选择权，要具备下述诸条件之一：

(1)期租船舶航行中受阻，使租船人无法安排货运任务。

(2)期租船舶，船东不能在租约规定的期限内准备就绪，并抵达指定的交船地点，交给租船人使用。

(3)由于船方原因，期租船舶停租达六个月以上而无法履行租约。

(4)期租船被船籍国征用超过一个月。

(5)期租船舶在租期内，船东和租船人在航次主要加油港都不能安排加油，致船舶无法运行。

租船人在行使解约选择权时，必须在一个合理时间内作出明确决定，否则即作为弃权论。中租和纽约产物交易所的期租约范本都规定：如船方未按时将船舶“准备就绪”并交付使用，租船人行使解约选择权，必须在不迟于该轮“准备就绪”之日。一般情况是如船方递交“交船通知”已超过租约规定的销约期，租船人接到交船通知后，应立即作出明确决定，否则即算作放弃解约选择权。

另外必须注意到，从法律意义说，一旦租船人接受了船方的交船通知确认接船后，就失去了解约选择权。不论接船后有什么重大缺陷，只能按停租条款来处理。除非船方有欺诈性误说，谎报船舶准备就绪，可通过法律途径裁决。

如果租船人行使了解约选择权后，因为租用一艘代替船，付出了高于原期租轮的租金，受到经济损失。这种损失租船人无权再向船东提赔。由于租船人行使了解约选择权，就失去了索赔权，二者不能兼得。

还有一种情况，船租双方都有权无偿地解除租约。但这种解约行为必须具备下述条件之一：

(1)船旗国卷入战争，或处于敌对状态，或处于军事行动。

船东和租船人都可要求解除租约。船舶在目的港或在租船人选择的安全和开放的港口，于卸毕货物后还给船东。

(2)由于非船东和租船人任何一方的原因,期租船被政府机关扣留。

2. 毁约(REPUDIATION OF CHARTER)

在租船实践中,船东毁约行为层出不穷,尤其是一些资力和信誉欠佳的船东,借毁约敛财的事时有所闻。至于租船人毁约行为,相比之下所见不多。

毁约大致有4种形式:

(1)预谋性毁约。如租约签订的是一艘英籍旗船,船东却私下改换为方便旗,不按原订租约条款规定履行。又如一期租船未交船前,因市场船价看好,有利可图,船东私下将船舶出卖。

(2)实质性毁约。如船方不按租船人指示,装船后船长拒签提单。又如船方拒绝接受按租约规定可装船的货物装船。

(3)欺诈性毁约。船方不能按销约期交船,是由于种种欺诈行为造成的。如为了抓住一个签约机会,谎报船位,以致到期不能交船,为了牟取私利,在交船前进行一次不合理绕航,或多走了一个中间航次,为了节省油料,未尽速遣航等。

(4)事先毁约。如某轮赶不上销约期,船东电询租船人如何处理,租船人本可不予作答,但出于好意,复:“我也无货,可不来”。船东反诬租船人“事先毁约”。因船东仅说赶不上销约期,未说不履约。法院判租船人行为已构成“事先毁约”。

船东毁约应赔偿租船人租用代替船的租金差额,直至该租约到期之日。

3. 撤船(WITHDRAW OF CHARTER)

期租船东撤船涉及租船人对租约支付租金条款的执行。《中租期租约范本》第11条规定:“第一期租金应在交船后七个银行工作日内,以后各期租金应在到期后七个银行工作日内以现金……预付半月……”,如未履行支付现金,船东有权撤船……

根据伦敦的一些判例表明,期租船对支付租金条款的执行很严格。一是付租金要准时,二是租金金额不能少。如租约已订明可以从租金中扣除的金额除外。如未准时支付租金,船东按租约可以撤船。但根据英国判例,船东撤船后就不能再索赔。除非租船人不是由于时间来不及未能准时支付租金,而是有意不付租金。这就构成事先毁约行为,要对船东损失予以赔偿,但美国判例不同于此。认为因不准时支付租金是违约行为,仍可索赔损失。至于付款金额如租船人已准时支付应付租金的90%

时,可算作“全数”,船东就不能引用租约规定撤船。

对“未履行支付租金”一语,在伦敦一些判例中,法官们有不同解释:一是不履行付款,并继续毁约”。即租方不交付租金继续存在,才构成“未履行支付租金”;二是租方在船东采取撤船行动前交付了租金,弥补了毁约行为,这不能作为“未履行支付租金”;三是租约规定交付租金之日,租方未履行交付,即构成“未履行支付租金”,租方不能在事后补交。这三种解释从法理分析,似以最后一种解释较确切。

由于“未履行支付租金”是一种毁约行为,故船东有撤船的权利。有的期租约为了避免在解释上发生争议,因而在租约条款订得更加明确:“如不准时和定时交付租金(PUNCTURE AND REGULAR PAYMENT OF HIRE),船东有权收回船舶”。

对于“租金应在到期后七个银行工作日”汇付的含义,根据伦敦仲裁师契斯特曼解释,“租金应在到期后七个银行工作日内汇到船东指定的银行账户,船东可以及时取到款”。即按租约规定的租金汇交到指定银行的船东账户,使船东获得无条件的权利则能立即使用这笔钱,才算完成租金支付。

中租期租约规定的“预付”一词,其含义是表明:如租船人不能“预付”属毁约,这不能以迟交作弥补。因迟交就不是“预付”。如租约规定按每半月“预付”,而到期之日适逢假日,则交付租金必须于假日前一日汇到指定银行。如到期日后一日汇到,那就不是“预付”了。中租公司租约规定按“银行工作日”计算则避开了“假日”这个问题。

在租船人未能准时汇付租金,船东如要执行撤船时,必须在一个“合理时间”内向租船人发出收回船舶的通知。所谓“合理时间”,按照一些判例的解释,除租船合同有明确规定外,“合理时间”是指一个短的时间,是当船东获得租船人不能准时交付租金信息时,立即发出收回船舶的通知。如果船东既未命令银行拒绝接受租船人迟付的租金,而且又将租金转收到船东账户,这就意味着船东放弃了撤船的权利。

但是,也有一些期租约对租金的迟付规定了一个宽限期。如巴尔康“A”标准光船租约(BARECON“A”STANDARD BAREBOAT CHARTER)规定,不履行支付租金从到期日起有连续七天的宽限期。又如《埃索期租约范本》(ESSOTIME 1969)规定,租船人不准时交付租金,船东将通知租船人可有十天的宽限期,这对租船人是有利的。

中租公司曾发生过一艘期租船因汇付的租金迟到,因而船东撤船的案件。该轮租金由于通过租船代理转汇到船东指定的银行迟到了仅几小时,船东即以此为理由宣布了撤船。

当时国际租船市场运价暴涨,明知船东为图利而撤船,但从租船条款来说,船东并未违约。这里可以吸取一个教训即当国际租船市场运价上涨时,要特别注意并计算好准时汇付租金,以免船东借口撤船。

十、共同海损

1974 年约克-安特卫普规则,对共同海损(GENERAGE AVERAGE)作了如下定义:

“只有在为了共同安全,使同一航程中的财产脱离危险,有意而合理地作出特殊牺牲,或引起特殊费用时才构成共同海损行为。”

共同海损的成立,一般应具有以下 3 个条件:

1. 共同海损必须是真实而紧急的危及船货共同安全的事实

首先应明确,共同海损的成立必须有共同利害的关系方。在海洋运输中主要关系方是船舶和货物两方,共同海损的危险必须危及船、货双方的共同安全,而不是船、货中的任何一方,否则就不能构成共同海损。例如船舶在海上发生碰撞、触礁等事故,情况紧急,如不及时采取措施,必然殃及船、货共同安全。这是船、货受到的真实危险,而不是船长的主观臆断或错误的判断或误认为船、货受到共同危险而采取的措施,因而其造成的损失应列入共同海损。

对于船、货双方共同面临的真实危险,不论其原因如何,均不妨碍共同海损的成立,即使是由于当事人一方或他人的过失所造成的危险。

2. 共同海损采取的措施或所做的牺牲必须是有意的和合理的

所谓“有意”采取的措施或所做的牺牲,其含义是明知这些措施或牺牲,会对船舶和货物带来一定损失或支付一笔费用,但为了船、货安全不得不这样做。例如:船舶在海上遇到大风浪危及船舶稳性。为了船、货安全,决定作出牺牲抛弃一部分甲板货。又如为了避免船舶碰撞有意将船舶搁浅等。

至于必须是“合理的”,其含义即所采取的措施或所做的牺牲,不超过维护船、货共同安全的需要。如船舶航行中遇强风暴,抛甲板货 300 吨即可获致船、货安全,但船长决定抛货 500 吨,则多抛 200 吨是不合理的。

3. 共同海损的损失和费用必须是特殊的

列为共同海损的损失和费用,必须是船方应尽职责范围之外的项目,即特殊额外的项目,否则即不能列入共同海损。

《1914 年约克-安特卫普规则》规定:"只有属于共同海损行为直接后果的损失和费用,才能作为共同海损。"

为使搁浅船舶重行浮起,卸下部分货落驳受雨淋发生货损,以及租用驳船和卸货费等均系共同海损行为的直接后果,其损失和费用都应作为共同海损。至于船舶因搁浅的船期延滞和货价的跌落造成的损失,均不属共同海损行为直接后果的损失,因此而不能列入共同海损。

以上这三个条件是构成共同海损的要素,必须同时具备而不能缺一,否则不能构成共同海损。因此,衡量船舶发生海损后能否构成共同海损,有一条基本原则,即有关损失是为了船货安全和挽救船货部分或全部灭失所采取的合理措施的结果才算是共同海损。

船舶使用燃油不当,或使用了污水损坏了锅炉,货物装载不当,途中货物移动使船舶受损等。这些事故是船方疏忽,未恪尽职责,使船舶处于不适航状态的结果,不属于共同海损。

船舶发生火灾,开始被烧毁的船货损失,不属共同海损。

但如为了挽救船货全部损失而进行施救过程中,货物遭受水损和船舶受损部分则属共同海损。船方认可装甲板货物被卷落下海不属共同海损。而船舶在与巨浪搏斗中,为了船货安全有意抛海的甲板货,其损失属共同海损。船舶搁浅不属共同海损。而抢救所包括的拖轮、劳务措施及其费用等属共同海损。因此,船舶发生了海难,是否构成共同海损,必须分析情况才能确定。

船舶在海难中发生的合理费用,如船舶救助报酬;船舶用拖轮拖至避难港修理、卸货、驳运、存仓、保险、垫料等有关费用;货物在装卸过程中损失、船期损失、船用物料和燃料补给、船员薪金和伙食;以及船舶在避难港所发生的各项费用等。

船舶发生共同海损,船上装运的货物需用其他船舶进行转运,必须由船货双方签署一项"不可分割协议"(NON SEPARATION AGREEMENT),则原受难船在修理期间的船员薪金、伙食和消耗船用物料、燃料等费用,方可列入共同海损分摊。

船舶发生共同海损后,货方签认了共同海损保函,同意付给任何合法应付的共同海损摊分款项。这种担保函是一个独立的新的契约,具有法律效用,不受租约中仲裁条款的约束,也不受仲裁条款时效的限制。

发生了共同海损的船舶进入避难港或目的港后,船方应立即办理下述事项,在必要的情况下,租船人在港口的代理应参与并会同办理有关事宜。

(1)向港口当局递交“海事声明”及航海日志摘录,申请备案。这份“海事声明”必须经过公证,才能构成一个有效的法律文件。公证手续一般由港务监督、船旗国领事或公证机构办理。

(2)船舶受损严重,应申请船检。检验报告作为估损、修理、理算的依据。

(3)签署“共同海损声明”(GENERAL AVER. AGEI. ECLARATION)对外宣布共同海损。

(4)提请货主提供共同海损担保函,在货主未提交担保函前,船方对货物有留置权。

(5)如船上的货物要转运,船租双方签署“不可分割协议”。

(6)委托理算人办理共同海损理算工作。

对于共同海损的理算,国际航运界和保险人一般都接受按《1974 年约克-安特卫普规则》办理。中租公司对外签订的期租约规定,期租船如发生共同海损,应在北京按《中国国际贸易促进委员会海损理算暂行规则》进行理算。

第二节　期租船合同要点

一、定期合同和光船租船合同异同

定期租船合同和光船租赁合同,是船舶租用(或租赁)合同的两个种类。《海商法》第六章船舶租用合同分别对这两种合同作了规定。根据该法第 127 条规定,本法对船舶租用合同当事人之间的权利、义务规定,仅在当事人之间所订合同没有约定或者没有不同约定时适用。

所谓定期租船合同,根据《海商法》第 129 条规定,是指船舶出租人向承租人提供约定的由出租人配备船员的船舶,由承租人在约定的期间内按照约定的用途使用,并支付租金的合同。光船租赁合同,根据《海商法》第 144 条规定,是指船舶出租人向承租人提供不配备船员的船舶,在约定的期间内由承租人占有、使用和营运,并向出租人支付租金的合同。在这两个合同中,一方当事人是船东,即出租人,另一方当事人是承租人,既可能是有货物需要运输的货主,也可能是从事转租或海上运输的经营人。

由上可知,定期租船合同与光船租赁合同既有共同点,也有区别共同点是:两者都是当事人完全平等、自由协商订立的,其内容并不一定要适合《海商法》对它们的规定,但不得违反订立经济合同遵循的原则,否则无效。它们虽然涉及海上货物运输,但具有明显的租赁性质,一般不直接规定运输当事人之间的权利、义务关系,因此不属于海上货物运输合同,它们调整的是双方当事人对船舶出租和使用的关系。它们都是出租人出租船舶、承租人使用船舶的合同等。如果承租人使用船舶从事海上运输业务,那么,他作为承运人则与其他人发生运输合同关系,受前述海上运输合同有关规定约束。定期租船合同与光船租赁合同的主要区别是:光船租赁的出租人提供的是不配船员的船舶,由承租人占有、使用和营运,船员由承租人自己配备,而定期租船的出租人提供的是配备船员的船舶,承租人不占有该船舶。

二、定期租船合同主要内容及解除

根据《海商法》第128条规定,定期租船合同应当以书面形式订立,而不应当以口头协议来订立。

根据《海商法》第130条规定,定期租船合同的内容,主要包括以下几个方面:

(1)出租人和承租人的名称。

(2)船舶特征。包括船名、船籍、船级、吨位、容积、船速、燃料消耗。出租人应对船舶上述特征提供准确的资料。尤其是船速、燃料消耗,载重吨位和容积,与承租人的利害有着直接的关系,在实践中也容易引起争议,出租人必须提供正确资料,否则要承担相应责任。

(3)用途。主要指船舶用于海上什么运输。这一条款主要由承租人提出,但要经出租人同意。

(4)航区。即船舶的航行区域。承租人在此区域内可以指示船舶按任何航线航行,开往任何安全港口。

(5)租船期间。它可长可短,可以是数月,也可以是数年,由双方在合同中确定。租船期间从出租人在交船港把船交给承租人时起算,到承租人将船还给出租人时为止。基于海上运输的性质,严格要求承租人在租期届满前还船往往是不现实的。一般而言,只要承租人对最后一个航次的安排是合理的,即使该航次未能在租期届满时完成也不算违约。因此,《海商法》第143条特别规定:"经合理计算,完成最后航次的日期约为合同约定的还船日期,但可能超过合同约定的还船日期的,承租人有权超期用船以完成该航次。"

但是,如果最后航次安排明显不合理,承租人完成该航次超过约定的交船日期的,应算违约,承租人应承担由此造成的后果。

(6)交船和还船的时间和地点以及条件。

(7)租金及其支付。租金可以船舶载重吨位规定费率,按时间计收。也有的合同约定,按每天一个固定的数额计算。租金可以每隔一定时间支付或预付,也可以其他方式支付。租金如何计算和支付则由合同约定。

(8)其他有关事项。如船舶转租、损害赔偿等都可以由出租人和承租人双方协商约定。

根据《海商法》规定,在下列情形下合同可以解除:

(1)根据第131条规定,出租人没有按照合同约定的时间交付船舶,不管是由什么原因造成的,承租人有权解除合同。如果出租人将延误情况和船舶预期抵达时间通知承租人,承租人应在接到通知48小时内,将解除合同的决定通知出租人。

(2)根据第132条规定,出租人交付船舶时未能使船舶处于适航状态,或者交付的船舶不适于约定的用途,承租人有权解除合同。

(3)根据第134条规定,承租人没有按照合同约定航区内的安全港口或者地点之间使用船舶从事约定的海上运输,出租人有权解除合同。

(4)根据第140条规定,承租人未按照合同约定支付租金,出租人有权解除合同。当然,除了上述情况外,出租人和承租人可以在合同中约定其他解除合同的情形,也可以在履行合同中通过协商解除合同,只要一方提出、另一方同意即可,此时双方要协商好由解除合同带来的后果(包括赔偿损失)。

三、定期租船的船东主要责任

《海商法》在第六章第二节中对定期租船的出租人应负的主要责任、赔偿责任作了规定(这些规定也只适用于合同没有约定或没有不同约定时),这些内容有:

(1)根据第131条规定,出租人应当按照合同约定的时间交付船舶。因出租人过失延误提供船舶致使承租人遭受损失的,出租人应当负赔偿责任。出租人只对因自己过失造成延误提供船舶的负赔偿责任,如果因不可抗力或者不能归责于出租人的原因,如军事行动,交船港被封锁、船舶被扣押或征用等,造成出租人未能按合同约定的时间交付船舶,出租人可不负赔偿责任。除了因过失延误提供船舶的赔偿责任外,出租人还要承担未按时交付船舶导致解除合同的后果。延误交付船舶时,出租人可以将船舶延误情况和船舶预期抵达交船港的日期通知承租人,由承租人在接到通知后48个小时内决定是否继续租船。在此种情况下,如果承租人未在48小时内通知出租人解除合同,可视为承租人同意继续租用船舶。

(2)根据第132条规定,出租人交付船舶时,应当做到谨慎处理,使船舶适航。交付的船舶应当适于约定的用途。如果交付的船舶没有处于适航状态(如没有妥善配备船员、装配船舶设备等致使船舶不能适于安全运输),或者不适于约定的用途(如不适合载运约定的货物),出租人不仅要承担由此产生的解除合同的后果,还应负责赔偿承租人由此遭受的损失。

(3)根据第133条规定,船舶在租期内不符合约定的适航状态或者其他状态,出租人应当采取可能采取的合理措施,使之尽快恢复。如果上述状态是出租人造成,使船舶不能营运连续满24小时的,出租人要承担承租人不付出此而损失的营运时间内的租金的后果。

(4)根据第138条规定,在出租人是出租的船舶所有人的情况下,船舶所有权人转让船舶所有权时应当及时通知承租人,不及时通知的出租人要承担由此产生的后果。

除了上述责任(含赔偿责任)外,出租人和承租人还可以在合同中约定其他应由出租人承担的责任,出租人不履行合同约定时应承担由此产生的违约赔偿责任。

四、定期租船的租船人主要责任

根据《海商法》第六章第二节的有关规定,承租人在定期租船中主要应负有下列责任(含赔偿责任):

(1)根据第131条第2款规定:在延误提供船舶的情形下,如果出租人将船舶延误情况和船舶预期抵达交船港的日期通知承租人,承租人应当自接到通知时起48小时内,将解除合同或者继续租用船舶的决定通知出租人。过期未通知出租人的,应视为承租人继续租用船舶,原合同仍有效,承租人不能因出租人延误提供船舶而解除合同。

(2)根据第133条第2款规定:如果船舶在租期内不符合合同约定的

适航状态或其他状态是承租人造成、使船舶不能正常营运连续满 24 小时的,对因此而损失的营运时间,承租人仍应交付租金。

(3)根据第 134 条规定:承租人应当保证船舶在约定航区的安全港口或者地点之间从事约定的海上运输。如果使船舶在超越合同约定的航区营运,或者从事未约定的海上运输,承租人不仅要承担出租人因此解除合同的后果,还负有向出租人赔偿因此遭受的损失的责任。

(4)根据第 135 条规定:承租人应当保证船舶用于约定的合法的货物。如果将船舶用于运输活动物或者危险货物,承租人应当事先征得出租人的同意。反之,如果将船舶用于未约定的违法的货物,或者在没有征得出租人同意的情况下用于运输活动物或危险货物,致使出租人遭受损失,承租人应当负赔偿责任。

(5)根据第 136 条规定:承租人有权就船舶的营运向船长发出指示,但是不得违反定期租船合同的约定。在定期租船合同中,船长具有双重身份,既接受出租人的指示驾驶和管理船舶,又须按承租人的指令从事营运业务。出租人和承租人之间指示船长的责任划分应在合同中明确约定下来,如果承租人在营运中超过约定而指示船长营运,由此产生的各种后果和责任,应由其自己承担对造成出租人的损失,承租人还应负赔偿责任。

(6)根据第 137 条规定:承租人转租租用的船舶,应当及时通知出租人,不及时通知的,要承担由此造成的后果。

(7)根据第 140 条规定:承租人应当按照合同约定支付租金,否则不仅要承担出租人解除合同和留置船上财产的后果,还要向出租人赔偿由此遭受的损失。

(8)根据第 142 和 143 条规定:除了船舶本身的自然磨损外,承租人向出租人交还船舶时,应当使该船具有与出租人交船时相同的良好状态;如果交还的船舶未能保持交船时的良好状态,承租人应当负责修复或者给予赔偿。如果交还船舶时间超过约定的还船日期,超期时间合理的,承租人应当按照合同约定的租金率支付租金,市场的租金率高于约定的,应当按照市场租金率支付租金。超期期间不合理的,承租人除了支付租金外,还应承担因此引起的其他各种后果和责任,包括向出租人赔偿由此遭受的损失。

另外,根据《海商法》第 139 条规定:在合同期间船舶进行海难救助的,承租人有权获得扣除救助费用、损失赔偿、船员应得部分以及其他费用后的救助款项的一半。承租人不应独自占有救助款项。

除了上述外，出租人和承租人可以在合同中约定承租人的其他责任。承租人应当认真履行合同的约定，不履行合同时要承担违约赔偿责任。

【案例一】 "官海88"轮期租船合同纠纷案

一、案情提要

承租人定期租用出租人的船舶，在租期到期前提前还船，并拖欠租金和船上原装的燃油费。承租人应支付租金和交船时船上燃油的价款，并赔偿提前解除合同造成出租人的损失。但因出租人的原因不能使用船舶的时间，承租人可以扣减租金，航速没有达到合同要求的，应扣减租金。出租人应支付还船时由承租人加注于船上的燃油价款。

原告（反诉被告）：福建省官头海运总公司

被告（反诉原告）：深圳华南国际运输有限公司

1994年1月5日，原告与被告签订《定期租船合同》，约定：被告期租原告经营的"官海88"轮，租期一年，从1994年1月5日至1995年1月4日，交船日期为1994年1月5日。交船时原告保证船舶处于适航、适载状态，保证各种证书有效。船舶航速在风力3级时11节，耗油主机4.4吨/天，副机1.0吨/天，被告有权按合理情况选择0#或20#柴油。租金第1～3月美金2 000元/天，第4～6月美金2 050元/天，第7～12月美金2 100元/天，租金每30天为一期，被告在合同签订之日起七日内支付原告第一期租金，之后每隔30天支付一个月租金，且被告应将接船时船上存油油料款与第一期租金同时支付，另被告有权将还船时船上存油油料款从最后一期租金中予以扣除。交、还船时原、被告共同指定一公证方对船舶状况进行检查、测量油水；原告未尽适当谨慎使船舶适航和适于被告航次需要，或因原告不履行职责造成的船期延误，被告有权扣付租金；因原告造成的船上货物的灭失、损坏以及耗油增多、航速低造成的损失，应由原告负责。

合同签订当日，原告将"官海88"轮交付被告使用。1月6日，中国船级社对该轮进行检验，认定处于适航状态。由于船上未有换算表，只测量了船上存油高度。16日，"官海88"轮船员操作技术失误，船舶漏油，被天津港务监督安排在大沽口待命接受处理，直至21日才安排靠泊计划。期间，被告原计划给"官海88"轮配载3 000吨水泥，后于22日改配载

1 416.25 吨钢材。4 月 7 日，被告基于经营困难向原告提出要求解除租船合同。14 日，被告应原告要求给“官海 88”轮加轻油 24.563 吨，价值人民币 51 582.3 元。当天，被告将船舶交还原告。截至 11 月 21 日，被告实际支付原告租金等费用共计人民币 1 231 320 元。

合同履行期间“官海 88”轮前八个航次往返蛇口港与天津港，实际航行天数分别为 7 天、7 天、13 天、6 天、10 天、8 天、8 天、7 天。

被告提交的租船合同中，对交船日期及要求原告提供海关监管货准运证等必备证书处有修改，原、被告在修改处未签章认可，原告不予承认。

原告 1995 年 4 月 12 日向海事法院提起诉讼，请求法院判令被告赔付拖欠的船舶租金人民币 426 300 元、交船时船上存油油料款人民币 172 800 元、被告单方提前解除合同给原告造成的租金损失美金 246 000 元及其利息。

被告答辩并提出反诉认为，原告交付的“官海 88”轮处于不适航状态，不符合租船合同中规定的交船条件，被告有权依法解除租船合同，原告应自行承担一切损失。1 月 16 日，由于原告船员操作技术失误，船舶漏油，“官海 88”轮被天津港务监督安排在大沽口待命接受处理，直至 1 月 21 日才安排靠泊计划。另由于原告没有尽速遣航，船舶航速及抗风能力不符合船舶规范，致使前八个航次严重超期航行 13 天。以上累计 18 天。依据租船合同，上述 18 天的租金美金 36 000 元及油耗人民币 157 141元被告有权予以拒付。原告无法证明其交船时船上存油多少、油价多少，其主张的油料款人民币 172 800 元应予以驳回。由于原告没有依约提供海关监管货准运证，造成被告货物滞港无法出口，产生超期堆存费港币 55 780 元。1 月 16 日，“官海 88”轮被天津港务监督安排在大沽口待命接受处理，致使被告不能按原计划配载 3 000 吨水泥，1 月 22 日，临时改运 1 416.25 吨钢材，产生亏舱损失美金 7 420 元、人民币 38 944.4 元。2 ~ 3 月，被告依合同提出给“官海 88”轮改加重油，以降低油耗成本，但遭原告拒绝，致使油耗成本增加人民币 123 492 元。原告一直未与被告进行商业结算，致使被告预付的人民币 1 231 320 元只能计入预付款账户，产生汇兑损失港币 114 011.11 元。被告解除合同后，为原告垫付油料款人民币 51 582.3 元。被告请求维护其合法权益。

二、法院审理

海事法院认为：本案合同是国内企业法人间签订的国内经济合同，合同关于租金结算币种为美金的约定,应认定无效。租金支付按合同签订之日中国人民银行公布的美金兑人民币汇率结算。被告对合同的两处修改,未经原告确认,是被告单方意思表示,对原告无约束力。原告已将"官海88"轮交付被告使用,被告应依合同按期支付原告租金。"官海88"轮被安排在大沽口待命接受处理的5天时间是由于原告船员操作技术失误造成的,依合同被告有权不付租金。原告作为出租人,负有尽速遣航的义务。"官海88"轮在被告租赁期间的前八个航次实际航行天数的平均值8天应视为蛇口港与天津港之间的正常合理航行天数,"官海88"轮第三、第五个航次超过8天,分别为13天、10天。原告既未说明超期的原因,又不向法院提供该两航次的航海日志,未能证明其已尽速遣航,故依合同被告有权扣付租金。被告主张上述12天的船舶油耗损失也应从租金中予以扣付,由于合同并未对此约定,理由不充分,不予认定。原告依合同要求被告支付交船时船上存油油料款人民币172 800元,但没提交其计算依据,证据不足,不予采纳。原告要求被告偿付因其提前解除合同造成的损失美金246 000元,就此项诉讼请求原告未向法院预交诉讼费,不予审理。原告没有义务提供海关监管货准运证,被告主张的因原告未提供此证而造成的超期堆存费港币55 780元应予以驳回。被告提出"官海88"轮于1月22日改配载1 416.25吨钢材,造成被告亏舱损失美金7 420元、人民币38 944.4元。该项损失并非被告所遭受的实际损失,不予支持。4月14日,被告应原告要求给"官海88"轮加轻油24.563吨,价值人民币51 582.3元,此时被告没继续租赁该轮,原告应将油料款返付被告。被告主张的耗油成本增加费用人民币123 492元,因与原告无关,予以驳回。原、被告结算租金应以人民币为结算币种,故被告提出的因原告未及时与其进行商业结算而造成的汇兑损失港币114 011.11元实不存在。

根据《中华人民共和国民法通则》第一百一十三条、《海商法》第140条的规定,海事法院于1996年4月14日判决:

(1)被告深圳华南国际运输有限公司向原告福建省官头海运总公司赔付船舶租金人民币203 500元及其利息;

(2)原告福建省官头海运总公司向被告深圳华南国际运输有限公司支付船舶油料款人民币51 582.3元;

判决后,双方当事人均没有上诉。

三、案情评析

本案是定期租船合同纠纷,根据《中华人民共和国海商法》第一百二十七条规定,出租人和承租人的权利义务,在合同没有约定时,适用《海商法》的有关规定。本案的争议主要涉及航速、燃料消耗量、交船与解约、停租、还船等问题。

(1)航速。在定期租船合同的情况下,承租人按对船舶的使用时间支付租金,船舶的航行速度直接影响承租人在租期内使用船舶的效益,出租人有义务提供合同约定的船速的船舶,如果实际船速低于约定,承租人可以向出租人索赔,称为船速索赔。船舶在租期内,可能处于轻载或空载的状态,而航速一般指满载时的航速,半载或空载时的航速,可以通过推算。为了明确起见,有时也在合同中说明。同时,在判定航速是否达到约定要求,要考虑到风、流、压等航行条件的影响。本案合同约定航速为风力 3 级时 11 节,被告认为船舶没有达到约定航速,超期航行。对航速的审查,应根据航海日记,而航海日记一般由出租人掌握,出租人有义务提供。本案出租人没有提供航海日记,法院只能根据实际情况作出认定。

(2)燃料消耗量。定期租船由承租人负责提供燃料并支付费用,船舶燃料消耗量直接关系到承租人使用船舶成本的大小。如船舶实际消耗燃料数量大于约定,承租人可就因多耗燃料而造成的损失向出租人索赔,与航速一样,燃料消耗也是指满载时的消耗量。本案被告认为船舶耗油量过大,但没有作认真的计算,法院无法予以认定。"官海 88"轮在交付时,船舶上燃油应由承租人折价购买,在还船时,船上所存油料,出租人亦应支付油款。故在交还船时,双方应共同核实存油数量。本案船舶在交付时,船上确实有存油,原告要求被告支付油款合理,但原告没有提供证据,法院无法认定当时存油的数量。而船舶交还时,原告要求被告为船舶加油,加油后,承租人没有再使用船舶,燃油价款应由原告承担。

(3)交船与解约。交船是在约定的时间和地点,出租人将船舶交给承租人使用。通常,交船期的最后一天为解约日,出租人在这一天,将船舶按约定条件交给承租人,承租人有权解除合同。当约定解约日与交船期不同时,出租人在交船期后,解约日前交船的,视为出租人违约,但承租人不得解除合同。《海商法》第 131、132 条规定,出租人不能按时交船时,应将延误情况和船舶抵达交船港的日期通知承租人,承租人应当在 48 小时内通知出租人是否继续租用。因延误提供船舶使承租人受到损失,出租人应赔偿。出租人在交付船舶时,应使船舶适航,并适于约定的用途,否则承租人有权解除合同并要求赔偿损失。本案双方约定签订合同当天,为交船日期,原告将船舶交付被告使用,并经中国船级社检验,船舶适航,交船符合合同和法律的规定。即使在使用中,也没有发现船舶不适于约定的用途,因此承租人没有理由解除合同。

(4)停租。停租是指在租期内,非由于承租人的原因,承租人不能对船舶按合同规定予以使用时,可以停付租金。本案合同约定出租人未尽适当谨慎使船舶适航和适于被告航次需要,或因原告不履行职责造成的船期延误,被告有权扣付租金。《海商法》第 133 条第二款规定,"船舶不符合约定的适航状态或者其他状态而不能正常营运连续满 24 小时的,对因此而损失的营运时间,承租人不付租金,但上述状态是由承租人造成的除外"。只要船舶不能使用不是由于承租人造成,无论出租人是否有过错,承租人均可停租。通常除合同另有约定,停租期间船舶的燃料供应等支付和费用承租人仍应负责,但如事后证明,停租的原因确系出租人一方违反合同所致,承租人有权向出租人追偿其支付的费用。本案船员操作不当,造成船舶漏油,被港务监督责令停航处理,承租人有权停付租金。

(5)还船。还船是指承租人按合同规定,将船舶还给出租人。但本案中,合同约定的租期未满,承租人将船舶交还出租人,不是合同约定或法律规定的还船,实际上是被告作为承租人单方面解除合同的行为。承租人提前还船,出租人应当接受,但有权就因此造成的租金损失向承租人索赔。出租人接受还船后,应采取相应措施,例如尽快将船舶再行出租或以其他方式从事营运等,尽量减少损失。原告提出了该项请求,但没有按规定交纳受理费,视为自动放弃该项请求,法院不予审理。

【案例二】 船东定期租船合同败诉案的教训

通过签订以租船期限为基础的期租船合同,在合同中详细规定船舶所有人和船舶承租人的权利、义务以及各项租船条件,如船舶事项,交船和还船,对租船人使用船舶的限制,租船人支付租金的义务,船舶所有人的撤船权利,停租规定等等。

定期租船合同中,船舶所有人提供的船舶载重量、船型、吃水、船速、燃料消耗等资料数据是否精确对承租人至关重要,也最容易引起纠纷,承租人就是根据这些事项经营船舶和计算船舶营运成本的。如果船舶的实际情况与合同中的船舶事项不符，租船人有权对船舶所有人提出损害赔偿要求。

签订合同时，船舶所有人和承租人首先对租船业务涉及的所有条款和条件进行谈判，并且多以某一个标准租船合同范本（the form of the bill of lading）作为双方谈判的基础，达成一致意见后，由船舶所有人和承租人或者其经纪人签署租船合同。船东常常认为当他们的某一艘船舶被人租赁后，特别是被定期洽租以后，在整个合同期内，承租人有权在租船合同规定的范围内指挥、调度、管理和使用船舶，承租人根据租船合同条款，甚至可以直接命令船长先成货物运输任务。因此船东往往习以为常地认为自己并不需要太关心，甚至更不必去干涉承租人在期租船舶过程中将采用何种提单范本格式，以及订立何种提单条款。他们相信那基本上是承租人自己的业务，反正在定期租船期间，承租人作为租船合同的一方当事人必须受租船合同的约束。但是一些法学家认为，船舶所有人在签订租船合同时必须小心行事，特别是在习以为常、最容易被疏忽的事项上同样隐藏着风险，弄不好就会出大问题，例如选用什么样的租船合同范本的本身也会使船舶所有人遇到意外麻烦，蒙受到意料不到的重大损失。

经当事人双方商谈，X 轮船公司的 HH 轮依照纽约土产租船合同 1946 年修正范本格式（was time-chartered on an amended 1946 NYPE form）被定期出租给 Y 承租人，X 和 Y 双方签订的定期租船合同第 19 条中，按照惯例写明航行疏所免责规定，即“船舶在开航之前或者开航之后，由于任何原因，不论是否疏忽所致，发生事故，危险，损害或者灾难，而承运人依据法律，法规，合同和其他规定，对此或者后果不负责任……”但是在该定期租船合同中没有特别航线条款内容，于是问题就来了。在定期租船合同期间，当船舶按照 Y 承租人的要求必须跨太平洋时，船长是否可以坚决拒绝执行 Y 承租人，而按照其自身利益选定的某一条跨太平洋航线的指令，另外选定船长认为船舶更加合适的跨太平洋航线？在双方签订的上述定期租船合同规定下，这位船长究竟有没有这个权力？

从加拿大的温哥华港到日本港口有两条跨北太平洋航线。定期船舶承租人 Y 要求船舶走“远洋航路指南（Ocean Route）”推荐的“大圆航线（Great Circle Route）”，船舶走这条航线的明显好处是航程距离短，船期短。但是 HH 轮船长拒绝执行承租人的指令，自己决定选择比较偏南的恒向航线（Rhumb Line Route），因为时值冬季，船长认为船舶走大圆航线会经常遇到北太平洋风浪,对船舶航运安全不利,走恒向航线就好多了。于是Y租船人认为X船公司由于HH轮船长漠视租船人的航行指令,不走租船人要求的航程短的大圆航线,自主改为走航程一且路程较远恒向航线,因此违反定期租船合同中有关租船人的权利的条款规定,直接造成航行时间增加11天,燃油多消耗200吨,租船人蒙受巨大经济损失。

X船公司却断言,HH轮船舶航线的选择和指令并不属于租船合同中船舶租用范围之内,而是归属于船舶航行范畴,而有关航行的一切事宜只能由船长独自决定,当船舶航行出现差错时,船公司适用海牙维斯比规则免责规定:“不论承运人或船舶,对由于船长,船员,引水员或承运人的雇佣人员,在航运或管理船舶中的行为,疏忽或不履行义务,所造成的灭失或损坏都不负责任”。

X船公司和Y租船人之间的上述争执被递交给英国仲裁法庭。该仲裁法庭经过审议,认定X船公司违反定期租船合同第八条的规定,同时又不适用海牙维斯比规则有关船东航行过失免责规定。因为仲裁法庭发现HH轮船长拒绝执行承租人有关“大圆航线”命令的主要原因是,HH轮在同一期租合同中的上一航次走太平洋北面“大圆航线”中会遇到强台风,船舶有所损坏。因为怕再次吃亏,第二次就改走地理位置比较南面,洋面上相对风浪小得多的“恒向航线”了。既然第一次听从承租人的航线命令,为什么第二次就不听从?法律上讲,这是出尔反尔,船长从第一航次的服从变成第二航次拒绝承租人的航线命令,此种行为就得不到法律的保护。如果HH轮船长无论如何坚持两个航次都走恒向航线,一开始就完全拒绝承租人要求走“大圆航线”的命令,仲裁法庭就会认定船长在忠实执行自己的神圣使命。

X船公司依据承租人Y第二航次向HH轮船长发出的指示是船舶航行命令而不是根据租船合同第8条发出的船舶营运的指示这个理由,向英国高级法院上诉后得到受理。而承租人Y向英国高级法院的上诉没有被受理,于是承运人Y向英国上议院上诉。

结果被英国上议院接纳的承租人Y在法庭提出的争辩理由是:航线的选择是不是航行事务,这是一个事实和程度的问题,不能排除租船人发布那些有关航线选择的命令与商业性船舶营运有关系。租船人在其争辩中说,所谓“航行”只是与正在航行中的船舶所走航线的决定有关。

英国上议院大法官认为:

(1)“尽力速遣”执行航次任务的义务通常要求船长选择最短航程的

航线，以求达到最快航运速度。

(2)考虑到航行安全问题和租船合同中的特别条款，定期承租人可能不止向某一条船的船长发布从A驶往B的命令，而也可能在两条航路中选择某一条航线。

(3)如果拿不出航行方面的理由不走航程最短、速度最快的航线，船长就有义务根据租船合同的规定走航程最短的航线。

(4)航行疏忽免责条款不能用来保护作出选择不履行合同规定的义务的船舶所有人，更不能为航线选择提供保险，因为该条款与“船舶航海技能”毫无关系。

(5)航行疏忽免责条款是否适用，并不取决于有关作为或者疏忽在何时和何地发生。船长可以在船舶开航之前作出能够得到免责条款保护的决定，例如在船舶离开泊位时是否需要拖轮助航。

大法官认为船长的作为必须合情合理。船长有权作出自己的裁决和判断，以安全和其他航行性理由拒绝执行承租人的指令，但是船长必须准备为自己的作为作出令人满意的解释。大法官指出，在发生本案同时期的三个月内，有360艘船舶跨越太平洋，走的是北面的大圆航线。由此证明北面的大圆航线是北太平洋的惯常航线，而没有证据表明其他任何航线是惯常航线。过去的记录表明HH轮船长一向信守合同，履行义务，“尽力速遣”执行航次任务。当他改走航程较长的航线而无法根据法律自圆其说的时候，他违反了租船合同规定的船长责任和义务，船长当然要对船舶、船员和所载的货物的安全负责。如果承租人发出的命令会导致船舶可能蒙受被船东拒绝承担的某种风险的时候，船长当然有权拒绝执行这项命令。但是在HH轮涉及的这个案件中，免责条款不能为船东提供法律保护。其理由有3：

(1)船东违反租船合同。船东既违反定期租船合同第8条有关船东应该“尽力速遣”执行航次任务的义务的规定，又违反船东根据租船合同有义务执行承租人作出有关船舶营运的指示和命令的约定。

(2)船长在上述范畴内所犯的任何错误都不属于船舶航行和船舶管理方面的错误，与船舶航行技能毫无关系。

(3)船东的确没有能够为他们自己能够享有免责条款的保护而充分举证。

航运界对于英国大法官就HH轮一案作出的判决反应说法不一。有的判决明显澄清了根据商务事实办案的有关法律，另一些人则认为，船东在签订定租船合同的时候，应该坚持在合同中补充航线条款，允许租船人在船长选择航线时提供意见和评论，但必须把航线事务从船舶营运条款范畴中排除出来。

但是重要的是船东必须牢牢记住，HH 轮一案的证据表明，该轮船长选择较长航程的航线果然不受免责条款的保护，但是如果船长听从租船人的命令就有可能使得船舶蒙受风险，而这个风险恰恰又不是船东同意接受的。航线本来就一向是船长决定的，可是船东却败诉。很显然，承租人钻了船东租船管理方面不够严密的孔子，船东应该从最终彻底输掉定期合同官司中汲取经验和教训。

第九章 班轮运价与管理

第一节 班轮运价概述

船公司或其他承运人在进行货物运输中,不可避免地要发生诸如船员工资、伙食、燃油、物料、港口装卸、修理、保险及公司管理费用等营运开支。为了维护和扩大再生产,还要计提折旧和获取一定利润。因此,必须向货主收取运输费用,这种运输费用简称运费,运费的单位价格叫运价。通常所称的班轮运价,不是一个简单的价格金额,而是包括费率标准,计收办法,承托双方费用,风险及其有关费用划分等的综合概念。

一、班轮运价的特点

班轮运价是班轮公司为运输货物向货主收取运费的价格,它具有以下特点:

(1)班轮运价是按班轮公司事先公布的运价表和规定计收运费,它具有相对稳定性。

(2)班轮运价包括货物从装货港船边(舷)或吊钩至目的港的船边(舷)或吊钩的全部运输费用。习惯上叫"船边至船边"(Side to Side)或"船舷至船舷"(Rail to Rail)或"吊钩至吊钩"(Tackle to tackle)费用。

(3)班轮运价中包括装卸费用,即货物由承运人负责装卸及配载。因此,货方对船舶的延滞或速遣不负责,也不享受奖励,即在班轮运输中,承托双方不涉及滞期和速遣的问题。

(4)班轮公司一般都有自己的运价表,托运人采用班轮运输货物均需按运价表支付运费。因此,班轮运价一定程度上属垄断性运价。

(5)班轮运价由基本费率和附加费两部分组成。

随着班轮集装箱运输的发展,国际上班轮费用的划分界限还可延伸至码头仓库或堆场，即班轮公司在装货港码头或仓库接货，而由此发生的超出原装卸费用的部分，班轮公司可以附加费的形式向货方收取。这种附加费在装货港称码头收货费（Terminal Receiving Charge），在卸货港称交货费（Delivery Charge）或统称货物搬运费。

二、班轮运价表的种类及其形式

1. 根据制订的主体和方式分类

班轮运价表根据制订的主体和方式的不同，可分为以下几种：

（1）班轮公会运价表（Conference Tariff）。班轮公会运价表是由班轮公会制订的，参加公会的船公司必须按公会运价表费率和规定收取运费，否则将会受到公会的罚款处分，班轮公会运价属垄断性运价，旨在保护公会内部会员公司的利益平等，一致对外进行竞争。但会员公司往往通过如“暗扣”等形式变相降低运价进行揽货，因而近年来这种垄断已有所削弱。班轮公会已不存在任何意义，大多公司已退出班轮公会。

（2）非班轮公会运价表（Non Conference Tariff）。这种运价表是指没有参加班轮公会的各班轮公司自己制订的运价表，各班轮公司之间的运价表其费率和规定不统一，但一般低于公会运价表水平。各船公司的运价表，在国际上属非班轮公会运价表。

（3）双边运价表（Bilateral Tariff）。这种运价表是由船货双方制订的，承运货物是按商定的费率和规定收取运费，运价表的调整和条款的变更都须经过船货双方协商确定。

（4）协议运价表（Freight Agreement）。这是一种类似班轮公会运价表的一种运价。20 世纪 80 年代以来，由于国际航运的竞争，行驶美国航线上的一些班轮公司签订了运价协议（Freight Agreement）。并向美国联邦海事委员会（FMC）申请登记，根据协议制订了统一的运价，但签订协议的每一船公司对统一运价都保留有单独行动的权利，可以修改已同意的费率、附加费、商品等级以及有关的运价表条款等。但这种修改须于生效前若干天通知其他成员。

2. 等级费率运价表（Classification Rate Freight Tariff）

等级运价表是指按航线将货物分成若干等级（一般分为 1 ~20 个等级）。每个等级代表一个费率并说明计算标准。然后参照航线等级表，即可查出基本费率。因此，等级运价表是由“货物等级表”和“航线费率表”两部分组成。

等级费率运价表中货物的等级和费率的制定一般都考虑下列因素：

(1)依据货物的 FOB 价格决定。一般说海运运费占货价的 10% ~ 15% 较为合理，大宗货运费占货价的 35% ~50% 为宜。

(2)依据货物的积载因素(Stowage Factor)决定。积载因素是货物重量与其体积的比率，即 1 吨货物有多少立方米。轻泡货一般以其体积(M)作为计价标准，重量货一般以毛重(W)作为计价标准，对于重量与其体积数值相近的货物，选择其中高者计算，即计价标准为 W/M。

(3)依据货物的性质和用途决定。有些货物(如贵金属、精密仪器、古董字画等)一次托运数量有限，且 FOB 价值极高，这些货物在运输途中需要特殊照顾。收费时，无论是按 M、还是按 W 计收，对船公司来说都与货物本身价值不相称。为了弥补运费的不足，船公司规定上述货物均须按其 FOB 价值的百分比计收，这种规定反映在运费表中就是从价运费(Ad · Val)。还有些货物如危险品和冷冻品等，需要使用特殊的运输工具或船舶需靠挂专用码头，使用专用仓库，因而增加了货运成本。因此，运价表中对这类货物规定了较高的费率。

(4)依据货物的流向及流量决定，同一类货物在不同航线上的费率是不同的。

(5)其他因素，如货运政策等。

三、班轮运价表的基本内容

不同的班轮公会或班轮公司有不同的运价表，其内容也不完全相同，但它们都是按照各种商品的不同积载因素、不同性质、不同价值，结合不同的航线加以制定的。班轮运价表一般包括下列内容：

1. 说明及有关规定(Notes And Conditions)

它规定了运价表的适用范围、运费的计算及支付办法、计价币制、单位、船货双方权利、义务和责任、各种货类运输的特殊规定及各种运输形式如直航、转航、回运、选择或变更卸货港等办法和规则。除提单条款外，对运输过程中发生的异议、分歧、争执和纠纷，运价表的说明和规则同样也作为处理问题的依据。

港口规定和条款主要说明了国外有关港口的规定和习惯做法，船货所到的港口，双方都必须遵守该港口的有关规定和习惯做法。为了方便班轮公司把经常挂靠的港口的有关规定和条款印在运价表内。

2. 商品列名和商品目录(Commodity Enumeration and Appendix)

商品列名标明了各种货物的名称和运价计算标准,各种货物的基本运费率(单项商品费率运价表)或货物的运价等级(等级运价表)。不论哪一种运价表,每种商品都按英文字母顺序排列。

但是,由于商品种类极其复杂,加之新产品不断出现,每一运价表都不可能将所有商品开列无遗。因此运价表内都有一项叫“未列名货物”(Cargo Not Otherwise Enumerated:Cargo N. O. E)这类货物的运价略高于同类列品货物。此外还有商品附录,它是商品列名的补充。

3. 基本费率(Basic Freight Rate)

基本费率是计算运费的基础,它不包括附加费。基本费率就是等级费率运价表的各航线的费率。

4. 附加费 (Additionals)

为了弥补船公司在运输中因特殊原因而增加的额外开支,或蒙受的损失,船公司在基本运费之外,向货主加收的费用叫做附加费。其计算办法有的是在基本运费基础上加收一定百分比,有的是按每运费吨加收一个绝对数计算。

四、班轮运价的构成

班轮运价是基本费率(Basic Freight Rate)和各种附加费(Additionals or Surcharges)所构成。

基本费率是班轮运费的计算基础,也是制定各种附加费用的基础。它包括各航线等级费率、从价费率、冷藏费率、活牲畜费率及议价费率等。基本费率是每种商品必收的费率。在我国的等级费率运价表中商品分为若干个等级。

附加费是除基本费率外,规定另外加收的各种费用。附加费名目繁多,而且随航运情况的变化而变动。在班轮运输中常见的附加费有下列几种:

1. 燃油附加费 (Bunker Adjustment Factor, BAF)

由于国际市场原油价格经常上涨,超出了船公司核定成本中燃油费的比例,为弥补这部分额外开支,船公司向托运人或收货人加收运价若干百分比的燃油附加费。

2. 港口附加费 (Port Surcharges)

由于有些港口费用高,或由于港口装卸效率低而使船舶留港时间长,增加了船舶的成本开支。班轮公司以加收港口附加费的办法来弥补这些损失。收取这种附加费的港口主要有伦敦、利物浦、西非、波斯湾、孟加拉湾及拉丁美洲的一些港口。其中除南美港口外,其他地方加收港口附加费一般为一个绝对金额。

3. 港口拥挤附加费(Port Congestion Surcharge)

某些港口因泊位少,船舶到港后不能马上靠泊作业,要长时期等泊造成船期损失,增加成本开支。为弥补这部分损失,船公司要加收拥挤附加费。这是一种临时性的附加费,变动性较大,一旦港口拥挤情况改善了,船公司就会对该项附加费进行调整或取消,港口拥挤附加费随预付运费在装货港收取,一旦收取后,不论卸货港拥挤情况如何,已收取的拥挤附加费不退还。

4. 转船附加费(Transshipment Surcharge)

班轮一般不直接停靠非基本港。所谓非基本港是指港口较小,设施较差,班轮不挂靠的港口,而基本港则是指港口较大,设施较好且货量较大,班轮要挂靠的港口。对运往非基本港的货物班轮公司可以通过转船运至目的港。为此,班轮公司向货方加收转船附加费。这种附加费有的规定为绝对金额,也有按运费的百分比加收。但以下地方转船时不加收附加费:如澳大利亚、新西兰、新几内亚、斐济大溪地、加勒比海、中美洲及南美洲东西岸。

5. 绕航附加费(Deviation Surcharge)

由于战争等原因使正常航线不能通行,船舶需绕道航行,因而增加了开支,班轮公司为此而加收绕航附加费,这也是一种临时性附加费。只要航线恢复正常,此项附加费即行取消。例如,1967 年苏伊士运河关闭后去欧洲的船舶须绕道好望角,班轮公司则加收 10% 的绕航附加费,1975 年苏伊士运河恢复正常航行,这一附加费随即取消。

6. 超重、超长附加费(Heavy Lift and Long Length Additional)

对每一件货物毛量达到或超过一定重量,长度达到或超过规定长度,班轮公司需加收附加费。重量和长度限制视各国港口的设备而定,一般规定每件重量超过 3 吨,长度超过 9 米,即视为超重或超长货物,须按班轮运价表中的"超重或超长货物费率表"的规定,加收附加费。计算超重超长附加费时应注意以下事项:

(1)一旦超重,全部重量均须加收超重附加费。

(2)一旦超长,整捆货物均须加收超长附加费。

（3）上述两种附加费在运输过程中，每转运一次就要加收一次，而不是一次性加收。

7. 货币贬值附加费（Currency Adjustment Factor，CAF）

由于国际金融市场汇率经常发生变动，如果货币贬值会使班轮公司的实际运费收入减少，为弥补这部分损失，班轮公司要向货主加收货币贬值附加费。

8. 苏伊士运河附加费（Suez Canal Surcharge）

1975 年苏伊士运河重新开放后，因埃及对过河船舶征收的费用调高，加之船舶要加保战争险，当时，班轮公司一般都规定加收苏伊士运河附加费。以后随着运河费用的调整，战争险的取消，这个附加费或并入基本费率或予以取消。

9. 变更卸货港附加费（Additional For Alteration of Destination）

船舶驶离装货港后，提单持有人提出要求，经班轮公司同意后可以变更卸货港。为此，班轮公司要向货方收取变更卸货港附加费，按货物的每运费吨计收。装货港至变更后的卸货港的运费若超出原卸货港的运费，船方要向货方补收其差额，反之则不予退还。若由于变更卸货港而造成船方捣舱，由此引起的损失和费用，则由申请变更卸货港的货方负担。

远东至美国、加拿大西海岸航线，习惯做法是按货方的每运费吨收取一定的变更卸货港附加费，或收取因变更卸货港而增加的实际转运费，两者按其中高者向货方收取。

运往美国、加拿大东海岸的货物，一般从西岸港口经小陆桥运到东岸港口。在这种情况下如变更东岸目的港，而原西岸卸货港不变，船方不加收变更卸货港附加费，但必须在船舶到达卸货港前 48 小时提出，并须经班轮公司同意。

若变更卸货港在运价本规定的范围以外的港口，运费则应相应调整。

10. 直航附加费（Direct Additional）

在某一航线上，运往某一非基本港的货物达到一定的数量时，班轮公司可以安排船舶直接挂靠该港，并加收直航附加费。在这种情况下，即使班轮不直航而安排转船，也只收直航附加费，而不再收转船费。直航附加费一般比转船附加费低。收取直航附加费的货量，有的班轮公司规定每港每航次至少 500 吨或 1 000 吨。

11. 选港附加费（Additional For Optional Destination）

货方在托运时，有时交货港未能具体确定，或仅确定在一定的区域内,托运人可以在班轮本航次停靠港中,提出一个以上卸货港待选择,有时贸易合同中规定几个卸货港可从中选择,如 London/Rotterdam Hamburg/Option。在这种情况下,班轮公司要向货方加收选港附加费,而且这种选择货方须在船舶抵达第一卸货港前 48 小时向船方代理宣布,否则,船公司可以按船舶靠港顺序在第一个选卸港或任何一个船方认为方便的选卸港卸货,班轮公司的责任即告终止,选卸货物的运费按选卸港中计费高者计收。

除了上述各项附加费外,还有洗舱附加费,熏蒸附加费、冰冻附加费等。

托运人在支付附加运费时应根据具体情况进行认真核算,避免多付或错付,以节省运费支出。

第二节　班轮运价的有关规定和条款

对于班轮运价,除了研究其费率、附加费及收费方法外,还应对班轮运价的有关规定和条款有一个全面的了解。参照我国和国际上的一般做法和惯例,作一简单的介绍。

一、运费支付(Payment of Freight)

1. 预付运费(Freight Prepaid)

托运人在装货港或班轮公司同意的其他地点,在签发提单时付清运费和其他费用的叫预付运费。以贸易术语中 CIF、CFR 为条件的运费须预付,货物托运时必须预付运费。在运费预付情况下出具的提单为运费预付提单,提单正面有“运费预付”字样。根据提单条款和国际惯例,预付的运费除确实计算有误并在规定的期限内向班轮公司提出外,即使船舶和货物灭失,运费概不退还。

2. 到付运费(Freight Collected)

货物到达目的港后,收货人在提货前付清包括各项费用在内的全部运费叫到付运费,付费地可在目的港或在班轮公司同意的其他地点。以 FOB 成交的货物,不论是买方订舱还是买方委托卖方订舱,运费一般为到付,提单上载有“运费到付”。舱面货、散装油、冷藏货、活牲畜、鱼类货等,除另有协议外,运费必须预付而不接受到付。

3. 延期付款（Extension of Credit）

在北太平洋上，有些船公司和一些经营香港至美国航线的班轮公司，对预付运费采取延期付款的办法，货方在按运价表上规定的赊欠协议书上签字，班轮公司即可放单。

二、支付货币（Payment of Currency）

国际上班轮公会和班轮公司的运价表上都规定了支付运费的币种，一般为美元。如果付款人使用运价表规定以外的货币支付运费，则须按当时当地银行汇率折算。

三、费率变更（Alteration of Rate）

班轮公司有权颁发有关费率调整、费用变更、列名商品增减、计算标准或商品等级改动等调整通知，这种变更调整若是调高运价应事先通知，使货方在贸易中有所准备。班轮公司提高运价一般都是提前一定时间通知，即宣布提高运价后的多少天的第一天开始生效。降低运价不受此限制，一般可在宣布的第二天开始生效。

有些非公会的班轮公司在运价表上声明，费率变更及生效日期可以随时颁发通知，生效日不受限制，但提高运价也是尽量提前通知。

对生效日期如何算起，我国习惯上不论调高或降低运价，都是从生效当日或以后的开始装船起按新费率计算运费的。国际上班轮公司一般都在码头仓库接货，运费都是按接收货物时生效的费率计收的。如在接收货物以后降低运价，新费率适用于生效当天或以后开航的船上所装的货物。如在接收货物以后提高运价，新费率适用于生效日期以后下一班船装运的货物或按装船时生效的费率计收。

四、意外条款（Contingencies Clause）

在特殊情况下，班轮公司可以不预先通知而提高和变动费率及附加费、增列附加费或取消舱位预约，这在班轮运价表上叫“意外条款”，即：“不论有无正式的或临时的报价或订舱或签订过合同，在发生下列情况下，班轮公司可以不经事先通知提高费率及附加费、增列附加费或取消舱位预约。”

(1)任何战争的迫近和存在（不论承运人的国家是否为交战国）、法令的强制执行以及承运人认为会干扰或可能干扰其正常履行义务的任何政府采取的任何措施。

(2)货币汇率的变化。

(3)装卸港口的拥挤。

(4)燃油价格的上涨。

(5)苏伊士运河通道关闭或受到威胁。

五、运费更正(Amendment of Freight)

货方如发现运费计算有误,必须在船舶开航后规定的时间内向班轮公司或其代理人提出。经核查确系有误,班轮公司或其代理应立即编制运费更正单,办理补退款项,过期不予办理。

六、责任限额(Limitation of Liability)

班轮公司承运货物如发生货物灭失、损坏,除加付保值附加费,赔偿额如超过提单规定的责任限额,班轮公司只按责任限额进行赔偿。《海牙规则》规定,每件或每单位货物的最高赔偿限额为100英镑或与其等值的其他货币;《汉堡规则》规定为每件或其他装运单位835特别提款权(SDR)或每公斤2.5SDR,以较高者为准;中国《海商法》规定每件或每个其他货运单位为666.67计算单位,或按照货物毛量计算,每公斤为2计算单位,以两者中较高的为准;美国规定,凡去美国港口装运货物的船公司的提单都必须加上执行美国航运法的条款,该法规定每件货物的最高赔偿限额为USD500。

七、超限额提单责任条款(Responsibility For Value In Excess of B/L Limitation of Liability)

托运贵重货物(包括从价在内),若要求班轮公司承担超过提单规定的限额责任时,托运人必须事先用书面形式声明,除支付规定运费外,还要加付全部货物价值一定百分比的附加费。这样,一旦货物全部或部分灭失或损坏,货方可按声明的货价获得全部或部分赔偿,不再受提单最高赔偿额的限制,国际货运公约及我国的有关法规都是如此规定。

八、回运货物(Returned Cargo)

班轮运价表一般规定,货物运抵目的港的一年内,原件交由原承运的班轮公司所属船舶运回原装货港,回程运费通常按50%计收。

第三节　班轮运费计算标准与方法

运费计收工作是在具体的业务部门进行，分别由出口、进口和中转联运等部门计算复核，由财务部门代收代转。实际工作中主要是运费的复核，由货代、船代将装货单中的运费通知联和分币种的运费账单在船舶开航后送来，业务人员对每张运费通知联上记载的货主名称、货物名称、计费吨、支付方式和运费总额加以复查核对，然后分货主算出应收运费数额，由财务部门向货主发出运费账单，通过银行托收。

一、计算运费的方法

货运公司在代收代付运费前要对运费支付方式、计费标准和运费总额进行复核。通常，运费由船公司或其代理人（外轮代理公司）算好，将由货运公司代办托运的货物所应支付运费按币种不同作运费账单，送交货运公司。

货运公司应根据随附来的装货单的运费通知联，将各货主的应付运费进行清理，在核对各票货物的运费无误，并与外代运费账单总金额相符后，分别向货主发出运费账单，进行代收工作。

核对各票货物的运费，其工作程序与外代计算运费的程序相仿：

(1)核对船公司、船名、航次、运费支付方式及适用的运价本。查明是直航、转船还是联运，了解启运港、目的港及中转港的有关特殊规定。

(2)根据货名找出对应的等级，然后按航线查出货物的基本费率及计费标准。如果托运人提供的货物重量或尺码与运价本规定的计算标准不符，应进行折算。

(3)基本运费：

$$\text{基本运费} = \text{基本费率} \times \text{计费吨} \quad \text{或：} = \text{FOB 价} \times \text{Ad. Val}(\%)$$

$$= \frac{\text{CFR}}{1 + \text{Ad. Val}} \times \text{Ad. Val} = \frac{0.99\text{CIF}}{1 + \text{Ad. Val}}$$

(4)对照运价本，根据货物特性、航线和港口具体情况，计算附加费：

一般运价本规定的附加费有：

①超长附加费；

②超重附加费；

③直航附加费；

④绕航附加费；

⑤转船附加费；

⑥港口附加费；

⑦港口拥挤附加费；

⑧选择卸货港附加费；

⑨变更卸货港附加费；

⑩燃油附加费；

⑪冰冻附加费；

⑫特种货物附加费(如洗舱费、熏蒸费等)；

⑬承运人临时规定的附加费。

(5)计算运费数额：基本运费＋附加费

注：1公吨＝0.984 2长吨＝1.102 3短吨＝2 204.6磅

1长吨＝1.016公吨＝20英担＝2 240磅

1短吨＝0.907 2公吨＝20美担＝2 000磅

1立方尺＝0.028 17立方米

1立方米＝35.314 8立方尺

1担＝112磅＝50.8公斤

1磅＝0.453 6公斤

二、运费的更正

如果因错计货物的重量或尺码等计费单位，或货物等级不对而误用运费率，均可造成运费计算的错误。不论是船公司或其代理，还是货运公司或货主发现运费计算有差错，均应及时通知有关方，更正运费。运费如有更正，应以运费更正单通知有关方面，一旦因更正运费而影响收货人提货，可先将更正电告有关方后再制作运费更正通知书予以更正。

运费更正原则上应在船舶离开装货港后的3个月内提出。如果超过该期限，对托运人提出更正运费的要求，船方或其代理人有权不予办理。

更正通知书只发给运费的收取者和支付者，其他有关方则根据需要发给更正通知或采取口头通知的形式。无论运费计算错误是什么原因造成，一旦发现并更正之后，应以更正后的运费为准，欠收的部分应由货主向船方补交，而多收的部分则由船方退回，通常这项工作也是通过货运代理公司来处理的。

三、集装箱运费与费用

集装箱运输由于货物交接方式与传统运输有所不同，使承运人负责的区间从海上延伸到内陆。因此向货主收取的费用，不仅包括海上运费，还包括内陆运输和港口有关作业的费用，以及与集装箱的装拆箱、周转使用有关的各项费用。这些费用大部分是通过货运代理代收的，货主常委托货运公司代为办理，如内陆储运，装拆箱服务和港口的装卸作业等，这种情况下货运公司也要收取相应的费用。

1. 集装箱运输费用的构成

按照我国现行的体制和具体业务办法，进出口集装箱的全程运输，须分别按海运、铁路的运费进行计算。此外，内陆水运和汽车运输、港口作业等均要计算运杂费和港杂费。海运承运人（船公司）目前主要负责从装港的集装箱堆场或集装箱货运站，到卸港的集装箱堆场或货运站，与此对应的运输条款有 CY—CY、CFS—CY、CFS—CFS 3 种。

集装箱运输的整个过程，可分为 5 个区段：发货地内陆运输；装港港区运输和作业；海上运输；卸港港区运输和作业；收货地内陆运输。

因此，对于具体的运输对象，如整箱出口或整箱进口的货物，在实际业务过程中发生的费用，可分为 3 大部分，即海运运费（ocean freight）、内陆运费（inland transportation charge）和装卸港的码头搬运费（terminal handling charge）。而对于拼箱货，则还需加收货运站的装、拆箱费（统称拼箱服务费 LCL service charge）。此外集装箱货物承运人还要收取一定的手续费和服务费（service charge）。

货主应向集装箱承运人支付的费用，因货物交接方式的不同而不同。

（1）货主在整箱货交、接时应支付的费用：

①采用门/门交接（Door to Door）时应支付发货地内陆运输费、装船港码头搬运费、海运运费以及卸船港码头搬运费和收货地内陆运输费。

②采用门/场交接（Door to CY）时应支付发货地内陆运输费、装船港码头搬运费、海运运费、卸船港码头搬运费。

③采用场/门交接（CY to Door）时应支付装船港码头搬运费、海运运费、卸船港码头搬运费、收货地内陆运输费。

④采用场/场交接（CY to CY）时应支付装卸两港的码头搬运费和海运运费。

（2）货主在拼箱货交整箱货接情况下应支付的费用：

①采用站/场交接(CFS to CY)时应支付装港货运站的装箱费、装船港码头搬运费、海运运费、卸港的码头搬运费。

②采用站/门交接(CFS to Door)时应支付装港货运站的装箱费、装船港码头搬运费、海运运费、卸港码头服务费、收货地内地运输费。

(3)货主在整箱货交拆箱货接情况下应支付的费用:

采用门/站交接(Door to CFS)时应支付发货地内陆运输费、装船港码头搬运费、海运运费、卸船港码头服务费、卸港货运站的拆箱费。

(4)货主在拼箱货交拆箱货接情况下应支付的费用:

货主在站/站交接(CFS to CFS)时,应支付装港货运站的装箱费、装船港码头搬运费、海运运费、卸港码头搬运费、卸港货运站的拆箱费。

在以上各种交接方式中,凡由货主自理装箱,将整箱货直接送到装船港码头堆场,或直接从卸船港将整箱货运走的情况下,货主除仍需支付码头搬运费外,不再向承运人支付内陆运输费。但如将集装箱装上货主接运的车辆,需要使用港区机械,因此要支付卸车费装车费,即通常所指的换装费(transfer charge)。

此外,各个船公司对集装箱的费用,规定了不同的收取办法。有按以上费用结构逐项计收的,也有将某几项费用合并计入运费之中,如将装卸两港码头搬运费包括在海运运费中,甚至出现总包干费率,将各项附加费合计入运费之中。

2.集装箱海运运费的计收

与集装箱运费有关的费用计收,包括基本运费、附加费、包干运费和装箱费。

1)基本运费

集装箱基本运费计收采用班轮公司的运价本或船公司运价本。目前,大多船公司按航线货种和箱型,订有集装箱货物运价本。对整箱货采用包箱费率的形式,即对具体航线实行分货种和箱型的包箱或不分货种只按箱型的包箱费率。而对拼箱货,则按货物品种及不同的计费标准计算运费。

(1)拼箱货。拼箱货的运费计收参照传统件杂货班轮运费计收办法,按具体货种等级和计费标准计算基本运费,另加装拆箱费和附加费。对集装箱运输从价货物按 M/W 高者计价,而不以货物的从价费率计。

对拼箱货,船公司也按提单所记货物计收起码运费。

此外对拼箱货运输,不允许有选港或变更目的港的条款。

拼箱货在货运站交货前或收货后的责任、费用均由货主自行负担。

(2)整箱货。整箱货因使用不同箱主的集装箱所收运费不同。

在使用承运人的集装箱进行整箱货托运时,货主应按最低运费和最高运费支付海上运费,同时支付因使用箱子而产生的有关费用。

最低运费,是以最低运费吨乘以箱内货物的费率而得的每箱货应收最低运费,所谓最低运费吨是为了使货主装箱时能充分利用箱容而规定的最低重量吨或尺码吨。

箱内所装货物属同一等级时,当实装货物的计费吨不足最低运费吨时,以最低运费吨乘以该货物费率计算基本运费。箱内所装货物不属同一等级或计费标准不同时,实装货物的计费吨以 M/W 高者计,当不足最低计费吨时,以等级高的货物费率与不足计费吨相乘,算出亏箱运费,然后与实装货物应付运费相加得基本运费。当一批货装多个集装箱时,最后不足整箱的部分货物,其运费按低于最低运费吨的标准收,如按实装货物的计费吨计费,或免收若干吨的亏箱货。

最高运费,是为了鼓励货主尽量利用箱容,而规定的对箱内货物收取运费的最高计费标准。当实装货物的尺码吨高于最高运费吨时,以最高计费吨作为货物的费率计算运费。如果箱内所装货物分属同种以上不同货物等级,则按不同货物及所占计费吨计算,超出最高计费吨的部分,以等级最低货物的费率作为免收运费部分。

(3)特殊货物。集装箱内装载货物,在计算运费时有一些特殊的规定。

①成组货物。符合运价本有关规定并按拼箱货托运的成组货物,运费给予优惠。

凡成组货物在计算运费时,均应扣除托盘本身的重量或体积,但如果托盘的重量或体积超过成组货物(包括托盘)的重量或体积的 10%,则扣除部分以 10% 为限。其余按所运货物的费率计收运费。

②家具和行李对于家具和行李,均按箱子的内容积计收包箱运费,其他费用也按箱计。但组装成箱后再装入集装箱的情况除外。

③服装挂载于集装箱内运输的,一般要求整箱场/场交接。箱内装箱物料由货主提供,运费按集装箱的 85% 内容积计算。如果箱内除服装外,还装载其他货物,则后者按实际容积计费,服装仍按 85% 箱容计费。当两者总计费吨(M)超过 100% 箱容时,超过部分免收运费。

④返回的货物。因某种原因而要求原船带回装港的货物,在 6 个月

内回程运费按原运费的85%计收,在卸港滞留期间的一切费用由申请方(发货人或收货人)负担。

2)附加费

除基本运费外,集装箱货物也要加收附加费。附加费的标准根据航线、货种不同而有不同的规定。

目前经常发生的几种附加费目:

(1)超重、超长、超大件附加费。原则上只对拼箱货收取。如果采用CFS—CY条款,则对超重、超长或超大件的附加费可以减半。

(2)半危、全危、冷藏货附加费。对于承运各类危险品和需使用冷藏箱运输的货物,加收附加费,费率按危险等级和冷藏货具体规定。

(3)选择或变更目的港附加费。装箱的货物如需选择或变更目的港需加收附加费,一般规定供选择的港口必须是基本港,且不超过3个。选定的卸港应在船舶到达第一选卸港前48小时向船公司宣布,变更卸货港的申请也应早于到达原定目的港前48小时提出,拼箱货不能选港或变更目的港。

(4)转船附加费。集装箱货物需转船运输的情况下应收转船附加费,转船包括支线运输转主干航线运输或其他原因的中转。

(5)港口附加费和拥挤附加费。对某些航线上某些港口的集装箱货物加收。

(6)其他附加费。对非基本港装卸的集装箱货物,以及装运特殊货物的集装箱,根据情况加一定比例的附加费,此外运往某些地区的货物也可能加收燃油附加费。各种附加费的规定,根据需要由船公司公布。

3)包干运费

在出口中集装箱需要中转后再运往目的港的情况下,一般订有不同中转港至目的港的包干运价。而由装货港运往中转港的一程运费,仍按具体航线和货物的等级费率计算。全程运费由一程运费、中转包干费与中转港到目的港的包干运费(即二程运费)相加即得。中转包干费由中转港的各项有关费用和中转港代理的手续费确定。中转包干费与二程运费均由货运公司向货主代收后付中转港代理,由中转港代理结算。

4)装箱费

这是指CFS/CY运费条件下,实际已由货主自行装箱时应退回的装箱费。按照惯例在集装箱运费构成中,如拼箱货均应支付拼箱服务费,这在装货港就是装箱费,但整箱货有时也按CFS—CY标准支付运费。则由船公司或其代理人在收到运费后，将装箱费总额算出给货运公司，货运公司再按提单号、航次、货种，分到各个货主，并进行结算。在船公司包箱费率表中，各航线列有不同箱型的集装箱应退装箱货的标准。如果箱内货物计费标准不同（如分 M、W 计费），退的装箱费标准也不同。

5）滞箱费

这是指货主未在规定免费时间内提取货物而向有关方面支付的费用。

（1）整箱货。对于整箱货的免费堆存期从货物到达目的港，卸下船舶时起。在码头堆场堆存的实际天数一旦超出港口规定的期限就要支付滞箱费。未进入滞期时，时间是按不包括星期天和节假日的工作日计算，一旦进入滞期，时间便连续计算，星期天、节假日也不除外。

装有不同货物的集装箱其具体堆存期是不同的。如冷藏箱和散装液体货箱，免费堆存期一般为一至二天，超期则需付滞箱费。而装危险品的箱子通常要求从装卸桥下直接提走，否则要收取较高费用，并承担相应的风险。

超期堆存的集装箱可能进行转场等处理，则货主应对由此产生的费用和风险负责。

（2）拼箱货。对于拼箱货到达货运站后的一定期间内货主应提取，否则超出免费期后就应支付滞箱费。

3. 集装箱的内陆运费及其他

目前，我国集装箱运输的内陆部分通常由货主自行负责有关手续和费用。货主除了自己办理之外，很多情况下委托货运公司代为办理。

1）货主自理或委托货运公司办理

货主负责将已装箱货物运到承运人指定的地点或直接运往码头堆场。货主自理装箱和内陆运输所发生的费用，在使用自备箱和使用承运人箱时是不同的。

（1）货主使用自备箱装货。货主使用自备箱装货在运价上没有优惠，承运人也不支付任何经济补偿。自备箱应符合国际标准化组织（ISO）标准，满足装卸港的规定及其他国际法规。

货主自行装箱一般由海关监装。装箱的货物在提单上应注明“由货主装箱并计数”（shipper’s load & count），此外货主必须向承运人提供箱内所装货物的清单，列明货名、毛重、体积。总的货重不得超过集装箱的有效负荷。货主装箱后，自行铅封或加锁，承运人只在箱子外表状况良好下收交货，其他因货主装箱不当和货物本身原因所致的任何损害，货主要自行负责费用和风险。

货主使用自备箱的情况下，常采用场/场条款，自行送至码头堆场。在堆场将集装箱从车辆卸下的费用由货主支付。

(2)货主使用承运人箱装货。货主使用承运人的集装箱及其他专用设备是要支付租金的。双方事先要在协议中规定与租用集装箱有关的事项。

此种情况下，货主应在指定场所提取或归还空箱，如集装箱码头堆场或货运站均可办理交还箱。货主应支付交还箱手续费和因此造成的装卸起吊费，归还空箱应清洁完好。如在归还时发现箱子损坏，货主要负担修理费，发生灭失则要承担赔偿责任。货主自理内陆运输时，如在承运人指定地点之外装、拆箱，还应承担由此引起的费用。另外，使用承运人的集装箱时，码头免费堆存期之外的滞箱费仍应由货主负担。

如果集装箱及有关设备未能在租用期内归还承运人，货主应支付超期使用费。

总之，货主使用承运人箱子装货时，自提箱至还箱期间所发生的各项费用均由货主自负。当货主委托货运公司办理上述有关事项时，货运公司一般按实报实销向货主收取垫付费用。

2)承运人负责内陆运输

当内陆运输由承运人负责时，费用一般在确定运价时加以考虑，具体按运价本规定向货主收取。

内陆运费包括以下几种费用：

(1)区域运费。承运人按货主要求在指定地点、时间，为完成空箱或重箱的运输而收取的费用。

(2)无效拖运费。当承运人按货主要求运送空箱，而货主不能发货，要求将空箱运回时，除支付来回程的全额运费外，还要支付由此产生的其他费用，如延迟费。

(3)装箱延迟费。从司机将空箱交付货主时起算，规定的允许时间(如2~3小时)内未能完成装卸者，应对超出时间计收延迟费。装箱允许使用时间不扣除阴雨天及其他不良天气。

如果货主要求变更装箱地点，应支付由此产生的有关费用。

货主归还空箱时未进行清扫，要加付清扫费。

3)拼箱服务费

当货主提供或接受拼箱货时，应向货运站支付拼箱服务费。拼箱服务费是指为完成以下各项服务而收取的费用：

(1)货运站内货物的正常搬运及免费期内的堆存；

(2)将空箱从堆场运至货运站；

(3)必要的分票与积载；

(4)理货、装箱(拆箱)、铅封、标记；

(5)签发场站收据、装箱单、提供箱内货物积载图；

(6)将装好的重箱从货运站运至码头堆场，或在目的港将重箱从码头堆场运至货运站。拼箱服务费一般按运价本的规定办理。

4. 集装箱的港杂费

集装箱货物的港口费用除包括港务费、港建费等规费外，还要支付集装箱从码头堆场直至装船，或从卸船到码头堆场实际发生的各项作业费用，如堆存、搬运、装卸等。港杂费以包干形式计收，其他服务费需额外支付的，由货运公司垫付后向货主实报实销。

1)堆存费

空、重集装箱以及拆箱后或装箱前的货物，在港内堆存时间超过免费期的，需支付堆存费。集装箱不论空箱、重箱，均以箱型计费，拼箱货在港区仓库的堆存按货物重量计费。各港堆存费的计收标准及免费期的长短按具体情况自定。

2)搬运费

集装箱在码头内的搬运，除非因港方原因造成，均需支付搬运费。搬运通常发生在以下几种情况：

(1)为翻装集装箱，在船边与堆场之间进行搬运；

(2)为验点、检验、修理、清洗、熏蒸等进行搬运；

(3)超过免费堆存期的集装箱，进行必要的搬运；

(4)因货方原因，要求进行的其他搬运。

在场/场交接的情况下，货方需支付搬运费，费率根据不同的箱型而定。

3)装卸费

集装箱的装卸费各港口采用包干形式计收。

(1)装卸包干的范围。进口重箱情况下，包括拆除一般加固，从船上卸到堆场，分类堆存和装上货主卡车或运送到货运站。如是租用的箱子，再将空箱从货方卡车卸到堆场或从货运站送回堆场。出口重箱情况下，包括将空箱从堆场装上货方卡车或送往货运站,再将重箱从货方卡车卸到堆场或从货运站送到堆场,分类堆存,直至装船并进行一般加固。如果是空箱的进口或出口,则包括堆场到船上的装或卸及进行(或拆除)一般加固。

(2)计费的标准。装卸费按码头公司与船公司协议计收,由于装卸地点和装卸方式不同,计费的规定也是不同的。

在集装箱专用码头进行的装卸,不论使用港机或船机,均按码头公司与船公司协议计收。但使用铲车等辅助机械要支付机械出租费。如果是滚装作业,则使用船方拖车进行装卸时,可按包干费率的比例计收。

在非集装箱码头进行装卸,也可分为两种情况:

如果是吊装作业,使用船机则按码头公司与船公司协议计费。但在使用港机时,要按箱型加收基本费率的比例作为岸机附加费。需用浮吊的,需加付租用浮吊的费用。

如果采用滚装作业,使用船方拖车进行装卸时,可按包干费率的比例计收装卸包干费。以上包干范围只限于在码头的装卸操作。如果在汽车、火车、驳船上发生的集装箱装卸作业,按有关规定计收。

此外,如在场/场或门/门条款下,货主需在港口进行装拆箱的,要加付港口的装拆箱包干费。包干范围包括将货物从卡车卸下、箱内积载、加固,联系海关、商检和编制单证等。拆箱与之相反,另加清扫。

船上集装箱需翻装时,也要加付翻装作业费,具体按《船上集装箱翻装费率表》的费率计算。

港杂费除包括上述集装箱的堆存费、搬运费、装卸费,以及因货方原因造成的船上集装箱翻装费和整箱交接情况下应货主要求需在港口装拆箱的费用外,还有集装箱铁路使用费、理货费、清洗费、中转包干费。如对集装箱需进行特殊捆扎、加固者,也要支付相应费用。

货主委托代办装船的港杂包干费,由货运代理公司向货主收取。整箱货实行门到门交接,只结算港杂包干费,其他采用实报实销。

对于内地通过水路运到装港的整箱货,一般由港务局包转,货主按港务局的包干费率支付港杂费,货运公司只收代办服务费。

第四节 航运成本与运价定价

每个航运企业都要对自己的运输产品制定价格,运价具有多种形式。从历史上来看,运价一直是影响货主选择船东的主要因素。尽管自 20 世纪 80 年代以来一些非价格因素对某些货主选择船东的行为产生了越来越大的影响,然而运价仍然是决定航运企业市场份额的重要因素。在营销组合四要素(产品、价格、营销渠道、促销)中,运价是唯一产生企业收益的要素,其他要素则产生企业的成本。运价是决定航运企业盈利率的主要因素之一。运价又是营销组合中最灵活的要素,它会随航运市场供求关系的变化而迅速发生变化。运价也是航运界使用最频繁的竞争武器。

对于航运企业的营销经理来说,制定运价和运价竞争是他们无法回避的重要问题。但是许多船公司往往处理不好定价问题。最常见的错误有:定价过于成本导向;运价不能随市场的变化而及时地加以修改;制定运价时未能将营销组合中的其他要素考虑在内。

一、影响航运企业定价的因素

企业定价一般遵循 5 个步骤。根据传统的价格理论,影响企业定价的因素主要有 4 个,即成本、需求、竞争和定价目标。然而,航运产品属于服务产品,航运企业在制定运价策略时,还应考虑服务产品的特征对运价的影响。

1. 航运成本

航运成本是航运企业提供运输服务所支出的各种费用的总和,它包括所有生产、分销和推销该航运劳务的费用,正常情况下这些费用应从运价中得到补偿。

2. 航运需求

航运需求量与运价是反向关系,即运价越高,需求量越低,表现为一条向右下方倾斜的需求曲线。营销者除了应了解航运需求与运价在变化方向方面的关系,还应了解航运需求量的变动对运价变动的反应程度,即航运需求的价格弹性(简称需求弹性)。

3. 竞争者的运价和产品

竞争者的运价和产品是影响航运船公司定价的另一个重要因素。货主在选择船东时,总要比较他们所提供的运输产品的质量与运价。船公司须了解每一个竞争者提供的航运劳务及其运价。企业可派专人收集竞争者所提供的航运劳务的信息和运价表或报价,比较各船东所提供的航运劳务及其运价。船公司还可征询货主,他们认知的运价应是多少,对每一个竞争者提供的航运产品质量感觉如何。

船公司在掌握竞争对手的运价和所提供的产品之后，就可把他们作为制定自己运价的一个参照点。假设在集装箱班轮运输市场上，香港东方海外轮船公司(OOCL)的主要竞争对手是新加坡东方海皇轮船公司。如果 OOCL 提供的集装箱班轮运输与海皇轮船公司相似，OOCL 就必须把运价定得与 NOL 的运价接近，否则，定得太高会丧失市场，定得太低会损失利润，如果 OOCL 的集装箱班轮运输质量比 NOL 的差，那就应定较低的运价。如果 OOCL 的集装箱班轮运输质量比 NOL 的优越，则可定较高的运价。

4. 定价目标

定价目标是企业市场营销目标体系中的战术性目标之一。营销目标有战略性目标和战术性目标之分，它们共同构成船公司的营销目标体系。例如，市场定位目标属于高层次的战略性的营销目标，促销目标则属于较低层次的战术性的营销目标。较低层次的目标必须服从船公司的战略目标，同时也要和其他营销目标和策略相协调。航运企业的定价目标主要有以下几种。

1)追求当期利润最大化

追求当期利润最大化的定价目标并不意味着船公司要为运输产品制定一个最高运价水平。按照经济学的理论，利润最大化的必要条件是边际成本等于边际收益。由这个条件所决定的运价，可以是使船公司盈利的高价，也可以是使船公司亏损的低价，还可以是使船公司不盈不亏的保本价。在完全竞争的情况下，每一个航运船公司都是运价的被动接受者，而它们所接受的市场运价，就是能使企业当期利润达到最大的运价。不过，它们还须根据它们的成本来调整它们的运输供给，以满足边际成本等于边际收益这一均衡条件，否则，仅仅接受市场运价还不能保证当期利润达到最大。就完全垄断和垄断竞争这两种市场结构而言，要想制定一个能达到当期利润最大的运价，航运企业须估计它们的需求和成本，然后按照边际成本等于边际收益这一条件，选择一个使其当期利润达到最大的运价。

至于处于寡头垄断市场结构的航运企业，若存在勾结，则勾结起来的卡特尔组织，其追求当期利润最大化的定价行为与完全垄断航运企业类似。若不存在勾结，处于支配地位的寡头船东，可按照边际成本等于边际收益这一准则，来选择一个使其当期利润达到最大的运价，处于被支配地位的其他寡头，也许只有采用处于支配地位的寡头船东所制定的运价，才能使其当期利润最大化。

2）维持船公司生存

把维持船公司生存作为船公司的定价目标，实际上只不过是把追求当期利润最大化作为船公司的定价目标的一种特殊形式。当能使船公司利润达到最大的单位运价低于船公司的平均成本而高于船公司的平均变动成本时，船公司应维持生产，继续营业。这是因为虽然在这个运价水平上船公司是亏损的，但是因单位运价大于平均变动成本，其超出部分可抵补部分固定成本。而固定成本在短期内无论船公司经营与否，都是不可避免地要发生的。所以，船公司选择这个运价，在短期内维持生产，同时寻求更好的市场机会或找出降低成本的途径比停止营业更有利。这一运价水平虽然会导致船公司亏损，但却可以使船公司的利润达到最大或亏损最小，任何低于或高于该水平的运价只能使船公司遭受更大亏损。显然，为了维持生存，船公司不得不选择这一低水平的运价，但这并不意味着船公司还可选择一个能使船公司盈利且高于此运价水平的运价——这种误解是存在的。例如，菲利普·科特勒在论述把维持船公司生存作为船公司的定价目标时说，“为了保持工厂继续开工和使存货能出手，他们必须制定一个低价，并希望市场是价格敏感型的，利润比起生存来要次要得多”。其实，船公司若能赚取利润，又何愁不能生存，若能选择能使船公司盈利的高价，又何必选择会使船公司亏损的低价。

3）提高市场占有率

较高的市场占有率意味着航运船公司揽取较多的货载，从而有利于降低单位运输成本。较高的市场占有率便于航运船公司运用营销手段与货主建立长期业务关系，实施关系营销，为提高船公司盈利率提供可靠保证。当市场需求增加时，拥有较高的市场占有率的航运船公司将会获得较大的好处，由此可见，跟随高市场占有率之后的往往是高盈利率。因此，许多船公司都把提高市场占有率作为自己的定价目标。就航运船公司而言，采用这一定价目标，就要制定较低的运价。就是要以低运价来吸引新货主和保持老货主，以达到提高市场占有率的目的。所以，这是一种以牺牲短期利润来获取长期持续高利润的战略性的定价目标。

4）树立货运质量领先地位

航运船公司可以把树立货运质量领先地位作为定价目标。树立货运质量领先地位要求航运船公司能安全、迅速、准确无误的将货物运输到目的地，同时向货主提供优质的附加服务（如为货主提供货物运载情况追踪查询服务),使其货运质量具有超出一般同行的水平。树立货运质量领先地位能使船公司在货主的心目中建立良好的信誉,博得货主的信任,从而能获取较多的稳定的货源,使船公司能赢得长期丰厚的利润。但是,高货运质量往往以高营运成本为代价,一般要求收取较高的运价以弥补高货运质量所耗费的高营运成本。例如,美国总统轮船公司向货主提供优质上乘的集装箱班轮运输服务,其运价要高于可比的一般船公司的运价。

此外,企业常采用的定价目标还有以下几种:

(1)实现预期的投资回报率(目标利润率);

(2)制定低价,以防止竞争者对手进入自己从事营运的航线;

(3)将运价定在竞争对手的运价水平附近,以稳定市场;

(4)临时降价,以吸引竞争对手的货主,促使其改换门庭;

(5)在长期运输合同中接受较低的运费率,促使合同成签,以确保长期的货源。

5.服务产品特征对制定运价的影响

1)服务的无形性对制定运价的影响

服务的无形性意味着提供服务比提供实体产品有更多的变化。服务内容可按货主的不同要求作适当添减,服务水准、服务质量等也都可以依照不同顾客的需要而作适当调整,因此,价格往往是通过卖者和买者之间的协商来决定的。例如,在租船运输中,不同的货主所要承运的货物的种类和数量不同,而且在装货港和卸货港、装运期限、租船方式或期限、船舶的吨位和船级等方面有不同的要求。船公司可根据货主的需要来提供不同形式的租船运输和服务,但这意味着船东的成本必然也要随之发生变化,而成本要在运价中得到补偿。因此,在租船运输实务中,运价都是通过协商议定的。

2)服务的不可储存性对制定运价的影响

由于服务的生产和消费是同时进行的,这就使得服务不可能像有形商品那样可先储存起来,以备未来销售。当然,提供服务的各种设备可以提前准备,但生产出来的服务若不当时消费掉就会造成浪费。

若服务的需求是稳定的,服务的不可储存性就不成为问题(假如不存在其他需求的不平衡),因为事先安排服务的供给是很容易的。若服务的需求波动大,服务的不可储存性就产生了价格含义。因而,对于航运企业来说,可能必须使用优惠价和降价等方式,以充分利用剩余的生产能力。若服务的需求在方向上是不平衡的,服务的不可储存性也产生了价格的含义。例如,船舶在往返航程中能否揽取回程货,足以影响运价水平。在制定班轮运价时,航线上若能获得回程货,运价就可以定得低一些,这样既不影响航运企业获利,又有利于提高企业的竞争能力。反之,若无回程货装载,运价就必然要定得高一些,否则企业可能难以保本。当然,也可以按正常水平制定运价,而对回程货计收低价。

3)服务的不可分离性对制定运价的影响

有形产品在从生产到流通再到消费的过程中,往往要经过若干中间环节,生产过程与消费过程之间有一定的时间间隔。服务产品则不同,它具有不可分离的特征,即服务产品的生产过程和消费过程是同时进行的,两者在时间上是不可分离的。一般而言总成本随生产时间的增加而增加,所以服务产品的总成本随时间的增加而增加。

就运输产品而言,由于时间是构成航行距离的要素之一,所以航运产品的总成本随距离的增加而增加。这就决定了航运产品有按距离计价的特点,即其价格构成中也就包括距离这个要素。航运产品的计量单位是吨海里,运价则以每吨海里若干元表示,称作吨海里运价率,运价率实质上是单位距离航运产品的价格,它的形成基础是单位距离的航运成本。

由于单位距离的航运成本是随运距的延长而逐渐递减,即单位航运成本递远递减,所以运价率也具有递远递减的特点。运价率随运距延长而递减的特点还具有如下规律,即在近距离递减得快,远距离递减得慢,超过一定距离不再降低。这是因为单位航运成本递远递减的变化具有先快后慢、达到一定距离后其改变量可忽略不计的规律。

二、基本运价的制定方法

有了市场结构分析结果、船公司定价目标、航运成本数据、航运需求信息,船公司就可以着手制定基本运价了。运价定得太低不能产生利润,定得太高不能赢得需求。所以航运成本规定了可行运价的下限,货主的承受能力规定了可行运价的上限。船公司在这对上下限所决定的区间内落实其定价目标。但上述可行运价的下限有可能高于可行运价的上限,也就是运价即使低到等于船公司的平均成本仍可能没有赢得一个货主。在这种情况下,上述定价区间是一个空白。这时船公司要解决的已不是定价的问题,而是如何降低成本、促进销售或其他经营方略的问题了。下面假定可行定价区间是实价,在这个前提下,船公司可基于对定价目标、航运成本、航运需求这3个因素的一个或几个的考虑来选定定价方法,然后据以确定一个特定的运价。以下研究4种定价方法:成本导向定价法;需求导向定价法;竞争导向定价法;利润导向定价法。

1.成本导向定价法

成本导向定价法在考虑影响定价的诸因素中侧重考虑成本,定价的出发点是保证船公司不亏本,所以称作成本导向定价法。成本导向定价的具体方法是成本加成法。成本加成法是在估算的单位成本的基础上加上一个固定百分率的行业标准的单位利润构成运价。在这里,每个固定百分率的单位利润称作加成,这个固定百分率称作加成率。所以,成本加成定价法的计算公式为:

运价 = 单位成本 + 加成

加成既可以以单位成本为基础来确定,又可以以运价为基础来确定:

即　　加成 = 单位成本 × 加成率

或

加成 = 运价 × 加成率

由此衍生出两种运价计算公式:

(1)加成以单位成本为基础的运价计算公式:

运价 = 单位成本 ×(1 + 加成率)

(2)加成以运价为基础的运价计算公式:

运价 = 单位成本/(1 - 加成率)

单位成本的计算公式是:

单位成本 =(变动成本 + 固定成本)/运载量

在比较固定航线上,运载量可以根据过去长期中运量变动的情况确定。而在新航线上,则需加以预测。在这里运载量即航运需求量,由公式可知,当需求发生变化时,单位成本也会发生变化,成本加成定价法有其局限性。首先,按成本加利润的定价,忽略了需求的因素。其次,用过去的统计数据来计算成本,不一定能反映将来的成本状况。再次,单位成本是运载量的函数,而运载量(即航运需求)是运价的函数,运价最终又要通过单位成本确定。由这种循环的因果关系所确定的单位成本可能不能反映船公司的实际情况。

尽管有上述不足之处,成本加成定价法仍然是处于垄断竞争市场和寡头垄断市场的航运企业最常用的定价方法。这是因为:

第一,船公司对自己的成本比对市场需求的了解要准确得多,把价格与成本直接挂钩,简化了定价手续;

第二,同行业各企业如果都采用这种定价方法,他们的运价相差不会很大,从而可缓和价格竞争;

第三,采用成本加成定价法,船货双方都认为比较公平。在货方的需求急迫时,船方不乘人之危谋求额外利润,但仍能按既定的加成率获得利润;

第四,从长期来看,采用这种定价方法制定的运价,能接近于实现最大利润。

2.需求导向定价法

需求导向定价法是依据货主对航运劳务价值的理解和对运输需求的程度来定价的方法。这类定价方法主要有认知价值定价法和货物对运价负担能力定价法。认知价值定价法定价的关键,不是船方的成本,而是货方对价值的认知、船方利用营销组合中的非价格变量(如产品、质量、服务、广告等)在货主心目中建立起对产品的认知价值,并将它捕捉住,然后再据以建立运价。例如,集装箱班轮运输比传统的班轮运输可以提供更快捷、方便、可靠的服务,货主认为集装箱班轮运输提供的服务价值要比传统的班轮运输高,所以他们愿意支付较高的运价,尽管集装箱班轮运输的成本可能比传统的班轮运输低。认知价值是货方在观念上所认识的价值,它不一定与产品的实际价值相一致。如船公司在货主中建立了良好的信誉,所以它可以开出高于一般船公司的运价,而仍能为货主接受,但就某些特定航次而言,其运输质量也许与普通船公司没有什么差别。认知价值定价法要求企业通过市场调研,如进行货源调查,了解货主对运价水平的反应等,先估计出在何种市场运价下能揽取到理想的货载量,然后用此市场运价扣除货运代理商的佣金,倒算出基本运价。其定价的模式为:

$$运价=货主的认知价值-成本佣金$$

此外,企业还要按此基本运价和航运成本算出能否获得满意的利润,若答案是肯定的,企业就采用此运价。否则,须采取其他营销措施。

货主对运价承受能力定价法,实际上是依据货主对运输需求的价格弹性理论来定价的方法。对于自身价值很高的货物而言,运价只占其销售价格的一个很小的比例。适当提高这类货物的运价,货主不会很在乎,因为对货物的最终需求不会有多大影响。对于自身价值很低的货物而言,情况则相反。一般而言,自身价值较高的货物,运价可定得高一些,反之则定得低一些。这种定价方法的模型是:

运价 = 货物价值 × 承受能力系数

这里货物的价值是指货物的市场价格，承受能力系数指运价占货物价格的比率，通常根据市场调研或以往经验来确定。根据联合国贸易与发展会议的统计资料，班轮运价占货物价格的比率为1.2% ~28.4%，廉价的大宗货物的承受能力系数为30% ~50%。

3. 竞争导向定价法

竞争导向定价法主要依据竞争者的价格来定价，在航运界竞争导向定价法主要有避免竞争的随行就市定价法和开展竞争的建立优势定价法。

随行就市定价法又称通行价格定价法。它包括以下两种具体的定价模型，船公司可依据所处的市场结构的性质来选用。

第一，在完全竞争或接近完全竞争的航运市场上，船公司在定价时没有什么选择余地，每个船公司都是价格的接受者，只能按照市场的现行运价来定价。这一定价方法在不定期船即期市场上最为流行，这种定价方法的模式是：运价 = 现行市场运价。

第二，在差别寡头垄断的航运市场上，较弱小的船东根据行业内处于支配地位的船东（价格领袖）所制定的运价来确定自己的运价。所以，较弱小的船东是价格尾随者。不过，因各船东所提供的运输产品存在差别，价格尾随者所定的运价不一定要与价格领袖完全一致，而可以略高于或略低于价格领袖所定的运价，以不会受到后者的报复为限。这种定价方法的模式是：运价 = 价格领袖的运价 ± 浮动幅度，浮动幅度较小，或者等于零。

建立优势定价法是与市场份额领先或产品质量领先发展战略相适应的定价方法。采用这种方法定价的企业，在决定运价时，为了实现自己的发展战略，必须参照竞争对手的运价来制定自己的运价。以市场份额领先为发展战略的企业所制定的运价，是在竞争对手制定的运价基础上降低一个幅度的运价，其降低的幅度需大到足以揽取预期规模的货载。其定价模式是：

运价 = 竞争对手的运价 - 下调幅度

以产品质量领先为发展战略的企业所制定的运价，则是在竞争对手制定的运价基础上提高一个幅度的运价，其提高的幅度须大到足以反映其运输产品是具有超群质量的。其定价模式是：

运价 = 竞争对手的运价 + 上调幅度

4. 利润导向定价法

利润导向定价法主要依据船公司的利润目标来定价。它包括两种具体的定价方法:即最大利润定价法和目标利润定价法。

在寡头垄断的航运市场上,最大利润定价法是领先确定运价的是同行中最大的,处于支配地位的船东,即价格领袖,它根据利润最大化的原则按照上述模型确定自己的货运量和运价。此外,航运市场上的卡特尔垄断组织也采用这种方法来制定统一的运价,不过为了维持这一运价还必须在会员公司之间实行货载分配。

目标利润定价法的定价模型是:

运价 = 单位成本 ×(1 + 目标利润率)

这种定价法类似于成本加成定价法,只不过成本加成定价法侧重考虑的是成本,而目标利润定价法侧重考虑的是一定目标的利润率。与最大利润定价法相比,目标利润定价法具有简单易行的优点,它不需要像最大利润定价法那样须掌握较详尽的有关需求的数据。具有低运输成本优势的航运企业,若其营销策略是通过提供价廉物美的运输产品来赢得较多货源,则宜采用这种定价方法。

三、基本运价修订

航运企业并不是只制定一种单一的运价,而是要在基本运价基础上制定出一套能适应需求和成本变化、有利于捕捉盈利机会的运价策略。所以,在制定了基本运价之后,航运企业还应根据市场需求和产销的具体情况,对基本运价进行修订。所以,对基本运价进行修订,实际上就是制定运价策略。

1. 修订运价的一般策略——折扣定价策略

为了刺激货主的某种购买行为,船公司可在基本运价的基础上,按一定的百分比酬报货主。这和运价调整称作运价折扣或回扣,它主要有以下几种:

(1)数量折扣。数量折扣是船东因货主托运的货载量大而给予的一种折扣。它应向所有的货主提供。数量折扣可在非累计的基础上提供,即按每次托运的货载量计算,也可在累计的基础上提供,即按一定时期内累计托运的货载量计算,数量折扣可刺激货主向特定的船东托运货载,它特别适用于班轮定价。

(2)功能折扣。功能折扣也叫贸易折扣。就航运经营而言,它是指船东向执行某种功能的渠道成员,如货运代理提供的一种折扣。对不同的渠道成员,船东可提供不同的功能折扣,如船东向一级代理提供的折扣要比二级代理提供的折扣大。然而船东应向同一种渠道成员提供同样的功能折扣。

(3)季节折扣。季节折扣是卖者在需求淡季向买者提供的一种价格折扣。航运需求直接由国内贸易和国际贸易派生而来,必然随国内经济,特别是世界经济的周期性波动而波动,从而表现为很强的季节性。在航运需求淡季,船东可向货主提供一定数量的季节折扣,以吸引较多的货源。显然,如果有的船东提供季节折扣,有的不提供,则提供者可揽取较多货载,不提供者会丢失货载。如果每个船东都提供季节折扣,因为航运市场需求从总体上来说是缺乏弹性的,其结果会使众船东减少收益和利润。

(4)现金折扣。现金折扣是为了鼓励客户在一定期限内早日付清账款而提供的一种价格折扣。这种折扣通常按这样的形式写明:"2/10,全价30",它的意思是客户若在10天内付清账款,可享受2%的折扣,否则须在30天内按全价付清账款。现金折扣在西方很流行。它可改善企业的现金周转,减少赊欠和坏账损失。在航运界,运费可按两种方式支付,即预付运费和到付运费。预付运费是指在签发提单前即须支付全部运费,到付运费则是指货物运到目的港交付货物前付清。与无形产品普遍采用的销售方式即预售方式相一致,在航运实务中普遍采用的支付方式是预付运费。显然,无论采用这两种支付方式中的哪一种,承运人都能控制住货主,使其及时付清运费。所以,在一般情况下,航运企业没有提供现金折扣的必要。只有在因促销的需要或为了与重要货主实行关系营销而放宽支付日期的情况下,航运企业启用现金折扣这一策略才有意义。

(5)回程货折扣。由于运输产品的不可储存性,它只能边生产边消费,如果回程空放或满载率低,必然造成舱位的浪费。所以,对于愿提供回程货的货主可给予一定的价格折扣,以吸引回程货源,提高舱位的利用率,从而提高企业的经济效益。

2.差别定价

为了适应货主、货物、航线等方面的差异,承运人常常修改他们的基本运价,实行差别定价。在差别定价中,承运人以两种或两种以上的运价提供一种运输产品,然而这种运价的差别并非缘于成本的差别,或并不成比例地反映成本的差别。在航运实务中,差别定价有以下几种。

(1)货主差别定价。货主差别定价是指按货主的差异实行差别定价的方法。给重要的客户提供特别优惠的运价是船公司常常采用的定价策略。例如,船公司给重要的货运代理商和大货主提供的运价要低于给普通代理商和货主的运价,以维持与客户良好的关系,保证稳定的货源。

货主差别定价的一个典型的例子是双重运价制(Dual Rate System),它属于班轮公会运价,即由班轮公会制定的,供参加班轮公会的班轮公司使用的运价。其具体做法是,对于与班轮公会缔结合同愿将货物全部交由班轮公会运输的货主,按合同费率计收运费,对于未与班轮公会缔结合同的货主,则按非合同费率计收运费。

(2)货物差别定价。货物差别定价也是船公司常采用的定价策略。例如,船公司常按货物的重量和长度的不同、价值的高低、装船的难易程度、是否危险品或易燃品而制定不同的运价。

(3)航线差别定价。航线差别定价实质上就是按所提供的运输产品的不同而制定不同的运价。例如快线的运价高于一般航线的运价,直达目的港的运价高于经枢纽港转运的运价。

四、运价的调整

在运价结构和运价策略形成以后,因环境的变化,船公司还将面临以下几个问题:在什么情况下运价需要变更、提价还是降价;货主对运价变更会有什么反应;竞争者对运价变更会有什么反应;以及船公司应对竞争者发动价格变更作出什么反应。

1. 导致发动运价变更的情况

(1)发动降价。导致船公司考虑降低运价的情况有若干种,一种情况是运力过剩。这里是指船公司通过增强推销、产品改进或其他可供选择的措施都不能增加新的营业额的情况。于是,公司抛弃"追随领先者定价法",转向"灵活的定价法",以促进他们的销售。另一种情况是面临有力的价格竞争而市场份额又正在下降之中。公司还会在"以低成本支配市场"这一动机的驱动下发动降价。在这种情况下,公司或者从其成本低于竞争者时开始发动降价,或者是发动降价,以期扩大市场份额,从而依靠大销量和经验来降低成本。

(2)发动提价。成功的提价能增加相当大的利润。例如,假定公司的利润率是销售额的3%,若销售量不受影响,则提价1%将增加33%利润。

如表9-1对这种情况作出了说明:假定运价为$10,销售量为100个单位,成本为$970,从而利润为$30,或者说利润是销售额的3%。将运价提高$0.1(运价提高了1%),假定销售量不变,则利润提高了33%。

运价提高前后的利润表 表9-1

	提价前	提价后		提价前	提价后
运价	$ 10	$ 10.10(运价提高10%)	成本	-970	-970
销售量	100	100	利润	$ 30	$ 40
收益	$ 1 000	$ 1 010			

持久的世界范围的成本上涨是引起提价的主要原因。与生产率增长不相称的成本提高,压低了利润率,从而导致船公司定期地提高价格。引起提价的另一个因素是需求过旺。当一个船公司不能满足它所有的货主的需要时,它可能提价。通过停止折扣,价格就被无形地提高了。

船公司还须在一次大幅度地涨价还是分几次小幅度地涨价上作出决策。一般来说,顾客倾向于有序的小幅度的涨价,而不希望剧烈的大幅度的涨价。提价应有船公司沟通方案的支持,应事先告诉货主为什么要提价的原因。

2.货主对价格变更的反应

运价的提高与降低,无疑将会影响货主、竞争者、分销商和运力提供者的利润。这里需要考虑货主的反应。货主一般都是产业用户,它们构成产业市场。产业市场派生需求的特征,决定了货主对运价变更的反应从总体上来说是不敏感的。但是,每一种被运输的货物,对运价都有一定的承受能力,如果超过了它的承受能力,货物就不能被投入运输。一般情况下,价值较高的贵重货物对运价水平有较高的承受能力。反之,承受能力则较低。因此,根据所投入运输的货物的价值与运输成本进行比较的知觉的不同,货主对运价变更的反应也会变化。投运低价值货物的货主通常对运价是敏感的,他们通常选择提供较低运价的船东。反之,投运高价值货物的货主则对运价不那么敏感。它们通常对船东所提供的附加服务的关心要比对运价关心得多。

3.竞争者对价格变更的反应

准备变更运价的船公司不仅要考虑货主的反应,还必须考虑竞争者的反应。航运产品在很大程度上是同质的,在那些航运企业数量小、货主信息灵通的航线上,竞争者很可能会作出反应。船公司怎样来估计竞争对手可能作出的反应呢？假定船公司面对一个强大的竞争者，竞争者的反应能从两个角度估计出来。其一，假定竞争者对价格变更按照既定的方式作出反应，在这种情况下，他的反应能够被预计出来。其二，假定竞争者把每一个价格变更都作为一种新的挑战，并且根据当时的自身利益作出反应。在这种情况下，船公司就必须弄清楚此时竞争者的自身利益的所在。这就需要调查竞争者的财务状况，最近的销售量与提供运力的能力，顾客的忠诚度和他的公司目标。如果竞争者有一个市场份额的目标，他很可能会跟进价格变更。如果他有一个获取最大利润的目标，他可能在某些其他战略上作出反应，例如提高广告预算或改进产品质量。船公司要通过内部和外部的信息源去获悉竞争者的心思。

由于竞争者对船公司的降价会作不同解释，这就使得问题变得复杂化了。竞争者可能会猜测船公司试图悄悄地夺取市场份额，也可能会猜测船公司经营情况不佳并企图增加销售量，或者船公司希望整条航线降价以刺激需求。

当存在几个竞争者时，船公司必须估计每一个竞争者可能作出的反应。如果竞争者行为都相似，那么只要对一个典型的竞争者作一分析就可以了。如果竞争者因在规模、市场份额或政策方面有差异而会对运价变更作出不同的反应，这时，就须对他们分别作出分析。

4.公司对价格变更的反应

对于由竞争者发动的价格变更船公司应怎样作出反应。在高度同质的产品市场中，面对竞争者的降价，船公司应当寻找能扩展其产品的方法，若寻找不到，船公司除了跟进竞争者的降价以外，别无他法。船公司如果不跟进降价，大多数货主将到运价最低的承运人那里去订舱，船公司就必然丢失市场份额。

若有一个船公司在同质的运价市场上提高它的价格时，其他船公司可能不跟进。如果提价对整个行业将是有好处的话，他们会照做。但是如果有一个船公司认为它或本行业不会获得好处，他就不会跟进提价，而他的不跟进提价会使市场领先者与其他船公司撤销这次提价。

在非同质的运价市场上，企业对竞争者的价格变更所作的反应有更多的选择余地。货主选择船东要考虑多方面的因素：服务、质量、可靠性和其他因素，这些因素减少了货主对较小的价格差异的敏感度。

在对竞争者发起的运价变更作出反应前，企业必须考虑下面这些问题：①为什么竞争者要发起运价变更？是想悄悄地夺取市场，利用过剩的运力，适应成本变动状况，还是要领导整个行业范围内的价格变动？②竞争者发起这个运价变更是临时的还是长期的措施？③如果本公司对此不作出反应，本公司的市场份额和利润将发生什么样的变化？其他公司是否会作出反应？④对于每一种可能发生的反应，竞争者与其他船公司的反应很可能是什么？

市场领先者常常面临由那些较小的船公司发起的降价。这些小船公司力图通过降价来取得市场份额。当他们的服务比得上市场领先者的服务时，这些船公司将会凭借其低价格侵占领先者的市场份额。市场领先者在这种情况下有以下几种选择：

(1)维持原价格。市场领先者维持他原来价格的前提有下述几种，当它认为：①如果降价，他会失去很多利润；②维持原价不会使他失去很多市场份额；③维持原价可能会失去市场份额，但当必要时它会重新获得市场份额。领先者相信它能抓住好的顾客，而放弃一些较差的货主给竞争者无所谓。反对维持原价的论点是当攻击者的销售量提高后，它会更自信，而领先者的推销人员则会变得士气低落，领先者将会失去比预期更多的市场份额。这样会使领先者恐慌，降低价格去重新获得市场份额，要比预期的更困难，代价更大。

(2)提高感知质量。领先者可以维持原价但要增加提供的服务的价值。他可以改进它服务、市场和信息沟通以便使货主能看到同样的付出能获得更多价值。他可以强调其服务的相对质量超过其竞争者的较差的质量。

(3)降价。市场领先者可以把自已运价降低到竞争者价格的水平上。它可以这样做的前提是因为：①降价可提高他的市场份额，他的成本将随着市场份额的增加而下降；②他若不降价将会失去很多市场份额，因为本市场对价格是敏感的；③他若不降价，将会失去市场份额，而市场份额一旦失去，他要使尽全力才能重新获得市场份额。降价在短期内会减少船公司的利润。有些企业通过降低服务的质量、服务和减少市场营销信息来维持利润，但这种做法最终将损害他们的长期市场份额，船公司在降价时应该努力去维持他所提供的服务的价值。

最好的反应随情况的变化而有所不同。遭到攻击的船公司必须考虑竞争者的意图和本船公司的资源条件，市场对于价格和价值的敏感程度，数量与成本的关系，以及公司可供选择的各种机会。在遭到价格变动的攻击时，深入分析公司可供选择的方案并不是常常是可行的。竞争者可能花费了相当多的时间来准备这个价格变更决策，但是公司可能不得不在几小时或几天内作出决定性的反应。可以缩短对价格变更作出反应的时间的唯一办法，可能是预计可能发生的竞争者的价格变动并制定好备用的反应措施。

目前，集装箱班轮运输市场进入壁垒较低而退出壁垒相对较高，市场的垄断程度降低等特征导致了在市场上经营的班轮运输企业之间的差异越来越小，竞争越来越激烈。单纯地追求成本领先来制定低运价夺取市场份额的定价策略，已经不能满足航运企业在市场上的竞争需要。

在班轮运输市场上经营的班轮运输企业为了降低市场供求对运价的决定性影响，在运价的制定中争取主动，获得发展，必须提供更多、更特殊、更便利的服务，提供有创新的服务，以使其自身和其他竞争者区别开来。

航运企业根据班轮运输市场上货主追求的利益，可以将市场上的运输需求分成不同的层次。针对不同层次的需求，提供不同的运输服务。

针对航运市场上一些货主对运输的准时和快速性有较高的要求，班轮公司可以提供直航服务和快速交货服务。

针对航运市场上的货主是采购量或销售量巨大的大型企业，这些企业要求班轮公司能够提供综合物流服务。集装箱班轮运输企业可以为这类的货主提供个性化的运输服务，参与到其供应链的运作中去。例如，马士基集团为其最大的客户沃尔玛提供的就是专门为沃尔玛特定的全程门到门的运输服务。

除了以上这些对运价不敏感的运输需求之外，就是对运价敏感的运输需求了，针对这样的需求，班轮公司只要提供普通的运输服务就可以了。

在制定运价的时候，对航运企业可以采用优先服务定价的方法。所谓优先服务定价就是将船公司的运输服务分成若干类，确定不同服务类别的合理运价。而货主则可以根据服务的质量和自身的需求选择优先服务类别。用此种方法定价，首先可以争取不同层面的客户，运价不再是争取货源的主要手段，这就会减少市场供求关系的变化对企业运价的影响，使船公司在制定运价的时候变被动为主动。而且，由于优先服务定价法把货主和班轮公司看成一个统一的利润最大化系统，用这种方法制定的运价，可以使班轮运输企业和货主实现双赢，从而增强班轮公司与货主之间的合作。班轮公司首先提供不同的运输服务模式和对应的运输价格，货主根据个人的特点和要求决定选择不同的服务模式和货运量，且把班轮公司与货主看成是利润最大化的系统。

【案例一】 运费预付条件下货代垫付运费案

要点提示：托运人和承运人是海上货物运输合同的双方当事人。根据《海商法》第六十九条的规定，托运人应当按照约定向承运人支付运费。托运人支付运费的对象应当是承运人或者经承运人授权的代理人。托运人委托货运代理支付运费应注意事先考察该货运代理人的资信情况，然后再作出决定。

一、基本案情

1994 年 3 月，被告某工艺品进出口公司（简称工艺品公司）将 1 200 双麻底鞋和 10 200 双布胶鞋通过北京某船务有限公司（简称船务公司）委托温州某物流公司（简称温州物流公司）安排出运安特卫普，温州物流公司就此两票货物向某外轮代理公司（简称外代公司）订舱。外代公司接受委托后，将两票货拼装在一个 40 英尺集装箱内，安排同年 3 月 30 日“H”轮 V. 201 出运，并分别签发了提单，托运人均为工艺品公司，载明运费预付。1995 年 7 月 31 日，原告外代公司将运费 3 700 美元垫付给承运人某集装箱运输公司（简称 B 集装箱公司）。但被告工艺品公司一直未向原告外代公司支付该笔运费。

1997 年 5 月 19 日，原告外代公司向某海事法院提起诉讼，请求判令被告工艺品公司支付该笔运费及开航之日至判决生效之日止的逾期付款滞纳金。被告工艺品公司辩称：其未与原告外代公司签订过任何委托订舱协议，货物是通过船务公司配载“H”轮 V. 201 出运的，运费已付给船务公司，原告外代公司亦知道此事。另查明，1994 年 12 月 27 日，被告工艺品公司下属工艺品金朝进出口公司为这两票货物付给船务公司运费3 900 美元。

二、处理结果

海事法院审理认为，被告作为提单项下的货物托运人，与承运人集装箱公司之间的承托法律关系成立，船务公司不是承运人。根据提单的运费预付条件，托运人应向承运人支付运费及逾期付款滞纳金。现原告作为承运人的代理人，已向承运人垫付所有费用，被告理应将有关费用付予原告。故判令被告工艺品公司支付原告外代公司运费 3 700 美金及逾期付款滞纳金(自 1995 年 8 月 1 日起判决生效之日止,以每日 5% 利率计算),上述款项于本判决生效之日起 10 日内付清。

三、法律分析

我国《海商法》第六十九条规定,托运人应当按照约定向承运人支付运费。根据这一规定,每一个托运人在支付运费时都要有清醒的头脑与法律观念。他必须明白:①托运人与承运人存在着承托法律关系,尤其所签提单托运人一栏中打明了托运人的名称;②托运人支付运费之前要弄清谁是有资格收取运费的承运人;③托运人有责任将约定的运费交给承运人或承运人授权代收款项之人;④承运人未收到托运人的运费时有权向托运人进行追偿。

托运人要选择信誉好的货运代理,尤其是托运人不直接将运费付给承运人而委托货运代理将运费付给承运人时更要谨慎从事。否则,一旦出现货运代理收到应转付承运人的运费而不转付,或赖账,或倒闭,甚至携款潜逃时,托运人就要付双倍运费。因为承运人向托运人主张运费时,托运人须再次支付运费,即使打官司,辩称运费已付给货运代理,也无济于事,结局肯定是败诉。从道义上讲,托运人值得同情,但从法律上讲,托运人仍要承担责任。

船务代理是否有权向托运人主张运费,这要视具体的案情而定。一般来讲,根据国际航运惯例,船务代理有权代承运人处理许多事项,其中包括代收运费,并且许多情况下,船务代理都从事了这项业务。但既然是代理,从法律上讲,第一,要有承运人的授权委托书;第二,授权范围内应包括代理收取运费。也就是说,如果承运人未授权船务代理收取运费,船务代理无权向托运人主张运费。一旦托运人将运费付给船务代理,船务代理不转付给承运人时,承运人仍有权主张自己的权利,要求托运人再付一次运费。所以托运人将运费交给船务代理时同样要小心谨慎,应事先要求船务代理出示授权书,不能盲目付款。否则将蒙受不合理的损失。此案中,法院判决船务代理在向承运人垫付了运费后,有权向托运人主张此笔运费。由此看来,应该说船务代理有充足的证据,证明承运人已授权委托其向托运人收取运费。

如果承运人已书面正式委托货运代理或船务代理或其他人代收运费,托运人已如数按时交给了被委托人,此时,由于种种原因,被委托人并未将收取的运费交给承运人,承运人不得再向托运人主张收取运费的权利,而只能向被委托人进行追偿,如无法追不回来,则自认倒霉。

四、经验教训

托运人究竟应当向谁支付运费,要根据具体情况。总结本案及本类案例的经验教训,可以原则地讲,托运人要向有权收取运费的一方支付运费,而判断收取运费的一方是否有权收取,要根据能够证明其有权收取的书面文件或相关当事人的认可,托运人不可主观行事。如果向货方收取运费的是承运人,且经过判定其确实是提单项下的承运人,那么货方将运费直接支付给承运人则风险相对较小。如果从货方处收取运费的是作为其代理人的货运代理,那么存在两种情况:一种是货方委托货运代理将运费支付给承运人,此时货方应注意慎重权衡货运代理的资信,考虑其是否有侵吞该笔费用的可能;另一种情况是货运代理为委托人垫付了运费的情况,此种情况下货方根据委托合同当然应当支付货运代理为其垫付的费用。如果向货方收取运费的是承运人的船务代理人,则货方一定要核实该船务代理人是否有承运人要求其代收运费的授权委托书,同样为防止不必要的纠纷还应考察该船务代理人的资信,并保存好付款凭证。

【案例二】 货代作为代理人不承担支付运费义务案

要点提示:本案中的货代公司实际具有双重身份。一是接受货主委托代办运输的货代,二是接受承运人委托代签提单的船代。在运费支付的法律关系中,该货代公司的确是承运人代理的身份,不应承担支付运费的责任。这样的行为虽然可能会被认定为我国民法所禁止的"双重代理",但鉴于实践中此种做法的普遍性,从维护法律关系的稳定,明确当事人责任义务出发,不易将其认定为无效。

一、基本案情

1984 年 5 月 2 日某运输仓储有限公司(简称运输公司)与某国际货运代理公司(简称货代公司)签订了《办理陆海联运业务协议书》,协议约定:货代公司代表重庆经贸系统各出口公司及工贸公司同意将经香港中转货物的陆海联运业务全部委托运输公司办理,双方同意正式建立货运代理关系,并将继续根据运输公司对本公司陆海联运联系工作所作出的内部规定《陆海联运联系暂行办法》的分工原则,履行职责。货代公司作为运输公司在重庆的代理应积极发展陆海联运业务，组织安排运输，统一联系订舱并负责签发运输公司的陆海联运提单，缮制运费清单及其他运输单证。

1985年10月18日，运输公司、货代公司双方签订了《陆海联运补充协议》，协议内容主要约定经香港（包括深圳）等运往欧美等五条航线的货物给予装箱费、速遣费及优惠，约定出运茶叶的托盘费等。《办理陆海联运业务协议书》和《陆海联运补充协议》签订后，运输公司将若干份空白"多式联运提单或港至港提单"交给货代公司代理其签发。1994年至1995年底期间，某货主公司作为托运人先后向货代公司提交出口货物代运委托单若干份。委托单载明：经营人、托运人为货主公司，装货港重庆，卸货港国外某港口，以及货物名称、件数、重量、运费等。在特约事项栏内均盖有货主公司和写有"运输公司"字样。货代公司接到货主公司出口货物代运委托单后，据此制作提单副本，并向运输公司提出订舱，原告运输公司接受订舱后，货代公司根据授权，代表运输公司向货主公司签发提单。提单载明：托运人是货主公司，收货人凭指示，装货港重庆港，卸货港国外某港口，货代公司作为运输公司的代理签发运输公司的提单。运输公司承运货物后产生运费123 781.77美元和800港元。1994年6月2日至1995年12月28日，运输公司与货代公司按双方之间的运费结算惯例，先由运输公司向货代公司开出香港全国外某港口运费发票，发票上印有"LESS...2.5% HKD"字样。货代公司在收到该发票后以自己的名义按运输公司的运费原价，并附上该发票向货主公司开出香港至国外各港口运费发票。待货主公司支付运费后，货代公司可按约定扣减2.5%港元费用，余下运费给付运输公司。但货主公司未向货代公司支付该批所欠运费123 781.77美元和800港元。

1996年1月9日，运输公司、货代公司双方签订《关于陆海联运货物运费结算协议》，约定：运输公司按照双方有关陆海联运协议办理货代公司委托的经香港陆海联运货物中转业务，待货物实际装运后，运输公司即出具运费发票向货代公司收取香港中转费、二程运费及其他应向货代公司收取的费用，货代公司承诺按协议向运输公司支付运费。协议有效期从1996年1月1日货到香港起开始计算，本协议生效前双方的债权债务将仍按原协商办法处理。协议签订后，运输公司按约履行了义务，货代公司尚欠运费278.97美元未付。

1997年2月25日，运输公司向货主公司发出催收运费函。1997年4

月17日，运输公司、货代公司以及货主公司三方签订《协议书》，指出：货主公司拖欠货代公司（运输公司）运费，1998年4月7日，货主公司向运输公司发出函件承认拖欠运费。1999年5月25日运输公司、货代公司双方签订《协议书》约定：货主公司拖欠货代公司（运输公司）运费127 207.14美元，至今未支付给货代公司，致使货代公司无法汇付运输公司，双方多次向货主公司催收未果，双方同意联手通过法律途径向货主公司催讨欠款。1999年10月12日，运输公司向货代公司发出《关于联手起诉"货主公司"欠款事宜》的函。

而后运输公司以货代公司拖欠海上货物运输合同运费为由，以货代公司为被告诉至重庆市第一中级人民法院要求货代公司支付所拖欠的运费，该案于2001年7月17日移送至武汉海事法院。

二、处理结果

一审原告运输公司诉称：根据《办理陆海联运业务协议书》和《陆海联运联系暂行办法》的分工原则以及《陆海联运补充协议》，在1994年6月至1995年11月期间，被告货代公司一直委托原告运输公司为其办理货物在香港的转运及二程海运的业务，原告按约履行了义务，但被告拖欠运费共计123 781.77美元及800港元，原告开给被告的上述运费发票上有"LESS...2.5% HKD"表明扣减的是运费差价，被告收取运费差价是国际海上货物运输合同的当事人。根据1996年1月9日双方签订的《关于陆海联运货物运费结算协议》被告承诺向原告支付运费，但一直未付。原告继续为被告办理有关运输业务，至1999年11月被告又拖欠原告运费658.97美元。原告请求法院判令被告支付上述拖欠的运费共计124 440.74美元和800港元。

被告货代公司辩称：根据原、被告双方的约定，被告作为原告的代理，在重庆地区为其办理揽货业务，并代其签发多式联运提单或港至港提单。发票上的"LESS...2.5% HKD"为扣除佣金，被告不是合同当事人。被告同原告之间是代理与被代理关系，委托单、提单记载的真正托运人是货主公司。被告混淆了托运人、承运人以及代理人之间的关系，被告不是托运人不承担向原告支付运费的义务，请求法院驳回原告的诉讼请求。

针对1996年1月1日前发生的运费，海事法院认为：原告运输公司与被告货代公司签订的《办理陆海联运业务协议书》、《陆海联运补充协议》依法成立、合法有效。根据上述协议，原告运输公司与被告货代公司之间建立的是海上货物运输委托代理关系。另外根据货主公司的委托单和原告提单,均证明被告货代公司为原告运输公司的运输业务代理、原告运输公司是承运人、货主公司是托运人。原告运输公司以海上货物运输合同关系起诉被告货代公司给付运费,没有事实和法律依据,且被告并未承诺承担支付所欠运费的责任。因此原告运输公司只能依据海上货物运输合同关系向货主及托运人货主公司索取。理由如下:①从双方签订的协议来看,双方约定被告货代公司是原告运输公司在重庆的运输业务代理,没有约定被告货代公司是向原告运输公司负有支付运费义务的托运人,而只是根据运输公司的委托有向托运人货主公司代收运费的职责,在法律上被告货代公司不具有强制托运人货主公司向其支付运费的权利。即使被告货代公司为履行代收运费的职责,只能依据委托代理协议关系承担违约责任,而不能成为支付运费的主体。②从原告运输公司的《陆海联运联系暂行办法》来看,该办法不是合同。双方将此办法中有关代理分工原则纳入双方签订的《办理陆海联运业务协议书》中,是对该协议书中代理分工事项的补充。该办法并未涉及货代公司是托运人或总承运人的问题。③从实际办理运输的证据即委托单、提单来看,委托单所记载的经营人、托运人为货主公司,承运人为货主公司指定的运输公司,托运人和承运人均非被告货代公司。委托单是货主向承运人订舱运输提交的重要的法律文件,被告货代公司根据与原告的代理协议,接受办理货物手续,再根据原告运输公司的授权向货主公司签发原告运输公司提单,原告运输公司根据该提单进行了运输,将货物交给了收货人。另外,提单作为承托双方建立海上货物运输合同的证明。被告货代公司在该提单上的地位是原告运输公司的代理签单人,不是托运人。在没有订立书面的海上货物运输合同的情况下委托单和提单是确立海上货物运输合同关系的重要证据。④根据《海商法》规定结合本案来看,多式联运经营人相对于托运人而言就是承运人,一方面要与托运人订立多式联运合同(至少要有自己的联运提单证明)负责全程运输,收取全程运费;另一方面要与各区段承运人订立各区段运输合同组织全程运输,向各区段承运人支付运费。本案中被告货代公司一方面既未与托运人货主公司订立多式联运合同也未用自己的联运提单,更没有收取全程运费;另一方面,未与各区段承运人订立各区段运输合同,也未向各区段承运人支付运费。所以该货物运输的法律关系是,托运人为货主公司,承运人是运输公司,被告在提单上是原告运输公司的代理签发人。⑤从开出的运费发票看,被告货代公司是根据与原告运输公司的协议,由原告开出运费发票后,被告货代公司以原告确定的价格向货主公司开具运费发票,并附上原告的运费发票,符合《中华人民共和国国际货物运输代理业管理规定》。"LESS... 2.5% HKD"并未说明扣除的是运费差价还是佣金,不能证明被告是该国际海上货物运输合同的当事人。因此,原告认为被告在该业务中获得运费差价的主张没有事实依据,不予采信。鉴于上述理由,原告要求被告向其支付1996年1月1日前的运费没有法律依据,应驳回其诉讼请求。

1996年1月9日双方签订《关于陆海联运货物运费结算协议》,确认1996年1月1日后发生的运费,应由被告货代公司向原告支付,托运人拖欠的运费也应由被告支付。被告在庭审中也同意支付1996年1月1日以后的运费。因此,原告要求被告支付1996年1月1日以后的运费,法院予以支持。

依据《中华人民共和国民法通则》第一百零六条第一款、《中华人民共和国海商法》第七十一条、第七十二条第二款、《中华人民共和国民事诉讼法》第六十四条第一款、第一百二十八条的规定,武汉海事法院于2002年1月10日作出判决:被告货代公司给付原告运输公司运费278.97美元;驳回原告要求被告给付运费123 781.77美元及800港元的诉讼请求;案件费用人民币19 731元,原告运输公司承担人民币19 687元,被告货代公司负担人民币44元。

三、法律分析

(1)本案中被告货代公司的法律地位是运输公司的代理还是承运人或多式联运经营人?首先,判断货运代理的法律地位主要看其是否以合同当事人的角色出现,是否直接收取货主的运费并从中赚取运费差价,是否签发承运人性质的提单或多式联运提单等。本案中从证明国际海上货物运输合同关系的提单来看,上面记载的承运人是原告运输公司,托运人是货主公司,被告货代公司在这里仅仅是根据与承运人之间的协议并经承运人授权代为向托运人签发提单,不是合同当事人:被告货代公司是在原告向其开出运费发票以后以该发票的原价向托运人货主公司开出发票并附上该发票,这实际上是按协议代表承运人向托运人收取运费的行为至于有关扣除2.5%费用的记载应当认定为向承运人收取的佣金。托运人货主公司的出口货物代运委托单上也记载托运人是货主公司,说明被告并没有以自己的名义办理托运。

其次,《中华人民共和国国际货物运输代理业管理规定实施细则》(试行)第四十二条:“国际货运代理企业作为代理人,可向货主收取代理费,并可从承运人处取得佣金。国际货运代理企业不得以任何形式与货主分享佣金。国际货运代理企业作为独立经营人,从事本细则第三十二条中有关业务,应当依照有关运价本向货主收取费用。此种情况下,不得从实际承运人处接受佣金。”这说明货代作为代理人从承运人处取得佣金是合法的,相反货代以独立经营人身份从事业务时,不能向实际承运人收取佣金。本案中的被告正是以原告的代理人身份开展业务并从承运人处获得佣金。另外正如在本案判决中所提到的,根据我国《海商法》有关多式联运经营人的规定及其他相关证据,被告货代公司在本案中也不是国际海上货物运输合同的当事人,所以法院将被告货代公司的法律地位认定为代理人是正确的。

(2)本案中货代公司所从事的业务与通常的货运代理业务所不同的是它一方面作为承运人的代理代签提单、代收运费。另一方面又作为货主的代理安排订舱等事宜,同时从承运人处收取佣金。根据《海运条例》第二十九条的规定,国际船舶代理经营者接受船舶所有人或者船舶承租人、船舶经营人的委托,可以经营下列业务:①办理船舶进出港口手续,联系安排引航、靠泊和装卸;②代签提单、运输合同,代办接受订舱业务;③办理船舶、集装箱以及货物的报关手续;④承揽货物、组织货载,办理货物、集装箱的托运和中转;⑤代收运费,代办结算;⑥组织客源,办理有关海上旅客运输业务;⑦其他相关业务。商务部2004年1月1日颁布的《国际货物运输代理业管理规定实施细则》第三十二条规定:“国际货运代理企业可以作为代理人或者独立经营人从事经营活动。共经营范围包括:①揽货、订舱(含租船、包机、包舱)、托运、仓储、包装;②货物的监装、监卸、集装箱装拆箱、分拨、中转及相关的短途运输服务;③报关、报检、报验、保险;④缮制签发有关单证、交付运费、结算及交付杂费;⑤国际展品、私人物品及过境货物运输代理;⑥国际多式联运、集运(含集装箱拼箱);⑦国际快递(不含私人信函);⑧咨询及其他国际货运代理业务。”由此可见本案中的货运代理实际上扮演着双重身份,既做船代,又做货代,既是承运人的代理人,又是托运人的代理人。根据民法有关代理的基本理论,此种做法正是一种双方代理行为,双方代理因可能损害被代理双方的利益,而通常被认定为无效。但是,考虑到货运代理的此种做法在今天的航运实践中十分普遍,从维护现有法律关系的稳定和明确当事人的权利义务的目的出发,司法实践中应暂不宜将其认定为无效,而是应通过行政法规和对货运代理的有效监管逐渐地杜绝这种现象的存在。

(3)作为承运人的运输公司和它的代理人货代公司在本案中各自承担什么义务呢?根据《中华人民共和国民法通则》第六十三条第二款的规定,"代理人在代理权限内,以被代理人的名义实施法律行为。被代理人对代理人的代理行为承担民事责任。"运输公司应对货代公司在代理权限内实施的揽货等行为承担责任。《合同法》第四百零六条规定:"有偿的委托合同,因受托人的过错给委托人造成损失的,委托人可以要求赔偿损失。无偿的委托合同,因受托人的故意或者重大过失给委托人造成损失的,委托人可以要求赔偿损失。受托人超越权限给委托人造成损失的,应当赔偿损失。"本案中货运代理在第一笔业务中代理承运人承揽货物、代签提单、代收运费上并不存在过错,因此,不应作对作为其被代理人的运输公司因此而遭受的损失承担责任,托运人不付运费的风险应由被代理人自行承担。

四、经验教训

尽管目前货运代理既做船代,又做货代的做法十分普遍,但这并不能证明此种做法的合法与合理性,货运代理这样做在获得一些优势和利益的同时,也潜在着巨大的风险。

货运代理在从事业务操作中应当注意自己是作为当事人还是代理人,最好在合同中做明确的约定。因为由于从事业务不同,扮演的角色不同,承担的法律责任也完全不同。在业务中的各种表示都应当与该角色相符合。否则会引起麻烦甚至可能被迫承担不该承担的责任。本案中1996年运输公司与货代公司签订的《关于陆海联运货物运费结算协议》就将货代公司由原来的代理人身份变成了托运人,承担了向承运人支付运费的责任。货运代理在与货方的业务中应当注意防范收不到运费及其他费用的风险。特别是充当无船承运业务或多式联运经营业务的货代在将自己的提单交他人代签时要格外慎重。

【案例三】 谁是该案运费的支付人

一、案由

大连一家公司(以下称发货人)与欧洲一家公司(以下称收货人)成

交9个20′箱的食品，信用证规定：9个20′箱分3批出运，即每批3个20′箱。第一批货由发货人委托大连一家货代公司（以下简称货代）办理有关订舱出运事项，而第二、第三批货却由发货人自己向船公司提出订舱，其原因是通过第一批货出运，发货人已知道承运人是谁，自己办托运可获取较多的退佣。由于这三批货信用证均规定“预付运费”，因而船公司在签发提单时采用“付款放单”原则，即发货人必须在支付运费的前提下，船公司才签发提单。当船公司向发货人收取运费时，发货人却向船公司出具了一份保函，保函中说：“这三批货运费由货代支付，船公司可凭保函向货代收运费”。船公司在不了解实际情况下，接收了保函，并将提单直接签发给了发货人。若干天后，船公司凭保函向货代收取运费，此时，货代才知道发货人与船公司之间存在这份保函，而且要求他支付运费。货代对船公司说：我没有支付运费的责任，因为发货人事先并没有将运费支付给我，而且我与发货人的委托协议中也没有我垫付运费的责任和义务。如一定让我付运费，我也只能支付第一批货的运费。因为第一批货由我向你船公司提出订舱，双方存在承托关系，而第二、第三批货由发货人直接向你船公司提出订舱，理应由发货人支付运费。在货代不支付运费的情况下，船公司向法院起诉，法院判定由货代支付运费。法院判决后货代不服，即向高院提出诉讼，高院审理后让货代提出诉讼保全，对发货人公司进行封账。

显然，法院判定由货代支付运费明显理由不足。事实上判定该案由谁支付运费并不难，国际贸易和航运习惯对运费支付确定原则是：

（1）在CIF、C&F价格条件下，习惯上由卖方支付运费，而且是预付运费。

（2）出口方已将运费支付给了货代，而且直接向船公司订舱、运费支付方则是货代。

（3）如货主与货代之间订有运费垫付协议，那么货代应负运费支付责任。

（4）提单中“托运人”一栏内注明的托运人通常是预付运费的支付人。

（5）如发货人将货交无船承运人，并由无船承运人交船公司承运，无船承运人应是运费的支付方。

然而，法院在判定该案时存在这样几个“误区”。第一，承托双方关系的认定。第一批货由货代向船公司提出订舱，对船公司来说，可认定货代是货物托运人,但并不排除货代在订舱时是否说明代表谁订舱,如没有向船公司说明代表谁订舱,自然货代是订舱托运人,如说明代表谁提出订舱托运,那么货代与船公司之间不存在承托关系。第二,第二、第三批货由发货人自己向船公司提出订舱托运,在没有出具已将三批运费支付给货代的前提下,理应其是运费支付人。第三,在保函的认定上,发货人出具给船公司的保函中没有说明已将运费支付给了货代,而仅仅让船公司凭保函向货代收运费,这在一定程度上构成了发货人和船公司对货代的一种欺诈行为。如船公司接受这份保函,为保证自己的利益和责任,应让发货人出具有关运费支付清单,而且应向货代了解其真实性。

二、案结

在法院判定由货代支付运费,货代不服并上诉到高院,高院组成合议庭并让货代提出诉讼保全,随即对发货人公司进行封账。然而,发货人公司账上仅有 9.73 万港币,而这批货的运费和其他费用相加已达 11.5 万港币。由于货代对法院作出的判决始终不服,货代在一个适当的场合遇到船公司负责人,对他说:"尽管法院判你胜诉,但在该案中船公司有两个过失应注意:一是保函,因为这一份保函有欺诈行为;二是订舱承托关系认定,在第二、第三批货的托运中,货代没有收到发货人的运费下,根本不存在运费支付责任。"在货代的诚言下,船公司也认识到自己的不足,说:"发货人公司账上有 10 万港币,运费和其他费用为 11 万港币,其差额我们双方各承担 50%,也作为一个教训"。对船公司的诚意,货代也深有感触地说:"只要双方有诚意,认识到自己工作中的不足,总是不难解决,双方业务还要发展,有这样好的结局,这对双方还是非常有益的"。

第十章　集装箱箱务运营管理

第一节　国际集装箱租赁方式

班轮公司获取集装箱的主要途径除班轮公司的集装箱可以通过自购获得,也可以向租箱公司进行租赁。租箱主要分为实际使用期租赁、融资租赁、售后回租、灵活租赁和即期租赁。它们各自的优缺点如下:

一、自购箱

自购箱由于其运营成本最低,往往被作为主要的选择。但它对班轮公司的融资要求也比较高,在进出口货源严重不平衡时,自购箱需要花费较多的堆存费用、空箱调运费用,在市场不景气时,不仅不能为班轮公司带来任何效益,相反班轮公司除了需要承担其折旧费用以外,还需要支付大量的堆存、维修和保养等费用。

二、长期租箱

长期租箱是指班轮公司以较长的租箱时间(一般为 3 ~5 年)为合同基础向租箱公司进行租借的形式。而根据租期届满后对集装箱的处理方式不同,大致又可以分为金融租赁和实际使用期租赁两种。金融租赁在租赁合同期届满后,船公司可以以较低的价格获得集装箱的所有权,而实际使用期租赁在租赁合同期届满后,船公司需将集装箱退还给租箱公司。

船公司采用长期租箱的特点是:租金相对比较低。在集装箱租赁期内,船公司只需按照合同规定按期支付租金,而不必像购置集装箱那样一次性支付高额费用,而集装箱却如同班轮公司自购箱一样自由使用,可以在箱子的外侧边或门板上贴上船公司标志或将整个集装箱外壁刷成同船公司自购箱一样,并且长期租赁租金较低且较稳定,租期愈长,租金愈低。

通常,集装箱班轮公司计划开辟新航线或扩大其经营规模时,可以考虑通过采用长期租赁方式向租箱公司租用一定数量的集装箱,以减少其资金及利息、折旧费用的负担。目前,船公司在全部租箱量中,约有50%左右采用"长期租赁"方式。在租箱合同中规定了最小租赁期(Minimum Term),租期届满前租箱人不得提前退租。

三、售后回租

售租是近年来船公司租箱时采用的一种新的集装箱租赁方式。由于集装箱运输是一种资本高度密集型的行业,班轮公司需对船舶、集装箱、港口码头、内陆设施等进行巨额投资外,在营运过程中,还需承担数额庞大的折旧费用等,因而会影响巨额资金周转。此外,集装箱箱子管理的难度很大,直接关系到经营成本的高低。班轮公司为了解决资金短缺和降低集装箱费用等,通过与租箱公司磋商,并达成协议,将自购箱量中的一部分或全部出售给租箱公司,然后再通过租赁协议,按照一定的租金费率,采用长期租赁方式回租该批集装箱,如日本邮船公司(NYK)将其95 000标箱的自购箱通过以美元结算的售租方式转变成租箱,使租箱比例达95%,以避免因日元升值而须承担高额的折旧费用。

四、即期租箱

即期租箱包括短期租箱、单程租箱和来回程租箱。船公司在临时需要空箱时,可以通过这种方式租箱,但是其租金比长期租箱方式高。

短期租箱是指船公司根据自己所需要的使用期及市场情况,与租箱公司签订租箱合同租用集装箱,短期租箱和长期租箱相比,短期租箱比较灵活,船公司可以根据自己的需要确定租箱时间、地点和租期,但其租金高,而且由当时的租箱市场的供需和竞争情况而定。

单程租箱是指船公司从起运地租箱至目的地单程使用集装箱,在目的地拆箱后即还箱的一种租赁方式,主要是用于货源不平衡的航线上。

来回程租赁是指提、还箱在一个地区的租赁方式,一般适用于往返货源比较平衡的运输线路,原则上在租箱地区还箱。该租赁方式的租期不受限制,在租赁期间,船公司有较大的自由使用权,不必仅限于一个单纯的来回程,也可以是连续几次的租赁,租期由来回程所需的时间和所需要次数决定。由于不存在空箱回运的问题,因而租金较单程租赁低,但是该种租赁方式对还箱地点有严格的限制。

五、灵活租箱

灵活租箱是介于长期租箱和即期租箱之间的一种租箱方式。船公司与租箱公司约定一个固定的租箱期限和最低租箱数,然后可以在预先商定的地点依据事先规定的增箱和减箱费用增租和退租一些箱子。灵活租箱最大的特点就是船公司可以根据实际用箱需求,在缺箱点或调运成本较高的港口和地区起租集装箱,而在压箱点将多余的集装箱退还给租箱公司,这样一方面满足了用箱需要,另一方面又节省了堆存费和空箱调运费。但是,由于其租金费率较高,如果租用时间长,相应的租金成本就会很高。

第二节　集装箱租箱协议

班轮公司如果确定需要向租箱公司租箱,需要和租箱公司签订集装箱租赁合同,以对班轮公司与租箱公司之间双方权利、义务和费用等方面作出规定。各租箱公司在进行集装箱出租时均制定一套固定格式的租箱合同的文本格式,班轮公司需要了解这些租箱合同的内容以及要点,如租箱方式、租箱箱型、数量、租金、提箱期、还箱期、提还箱地点、租退箱费用、损坏修理责任、保险等事宜,并与租箱公司达成一致意见时,才可以签订合同。

一、交箱条款

交箱条款主要是制约租箱公司的条款,指租箱公司应在合同规定的时间和地点,将符合合同条件的集装箱交给班轮公司。其内容主要有:

1. 交箱期

指租箱公司将箱子交给班轮公司的时间,一般为 7 ~ 30 天。船公司在提箱时一般可能出现 3 种特殊情况:

(1)船公司在原合同规定的提箱期前提箱,在具体业务中如租箱公司已在提箱期之前将箱子备好,并做好有关箱子的证书、文件、检验等,如果船公司要求提前提箱,租箱公司一般会比较乐意接受。因为如果早一天交箱,则早一天计收租金。

(2)船公司在原合同规定的提箱期后提箱。船公司如果未在合同规定的提箱期内提箱,无疑已违反合同中提箱条款的有关规定,随之,租箱公司有权向船公司提出因备箱或因船公司违约而受到的损失赔偿，但如船公司提出在提箱期后要求提箱，而租箱公司接受了这一要求，则对租箱公司来说，则无权解除合同，且无权因船公司未在提箱期内提箱而提出有关违约损失。如果当时市场租金已高于合同租金，租箱公司也不能要求船公司按市场租金支付，但在船公司和租箱公司之间存在租金从何日开始支付的问题。

如果规定的提箱期是2008年10月10日至2008年10月30日，如果船公司实际提箱日期是2008年11月10日，即使是这样，船公司仍应从2008年10月10日开始支付租金，因此，从某种意义上说，船公司在提箱期后提箱，而租金从合同规定的提箱期第一天开始支付，则是对船公司计收的合同违约补偿。

(3)船公司在原合同规定的提箱期内分次提箱。租箱合同中规定了提箱期，而船公司如果不是一次提箱，而是对合同数量分别提取，如规定合同数量是1000个小箱，船公司实际在下列日期分别提箱:2000年10月10日提取200TEU,2000年10月20日提取300TEU,2000年10月29日提取500TEU。在这种情况下，按照实际提箱的时间分别计算租箱日。

2. 交箱量

合同中对交箱量有两种规定方法，一种是规定交箱数量(或最低交箱量)；另一种是实际交箱量(可高于或低于前者)。

3. 交箱时箱子状况

租箱公司交箱时箱子的状况是通过双方签署的设备交接单来体现的。

在具体操作中，规定船公司雇用的司机和堆场的箱管员、门卫可作为双方代表，签署设备交接单。

二、还箱条款

船公司和租箱公司签订的租箱合同中的还箱条款，主要是制约船公司的条款，船公司应在租用期满后，按合同规定的时间和地区，将状况良好的箱子还给租箱公司，其主要内容为：

1. 还箱时间

船公司可以考虑当前和今后一段时间市场货源和箱源之间供求平衡关系，今后一段时间市场租金走向。如果箱源紧张，租金看涨，租期可以签的长一点，如果箱源丰富、租金看跌，租期可以签的短一点。

(1)在实际租箱业务中,经常有到期不能归还或没有到期却要提前归还的情况(一般统称为不适当还箱),为了避免发生出现上述情况的纠纷,在租箱合同中应订有提前终止条款(ETC 条款)。如订有此条款,租箱人可在未到合同规定的还箱期还箱,如未订立此条款,即便是提前还箱,租箱人仍需补交提前天数的追加租金。如是超期还箱,通过合同对超期天数追加租金解决。

(2)考虑最后一次航次合理用箱情况。集装箱多用于多式联运,加之海上风险又较大,船公司往往无法控制具体还箱时间。船公司往往不能保证最后一个航次结束的时间正好是租箱合同还箱期的最后一天,如最后一个航次结束的时间超过租箱合同还箱期的最后一天,那么在这段时间内,当市场租金与合同租金产生差异时,船公司所付租金是按合同租金还是市场租金呢。因此,一般须在租箱合同中订明,如果集装箱使用的最后一个航次的安排合理,则该航次结束时间即使超过租期,承租人仍可以按原合同租金率支付超期的租金。如果集装箱使用的最后一个航次的安排不合理,而市场租金率有上涨,则应按上涨的租金率支付超期的租金。合同中双方需对合理用箱时间进行明确的约定,以免问题发生后产生不必要的麻烦。

2. 还箱地点

船公司在订立合同时,应尽量使还箱地点与箱子最终使用地点一致或接近,这样可以减少空箱运输费用。

3. 还箱数量

对于灵活租箱还需规定"每月最大退箱量及超量退箱费用条款(Maximum Monthly Return Quantity and Excess Return Charge Clause)"。这是灵活租箱条款中最富有特色的条款,也是"灵活"名称的来源。一旦订有此条款,船公司就有了一定的退箱自由,由此可以较好地调节用箱量,尽可能减少用箱费用。在运力需求不足或能以比原租箱合同更低的租箱费率租入箱子时,并且测算出的退还超量箱的得益大于 MMRQ 的支出。则可按 MMRQ 退箱,减少不必要的租金支出。租箱除非特别规定,一般每月最大退箱量为租箱合同总租量的10%。

三、租金及费用支付条款

船公司应按时支付合同中规定承担的各种费用及租金,不按时支付费用和租金,则构成违约,租箱公司有权采取适当的行动,直至收回集装箱。

租箱合同的租金与费用支付条款,主要包括下列内容:

1. 租期

租期一般理解为从交箱之日起至还箱之日止的一段时间。长期租赁的还箱时间根据合同而定,灵活租赁则以将箱子退还给出租公司的集装箱堆场时间而定。

2. 租金计算方法

租金按每箱天计收,租用天数一般从交箱当日起算,至租箱公司接受还箱次日为止。在超期还箱情况下,超期天数按合同规定的租金另行支付(通常比正常租金高一倍)。如合同中有提前终止条款(ETC 条款),船公司支付提前终止费用(一般相当于 5 ~7 天租金)后,租期到集装箱进入还箱堆场日终止。

3. 租金支付方式

租金支付方式一般有两种,按月支付或按季支付。船公司应在收到租金支付通知单后,在规定的时间内(一般为 30 天)支付,如延误则需按合同规定的费率加付利息。

下面通过 3 个比较典型的租金支付案例,讨论有关租金支付原则:

【例 10-1】 租箱合同期内灭失箱子的租金支付 Z 船公司和租箱公司签订租箱合同时,合同中作出如下规定:①合同订立时船公司支付租箱公司 2 个月租金;②合同订立后 6 个月支付 2 个月租金;③合同订立后 10 个月支付 2 个月租金;④合同订立后第 11 个月起按月支付租金;⑤租期共 24 个月;⑥未支付的租金在合同终止时支付清。第 11 个月时有 7 个集装箱发生灭失(这 7 个集装箱第 11 个月已支付租金)。

本案中对于这 7 个集装箱最终应共支付几个月的租金值得讨论。船公司租用租箱公司的集装箱在租期内发生灭失或损坏,无疑应承担赔偿责任,问题是什么时候赔。解决本例的要点是赔偿与租金支付的关系。租箱人对灭失的集装箱赔偿后,租金也就停付了,本案中集装箱在第 11 个月发生灭失,租箱人共需支付 11 个月的租金,从合同条款来看,租箱人至第 11 个月才支付了 7 个月的租金,箱子实际使用 11 个月,因此在赔偿集装箱灭失后,还需支付另外 4 个月的租金。如果租箱人在第 11 个月集装箱发生灭失时未做赔偿,一直拖到合同终止时赔偿,租箱人则应支付 24 个月的租金。

【例 10-2】 合理宽限用箱时间的租金支付:Z 船公司和租箱公司签订租箱合同时,租箱合同中规定:①租期为 1992 年 7 月 15 日 ~1993 年 7

月15日;②租箱人有权对集装箱使用至1993年7月31日。然而,Z公司实际还箱时间是1993年8月26日,而还箱当时市场租金高于合同租金。

在这种合同中明确规定了"合理的宽限用箱时间"(即1993年7月15日至1993年7月31日)的情况下,"合理用箱原则"不适用(即租箱人如果投入最终用箱时间合理的话,即使市场租金高于合同租金,超出部分时间仍按合同租金支付)。因此,对于1993年7月15日~1993年8月26日这段时间的租金应按市场租金支付。

【例10-3】 租金支付时间问题:Z船公司和租箱公司签订租箱合同时,租箱合同中规定:①7月15日应支付下个月集装箱租赁租金,但Z船公司一直到7月26日才支付,租箱公司接受租金;②租箱公司在7月22日电传要求收回箱子,理由是Z船公司未按时支付租金。7月29日再次电传要求收回箱子,并称,如Z船公司继续使用箱子,应按市场租金支付下个月租金,而不应按原合同租金。

此案法院判定租箱公司无权收回箱子,也无权要求船公司按市场租金支付下个月租金。

原因主要是船公司在7月26日支付的租金,租箱公司没有拒收,这意味着租箱公司接受船公司可以继续使用集装箱。

总之,船公司在租金支付时,可以参考以下几点:

①根据租箱合同规定的时间支付租金;②在合理用箱时可按合同租金支付;③在不合理用箱时,按市场租金和合同租金两者高者支付;④租箱期间,箱子进行维修或系其他原因而不能用于正常营运时,租金照常支付;⑤在合同规定的提箱期内提箱,租金按实际提箱之日支付;⑥在提箱期后提箱,租金则从提箱期第一天开始支付;⑦箱子在租期内发生灭失,赔偿后租金随之停付;⑧租箱公司一旦接受租金,则无权收回箱子。

四、集装箱损坏赔偿条款

1. 初始重造价格及重造价格条款(Original Replacement and Replacement Value Clause)

这是一项对船公司在租箱期间造成箱子灭失的惩罚性条款,值得注意的是一旦订了此条款,即使在还箱时新箱的市价有了较大的下降,船公司赔偿的尺度并不是市价,而仍是合同中的ORV and RV。

首先,初始重造价格是指船公司从租箱公司租入新箱后,如在租期的第一年内造成箱子灭失,其必须以初始重造价格向租箱公司赔偿。一般来说,初始重造价格等于利润回报与营运成本,集装箱在使用期间内的利润回报与营运成本约占期租金收入的20%,如租金费率为1.2美元/天,箱子使用期限10年,年营运天350天,则利润回报与营运成本为:10×350×1.2×20%=840美元。以一个集装箱新箱1 600美元计算,租箱公司在制定初始重造价格时打入利润回报与营运成本,其总的投入代价在2 400美元左右,但目前有的合同ORV的标准超过3 000美元,由此看来,如果船公司在灭失箱子时以ORV赔偿的话,将会付出相当多的赔偿金。

其次,重造价格是指船公司从租箱公司租入新箱后,如在租期的第二年造成箱子灭失,其必须以重造价格向租箱公司赔偿。RV价格一般为ORV的60%,租箱公司另外对新箱订出一个折旧率,一般为5%左右。如箱子灭失当年新箱折旧价格超过RV价,则按新箱折旧价赔偿。由于ORV的价格一般都订的很高,在租用期间内,相应的RV价要超过当年的新箱折旧价及市场的旧箱价格好几百美元,如到了使用期满后,RV价格可能要超出当年残箱。

市价的旧箱价格好几百美元,如到了使用期满后,RV价格可能要超出当年残箱市价1千多美元。一旦船公司以RV价格赔偿时,其损失是显而易见的。

由此看来,虽然箱子灭失的可能性很小,加上箱子还可加保险,但一旦发生灭失仍是一笔大的损失,对此绝不能掉以轻心。

2. 日或包干损坏修理费用条款(Daily or Lump sum DPP Charge Clause)

这是一项对船公司在租箱期间造成箱子损坏的赔偿责任条款。集装箱在使用过程中的损坏是难免的。对箱子损坏造成的赔偿有以下三种情况:一是在租箱中没有订此条款,则船公司以某一协定价格加以赔偿;二是船公司按ISO有关的验项标准,将箱子修复到交箱的完好状态;三是在租箱合同中写入此条款,一旦租箱期满,船公司对损坏的箱子在归回时不必作任何赔偿,这是因为除了支付了租箱费外还额外加付了日或包干损坏修理费用,由此得到免责。

对于短期的租箱合同或实力不足的船公司,DPP条款是必需的。这时租期短,船公司无法有空闲的修箱时间,加上实力不足,缺乏与保险公司的砍价能力,而得不到较低的保费率。

而对长期的租箱合同或实力强大的船公司,由于租箱时会产生高昂的DPP费用,所以在本身有较好地维护与修箱水平的船公司,则可自行修复。

第三节　超期集装箱和超期管理

超期集装箱顾名思义就是客户使用时间过长的集装箱,也就是指在堆场仓库以及其他场所的堆存时间超过了船公司规定的集装箱,超期箱的存在将会给集装箱船公司造成许多不利的影响。

一、超期箱的不良影响

1. 增加船公司经营成本

无论是自有箱还是租箱,一旦超期使用将使船公司增加额外成本。自有箱一旦投入使用就开始起算折旧成本,对于租箱则船公司须按日支付租金。

2. 影响船公司整体形象

通常超期箱比例越大,说明船公司集装箱管理的效率越低,若堆场及客户仓库中堆存了大量的超期箱,必然会使有关方认为船公司管理较差,从而影响船公司的整体形象。

3. 影响船公司的箱源分配

船公司为了发挥集装箱的资源利用效率,会根据各地的订舱情况来统筹分配给其相当数量的集装箱,特别是箱源紧缺的情况下,船公司更会严格控制各地代理处的箱源,此时若船公司有大量超期箱存在必将使船公司箱源更加短缺,甚至断箱。

4. 影响集装箱的正常周转及规模经济效益的体现

集装箱一旦超期将不能正常流转而造成搁置数量多了之后必将影响集装箱运输的规模经济效益,尽管在实践业务中超期箱的出现是不可避免的,但集装箱运输企业还是须采取各种措施预防并减少超期箱的出现。

二、超期箱的成因

1. 进口流程中造成超期箱原因

重箱 FCL 进口后,船公司通常都规定一个固定的还箱期限,收货人必须在此期限内拆箱完毕并还箱至船公司指定堆场,若超过该期限,收货人就必须支付集装箱超期使用费。许多规模较大的船公司通常委托外轮代理公司(船代)代为进行超期箱管理,收货人完成进口报关后至船代处提取设备交接单(EIR),但同时需抵押空白支票,当收货人拆箱后将空箱还集装箱堆场后凭相关单据到船代处换回支票,若收货人未能按时还箱,则船代将超期费全额填进支票向收货人收取,在这一过程中造成集装箱超期使用的原因通常有以下几种:

(1)客户进口报关遇到困难不能顺利完成报关,而使集装箱长时间堆在港区堆场导致集装箱超期;

(2)报关顺利完成,但客户提箱速度太慢(通常由于客户所委托的车队管理较差效率过低)造成拖箱时间过长使集装箱超期;

(3)重箱拖回仓库后,由于仓库管理效率低导致拆箱时间过长使集装箱超期;

(4)拆箱完毕后,由于客户疏忽或不重视而未及时将空箱还回船公司堆场使集装箱超期。在这些原因中,第一个原因是影响最大的,按照海关规定,客户未完成进口报关将不能提取重箱,这样完成进口报关的时间长短将直接决定集装箱是否超期使用及其时间长短,而假如进口报关始终未完成,则集装箱除了回运之外将只能无限期地超期下去。

2. 出口流程中超期箱的成因

为了解决集装箱进出口不平衡的问题,船公司通常要向出口大于进口的地区调拨大量空箱,由于空箱的调拨要增加大量调拨成本,船公司在空箱调拨进口至空箱装货出口的过程中更应加强集装箱管理,调运空箱到进口港口直到重箱装船整个流程可以归结如下:集装箱船舶进港,空箱卸船,码头堆存,集装箱车队拖箱,空箱进堆场,发货人提箱,装箱,重箱进港区,装船。

下面根据空箱流转的流程对可能导致集装箱超期的原因作一详细阐明。

(1)船进港、空箱卸船。在该期间除非由于恶劣天气的影响或是港区装卸工具出现故障,通常不会增加空箱的流转时间,随着港口基础设施和装卸设备的功能不断增强,空箱在消耗的时间还将会缩短。

(2)空箱卸船码头堆存。集装箱卸船后,由托运工具从船边拖至码头空箱堆场。由于码头作业的连续性要求,集装箱一经卸下,须立刻拖至码头后方堆场存放,因此该期间空箱将快速流转。

(3)码头堆存、集装箱车队拖箱。船公司通常委托专业运输公司将空箱由码头堆场拖至船公司堆场。其基本流程为:专业运输公司接到拖箱委托后,将到船公司代理处领取设备交接单(EIR),凭设备交接单到码头堆场拖箱。在这一过程中涉及码头堆场和专业运输公司两个环节的工作效率。码头堆场方面,集装箱卡车到了后能否立刻吊箱装车,码头放箱计划是否准确及时码头管理是否先进,这些都将直接影响到码头堆场的作业效率,从而对空箱的堆存时间产生影响。专业运输车队方面,领取设备交接单是否快速及时,集装箱卡车安排是否妥善,能否做到与码头堆场相协调,这些也将影响到空箱在该过程中的流转时间。

(4)集装箱车队拖箱、空箱进堆场。集装箱车队与码头完成空箱交接后,则安排将空箱拖进船公司堆场。在这一过程中,决定性因素在于专业运输公司,其拖箱效率的高低将直接决定集装箱在这一过程中的流转时间。其他的客观影响还有交通运输状况等。

(5)空箱进堆场、发货人提箱。空箱进了船公司堆场后,将处于堆场的控制之下。在该期间堆场对集装箱的流转发挥着决定性的作用。由于船公司指定的堆场通常具有一定的规模,这时堆场管理水平的高低将决定集装箱流转的速度。管理先进的堆场,可使集装箱顺畅而高效的流转,大大地减少超期箱的数量。反之,如果堆场管理不善,放箱时不遵守规则随意发放,这样必将使得大量早进场的空箱超期。

(6)发货人提箱、装箱、重箱进港区。这一期间是由发货人控制的,也是实践中超期箱容易出现的环节。发货人通常按照贸易合同的规定来安排装箱的时间,但实践中会经常出现货物未备妥,报关未通过,合同更改等原因而使提回来的空箱不能立即出运而退关,此时按照船公司规定发货人须将空箱还回船公司堆场,待下次出运时再去提箱。但实践中发货人往往由于种种原因会不愿意将空箱还回船公司堆场,而把集装箱留在自己的仓库或其他处所等待下次出运,这样就非常容易导致集装箱超期。

(7)重箱进港区、装船。重箱进港后若顺利装船则将没有问题,但若客户未完成出口通关,重箱将不能装船,而使得发货人等待下航次重新报关出运,或将重箱拖回仓库拆箱,这样必将大大增加集装箱的流转时间,使集装箱成为超期箱经营管理。

三、超期箱的清理及规避措施

超期箱的存在将增加船公司的经营成本,降低资源有效利用率,因此船公司必须加强超期箱的管理,定期清理超期箱。

船公司通常都有自己的集装箱跟踪系统,通过该系统可以查出目前本公司所有集装箱的动态,从而可以查出超过期限的超期箱的详细情况。通常船公司须每周清理一次超期箱,根据集装箱跟踪系统编制的超期箱清单逐一核查集装箱超期的原因,然后同有关方联系,敦促其将超期箱尽快出运。

中海集装箱运输有限公司,通过其TS箱管系统对于超期箱管理涉及超期箱核查、超期箱处理和在船超期箱处理。超期箱核查由总部商务信息科主管,计划科和各分部协助,由各代理具体负责对所辖范围内中海集装箱进行核查。超期箱核查的对象为TS系统中所有在海上、陆上的中海箱。每次核查由总部将超期箱箱号给代理,代理将核查结果报告总部,并抄报分部,核查结果要求详细、具体,并落实到每一个箱号。

对于超期空箱,代理应本着"先进先出"的原则,尽快将箱子发出。对于超期重箱,代理应及时联系收货人,要求其及早提箱及回空。如果超期箱系可以退租的租箱,代理应及早还给租箱公司。如果超期箱系坏箱,代理应将估价单报总部设备保障科,由其给出处理意见。

对于在船超期箱,以卸港为核查重点,如箱子确实未在TS中的卸港卸下,应要求装港代理提供舱单、船图等资料,或联系船上进行核查,直至查清为止。对于在船超期空箱,由于存在空箱选港卸船和舱单标注不明等原因,核查较为困难。因此,如卸港代理否认卸船,则该航次所挂港口的代理均应依次核查,直至查清为止。

为了有效地规避超期箱的产生,就必须在上文所分析的导致集装箱超期的环节上加强管理,全面提高各环节的工作效率。当然这其中存在许多客观因素,而不是船公司或任何其他行为主体所能决定的,但船公司可以通过激烈的市场竞争选择最有利的合作方,通过相互间的密切合作来全面提高集装箱流转的效率。

空箱卸船后,船公司及其代理应尽快完成进口空箱报关,然后委托专业车队拖箱,其中船公司的委托指令要及时发下,以备交接单等。船公司在选择专业车队时应该以车队高效率的拖箱水平为前提,不能由于所选车队拖箱效率太低而影响集装箱的快速流转。

空箱拖进船公司堆场后,处于堆场的管理之下,堆场的经营管理水平的高低将决定集装箱的流转速度。通常船公司要求堆场按照"先进先出"的原则发放空箱。堆场必须严格按照该原则执行,否则,先进堆场的空箱被长时间积压,必将导致集装箱超期。管理先进的堆场会合理安排集装箱在堆场的堆存,按时间先后发放,这样就会很好地促进集装箱的流转,反之,管理落后的堆场,空箱堆存混乱,放箱无序,必将会严重影响部分集装箱的流转。因此,船公司在选择堆场时必须综合考虑堆场的处理空箱能力，经营管理水平和工作效率。

堆场放箱给客户后，客户将其拖至仓库装箱，之后将装好的重箱送进港区准备装船出运。但在许多情况下，由于货未备妥，信用证改期，报关未通过等原因，集装箱不能在本航次顺利出运，此时若客户不将空箱还回船公司堆场，则用箱时间必将超过规定时间以上，即使客户将其还回堆场，也将使集装箱延后一个以上航次出运，针对前者，客户若将空箱留在自己的仓库等待以后航次使用，这无疑会增加集装箱在当地的周转时间。此时船公司须采取措施限令客户尽快出运，并按照具体标准向客户征收超期使用费，以引起客户重视，尽快将集装箱出运。货主也应严格按照船公司的规定，正确合理地使用集装箱，不应任其在仓库里闲置，不然的话，不但须支付超期使用费，也影响了船公司集装箱的周转。船公司方面，应定期清理超期箱，针对集装箱超期的具体原因去分别处理，督促相关方加速集装箱的流转。

第四节　集装箱的空箱调运方案

一、航线调整

通过航线的运营调整，改变传统航线的挂港来减少集装箱的调运数量和距离。从而降低集装箱运量不平衡所引起的损失，是目前集装箱班轮公司比较常用且有效的方法之一。如果在空箱多余地区的近距离航程内有大量适箱货物，通过航线调整可以很容易安排集装箱运输，以降低调箱费用。中东地区和澳大利亚都是远东和南亚有利的具有大量适箱货的地区，因此，在马士基和康德轮船的欧洲/澳大利亚的来回航程中都挂靠北部港口新加坡。马士基还在开辟澳大利亚至欧洲的东行航线上挂靠巴西的桑托斯，以利用巴西不断增长的出口货源。由于孟买和卡拉奇的出口货量增长，越来越多的集装箱班轮公司开辟远东/中东/南亚/远东航线，以利用大量的远东出口货和印度、巴基斯坦的出口货。总统轮船公司开辟了一条通过亚丁连接新加坡和红海的航线，这样可以利用新加坡这个国际型的中转港来调运澳大利亚和沙特阿拉伯的空箱，并利用科伦坡和亚丁作为中转港安排海湾地区、印度和巴基斯坦的进出口货物。

此外，达飞的环球航线是一个可以减少空箱调运的典范，欧洲/北美/澳大利亚/亚洲/欧洲这样一条环球航线中，只有澳大利亚/亚洲这个短航线是整个环球航线中的一个弱项，这样一来大大降低了成本。此外威廉姆斯·威尔逊公司的北美/澳大利亚/亚洲/北美也是可以降低成本的优秀航线。

其他一些经营方式(如枢纽港战略和直达服务)，以及被喻为船公司武器库中最大重武器的合作经营，都为班轮公司提供了减少空箱运输的选择方案，或者使空箱最迅速、最省钱地运到缺少空箱的地点。

二、船公司之间的联盟与合作

传统的经营模式下，一个港口、一条航线，甚至一条船上的各家船东以及一个船公司的各地方公司的货柜大多不能通用，特别在重箱发往内地的货柜拆空后常因航线、船东的区分而有箱不能装货，只能直接返空回港，有的虽然装货，但也需要在港口箱站拆倒。例如，原来中远下属的各地方公司都有自己的一套箱管体系，集装箱上有上远、广远等地区之分。中外运各地方公司有的经营的是同一航线，停靠相同的港口，但集装箱管理区分得很细，常常不能通用。中远集团率先成立箱管中心，把各地箱管网络统一以后，打破了地方公司箱管各成体系的局面，形成了规模，减少了原来不必要的重复调拨和各项费用支出。中外运也随后重组了集装箱运输公司，首批将天津、青岛、上海的集装箱运输企业纳入分公司行列，向着网络化、规模化方向发展。

对于不同国家的船公司来说，进行集装箱互换可以达到互补效果。从理论上说，一家船公司的箱位越多，服务航线越多，则可供选择的节约时间和金钱的路线方案就越多。对于一家船公司来说，和其他船公司合作、扩大全球覆盖面的好处之一就是扩大了各种可选择方案的“调色板”。最理想的是在所有主要贸易航线上建立多种网络，在各个地区之间既有直接挂靠航线，又有枢纽港中转航线。

集装箱的互换还只是设备合作的初级阶段，许多船公司已经建立了集装箱备用库。集装箱备用库的概念首先是在姊妹公司之间创造出来的，比如长荣与立荣，以及加拿大 CP 轮船公司等。

三、向托运人提供优惠运价

减少集装箱货流不平衡性的另一个重要途径是向托运人提供优惠运价。这种方法在冷藏集装箱运输中已经沿用了许多年，尤其是在南非和澳大利亚、新西兰等缺少大量空冷藏箱的地区，采用这种方法以大幅度地减少空箱进口。在北欧/远东贸易航线上也常用这种方法使20英尺箱和40英尺箱都获得较好的平衡。

四、在缺少空箱的地区购买或租入箱子，充当“二箱东”

另外，一条降低空箱调运成本的非常有效的途径是在缺少空箱的地区购买箱子。中国大陆的集装箱货物进出口量极不平衡，而通过这种途径已经使情形得到很大的缓解。随着韩国和我国台湾的集装箱制造业向海外低成本地区转移，目前远东与东南亚地区的集装箱产量已超过全球产量的75%，而中国大陆的产量就占全球产量的50%以上。新集装箱的长距离调运所花的费用可能接近其本身的出厂价。虽然从集装箱制造厂到该地区的装箱地点还可能有一段调运距离，但是与空箱远程调运相比，还是可以节省一大笔费用。

船公司还可以通过仔细的计算，与集装箱租赁公司签署有利的租箱合同，即在其缺少集装箱的地区租入空箱，而在其多余空箱的地点归还。日本一家大型集装箱船公司最近就声称这家公司每个月要在欧洲丢下2000TEU空箱还给租箱公司。这家公司由于只有两条从欧洲出发的航线，所以在空箱调运方案方面几乎别无选择。

【案　例】　集装箱空箱调运分析

一、问题的提出

近几年集装箱运输迅猛发展，船公司集装箱调运管理中亟须解决的主要问题是空箱的调运问题。集装箱周转必须经过拆装过程，装箱和拆箱通常发生在不同的地点，因此每天均有大量空箱从集装箱充足的地区调拨至集装箱匮乏地区。低效的空箱调运管理不但浪费人量的空箱资源，同时也使得相关成本急剧上升，对集装箱运输经济效益具有深远的影响。集装箱班轮公司空箱调运水平的高低直接影响到船公司的航线配备箱量、租箱量等，因而直接关系其集装箱运输成本。

据估计，当前全球空箱调运量约占集装箱总运输量的20%。有些船公司的空箱运输超过这一比例。全球空箱调运费用已超过250亿美元。按目前的趋势到2010年将超过500亿美元。此外，低效率空箱调运管理所导致的空箱堆存数量增加还将耗费额外的数以亿计的费用。

因此，集装箱空箱调运一直是理论界和实际工作部门各方面人士着重研究的课题。伴随着集装箱运输的发展,以及多式联运、门到门运输的普及,集装箱运输已经形成了海运、陆运(铁路、公路)和空运的紧密衔接相互配合的运输系统。在满足多式联运、门到门运输的需要同时优化运输总成本,提高运输效率和服务质量,空箱调运问题就显得尤为重要。

二、集装箱空箱调运现状分析

1. 集装箱空箱产生的原因

集装箱空箱调运,其根本原因在于货运需求与运力供给之间的不平衡。其中有些是客观原因造成,无法避免;有些则是主观原因造成的,属于不合理调运。

(1)客观原因造成的空箱调运客观原因主要是指非人为因素造成的物流不平衡引起的空箱调运,大体上有两种情况:

①港口进出箱量的不平衡由于世界各国的产业结构不同。世界主要集装箱班轮航线大多存在着因航线两端国家或地区的贸易不平衡所引起的货物流量、流向不平衡,导致各航线上港口间的进、出箱量不平衡;

②港口进、出箱型不平衡。发货人从经济效益出发,在进、出口贸易中常使用不同规格的集装箱,造成不同箱型货物的流量、流向不平衡,形成空箱调运。具体表现为:由于进出口贸易承运货物种类及性质上的差异,使托运人使用不同规格的箱子,造成箱流的不平衡;由于运费、装卸费费收标准的不同,运输条件的差异使得运输者使用不同规格的箱子,造成空箱调运;

③集装箱的生产地到投入使用地之间的空箱运输。有些船公司可能会不去计较这些空箱能给公司带来什么利益,而对于与集装箱生产企业有很好业务关系的船公司。他们会充分利用这些空箱的免费使用特点(有些船公司与集装箱生产厂家签订合同,船公司利用其航线上的多余箱位为集装箱生产厂家提供空箱运输,同时也争取到了对这些箱子的免费使用期),来缓解本公司的箱源不足。

(2)主观原因造成的空箱调运产生空箱调运的主观原因是指人为因素形成货流不平衡状况引起箱子供需矛盾,这种空箱调运的成因较为复杂,一般是由经营方针不妥或管理水平不高引起。这一点我国和较发达国家尤为突出,其主要表现为:

①我国内陆大批适箱货物出口以散件方式经由水路、公路、铁路运往日本、中国香港中转,使我国主要港口集装箱出口货源不足,导致港口集

装箱进出口比例失调，港口及内陆货运站进大于出，形成空箱积压，不得不将这些空箱运往境外；

②由于船公司及其与港口代理机构之间的集装箱管理信息系统尚不完善，管理水平落后，致使集装箱单证流转不畅以及交接手续不全。集装箱动态记录传送速度慢，严重影响箱子周转速度及调度，为应付急需不得不调运空箱；

③集装箱港口疏运能力偏低。造成集装箱内陆周转时间长、港口压箱严重，船公司为保船期，不得不从相邻港口调运空箱。

2. 集装箱空箱调运的特点

(1)随机性。集装箱空箱调运系统的随机性主要表现在集装箱空箱的需求和供应产生的随机性，需求和供应的数量和时间，系统内影响因素等均具有随机性。

(2)动态性。由于需要在不同时间内对空箱调运进行决策(包括数量和流向)，而现实中的集装箱发生量较多，空箱的需求地和供应地之间随时间变异。如某时间段某地对集装箱产生需求，而下一个时间段或下几个时间段内，该地产生出空箱，形成空箱的供应。因此，集装箱空箱调运是动态性的离散过程。

(3)复杂性。集装箱运输系统包括水路运输系统内的空箱调运、铁路运输系统内的空箱调运以及公路运输系统内的空箱调运等，涉及方较多，如内陆货运站、货主、码头堆场、港口等；箱型多，如 20 英尺、40 英尺普通箱、特殊箱，冷藏箱，以及其他特种箱等等，所有这些都给空箱调运带来很大的复杂性。

(4)运输需求和供应时间上的限制性在实际运作过程中。为保证集装箱用户的贸易能顺利进行，需求方对集装箱空箱的供应要求在规定时间内完成，一旦超过规定时间或过早地完成空箱从需求地到供应地的调运，就会导致不必要的集装箱堆存损失、违反合同损失、空箱需求不足损失等等。

3. 集装箱空箱调运所要解决的核心问题

从经济学角度来看，各船公司和其他用箱单位为了追求最大经济利益，会尽量合理地购置集装箱。或提出合适的集装箱需求(或供应)。也就是说，在整个集装箱使用市场上，在一个比较长的时期内，总的供应量是等于总的需求量的，只是由于市场的不均衡和一些因素的影响，造成在短期内的需求和供应的不平衡。箱主单位不可能无限地购置集装箱，所以市场上流转的集装箱是有限的,即该资源是稀缺的。另一方面,由于各用箱单位自身的贸易量,也就是装箱货物的有限,形成了对集装箱需求的有限性。有时在某个时期集装箱的供应量大于需求量,这样空箱调运的重点是如何调配、调配多少、何时调配出集装箱以备需求地的需要或以备后期需要,有时该地对集装箱的需求量大于集装箱的供应量,这时就应考虑如何从其他地方调配空箱以满足需要。所以,空箱调运的问题就是如何解决集装箱的需求与供应的不平衡问题,是控制和决策集装箱从供应地到需求地的流动,研究空箱调运的目的就是追求成本的最小化或利润的最大化和尽量满足客户的需要。集装箱空箱调运,其核心在于解决以下 3 个问题:

(1)从何处调运空箱——决定空箱从供应地到需求地的流动路线(或途径)。由于现实中的集装箱供应地与需求地都不是固定的,它们在某时期是供应地(需求地),而在另一个时期是需求地(供应地),因此对一个确定的时期或计划期内首先要确定所属各地集装箱空箱的供应量和需求量,可以得出空箱的供应地和需求地。

(2)何时调运空箱——决定调运空箱的时间。船舶运营要求尽量提高船舶的载重率,由于班轮船期一般是固定的,为保证每航次能满载。要求在船舶的靠/离时能及时地疏运卸下来的集装箱,又能使得港口堆场有足够的集装箱装船。这对内陆货运站或货主送、提箱有一定的时间要求,保证箱子能在预定的时间内能高效率地完成载货周转。如空箱的内陆腹地平均周转时间,就是对空箱在内陆的流转时间的要求。

(3)调运多少空箱——确定需求地与供应地之间空箱的流动量。在调运空箱目标下,综合考虑各方面的问题、如运输成本:运输费、装卸费、集卡的拖运费、拆装箱费和手续费等,目标的可达性,若以利润最大化或成本最小化为目标,则考虑重点在于能否取得最大收益而成本最小,若以满足客户的需求为目标,则考虑重点在于是否能在最短时间,以最快的速度,高质量地满足客户的需要,调运的可行性,空箱能否在预定的时间内从某供应地运到需求地,能否在计划期内实施 整个调运计划等。在上述条件下,调配人员制定出在什么时候,从哪里调空箱,调运多少空箱的计划,然后予以实施。

4. 我国集装箱空箱调运管理的现状

我国的航运公司对空箱调运的问题作了一些研究工作。如利用线性规划建立空箱调运问题的目标函数,求解在线性约束条件下的利润最大或成本最小。这种方法在一定程度上很好地解决了从何处调运空箱、从何时调运空箱、调运多少空箱等问题。但由于空箱调运问题是一个动态的离散过程。线性规划很难跟上这种现实多变性,因此该方法存在一些不足,在实际应用中不多。

(1)中远集团集装箱运输有限公司的空箱调运问题。中远集团集装箱运输有限公司的空箱调运主要由集装箱管理中心负责,采用集装箱统一管理方法。公司箱管中心作为核心机构,下设各航线经营人和港口箱管代理,采用一级调度,三级管理体制,对公司的集装箱进行全球跟踪管理。使集装箱管理水平有了很大的提高。这是基于货流的准确预报基础上进行空箱的调箱安排。

作为集装箱营运管理的一部分,对空箱需求量和供应量产生的管理的核心是引进美国通用公司的集装箱管理系统(TCON)。TCON 是集装箱运输管理系统 EDI 的一个重要组成部分,为网络型管理信息系统,通过各港口的计算机联网,可及时跟踪集装箱动态。各港口的箱管代理每天更新数据,并统计出各时刻集装箱供求数量及盘存数量,为制定空箱(和重箱)调箱计划提供依据,从而给优化调度提供了可能。

在制定调箱计划时,公司目前采用的是 P. D. C. A 循环的全面质量管理方法,即统计—预测—计划—落实—总结的循环方式,箱管中心统一调度。中心通过 TCON 向各箱管分中心、航线经营人发出调箱指令。并由 TCON 对调箱计划统一平衡,直至满足各方面的对空箱的需求,最终由箱管中心正式落实用箱计划。

(2)中海集团集装箱空箱调运现状。中海集装箱运输有限公司开辟的航线有中国至日本、韩国、北美、欧洲、地中海、澳大利亚等国际集装箱班轮航线和国内沿海内贸线及外贸内支线。中海集装箱运输公司在经营的各个航线上都存在空箱调运的问题,空箱调运占总集装箱流动的比例约为 20% ,42 万标准箱左右。因此,中海集装箱运输有限公司对空箱调运的问题研究比较多,投入了大量人力与物力。

公司对集装箱的管理方式主要是在公司总部成立箱管中心。制定公司的整个用箱计划,各挂靠港口设立箱管代理中心,负责所辖地区内的港口码头堆场及后方堆场的具体箱务管理。总部还成立了集装箱运输部来管理公司载货重箱的运输,箱运部根据客户的需要以及与联营方的合作关系,统计出每个时期内的用箱量、产生的空箱量和用箱情况的概率分布等,协助箱管部的空箱管理。其管理模式如图 10-1 所示。

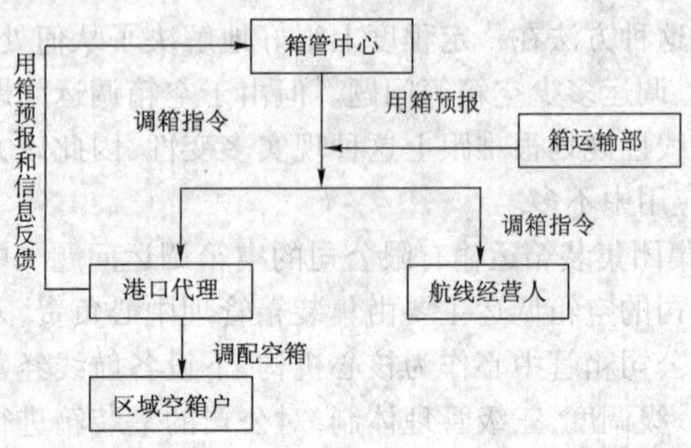

图 10-1　中海集运空箱调运管理模式示意图

中海集运空箱调运的原则是从多箱港口调运空箱到缺箱港口,进行一次空箱调运,避免因二次或多次空箱调运,造成过多的调运成本的花费。调箱计划同时要考虑满足客户的空箱需要、成本最优化(包括堆存费、租箱费、空箱运费、装卸费等等)、最大限度地提高空箱的周转率,减少租箱量。各港口箱管代理完成以下各项工作,统计和核实所辖地区内的港口码头堆场及港外堆场的空箱保有量,中转箱量,每天进出港口的箱量统计(并算出概率分布),余、缺空箱情况,编制港口区域的需箱和供箱报表并且上报箱管总部,落实港口码头堆场空箱调运计划,向本区域用箱客户提供空箱,并及时向中海集运箱管总部反映工作中的问题。箱管中心根据各港口箱管代理的预报表,结合公司箱管中心根据各航线的船期、舱位的利用率、货运情况和集装箱运输部的运输计划,确定调箱计划(从何处调箱、调多少箱、何时调箱),向各港口箱管代理、航线经营人发出调箱指令。中心对各地调箱计划统一平衡,直至满足各方面的对空箱的需求,才最终正式落实用箱计划。

三、国外解决集装箱空箱调运问题的新思路

目前世界上一些大型的航运公司对空箱调运问题非常重视,在这方面进行了很多研究。以前的研究大多是用运筹学的线性规划(LP)方法。先确立目标,然后在一定的约束条件下来求解。这种解题方法特点是:①模型简单,思路清晰;②容易中海集运空箱调运管理模式图在计算机上实现求解;③基本与实际相符,能解决空箱的调运问题。它的缺陷是,由于考虑的因素很多,因此所设的变量也很多,而且都是静态变量,约束方程式也较复杂,求解时也只考虑某一静态状态的情况,而不能跟变化多样

的现实紧密联系,对快速变化的动态束手无策。

现在大量的研究采用网络流的方法来代替线性规划模型求解。其原因在于:

(1)实际问题中抽象出来的网络流模型是一类具有特殊结构的问题,利用其特性常常可以寻求一些较单纯型法更为有效的方法去求解。

(2)这些特殊算法常常可以利用较小的计算机资源来求解规模比较大的 LP 模型,其所需要的时间也是正常可以接受的运算时间。

(3)由于网络流模型的直观性,常常可以通过有向弧的关系代替数学模型来表达和描述一个实际问题,使得用户更易于接受。

第十一章　国际航运货损事故处理

货损货差事故是货物运输中经常发生的,这就产生了受损方向责任方要求损害赔偿,责任方根据受损方提出的赔偿要求进行处理的索赔和理赔工作。货物的索赔和理赔是一项十分重要的工作,应根据国家的对外政策、贸易合同、运输合同,并参阅有关国际惯例,正确处理货损货差事故。

第一节　国际航运货损事故处理原则

货物的索赔和理赔是一项政策性较强、涉及面较广、情况复杂,并具有一定法律原则的涉外工作。因此,在实际工作中,应坚持实事求是,有根有据,合情合理,区别对待,讲究实效。

实事求是,就是应根据所发生事故的实际情况,分析造成事故的原因,确定损失程度和金额。也就是说该索赔的,必须坚持原则行使索赔权利。

有根有据,是处理货物索赔的基础,在向承运人或其他有关当事人提出索赔时,应掌握造成货损事故的有力证据,并依据合同有关条款、国际惯例提出索赔。

合情合理,就是从所发生的事故中合理确定责任方应承担的责任和赔偿金额,必要时也可作出一些让步,其目的主要能使货损事故合理地、尽早地得以处理。

区别对待,就是应根据我国的对外政策,对方的态度和有关业务往来,根据不同对象,有理、有利、有节,采取不同方式区别处理。

讲究实效,是指在货损事故索赔中注重实际效果,充分注意保护自身的经济利益、政治利益,以及对外影响和业务发展。

国际贸易、运输中货物索赔的提出一般有这样几种情况:货物数量或件数的缺少或货物残损、灭失;货物的质变或货物实际状况与合同规定的要求不符;承运人在货物运输途中没有适当地保管和照料货物;货物的灭失、损害属保险人承保的责任范围内等。因此,根据货物发生灭失或损害的不同原因,受损方提出索赔的对象也是不同的。

如果货物是由于下列原因造成灭失或损坏;

(1)原装货物数量不足;

(2)货物的品质与合同规定不符;

(3)包装不牢致使货物受损;

(4)未在合同规定的装运期内交货等;

(5)唛头不清。

收货人凭有关部门、机构出具的鉴定证书向发货人(卖方)提出索赔。

如果货物是由于下列原因造成灭失或损坏:

(1)在卸货港交付的货物数量少于提单中所记载的货物数量;

(2)收货人持有正本清洁提单提取货物时,货物发生残损、缺少,且系承运人的过失;

(3)货物的灭失或损害是由于承运人免责范围以外的责任所致等。

上述情况则由收货人或其他有权提出索赔的人凭有关部门,机构出具的鉴定证书向承运人提出索赔。

如果货物的灭失或损害属下列范围:

(1)承保责任范围内,保险应予赔偿的损失;

(2)承保责任范围内,由于自然灾害或意外原因等事故使货物遭受损害;

(3)在保险人责任期限内。

上述情况则由受损方凭有关证书、文件向保险公司提出索赔。

不论是哪一种原因发生的索赔案,也不管是向谁提出索赔,一项合理的索赔必须具备下列原则:

1. 提赔人要有正当提赔权

提出货物索赔的人原则上是货物所有人,或提单上记载的收货人或合法的提单持有人。此外,还可能是货运代理人或其他有关当事人。

2. 责任方必须负有实际赔偿责任

事实上,索赔方提出的索赔并非都能得到赔偿,如属于承运人免责范围之内的，或属保险人承保责任外的货损，在很大程度上是不能得到赔偿的。确定或证明责任方负有实际赔偿责任的文件通常有：

(1)卸货记录；

(2)检验报告；

(3)交货记录；

(4)残损报告；

(5)合同责任条款等。

3. 索赔时应具备的单证

(1)索赔申请书。索赔申请书系表明受损方向责任方提出赔偿要求，主要内容包括：

①索赔人的名称和地址；

②船名、抵港日期、装船港及接货地点名称；

③货物有关情况；

④短缺或残损损失情况；

⑤索赔日期、索赔金额、索赔理由。

(2)提单。提单是划分责任方与受损方责任的主要依据，在提出索赔时，索赔人应出具提单正本或其影印本。

(3)货物残损检验证书。该证书是受损方针对所发生的货损原因不明或不易区别时，向检验机构申请对货物进行检验后出具的单证。

(4)货物残损单。该单是对货物运输、装卸过程中货物残损所做的实际记录，受损方依据经责任方签署的货物残损单提出索赔。

(5)索赔清单。索赔清单主要列明货损事故所涉及的金额，通常按货物的到岸价计算。

另外，提出索赔时应出具的单证还有商业发票、短损单、修理单等。

4. 赔偿的金额必须是合理的

合理的赔偿金额是以货损实际程度为基础。

但是，在实际中责任方则往往受赔偿责任限额的保护，如：承运人的赔偿可享受提单中的赔偿责任限额，保险人的赔偿以保险金额为基础。

5. 在规定的期限内提出索赔

一项有效的索赔必须在规定的期限内提出，这就是通常所说的“索赔时效”。否则，货物的损害即使确由责任方的过失所致，索赔人提出的索赔在时效过后很难得到赔偿。

第二节　国际航运货损事故处理条件

一、货损事故的确定

由于海上风险的存在和货物运输过程中涉及很多环节的作业之特点,海上货物运输事故的发生实属难免。虽然可根据有关合同条款、法律、公约等规定,对所发生的货损事故进行处理。但是,在实际处理过程中,受损方与责任方之间往往会发生争议。一般而言,海运货损事故虽有可能发生于各个环节,但很大程度上是在最终目的地收货人收货时或收货后才被发现。

当收货人提货时,如发现所提取的货物数量不足,外表状况或货物的品质与提单上记载的情况不符,则应根据提单条款的规定,将货物短缺或损坏的事实,以书面的形式通知承运人。或承运人在卸港的代理人,以此表明提出索赔的要求。如果货物的短缺或残损不明显,也必须是在提取货物后的规定时间内,向承运人或其代理人提出索赔通知。

在海运货损事故索赔或理赔中,提单、收货单、过驳清单、卸货报告、货物溢短单、货物残损单、装箱单、积载图等货运单证均可作为货损事故处理和明确责任方的依据,对海上承运人来说,为保护自己的利益和划清责任,应该妥善处理这些单证。

通常,货运单证的批注是区分或确定货运事故责任方的原始依据,特别是在装货或卸货时,单证上的批注除确定承运人对货物负责的程度外,有时还直接影响到货主的利益,如能否持提单结汇,能否提出索赔等。

由于海上风险多变,因而也是造成货运事故的主要原因之一。凡船舶在海上遭遇恶劣气候的情况下,为明确货损原因和程度,应核实航海日志、船方的海事声明或海事报告等有关资料和单证。

货运事故发生后,收货人与承运人之间未能通过协商对事故的性质和程度取得一致意见时,则应在共同同意的基础上,指定检验人对所有应检验的项目进行检验,检验人签发的检验报告是确定货损责任的依据。

二、提出索赔的程序

海上货运公约,如:海牙规则、维斯比规则,汉堡规则,以及各船公司的提单条款,一般都规定货损事故发生后,根据运输合同或根据提单有权提货的人可向承运人或其代理人提出书面通知,声明保留索赔权,否则承运人或其代理人将免除责任。

无论是根据海牙规则还是航运习惯,一般都把交付货物时是否提出书面货损通知看作表明按提单记载事项将货物交付给收货人的推定证据。也就是说,即使收货人在接受货物时未提出书面通知,以后也可根据货运单证上的批注,或检验人的检验证书,作为相反的证据提出索赔。而且,即使收货人在收货时提出了书面通知,但在提出具体索赔时,也必须出具原始凭证,证明其所收到的货物不是清洁提单上所记载的在外表良好状况下接受装船的货物。因而,索赔方在提出书面索赔通知后,应尽快地备妥各种有关单证,然后向承运人或其代理人提出货损索赔要求。

货物一旦发生灭失或损坏,通常由收货人向承运人或其代理人提出索赔。但是,当收货人根据货物保险条款从承保货物的保险人那里得到了赔偿后,保险人可代位(指代替收货人)向承运人或其代理人进行追偿。

三、索赔单证

作为举证的手段,索赔方出具的索赔单证不仅可证明货损的原因、种类、程度,还可确定最终责任方。海运中使用的主要货损索赔单证有:

1. 索赔申请书或索赔清单

索赔方一旦正式向承运人递交索赔申请书或索赔清单,则意味着索赔方正式提出了索赔要求。因此,如果索赔方仅仅提出货损通知,而没有出具作为举证手段的货运单证和向承运人递交索赔申请书、索赔清单,事实上可解释为索赔方并没有提出正式索赔要求。

2. 提单

提单既是货物收据、交货凭证,又是确定承运人与收货人之间责任的最终证明,是收货人提出索赔依据的主要单证。

3. 过驳清单或卸货报告、货物残损单和货物溢短单

4. 重理单

重理单是对货物件数或其他有疑问时,承运人要求复查而做的单证,是复查结果的证明文件。

提出索赔时使用的其他单证还有:货物发票、修理单、装箱单、拆箱

单等。

四、权益转让

货物在海上运输过程中一旦发生灭失或损害，此项货物灭失或损害系由承运人的过失造成时，通常由收货人向承运人提出索赔，但也有时收货人根据提货单或保险合同，直接向保险人提出赔偿。当收货人从保险人那里得到赔偿后，则通过签署一份权益转让证书，将向承运人提出的索赔权利转让给保险人，保险人凭以向承运人进行索赔。该份权益转让书的主要内容为：我们（收货人）将对该货物的权利和利益转让给你们（保险人），我们授权给你们并以我们的名义向有关政府、企业、公司或个人提出你们认为合适的赔偿要求或法律上的诉讼，有关这方面你们所需要的文件，我们可随时提供。

五、担保与扣船

如货损确由承运人的过失所造成，责任已明确，证据也充分，且损害金额较大。作为受损方除做好一般正常的索赔工作所需要的各种手续外，为保证索赔得以顺利了结，可在船舶离港前采取保全措施，要求船方提供担保。这种担保分现金担保、银行担保、担保函三种方式。现金担保由承运人或船东保赔协会汇给索赔人一定数额的现金作担保，以后的索赔款项可在保证金内支付。

银行担保和担保函都是书面担保形式，前者由银行出具，后者一般由船东保赔协会出具。如受损方认为通过正常途径不能取得担保，则可采取扣船措施，即在责任方（承运人）未提供担保前，向法院或有关当局申请扣押船舶，不准船舶离港。但采取扣船措施时必须慎重，以防因扣船措施不当而产生不良的影响及不必要的纠纷和经济损失。

六、索赔的受理与审核

索赔的受理与审核系承运人的一项理赔工作，是海上货物运输全过程中一个很重要的组成部分。这是因为货物运输质量的好坏直接关系到理赔工作。在运输质量好的情况下，索赔案件就会减少，理赔工作也会随之而减少。一般来说，国外提赔人往往是通过国外代理提出索赔，由运输货物的承运人受理，承运人在国外的代理无权处理，除非经承运人委托或授权。

1.分清责任

承运人在处理索赔时，首先应分清发生货损的原因和应承担的责任范围。当受损方向承运人提出某项具体索赔时，承运人可根据提单中有关承运人的免责条款解除责任。因此，在索赔和理赔过程中，往往会发生举证和反举证。原则上，受损方要想获得赔偿，必须予以举证，而责任方企图免除责任或减少责任，则必须予以反举证和举证，反举证是分清货损责任的重要手段，有时在一个案件中会多次进行，直到最终确定责任。

2.审核

审核是处理货损事故仔细且重要的工作，在从事理赔工作时主要审核的内容有：

(1)索赔的提出是否在规定的期限内，如果期限已过，提赔人是否已要求展期；

(2)提出索赔所出具的单证是否齐全；

(3)单证之间有关内容是否相符，如船名、航次、提单号、货名、品种、检验日期等；

(4)货损是否发生在承运人的责任期限内；

(5)船方有无海事声明或海事报告；

(6)船方是否已在有关单证上签字确认；

(7)装卸港的理货计数量是否准确。

3.承运人免责或减少责任应出具的主要单证

承运人对所发生的货损欲解除责任，或意图证明自已并无过失行为，则应出具有关单证以证明对所发生的货损不承担或少承担责任。除前述的收货单、理货计数单、货物溢短单、货物残损单。过驳清单等货运单证外，承运人还应提供：

(1)积载检验报告；

(2)舱口检验报告；

(3)海事声明或海事报告；

(4)卸货事故报告。

4.索赔金的支付

通过举证与反举证，虽然已明确了责任，但在赔偿金额上未取得一致意见时，则应根据法院判决或决议支付一定的索赔金。关于确定损失金额的标准，海牙规则并没有作出规定，但在实际业务中大多以货物的CIF价做确定赔偿金额的标准。

第三节　国际航运货物的运输风险与防范对策

通常在海运业务中，我们比较常见的是货方由于货物受损而向有过失的承运人或货物保险人索赔损失。可实际上承运人同时也面临着由于货主的过失或责任带来的风险。对这类风险传统的船东互保协会和保险公司的承保范围大多将其排除在外，需由承运人自己承担和向责任方追偿。这里就海运承运人常见的此类风险作一叙述。

一、常见风险种类

1. 货物本身性质(危险货物)

《海商法》第68条规定：托运人托运危险货物，应当依照有关海上危险货物运输的规定妥善包装，作出危险品标志和标签，并将其正式名称和性质以及应当采取的预防危害措施书面通知承运人，托运人未通知或者通知有误的，承运人可以在任何时间、任何地点根据情况需要将货物卸下、销毁或者使之不能为害，而不负赔偿责任。托运人对承运人因运输此类货物所受到的损害，应当负赔偿责任。

承运人知道危险货物的性质并已同意装运的，仍然可以在该项货物对于船舶、人员或者其他货物构成实际危险时，将货物卸下、销毁或者使之不能为害，而不负赔偿责任。但是，本款规定不影响共同海损的分摊。

【例11-1】　某轮在航行途中有一舱突然发生猛烈爆炸，造成上百个集装箱受损、船体受损和船员伤亡。事发后船东宣布共同海损，产生共同海损费用(救助报酬、船员工资、船东的船体修理、船期损失、额外燃料、避难港有关费用损失)达上千万美元。经调查，该货主在向船公司订舱时，没有按照危险品申报。而发生爆炸的货物为可膨胀聚苯乙烯，属于国际危规中第9类危险品，在运输过程中能产生可燃性气体，正好遇船上进行电焊操作迸出的火星，从而引发爆炸。

2. 货物包装不良或无恰当绑扎、固定(货主自装箱情况下)

我国《海商法》第4章海上货物运输合同第3节托运人的责任中第66条规定：托运人托运货物，应当妥善包装，由于包装不良对承运人造成损失的，托运人应当负赔偿责任。

【例11-2】　某轮所承运的货物中有一票33个20英尺干货箱的圆钢柱。此票货是货主装箱，由于发货人装箱时没有对货物进行适当的绑扎、衬垫,致使每根重达数吨的钢柱随着船体摇晃在箱内自由滚动,造成10个集装箱严重破损,并将邻近的4个集装箱撞坏。更为严重的是由于箱体破损而滚出的钢柱跌落NO.3舱底,造成NO.3压载水舱上甲板破损,压载水流入NO.3底舱,造成底层集装箱浸水和大量潜在货损,而且由于事故发生在非最终目的地,所以还产生了货物重新绑扎再转运的费用。所发生的费用有:船壳修理费、船体检验费、货物和箱体检验费、集装箱全损、律师费、滞箱费、重新绑扎费、装箱费、转运费、湿损货物索赔等,共约50万美金。

【例11-3】 某轮从奥克兰至横滨跨越太平洋时,发生货物在集装箱内滚动,造成7个集装箱遭受不同程度破损。经调查,此票货物为大卷筒纸,每箱4×5吨。在运输途中船舶曾遭受大风、大浪。船体左右摇摆剧烈,而这批箱子都堆在甲板上第4层,从而导致卷筒纸在箱内来回滚动,造成箱体损坏。虽然运输此类货物习惯上并无绑扎固定要求,但考虑到太平洋上的恶劣天气因素,应该要求发货人将货物进行足够的固定,并将此类易移动货物装于船舱的底部,减少货物滚动的可能性,否则,如发生事故损失,只能由船东自己承担。

【例11-4】 某轮从马来西亚槟城港至新加坡途中所载一集装箱中的乳胶发生严重泄漏,导致2号舱的排污管道被乳胶堵住,影响了船舶的正常排污工作,并造成舱内被乳胶严重污染,无法进行装货作业。经调查,此货物的包装为一塑料软袋,因材料强度不足在运输途中发生破裂,造成约20吨乳胶泄漏入船舱。产生费用如下:清理污染船舱的人工费用、排污管堵塞疏通费用、运费损失(因船舱被污染)、污染集装箱清理费、检验费等共约4万美金。此案损失最终由该货物的包装人的保险人承担。

3. 货物未经过适当处理

【例11-5】 某轮从日本经香港中转到迪拜,途中有一集装箱中有大量黑油流出,污染舱盖、甲板及梯口。因事情紧急,若不及时开箱排污,任由箱中废油流到甲板,污染到舱盖及其他箱子和货物,就可能造成严重后果。船上当即采取措施开箱处理剩下废油,并进行了拍照取证。经查此票货物为废旧汽车零部件,装船前未经去污处理,船上为排污所产生劳务费和材料费等全部由发货人承担。

4. 托运人提供的货物描述不正确

我国《海商法》第66条规定:托运人托运货物应向承运人保证货物

装船时所提供的货物的品名、标志、包数或者件数、重量或者体积的正确性，由于上述资料不正确对承运人造成损失的，托运人应当负赔偿责任。

【例11-6】 某轮从日本经香港中转到迪拜，在香港中转时发现超重并造成吊具损坏，舱单上显示15.019吨，码头认为此箱超过45吨。所装废旧汽车零部件只能分装两个40箱再运往最终目的港，因此而产生费用：吊具损坏修理费、拆箱费、重装箱费、堆存费、检验费以及新增箱的运费。

5. 无人提货

集装箱货物到目的港后无人提货的情况时有发生，这常会造成承运人的集装箱滞期费和码头堆存费等巨额损失。虽然提单条款中往往订有"有权在货物到目的地后一段合理时间后拍卖此货物"。但这时候货物不是已腐烂变质，就是远低于提单货物价值的廉价货。甚至是垃圾货或者缺乏必要的海关所需的某些手续。总之，承运人通常是很难靠拍卖货物来补偿损失的。发生无人提货的原因通常有以下几种：

1）骗税、逃税

【例11-7】 某轮承运2×20'红酒从龙口至香港，在香港堆放了近4个月无人提货。产生堆存费、滞箱费等12万多港币。经调查，该票货的出口商从法国进口了一批法国圣伯纳干红葡萄酒的原料，进行来料加工生产。但此厂家却将来料加工后的产品内销牟利，而将其本地产的劣质红葡萄酒代替来料加工的法国圣伯纳干红葡萄酒出口。从而达到其骗取国家减免其进口税的目的。该行为不但严重违反了出口货物（退）免税的规定，并触犯了新刑法204条的有关内容，还使承运人遭受了大量堆存费、滞箱费等损失。

2）货物已无实际价值

【例11-8】 某轮从西雅图承运9×40'冷藏箱冻肉，于1998年10月至香港后一直无人提取，由此产生大量费用。而当承运人决定拍卖此货物时，却发现此票货不但没有健康证明书。而且保质期也过了，连当肥料都没资格，最后只能根据香港的环保条例作为垃圾处理。经调查，此票货提单显示为冻猪肚，而实际货物却是鸡肉酱，货物的包装上还注明是出口到俄罗斯的，而且此票货的提单上的收货人根本就不存在，显然这票货物运输中存在欺诈行为。最后，承运人共承担了码头堆存费、滞箱费、垃圾处理费等共70余万港币。

3)垃圾货

【例 11-9】 有一家船公司在承运一票从巴西到荷兰的高价化学品货,为运费到付。货到了荷兰后无人提取,船东处理时才发现所运货物全是工业废料。船东和保赔协会共同为处理该批废料花费了上百万美元的处理费,而托运人却赚取了大量的废料处理费。

4)卖家骗取买家货款

【例 11-10】 某进出口公司从国外进口一批弹力锦纶,可当装有货物的 3 只集装箱到达目的港后,箱封完好无损,开封验货时却发现里面装的都是空心砖。

5)买家故意弃货

买家为逃避货款,先用种种理由中断贸易合同,拒绝在卸货港提货,然后在承运人或海关拍卖货物时以极低价买入,这大多发生于西非、拉美等发展中国家。

6)贸易双方不能满足当地对其进口货物的要求及限制

如现在对欧洲国家的牛肉、乳制品禁运等。

7)贸易中的买方资金周转不灵

如在世界经济危机中,由于许多收货人破产或负债累累,造成大量货物到港后无人提货。

8)货物收货人因暂时无仓库或暂时不需要

有些收货人将承运人的集装箱当作仓库使用,在这种情况下,承运人需加强与货方沟通,令其明白自己的义务并尽早提货。

二、无人提货的有关法律规定和提单背面条款

1.《中华人民共和国海关法》

第 21 条第 1 款规定:进口货物的收货人自运输工具申报进境之日起超过 3 个月未向海关申报的,其进口货物由海关提取变卖处理,所得价款在扣除运输、装卸、贮存等费用和税款后。尚有余款的自货物变卖之日起一年内,经收货人申请,予以发还,逾期无人申请的上缴国库。上款所列货物不宜长期保存的,海关可以根据实际情况提前处理。

收货人或货物所有人声明放弃的进口货物,由海关提取变卖处理,所得价款在扣除运输、装卸、贮存等费用后上缴国库。

2.《中华人民共和国海商法》

第 86 条规定:在卸货港无人提取货物或者收货人延迟、拒绝提取货

物，船长可以将货物卸在仓库或者其他场所，由此产生的费用和风险由收货人承担。

第 87 条规定：应当向承运人支付的运费、共同海损分摊、滞期费和承运人为货物垫付的必要费用以及应向承运人支付的其他费用没有付清，又没有提供适当担保的，承运人可以在合理的限度内留置其货物。

第 88 条又规定：承运人根据本法第 87 条规定留置的货物，自船舶抵达卸货港的次日起满 60 日无人提取的，承运人可以申请法院裁定拍卖。货物易腐烂或者货物的保管费用可能超过其价值的，可以申请提前拍卖。拍卖所得价款用于清偿保管、拍卖货物的费用和运费以及应当向承运人支付的其他有关费用，不足的金额承运人有权向托运人追偿，剩余的金额退还托运人，无法退还、自拍卖之日起满一年仍无人领取的上缴国库。

3.《中华人民共和国海上国际集装箱运输管理规定实施细则》

第 3 章第 25 条规定：集装箱货物运达提单注明的交货地点后，海上承运人应在即日内向收货人发出提货通知，收货人应在收到通知后，凭提单办理提货手续。

收货人提运整箱货物，须凭提货单和设备交接单，并应在规定期限内将集装箱归还到指定地点。集装箱卸船后，在港口交付的货物超过 10 天不提货，港口装卸企业（以下简称港口）可将集装箱或货物转栈堆放，由此发生的费用由收货人负担。在 10 天内由港口责任造成的集装箱或货物转栈的费用则由港口承担。

收货人超过规定期限不提货或不按期限和指定地点归还集装箱的，应当按照有关规定或合同约定支付货物、集装箱堆存费及集装箱超期使用费。

第 26 条规定：自集装箱进境之日起 3 个月以上不提货的，海上承运人或港口可报请海关按国家有关规定处理货物，并从处理货物所得的款项中支付有关费用。

4. 中远集装箱联运提单背面条款

第 16 条留置权条款规定：承运人根据本提单所应收取的运费，空舱费、滞期费和其他任何款项，对与货物有关的任何单证享有留置权，为行使此项留置权，承运人有权自行决定以拍卖或者其他方式出售货物，如出售货物所得价款不足以抵偿应收的价款和发生的费用，承运人有权向货方追偿其差额。

第 22 条“通知及交付”条款中第（3）：如果货方未在合理的时间内提取货物，或者只要承运人认为该货可能腐坏、变质、无价值可言，或在将其存储或做其他处置时。其所需费用将超出该货价值,承运人便可自行决定。在不影响承运人对货方的权利,不予通知而且在不对承运人加诸任何责任的情况下,将箱中货物取出、出售、销毁或加以处置,而由货方承担全部风险及费用,并将货物价款用于扣减货方结欠承运人的款项。

【案　例】 美亚保险公司上海分公司诉东方国际集团上海新海航业有限公司、BDP 亚洲太平洋有限公司海上货物运输合同货损赔偿纠纷案

一、提要

海上保险代位权属法定权利,其取得和行使必须符合法律规定的要件,目的是为了平衡保险人、被保险人与第三人之间的权益。如超出保险责任范围,对不具有保险利益的被保险人进行明显不当的赔偿,保险人不能依照有关保险法律规定进行追偿。此外,有关货损的原因、承运人责任期间、海上货物运输合同法律关系的相对性等理由仍可以向追偿人主张抗辩。

二、案情

原告:美亚保险公司上海分公司

被告:东方国际集团上海新海航业有限公司

被告:BDP 亚洲太平洋有限公司

阿美德格电机(上海)有限公司通过订立合同向欧德公司供应一批电机。2000 年 7 月 8 日,涉案 5 040 只电机装 1 只 20 英尺标准集装箱积载于“苏月”(SUYUE)轮舱底,由被告 BDP 亚洲太平洋有限公司(下称亚太公司)代理承运人 BDP11RANSPORTIVC 签发了托运人为阿美德格电机(香港)有限公司,通知方为欧德公司,号码为 00KA073A 的指示提单。同日,被告东方国际集团上海新海航业有限公司(下称新海航业)为涉案货物签发了托运人为被告亚太公司,收货人为被告亚太公司上海办事处的记名提单。两份提单均载明装货港香港,卸货港上海,承运人责任期间为“场至场”,由托运人装箱并计数。2000 年 6 月 30 日。原告美亚保险公司上海分公司为涉案货物出具了一份号码为 PN－8400029601 号货物保险单,其上载明被保险人为阿美德格电机(上海)有限公司,货物适用

伦敦保险业协会货物险(A)险条款、协会战争险条款和罢工险条款,货物生锈、氧化、褪色为保险除外责任。同日,原告又出具了一份批单,将被保险人更改为欧德公司,其余的保险条款不变。

7月11日,"苏月"轮抵达上海。经被告亚太公司的安排,货物运抵欧德公司,拆箱后发现货物湿损。7月18日,原告委托的检验单位平量行的检验人员、被告新海航业委托的双希公司的检验人员在欧德公司现场,对货物进行了检验。次日,在有关各方在场的情况下,上述两家检验单位对货损情况作全面检验。平量行的检验结果为:货物外包装塑料薄膜上有盐结晶颗粒,所有货物的包装纸箱都不同程度遭受水湿,集装箱门右上角的密封条不密封,由于货物部分受损,又因收货人拒收,应认定货物全损。其推断货损的"最大可能性"为:"在海运途中,海水从集装箱门的不密封处进入集装箱内,致使里面的货物遭受水湿。"双希公司的检验结果为:集装箱门封有缝隙,纸箱外包裹的塑料薄膜内表面有一些水滴,纸箱内无任何塑料袋和干燥剂,纸箱的纸板有湿迹,货损的原因为货物包装不完善和集装箱门封损坏。双希公司的检验师认为部分电机修理后可以使用,货物的包装不足以防止受潮。由于欧德公司拒收货物,所有货物运至阿美德格电机(香港)有限公司。货损发生后,收货人欧德公司致电并发函给阿美德格公司,表示拒收货物。阿美德格公司遂将货损情况通知了原告、被告亚太公司和上述两家检验单位,并向原告提出索赔。原告根据平量行的检验报告和欧德公司指示,将保险赔偿金额付至阿美德格电机(上海)有限公司,欧德公司向原告出具了权益转让书。欧德公司授权阿美德格公司代理货物运输保险和货损保险索赔事宜,该授权书载明的日期为2000年6月20日。

伦敦保险业协会货物险(A)险条款将货物的包装或准备不足或不当造成的损失和费用,以及船舶、运输工具、集装箱等的不适货列明为保险除外责任。庭审时,原告不能提供平量行的商品检验资质证书。双希公司的资质范围为进出口船舶、海上设施及相关设施的委托检验和监造业务。

原告以新海航业提供了不适载集装箱,亚太公司未尽职责。该两被告的过错使得原告受损为由,起诉请求判令赔偿原告损失。

三、审理

上海海事法院经审理认为,被告新海航业确实为涉案货物签发了托运人为亚太公司的提单,但并无证据证明其与被保险人之间存在海上货物运输合同法律关系。涉案提单表明 BDP TRANSPORT INC. 为涉案货物运输的承运人，被告新海航业不应作为承运人承担涉案货损的赔偿责任。即使涉案货物的集装箱是由被告新海航业提供的，原告方也应当举证托运人在租借集装箱和货物装箱时已对箱体进行认真的检验，而原告在诉讼中也应提交集装箱设备交接单来证明在集装箱交接时的箱体不适货，并导致涉案货损。由于原告未能举证，对其诉状中关于"新海航业提供不适货集装箱导致货损"的诉称不予采信。相反，原告在代理意见中陈述托运人在装箱时对箱体作过检查，并未发现集装箱有缺陷，显然，即使新海航业作为涉案集装箱的出租方，也不应承担因箱体不密封而导致货损的赔偿责任，涉案提单显示亚太公司代理承运人 BDP TRANSPORT INC. 签发提单，并以自己名义向被告新海航业托运了货物，并无证据证明亚太公司是涉案货物的承运人，故对原告称亚太公司为涉案货物的无船承运人的主张不予支持，由于亚太公司为涉案运输托运人的代理人，货物在运输途中的损失与其代理行为无因果关系，其不应承担赔偿责任。

本案中：平量行和双希公司出具的两份检验报告对集装箱状况和货物状况的描述基本一致并相互印证，所以可以认定具有书证的证据效力。集装箱是配载和运输货物的器具，不构成货物的包装。集装箱门封的损坏确实可能导致水气的进入，然而根据理货公司出具的货物积载图，涉案集装箱配载于舱底，可以排除货物因风浪受海水损害的可能。即使集装箱门封有部分损坏，如在货物包装良好，具备塑料薄膜和干燥剂的情况下，货物一般可以免遭因水湿引起的生锈。显然，原告未能证明货物包装良好和货损真正原因的事实。而且，假定货物在装箱前的品质良好，根据惯例，在由托运人装箱的情况下，货物在装箱前应经过商检，且托运人应完成对箱子的检验，托运人应取得商检证书、装箱证书和海关监装证书，以便证明在货交承运人之前的货物状况。但是，原告未能举证证明货交承运人前的货物品质情况，而被告新海航业举证的检验报告显示"纸箱外包裹的塑料膜内表面有一些水滴"，不能排除装箱前货物有品质问题的可能。而且，保险代位求偿权的取得必须基于在合法有效的保险合同关系下，保险人对其所承保的保险责任范围内的保险事故，向具有保险利益的人作出适当合理的保险理赔。原告对外赔付明显不合理不适当，所以不具有保险代位求偿的权利主体资格。原告也未能证明涉案货损必然发生在承运人的责任期间。依据《中华人民共和国民事诉讼法》第六十四条第一款、《中华人民共和国民法通则》第六十三条、《中华人民共和国海商法》第四十三条、第四十二条、第四十六条、第五十一条、第二百一十六条、第二百五十一条、第二百五十二条、《中华人民共和国进出口商品检验法》第二条、第三条、第二十五条之规定,判决对原告美亚保险公司上海分公司的诉讼请求不予支持。原告不服一审判决,向上海市高级人民法院提起上诉。上海市高级人民法院判决驳回上诉,维持原判。

四、评析

1. 国际惯例的适用问题

根据我国法律规定,当事人可以约定双方纠纷所适用的法律或者国际惯例,保险合同双方在合同中约定适用英国伦教保险业协会(A)条款,不违背法律规定。根据契约自由和尊重当事人意念自治原则,法院应当依据合同双方的约定适用国际惯例,即英国伦敦保险业协会(A)条款,来认定与本案海上货物运输合同纠纷有关的保险责任的承担同题。

2. 从两份提单分析合同的相对性原则

被告新海航业和亚太公司并不对被保险人欧德公司负有承运人的责任,原告作为保险人不能向其行使代位求偿权。

原告向法院提供了两份涉案提单。一份是契约承运人提单,该提单由被告亚太公司代理契约承运人 BDP TRANSPORT INC. 签发,托运人是阿美德格电机(香港)有限公司,另一份是记名海运提单,承运人是被告新海航业,托运人是被告亚太公司,记名收货人是被告亚太公司上海办事处,这两份提单代表着两份独立的海上货物运输合同,被告新海航业虽自己签发提单,但它不应作为契约承运人提单关系下的承运人向被保险人承担涉案货损的赔偿责任。被告新海航业只与被告亚太公司存在海上货物运输合同关系,与本案的被保险人欧德公司依据合同的相对性原则不存在民事法律关系,不对其承担任何责任和义务。所以,即使原告从被保险人欧德公司取得代位求偿权,原告同样无权向被告新海航业提起货损赔偿请求。同样,原告无权向签单代理人亚太公司提起货损赔偿请求。

3. 承运人责任期间和保险人责任期间

涉案运输的承运人责任期间为"场至场",而保险责任期间为"仓至仓",目前国际上对"仓至仓"条款下保险人责任期间的界定是一致的,保险责任终止于货物在目的地交付于收货人最终仓库或其指定存放地点,并以保险标的卸下船舶之日起60日为限。在本案中,承运人在集装箱堆场交付货物后,装载货物的集装箱又经过了从上海至苏州的陆路运输,原告未能证明涉案货损必然发生在承运人的责任期间，由此要求海运承运人承担责任缺乏充分依据。

4. 保险人明显不当赔付不能取得保险代位求偿权

保险代位求偿权的取得和行使必须符合一定条件：第三者造成了保险标的损坏，被保险人依法对第三者具有损害赔偿请求权；标的物的损坏应当属于保险事故；保险人对被保险人已作出保险赔偿；代位权的行使范围应限于保险人应予赔偿的并实际赔偿的范围。根据上述条件，保险人对其所承保的保险责任范围内的保险事故向具有保险利益的人作出合理的保险理赔，才能取得保险代位求偿权。否则，即使获得权益转让书，也不能拥有保险代位求偿权的地位或主体资格。

就本案而言，原告作为保险人对外赔付的不合理、不适当是明显的。①超保险责任范围赔偿。保险人在保险条款明确约定货物包装不良和集装箱不适货为除外责任的情况下，仍对不密封集装箱中的生锈货物的损失予以理赔，该理赔超出该保险合同所约定的赔付范围。②向没有保险利益的被保险人赔偿。因为原告未提供有关被保险人欧德公司系涉案提单合法持有人的证据，未能证明在发现货损时保险人具有保险利益，而且欧德公司拒收货物，并将货物退运至卖方，已明确放弃了货物所有权或占有权，所以原告代位求偿权的取得缺乏法律和事实依据。

综合考虑以上案件事实，法院认为原告作为保险人对外赔付明显不当，不符合《海商法》和保险法有关规定，所以不能取得保险法上的代位求偿权，也不能依海上保险有关规定进行追偿。

5. 涉案检验报告的证据效力

依照我国商检的法律规定，商检机构和其指定的检验机构以及经国家商检部门批准的其他检验机构，可以接受对外贸易关系人的委托，办理进出口商品包装鉴定、海损鉴定、集装箱检验和进口商品的残损鉴定等业务。由于原告未能举证证明平量行已取得国家商检部门批准的进出口商品鉴定的资质证书，且报告无鉴定检验人员的署名，双希公司虽具有对进出口船舶、海上设施及相关设施的委托检验和监造资质，但对涉案货物的检验明显超过其鉴定检验业务的资质范围，所以对这两份检验报告的结论本不应采信。但两家检验机构均派员作现场检验，两份检验报告对集装箱状况和货物状况的描述基本一致并相互印证，所以对本案的案件事实仍具有书证的证据效力，即不具法定资质的检验机构的检验结论仍具有一般书证的效力。

第十二章　国际航运口岸管理法规

第一节　进出口货物的转关运输

一、转关运输概述

1. 转关运输定义

转关运输指为加速口岸进出口货物的疏运，海关依法允许监管货物由一设关地点转运到另一设关地点办理通关手续的行为。转关运输的意义在于简化进出口收发货人的通关手续，节省企业仓储、运输费用，同时改善了内地投资环境。1992 年9 月5 日海关总署令第34 号发布了《中华人民共和国海关关于转关运输货物监管办法》（简称《关于转关运输货物监管办法》），允许尚未办结海关手续的货物进行转关运输报关。

2. 转关运输货物范围

根据《转关运输货物监管办法》第 3 条，下列货物属于转关运输货物：

（1）由进境地入境后，向海关申请转关运输，运往另一设关地点办理进口海关手续的货物；

（2）在启运地已办理出口海关手续运往出境地，由出境地海关监管放行的货物；

（3）由国内一设关地点转运到另一设关地点应受海关监管的货物。

二、办理转关运输应具备的条件

由于转关运输货物没有处于进境地海关的实际监管下，因此《关于转关运输货物监管办法》第 4、5、6 条规定了办理转关运输应当具备的条件：

（1）申请与核准。进出口货物收发货人或其代理人向进境地、启运地海关提出申请，并具备以下条件的，经海关核准方可办理转关运输：

①指运地和启运地均设有海关机构；

②运载转关运输货物的运输工具和装备，具备密封装置和加封条件的（超高、超长及无法封入运输装置的除外）；

③承运转关运输货物的企业是经海关核准的运输企业。不具备上述条件，但有特殊理由的，经海关核准也可以办理转关运输，如国家重点工程、农业生产建设急需的物资、成套设备，精密仪器、仪表以及其他经开拆包装查验后不宜继续长途运输的货物，救灾物资以及其他特殊情况。

（2）承运转关运输货物汽车的条件，应具有经海关认可的加封设备，具体包括：

①与车架固定一体的厢体全部或局部密封，构成永久性密封体，其密封部位具有坚固性、可靠性；

②与车架固定一体没有隐蔽空隙；

③可以装载货物的一切空间都便于海关检查；

④经海关检验认可的汽车，因故更换、改装或维修车厢个体的，必须事先报经海关核准并及时报经海关重新检验认可。

三、办理转关运输的注册登记

从事转关运输货物的境内承运人，应按照《关于转关运输货物监管办法》第8条，向海关办理注册登记手续并承担有关责任。

（1）设定必要的担保。向所在地或主管海关办理企业、运输工具以及驾驶人员的注册登记手续，海关认为必要时，承运人应向海关提交经济担保、银行担保或海关认可的其他方式的担保。

（2）提交必要的证件。承运人办理注册登记手续时应提交下列证件：

①工商行政管理部门签发的企业营业执照副本或影印件；

②交通管理部门签发的运输工具的行驶证（影印件）；

③驾驶人员的驾驶执照影印件（船舶可免交）；

④《承运转关运输货物汽车申请表》或《承运转关运输货物船舶申请表》。

（3）承运转关运输货物的运输工具的条件。应符合本节所述的“办理转关运输应具备的条件”。

（4）海关的审核与批准。经海关审核，对符合条件的承运人颁发《承运转关运输货物注册登记证书》。经海关核准的汽车驾驶人员应接受海关培训，考试合格后核发有关批准证件。驾驶人员如有变动应报告海关。

(5)年审制度。经海关批准注册登记的承运人、有关运输工具及驾驶人员每年要接受海关的年审。

四、办理转关运输的通关手续

1. 进口转关运输货物

(1)时限要求。进口货物的收货人或其代理人应自运输工具申报进境之日起 14 日内向进境地海关申报转关运输。

(2)填制《申报单》。申报货物转关运输时，进口货物的收货人或代理人应填制《中华人民共和国海关进口转关运输货物申报单》(以下简称《申报单》)，递交数据录入中心，以输入海关计算机报关自动化系统，并打印成正式的《申报单》一式三份。

(3)递交有关单据。进口货物收货人或其代理人应如实向海关申报，并递交《申报单》，指运地海关签发《进口转关运输货物联系单》，并附有海关批准文件及提单、运单、发票、装箱单等货运单据。

(4)申领进口许可证的转关运输货物。进口货物收货人或代理人申请办理属于申领进口许可证的转关运输货物，应事先向指运地海关交验进口许可证，经审核后由指运地海关核发《进口转关运输货物联系单》，并封交申请人带交进境地海关。

(5)制作关封。进境地海关接受进口货物收货人或代理人中投递交的有关单证后，进行必要的核对，再将上述有关单证制作关封交进口货物的收货人或其代理人。

(6)指运地海关的通关。进口货物的收货人或其代理人要按海关指定的路线负责将进口货物在规定的时限内运到指运地海关，向指运地海关交验进境地海关签发的关封，并应在货物运至指运地海关之日起 14 日内向指运地海关办理报关、纳税手续。

(7)进口转关运输货物监管的终结。指运地海关在办理了转关运输货物的进口手续后，应向进境地海关退寄回执，终结进口转关运输货物的监管。

(8)来往港澳地区进境车辆装载的转关运输货物。由车辆驾驶人员向进境地海关交验《载货清单》一式三份，并随附有关货运、商业单证，进境地海关审核后制作关封交申请人带交出境地海关，由出境地海关负责办理该车辆及所载货物的监管手续。

(9)保税仓库之间的货物转关手续。除应按办理正常的货物进出保税仓库的手续外,亦按上述(1)~(7)程序办理。但在填报《申报单》时,在“指运地”一栏应填写货物将存入的保税仓库名称。

(10)航空转关运输的货物。当指运地与运单的目的地一致时,可免填《申报单》,海关可不签发关封,由海关在运单上加盖“海关监管货物”印章。否则,仍按上述(1)~(7)程序办理通关手续。

2. 出口转关运输货物

(1)申报地点。出口货物的发货人或其代理人应向启运地海关办理出口转关手续。

(2)填制《出口转关运输申报单》。出口货物的发货人或其代理人在申报前应填制《中华人民共和国海关出口转关运输货物申报单》(简称《出口转关运输申报单》)、《中华人民共和国海关出口货物报关单》(简称《出口货物报关单》),递交启运地数据录入中心,以输入海关计算机报关自动化系统,并打印成正式的《转关运输申报单》和《出口货物报关单》各一式三份。

(3)启运地海关的通关手续。出口货物的发货人或其代理人应持《转关运输申报单》、《出口货物报关单》及随附有关货运、商业单证向启运地海关办理报关、纳税手续。

(4)制作关封。启运地海关在办理出口货物的报关、纳税手续后,签发《出口转运输货物联系单》并将上述有关单证制作关封交申请人带交出境地海关。

(5)监管终结。出境地海关在货物出口后应向启运地海关退寄回执,终结出口转关运输货物监管。

(6)来往港澳地区出境车辆装载的转关运输货物。车辆驾驶人员应向启运地海关交验《出口货物报关单》或《载货清单》一式三份,并随附有关货运、商业单证,启运地海关审核后制作关封交申请人带交出境地海关,由出境地海关负责办理该车辆及其所载货物的监管手续。

3. 海关的监管措施

(1)滞报金规定。进口转关运输货物的收货人或代理人,未能在运输工具申报之日起 14 日内向进境地海关办理申报手续,或者自运抵指运地海关之日起 14 日内未向海关办理进口手续,由海关依法征收滞报金。滞报金的日征收额为进口货物到岸价格的 0.05%。

(2)提取变卖处理。进口转关运输货物自运输工具进境之日起超过3个月未向指运地海关申报的,由海关依照《海关法》的规定提取变卖处理。

(3)对转关运输货物的监管。转关运输货物未经海关许可,不得开拆、改装、调换、提取、交付,对海关在运输工具和货物上施加的封志,包括经海关认可的商业封志要保持完整,不得擅自开启或损坏。

(4)仓库经理人应承担的义务。转关运输货物必须存放在经海关指定的仓库、场所。有关仓库、场所的经理人应向海关负责,并依法办理收存和交付手续。

(5)押运转关运输货物。海关认为需要派员押运转关运输货物时,申请人或承运人应年按规定向海关缴纳规费,并为海关关员执行监管任务提供必要的工作条件。

(6)发生损失和短少的转关运输货物。如果转关运输货物在国内运输途中发生残损,申请人、承运人和保税仓库负责人应及时向有关海关报告,除不可抗力外,申请人、承运人或保税仓库负责人应承担纳税责任。

第二节　特殊货物的通关条件

本节涉及的内容非常广泛,包括海关对进出口货样、广告品、进口溢卸货物、无代价抵偿货物、外商投资企业进出口货物、华侨(或港澳台同胞)捐赠物资、国家(或国际组织)无偿援助和赠送的物资、易货贸易、租赁贸易、寄售贸易,以及边境小额贸易等的监管制度,重点介绍以下内容。

一、过境货物的通关

1. 定义

根据《中华人民共和国海关对过境货物监管办法》第2条,过境货物是指由境外启运,通过中国境内陆路,继续运往境外的货物。

2. 过境货物运输的报关单位

向海关办理过境运输货物手续的经营单位应是经外经贸部批准的,具有经营国际货运代理业务经营权,从事过境货物运输代理业务(国际多式联运)的企业。经营单位应持批准文件和工商营业执照等向入境地海关办理注册备案。

3. 过境货物运输报关时应提交的单证

(1)中华人民共和国海关过境货物报关单(一式四份);

(2)过境货物运单、提单、装载清单;

(3)海关需要的其他单据(发票、装箱清单等);

(4)过境货物许可证。

外国货物通过中国境内陆路过境,需向我国外经贸主管机关申请批准,海关凭外经贸部签发的《过境货物许可证》准予过境。但对于与我国签有过境货物协定的国家或属于与我国签有国际铁路联运协议国家收发货的过境货物,免领过境货物许可证,海关按照有关协定或国际铁路联运货物运单准予过境。

4. 禁止过境的货物

(1)来自或运往我国停止或禁止贸易的国家和地区的货物;

(2)各种武器、弹药、爆炸物品及军需品(通过军事途径运输除外);

(3)各种烈性毒药、麻醉品和鸦片、吗啡、海洛因、可卡因等毒品;

(4)我国法律、法规禁止过境的其他货物、物品。

对上述货物中的爆炸物品因特殊原因需过境时,应报经海关总署批准,并签发《特准过境货物许可证》,进出境地海关凭特准证查验放行。

5. 过境货物的通关手续

(1)过境货物的入境手续。过境货物经入境地海关审核无误后,在运单上加盖"海关监管货物"戳记,并将一份过境货物报关单和货物装载清单封入关封后,加盖"海关监管货物"专用章,连同上述运单一并交经营人或承运人。承运人应负责将进境地海关签发的关封完好无损地、及时地送交出境地海关。

(2)过境货物的出境手续。过境货物经由出境地海关审核有关单证、关封和货物无误后,由海关在运单上及《过境货物出境报关单》上加盖"放行章",监管货物运输出境。并将一份《过境货物出境报关单》寄送入境地海关核销。

6. 过境货物的监管要求

(1)监管期间。过境货物自进境起到出境止,属于海关监管期间,未经海关许可,任何单位和个人不得开拆、提取、交付、发运、调换、改装、抵押、转让或更换标记。

(2)对运输工具的要求。装载过境货物的运输工具应当具备海关施加封志的条件,承运人应当负责保护海关封志的完整。任何人不得擅自开启或损毁。

(3)有关人员的义务。海关认为有必要对过境货物进行查验时,承运人或经营人应当到场,并按照海关要求负责搬移货物、开拆和重封货物的包装,并在海关查验记录上签字。因换装运输工具等原因需卸货储存时,应经海关批准并在海关监管下存入海关同意的仓库或场所。

(4)申报期限。过境货物自进境之日起3个月未向海关申报的,海关将视其为进口货物,按《海关法》第21条有关规定处理。过境货物应当自进境之日起6个月内申报运输出境,特殊情况经海关批准同意可以延期,但延期不得超过3个月。

(5)不可抗力情形下的监管。过境货物由于不可抗力的原因,被迫在运输途中起卸货物、换装运输工具或遇有其他意外情况时,承运人应当立即报告所在地或附近海关。

(6)过境货物的残损。过境货物在境内发生丢失或短少时,除不可抗力的原因外,承运人或经营人应当向出境地海关声明原因,交验有关证明材料,并补办丢失或短少货物的进口纳税手续。

二、转运货物的通关

1. 转运货物的定义

根据我国《海关法》第57条对"转运货物"的解释,是指由境外起运,抵达我国口岸后,在设立海关地点换装运输工具,不通过我国境内陆路运输,继续运往境外的货物。

2. 办理转运货物的条件

(1)持有通运或联运提货单的货物;

(2)进口载货清单注明是转运货物;

(3)持有普通提货单,但在起卸前向海关声明转运,经海关核查无误的货物;

(4)误卸的进口货物,经运输工具负责人提供确实证件的;

(5)因特殊情况申请转运,经海关核准的。

3. 转运货物的通关手续和监管要求

(1)转运货物的入境。转运货物入境后,运输工具负责人应填写《外国货物转运准单》一式三份向海关申报,并提供进口载货清单。

(2)转运货物的出境。海关核实了上述单证之后,转运货物在海关监管之下换装运输工具,在3个月内办理海关手续并转运出境,逾期未办的海关将按《海关法》有关规定提取变卖。

(3)监管要求。转运货物自进境起到出境止,属海关监管货物,海关有权对转运货物进行查验。转运货物在中国口岸存放期间,任何单位和个人均不得开拆、改换包装或进行加工。

三、通运货物的通关

1. 通运货物的定义

根据我国《海关法》第 57 条,是指由船舶或航空器经我国设关地点载运进境并不卸地、由原运输工具载运出境的货物。

2. 通运货物的通关和监管要求

(1)通运货物的入境。运输工具进入我国第一个口岸时,运输工具的负责人或其代理人应办理国际运输工具进境申报手续。向海关提供船舶进口报告书或国际民航机的进口载货清单,注明通运货物的名称和数量。

(2)通运货物的出境。海关在运输工具入境后,对上述单证予以核查,并监管通运货物出境。

(3)通运货物的监管。通运货物自进境起至出境止,属于海关监管货物。因运输工具装卸,需要搬运和卸下通运货物时,应向海关申请,并在海关监管下进行,并须运回原运输工具。

第三节　国际航行船舶的通关

一、国际航行船舶的定义

据统计,我国进出口贸易中的 90% 是通过海上运输方式实现的。为便利进出境运输工具的运输,海关依法实施对进出境运输工具的监管。

根据海关总署 1991 年 8 月发布的《中华人民共和国海关对进出境国际航行船舶及其所载货物、物品监管办法》,“进出境国际航行船舶”(以下简称船舶),是指进出我国关境在国际间运营的境内船舶和境外船舶,不包括来自和开往香港、澳门的小型船舶。

二、海关对国际航行船舶的监管

1. 联合检查

(1)定义和目的。联合检查简称“联检”。是指港务监督机关(港监)、海关、边防、卫生检疫(卫检)4个部门为履行各自的职责,同时登轮对进出境船舶、船员、旅客、行李物品和货物进行的联合检查。

其目的是为了保证航行安全,维护国境治安,查禁走私、防止疫病传入或传出,以便于船舶进出港口和国际贸易运输。

(2)"联检"的程序。国际航行船舶进港后必须办理"联检"手续。通常的程序是:船舶代理负责将进出境船舶到港、离港预报及确报时间,申报港务监督,再由港监通知边防检查站、海关、卫生检疫所等联合检查单位,上述单位选派联合检查人员登船进行联合检查,船长或船舶负责人应向联检部门递交所需的单证,各部门人员分别查核单证并办理必要的检查和封存手续。

近几年来,一些大口岸对上述"联检"程序进行了改革。除非确有必要,联合检查人员亲自登轮,正常情况下由船代将有关单证备齐,递交各检查部门即可。但船代和船舶所有人对违法行为应承担相应的法律责任。

(3)"联检"的对象。主要针对国际航行的外国籍船舶。至于中国籍的国际航行船舶以及航行于我国港口之间的外国籍船舶,一般不实行"联检"。

2. 进出境的地点

国际航行船舶应当通过设有海关的港口进境或者出境,停泊、装卸货物、物品和上下人员,并接受海关监管。如需要通过未设立海关的港口进出境,经国务院或者国务院授权的机构与海关协商、海关批准后方可进入。

3. 在海关监管区和非监管区内的监管

船舶在海关监管区内停泊、移泊,装卸货物、物品和上下人员的地点由当地港务局提前通知海关。如在非海关监管区停泊、移泊,装卸货物、物品和上下人员,须由当地港务局与海关协商。

4. 申报的时间

船舶负责人或其代理人应在船舶到港和离港时间提前24小时通知海关,将船舶装卸货物、物品的时间事先通知海关。

5. 编制货物交接证明

从船舶起卸的进口货物,应当存放海关指定的仓库场所。货物起卸完毕后,船舶负责人应会同港务机关编制交接货物证明,并将证明副本送交海关,如有溢装、短装或起卸破损等情形的,应在交接证明中记录载明。

6. 对兼营两种管理方式的船舶监管

对经营国际运输兼营国内运输的船舶,或者经营国内运输兼营国际运输的中国籍船舶,须报海关同意,并符合海关监管要求,经海关审核后签发《船舶进出境(港)海关监管簿》。如需改营经营项目的,由船舶负责人在卸完进口货物,办结船舶、船员自用物品验放手续或者卸完载运的国内运输货物后,向海关提出申请,经海关审核符合条件的在《海关监管簿》上批注同意。

三、海关对船用物料的监管

1. 编制船用物料清单

国际航行船舶添装或起卸船用燃料、物料,船舶间调拨船用燃料、配置部分压舱、垫舱物料、物品等,均应由船舶负责人编制清单报请海关核准,并在海关监管下进行。

2. 地脚货和废旧物料的处理

处理扫舱地脚和废旧物料时,船舶负责人应向海关提出书面申请。

3. 出境期限

船用物料应自起卸之日起 6 个月内复运出境。不能复运出境的压舱、垫舱物料,应由收货人自物料起卸之日起 14 天内向海关办理进口手续。

四、国际航行船舶的报关单证

1. 入境国际航行船舶的报关单证

国际航行船舶进入我国关境时,船舶负责人或其代理人应当向海关递交下列单证:

(1)国际航行船舶进口报告书(Report of Entry for Foreign Going Ship)一份;

(2)进口载货清单(Import Manifest)两份;

(3)船员名单(Crew List)一份;

(4)船员自用和船舶备用物品、货币、金银清单(List of Specify Article, Foreign Currency, Gold Silver, Belonging to Ship and or Members of Crew);

(5)船员自用和船舶备用烟、酒加封清单(List of Cigarette and Alcoholic Drinks Kept under Seal or Vessels and Crews Members)一份;

(6)船舶进出境(港)海关监管簿;

(7)海关关封（Customs Cover）；

(8)船舶吨税执照；

(9)海关监管需要的其他单证。

2. 出境国际航行船舶的报关单证

国际航行船舶出境前，船舶负责人或其代理人向海关报关时应递交下列单证：

(1)出口载货清单(Export Manifest)一份；

(2)船员清单(Crews List)一份；

(3)船舶进出境(港)海关监管簿；

(4)中华人民共和国海关国际航行船舶出口报告单；

(5)海关监管需要的其他单证；

(6)船舶吨税执照；

(7)海关监管需要的其他单证。

五、报关单证的填写规范和监管要求

国际航行船舶负责人或其代理人应按海关的要求，准确、清楚地填写有关单证。

1. 国际航行船舶进口报告书的填写

(1)船名。外国籍船舶要求填写中英文全称，英文为印刷体。

(2)国籍。填写船舶所注册的国名或地区的名称，外轮要填写英文(印刷体)。

(3)船籍港。填写船舶所注册港的港名，外轮要填写英文(印刷体)。

(4)船舶所有人。填写船东的公司名称，外轮填写英文（印刷体)。

(5)总吨位、净吨位、载重吨位。如果该轮同时具有大小吨位(即封闭式或开放式)，一律按大吨位向海关申报。

(6)净吨位。是海关计征船舶吨税的依据，依照《船舶吨位证书》的大吨位填写。

(7)货物吨数。填写拟在本港起卸货物的吨数。

(8)通运货物。填写在境外装载并且经过本港驶往境外起卸的货物吨数。

(9)指运中国其他港口货物。填写除本港以外的在中国其他港口拟起卸的货物数量。

(10)未列入载货清单或提单的货物。填写船舶捎带的物品或者其他应向海关申报的物品。

(11)启运港。填写本航次第一个装货港的名称。

(12)出发日期。填写本航次第一个装货港的出发日期。

(13)经过港。填写来自港的名称。

(14)抵达本港时间。填写抵达本港抛锚的时间和日期。

(15)船长签字。要求船长本人签字,他人不得代签。

(16)日期。签写递交单证(即报关)日期。

2. 船舶进出境(港)海关监管簿的填写

船舶进出境(港)海关监管簿供中国籍船舶出入境和往返于国内港口间办理海关手续时使用。由船公司所在地海关申请领取,船舶负责人保管。

(1)填写的项目。监管簿内除印有"+"的栏目由海关填写外,其他各项均由船舶负责人逐项填写,如实申报。

(2)船用设备、贵重物品登记表。填写船舶所有人或其代理人在境内或境外添装、起卸的船用设备和重点物品。

(3)重新办理或补领新簿。船舶更名或变更所有人时,应重新申请办理本簿。如有遗失应立即报告原发簿海关,及时补领新簿。

3. 海关关封

指海关为实行对往返国内港口间的外国籍船舶的有效监管,而制作的密封文件。由船舶负责人,通常是船长负责转递,船长应履行以下职责:

(1)签收的义务。船长收到关封后应签收关封收据。

(2)保管的义务。应妥善保管关封,不得擅自拆启。

(3)改变航线时的报告义务。船舶一旦改变航线驶往境外,应立即报告附近海关听候处理;如果改航驶往国内其他港口,也应向抵达港海关说明情况。

4. 中华人民共和国海关国际航行船舶进口(出口)报关单

中华人民共和国海关国际航行船舶进口(出口)报关单是船舶负责人或其代理人向海关报关的单据之一,单内栏目要依据船舶的有关单证和实际数据按上述解释及要求认真填写。

5. 海关监管需要的其他单证

(1)船舶吨税申报单。由船方向海关缴纳吨税的一种报关单。应填写船名、国籍、净吨位(依照船舶吨税证书)、纳税期别(根据船舶实际情况任选其一），最后由申请人签字。

（2）船舶捎带物品清单。是指未列入进口载货清单或提单，由船舶捎带的物品。应如实填写船名、国籍、航次、装货地点、起卸地点、发货人、收货人、物品、名称和数量等项目。

第四节　海关对集装箱及其所载货物的监管

一、国际集装箱运输发展的现状

针对国际集装箱货物的运输特点，进出口国及过境国家海关通行的做法是，应建立使集装箱自由通过国境的管理体制，尽力避免在国境内进行启箱查验和办理报关手续。

1980 年联合国通过的《国际货物多式联运公约》，专门规定了海关过境条款（第 32 条）。公约还附有《有关国际货物多式联运的海关事项条款》的附件，其主要内容是：除按本国境内实施的法律规章和国际条约的规定外，缔约国应给予多式联运货物过境自由：多式联运货物一般不再受海关检查，海关当局在进出境时一般只检验海关印记及其他安全措施，国际多式联运货物无须向过境国家交付进出口关税和其他税款或交付这种税款的保证金，过境国家的海关当局应当接受多式联运单据作为海关过境单据的说明。

二、我国现行集装箱运输监管模式存在的弊端

1. 物流时代的挑战

20 世纪 90 年代以后的国际多式联运业已进入综合物流时代，一大批新兴的综合物流服务企业应运而生。它们不仅经营传统的海上运输业务，而且还渗透到陆上运输、港口装卸、仓储、代理报关、装拆箱等运输相关的产业，并负责收集、管理，传递和处理国际多式联运所需的一切信息，为货主提供现代化的综合物流服务。这对我国海关现有的国际集装箱监管模式提出了挑战。

2. 通关速度与现代化的运输方式不适应

集装箱运输使用专用机械和专用码头，装卸效率大大高于一般码头，船舶滞港的期间更为缩短。这就要求海关实行简便、快捷、科学和高效的通关模式。然而，现行的国际集装箱货物监管依据，仍是 1983 年制定的

《中华人民共和国海关对进出口集装箱和所装货物监管办法》(以下简称《办法》)。但《办法》并未体现集装箱运输的特点,基本上沿袭了对散装货物的通关程序和查验方式。

3. 单证审核为主的监管方式的弊端

以单证审核为主的监管方式,对货物的实际监控和查验比较薄弱。表现在:一是海关对货物实际监控环节少,本应体现在货物的装卸、分拨、集运、移动、仓储、查验、放行等各个环节中的监管,实际只集中在查验环节上;二是查验人员配备少,查验面小,在一定程度上影响了海关的监管效能。

4. 尚未形成现代化的口岸综合管理格局

除海关对国际集装箱运输实施有效监管外,港监、港务、理货、船代、商检、卫检、动植物检疫等部门各司其职。但彼此间缺乏配合,各自为政,大大降低了口岸管理的整体效能。

由于海关在船边货物装卸环节的实际监管已被取消,本应由理货公司实施的理货职责,但有时变成了理箱不理货。此外对船舶代理提供的舱单,也难以实施有效的监管。舱单内容往往依据货主或货代的装箱单制作,而且经常发生事后更改的情况。

三、国际集装箱运输监管新模式的探讨

1. 修订和完善法律法规

(1)新法规的原则。建议新办法的修改既要符合现行的《国际集装箱海关公约》有关原则,又要结合我国进出口集装箱货物监管的特点。

(2)补充有关部门的职责。建议增加对涉及海运国际集装箱货物的装卸、运输、理货、分拨、集运、报关、仓储、转关、中转、转运、多式联运等各环节的相应职责、管理办法及处理条款,形成规范、有效的国际集装箱货物进出口管理体系。

(3)报关单上增设集装箱箱号的申报项目。建议在集装箱货物的报关单上增设集装箱箱号的申报项目,以便海关监管中对集装箱货物的识别、跟踪与监控。

2. 建立口岸集装箱货物综合管理的格局

我国口岸管理体制改革,组建了新的海关总署机构,即商品检验、卫生和动植物检疫“三检合一”,归属于海关总署管辖之下。这种“一关三检”的口岸的管理模式,将改变目前口岸各单位各自为政的状况。

(1)利用船舶监控中心和船位报告中心。通过港监设立的“船舶监控中心”和交通部即将建立的“船位报告中心”,确切掌握国际航行船舶进出境动态。还可借助港监良好的装备协助海关的缉私活动。

(2)建立物流监控中心。建议成立物流监控中心,确保海关对物流的实际监控。

(3)强调所有环节的监管。充分利用理货和物流公司的作用,提高进出口货物舱单的准确性,降低因海关加强口岸查验而增加的企业成本。

加强对集装箱货物存放、仓储环节的监管,包括海关监管场所(港区、疏港点、海关监管仓库、自管码头、查验点等)及保税仓库的监管。

(4)实现海关与运输部门间的放行数据传输。可将海关放行环节置于运输部门的计划受理部门之后,以杜绝假放行章和走私案件的再次发生。

(5)加强对货物进出港区环节的监管。在有条件的口岸实行“道口管理方式”。出口货物应在指运港报关,对无货报关的,海关可加强道口查验,通过在道口增设地磅或集装箱检查设备,快速、有效地实施口岸实际监管。

3. 实行集装箱货物快速通关的多种申报形式

根据集装箱货物运输的特点,实行多种灵活的申报方式:

(1)特快通关。主要针对资信好的 A 类企业和口岸进出口量大的单位,在办理进口货物手续时,可享受“特快窗口”通关,并采取先放货后纳税的办法。企业纳税情况在《纳税手册》上记录。对于不能按期纳税者将取消特快通关和先放后税的便利。

(2)进口货物预申报。指船舶尚未抵达时,海关根据船代事先提供的货物舱单预先接受的货主报关。一旦船舶到达,对无需查验的货物可立即提取。

(3)货物预归类。指收发货人或其代理人在货物进、出口前向海关提供有关货物的资料,由海关制发具有法律效力的《商品归类建议书》。

(4)“一章一证”的通关模式。指实行一个放行章(或一份商检证书)和一份报关单便能通关的模式。这也是“三检合一”的监管要求。例如,根据 1999 年召开的粤东地区进口废物“六个一”试点经验推广会上得到的信息,在汕头国际集装箱码头入境的集装箱废物只需使用一章一证,即海关凭加盖商检“已接受登记章”的报关单就可接受进口废物的申报。改变了以往需持有商检、卫检、动植检三个单位印章和证书才可申请报关的做法，既简化了报检手续，又加快了通关速度。

四、我国进出口集装箱和所装货物监管办法

1. 进出口集装箱的申报地点

(1)进口集装箱的申报。凡进口集装箱货物直接运往内地设有海关地点的，由口岸外运公司向海关申请办理转运手续，口岸海关将有关申报单证转交承运人负责带至到达地海关，由该海关查验后放行。

进口集装箱运往内地未设海关的地点，则由“义务监管员”（由内地外运分公司向口岸海关推荐选定）根据监管办法代海关查验放行。

(2)出口集装箱的申报。凡出口货物在内地设有海关地点装箱的，由当地发货人或外运公司及海关办理申报和查验，由海关将有关申报单转交承运人负责带交出境地海关凭以监管装船。

出口货物在内地未设海关地点装箱，则由海关授权或委托人员根据监管办法代替海关执行对集装箱的监管。

(3)在非海关监管区的申报。收、发货人或其代理人，要求海关派员到非设关地点或者海关监管区域以外办理验放手续时，应报请进境地或者就近地海关核准（对进口集装箱货物，就近地海关核准后，应将核准情况通知进境地海关）。并按规定缴纳费用，提供往返交通工具和安排住宿。

2. 进出口集装箱申报时应提交的单证

进、出口集装箱货物的收发货人或者其代理人，应在进、出境地向海关办理报关手续，并按规定递交进出口货物、物品的申报单证和其他单证，并在交验的进、出口载货清单（舱单）或者装载清单、交接单、运单上，列明所载集装箱件数、箱号、尺码、货物的品名、数（重）量、收发货人、提单或者装货单号等有关内容，并附交每个集装箱的装货清单。如果要求在到达地或者启运地海关办理报关手续，须报请进境或者启运地海关同意，并办理“海关监管货物”手续。海关认为必要时，可对有关集装箱施加海关封志。

3. 海关对进出口集装箱的查验

(1)货主或集装箱经营人的义务。海关对集装箱货物进行查验时，收货人、发货人、集装箱经营人或者其代理人应当到场，并且按照海关要求负责开箱、拆包、搬运等事项。进出口集装箱货物，经海关放行后方准装运或者继续运输。

(2)海关对放行后的集装箱的监管。经海关放行的进、出口集装箱货物,海关认为有必要时,可以进行复查,或者调阅有关交接、验收等单证和账册。

4.进出口集装箱货物的存放

未办海关手续的进口集装箱货物和已办海关手续的出口集装箱货物,应存放在经海关同意的仓库场所。保管集装箱货物的单位,应负责保护集装箱封志的完整,未经海关同意,不得擅自开启封志,装入或者取出货物,不得将集装箱货物调离海关监管的仓库场所。

五、海关对集装箱箱体的监管

1.购买进口集装箱的申报手续

从国外购买和售予国外的集装箱,不论装货与否,均应由集装箱的收、发货人或其代理人单独填写报关单,向进出境海关办理报关纳税手续。

2.投入营运的进口集装箱的监管手续

购买进口的和国内生产的集装箱,在投入国际运输时,集装箱所有人应向海关办理注册、登记手续。对向海关办理注册登记手续的集装箱,由海关在集装箱适当部位刷贴“中国海关”标志。再次进出口时,可凭此免办有关手续。

(1)注册登记。用于运输海关加封货物的国际集装箱的工厂,应向所在地海关或分管该地海关申请办理注册登记手续,在国内制造和维修的国际集装箱应向海关申请核发《中华人民共和国海关集装箱制造、维修工厂申请书》。并提交有关单证和资料,包括营业执照、工厂认可书或集装箱证书(国家船检局颁发)、设计图纸及技术文件等。

(2)海关对集装箱的技术检验。我国海关统一委托国家船舶检验局所设立的检验机构,按照《1972年集装箱关务公约》和集装箱检验规范所规定的技术条件进行检验,海关保留抽验和复验权。

对已取得海关牌照的集装箱,如不符合所规定的技术文件,应使其恢复于批准时具有的状态,否则批准失效。

(3)对进口外国集装箱的监管。在国外制造的国际集装箱,国内经营人应向进口地海关申请核发《按制成以后批准证明书》并提交集装箱检验证书、图纸及技术文件。

(4)集装箱批准牌照的审批。经主管海关或进口海关核发批准书后,应在经批准的每个国际集装箱上安装申请人根据《1972 年集装箱关务公约》规定自行制作的海关批准牌照。牌照为 200mm × 100mm 的铜质金属牌,上有核发海关的批准证明书编号、集装箱生产企业编号以及"允许运输海关加封货物"的英文字样。

在执行《管理办法》过程中还应注意以下问题:

(1)我国在国外制造的国际集装箱。我国在国外制造的国际集装箱可向我国海关申请核发批准牌照,也可向国外有关国家海关申请核发批准牌照。

(2)外国委托我国制造的国际集装箱。外国公司或个人委托我国制造的国际集装箱可向我国海关申请核发批准牌照,按国内集装箱制造的办法处理,但也可向国外有关国家申请核发批准牌照。

(3)未获得海关批准牌照的集装箱。在查验集装箱进出境时,如发现没有海关批准牌照,则不享受凭海关标志下的国际集装箱运输的便利,但不意味着不放行。

(4)尚有缺陷的集装箱。已获得批准牌照的集装箱,如果经查验发现尚有缺陷,则应将此种情况通知核准的主管当局。

(5)对《1972 年集装箱关务公约》缔约国集装箱的认可凡该《公约》缔约国批准的集装箱,只要符合原批准的集装箱技术条件,我国海关承认其为运输海关加封货物的集装箱。

3. 暂时进口的外国集装箱的监管手续

暂时进口及租赁的外国集装箱,不论装货与否,进口和复运出口时,均应由进口经营单位或者其代理人单独填写进出口货物报关单向海关申报,并出具担保函,保证于 3 个月内复运出口。如因特殊原因不能按期复运出口,可提出申请,经海关核准予以适当延长。在规定的期限内仍不能复运出口的,应向海关补办进口纳税手续。

第五节　商检业务主要内容

一、品质检验

品质检验,亦称质量检验(Quality Inspection),是商检业务的主要项目,主要内容如下。

1. 内在质量

(1)成分检验。包括有效成分的种类、含量、杂质及有害成分的限量等。

(2)性能检验。包括商品应具备的强度、硬度、强性、伸长率、耐热性等物理性能;耐酸、碱性、抗腐蚀性、溶解性、化学相溶性等化学性能;机械性能检验包括抗压、抗拉、冲击、振动、跌落等;使用性能检验包括完成规定的动作和特定的使用效果,如汽车的车速、刹车要求,电视机的声响、图像效果等。

2. 外观质量

检查商品的外观形态、尺寸规格、样式、花色、造型、表观缺陷、表面加工装饰水平,以及视觉、嗅觉、味觉等。

3. 特定质量检验项目

是指针对不同商品而特别要求的质量检验,如对食物添加剂、农药残留量、重金属含量等的检验,对危险货物的安全性能检验,对船舱的安全检验等。

商检机构在完成进出口商品的质量检验后签发品质检验证书。

二、数量和重量检验

商品的数量(Quantity)或重量(weight)是贸易合同中的重要内容,也是商检的主要检验内容之一。

1. 数量计量方式

在对外贸易合同中常用的数量计量方式有:

(1)个数计量。对机电仪类产品、零部件、日用轻工品,常用个数计量,如:个、只、件、套、打、台等。

(2)长度计量。一些纺织品、布匹、绳索等用长度计量、计量单位为米、英尺等。玻璃、胶合板、地毯、塑料板、镀锌(锡)钢板等常用面积计量,计量单位为平方米、平方英尺等。木材多用体积计量,按立方米、立方英尺等单位计量。有些液体、气体产品用容积计量,使用升、加仑等计量单位。

2. 重量计量方式

计算重量的常见方式有:

(1)毛重(Gross Weight)。指商品本身的重量加上包装的重量。

(2)净重(Net Weight)。指商品本身的重量,即商品的毛重减去包装的重量（皮重）的重量。大部分商品都按净重计价，但具体计算时也有以毛作净的情况。

（3）以毛作净（Gross for Net）。此时以商品的毛重作为净重，即不必再扣除皮重，一般用于包装相对于货物本身而言重量很轻，或包装本身不便计量等情况。

（4）公量重。对于纺织纤维，如棉、毛、丝等，因其含水率变化影响重量，在计重时引入公量的概念。公量重（Conditioned Weight）是以商品的干态重加上标准含水率时的水分的重量为计价重量。

3. 计重单位

大多使用公吨（Metric Ton）、公斤（Kg）为单位。也有使用英制长吨（Long Ton），美制短吨（Short Ton）、磅、盎司等计量单位。

1 公吨 =2 204.62 磅　　1 长吨 =2 240 磅　　1 短吨 =2 000 磅

4. 计重方法

（1）衡器计重。是使用最多的计重方式，使用小至天平、台秤，大到汽车衡、轨道衡、料斗秤等衡器，经校准后衡重不同的商品。其允许误差为 ±0.2%。

（2）水尺计重：

①定义。水尺计重（Draft Survey），亦称为水尺检量，系指通过对承运船舶吃水及船用物料（包括压载水）的测定，依据船舶有关图表，测定船舶之排水量和有关物量，以计算货物重量的鉴定方式。

②意义。由于水尺计重具有简便、省时、省力、省费用、可避免装卸造成的损耗误差以及迅速计算出整船货物重量的优点，一般适用于价值较低、过磅困难的大宗散装货物，如散装矿石、粮谷等低值货物，对扩大散装运输、降低运输成本、加速运输周转和港口疏运等方面具有重要的意义。

③水尺计重重量证书。值得注意的是，为节省检验费用，有时货主会直接委托船方出具水尺计重报告，但其报告的权威性和公正性都远非商检证书所能比，尤其是商检出具的水尺计重重量证书（Inspection Certificate on Weight），具有司法诉讼或仲裁举证的法律效力。因此，船方应建议货主向商检机构申请水尺计重，即在外贸合同中明确规定货物以水尺计重的方式计重，其结果作为货物交接结算、处理索赔、计算运费和通关计税的依据。

④基本原理。水尺计重的基本原理是物理学的阿基米德定律，计算承运船泊装货或卸货重量时，应在装货或卸货前、后分别进行水尺计重。

其计算方法是，设 B 为载货时的排水量，b 为载货时船舶存有的燃油、淡水、压载水和船舶常数等总重量，A 为未载货时的排水量，a 为未载货时船舶存有的燃油、淡水、压载水和船舶常数等的总重量，X 为装货或卸货的重量，则 $X=(B-b)-(A-a)$。式中，A 与 B 是以观测船舶水尺经拱陷校正后，从船舶排水量曲线表上套算出来的排水量，已作了纵倾和海水密度校正。a 与 b 是根据实际测量深度，从船舶水、油舱容表中查算出来的燃料油、淡水或压载水等的总重量，已作了纵倾和密度差校正。

⑤影响水尺计重的因素。影响水尺计重的因素很多。包括观测吃水，测定港水密度，测定装(卸)前后的压载舱、淡水舱水深和计算装(卸)货前后燃油存有量等。如果有关船舶图表存在着误差，也将影响水尺计重结果的准确性。此外，还有一个重要因素容易被人们所忽视，它就是船舶常数(Constant)。如果测算方法不当，其数值可能导致水尺计重的偏差几十吨甚至上百吨，而商检部门的技术规程要求水尺计重的准确度达到千分之五。

目前调整水尺计重的规范只有国家商检局颁布的《进出口商品重量鉴定规程—水尺计重》(The Regulation of Weight Survey on Import and Export Commodities Weight by Draft)。

(3)容量计重。用于散装液体商品，如原油、成品油、植物油等的一种计重方式，通过测量油舱、油罐装货前后，或卸货前后的液位，计算出装或卸货的实际重量，计算时要考虑到液体物料的温度、密度、罐体变形等因素，其允许误差为 ±0.4%。

(4)流量计计重。流量计计量是一种仪器计重方式，通过流量计直接测得装或卸的液体或气体商品的重量，使用简单方便，其允许误差为 ±0.4%。

5. 溢短装条件

对于装运农副产品、矿产品、石油产品等散装商品，实际交货重量往往难以与合同规定数量绝对相同。买卖双方一般在合同中约定一个可以灵活的幅度，即为溢短装条件(Over-loaded Cargo)。溢短装条件可以明确规定允许多装或少装某个百分数(如 5%)，或规定交货数量为“约”若干吨等。最后结算时以商检重量证书的准确重量结算。有的合同还对重餐短少规定了免赔率，主要考虑到运输、装卸等流通过程中的损失，实际检验重量在低于合同规定一定百分数内时(如 3%)，责任方免予赔偿。

三、包装检验

1. 包装检验与危险货物包装检验

(1)定义。包装检验是指对一般货物包装容器、材料和方法等所进行的性能鉴定和使用鉴定。

危险货物包装检验则针对危险货物的包装容器、材料和方法等所进行的性能鉴定和使用鉴定。

(2)危险货物包装检验的法律依据:

①国际公约。为了确保危险货物的安全运输,联合国危险货物运输专家委员会研究制定了《关于危险货物运输建议书》,由于封面是橘红色,通常被称为《橙皮书》,是对危险货物运输和包装实行国际统一管制的最权威的规定。全书共有 17 章,外加一个附录,内容包括对危险货物的命名、分类、编码、标志、包装和运输等方面的技术标准和管理规则。它将危险货物分为 9 大类:爆炸品;压缩、液化或加压溶解的气体;易燃液体;易燃固体;氧化剂和有机过氧化物;有毒物质内有感染性的物质;放射性物质;腐蚀品;其他危险货物,总共列入近三千种危险货物。凡属于上述所列的危险货物必须实施包装性能检验和使用鉴定。

《橙皮书》第 9 章专门对危险货物包装定义、规格、要求、性能测试的技术标准作了具体规定,虽然称为"建议书",实际上已被有关国际组织和多数国家采纳。如国际海事组织 IMO 制定了适合海运特点的《国际海运危险货物运输规则》(IMDG Code)。IMO 规定从 1991 年 1 月 1 日起,海运和空运的危险货物包装必须按照《橙皮书》第 9 章进行检验,即强制执行该章的规定。伴随着新的危险货物不断问世以及人们对它们的认识逐渐加深,对危险货物包装及试验方法也在逐步改进,IMO 每两三年对《规则》进行增补、修正。

②我国商检法规。我国《商检法》第 15 条规定:"为出口危险货物生产包装容器的企业,必须申请商检机构进行包装容器的性能鉴定。生产出口危险货物的企业,必须申请商检机构进行包装容器的使用鉴定。使用未经鉴定合格的包装容器的危险货物不准出口。"

1985 年 5 月 20 日,国家经委、外经贸部、交通部和国家商检局联合发布了《海运出口包装检验和管理办法(试行)》。从 1985 年 7 月 1 日起执行至今,是我国关于海运出口危险货物包装检验的最权威、具体的规章,但由于未经国务院批准,没有成为行政法规,也是一个立法的遗憾。该办法共有6章23条，规定了包装生产、使用、检验、经营及运输各有关部门的职责。其中第5章“危险货物的包装查验”共有3条，包括：出口经营部门凭商检机构出具的包装性能鉴定证书怕和使用鉴定证书验收危险货物（第17条），仓储、运输部门在装卸、运输、储存过程中，要严禁野蛮装卸，防止发生包装容器破损及危险货物撒漏等事故。发现包装容器渗漏、破损，应与有关部门及时联系妥善处理。同时，为了明确责任，堵塞漏洞，要做好商务记录（第18条）；港务部门凭商检机构出具的包装容器性能鉴定证书和使用鉴定证书，安排出口危险货物的装运，并严格检查包装是否与商检证书相符，有无破损、渗漏、污染和严重锈蚀。对包装不符合要求者，不得入库和装船（第19条）。可是，这三条的立法原则应在将来我国《海商法》修订之时应予吸收。现有的法规对危险货物安全运输的保护是远远不够的，如第68条只是规定了托运人所负的责任，而没有涉及承运人、港站经营人等部门的义务。

根据上述法规，商检部门先后制定了一系列技术标准，如《海运出口危险货物包装检验规程—总则》、《海运出口危险货物包装检验规程—性能检验》以及《海运出口危险货物包装检验规程—使用鉴定》等，都是商检机构进行包装检验的重要依据。

2. 出口危险货物包装检验

出口危险货物检验包装容器的性能检验和使用鉴定两个项目，二者缺一不可。前者主要检验包装容器的机械性能，包括抗冲击性能、耐静压性能以及密封性能检验等，后者则重点检验选择、使用包装容器是否恰当。

（1）出口危险货物包装性能鉴定。商检机构实施检验包装性能检验的试验项目有跌落试验、堆码试验、气密试验、液压试验等。通常采用抽样检查方法，即从整批商品中随机抽出一定数量具有代表性的商品进行检查，该批商品通常被称作样本，将对样本进行检查所得的结果与商品标准（合同、信用证等）规定相比较，作出整批商品是否合格的结论。由于抽样反映的商品质量信息不如百分之百检验那么全面，因此并非所有商品检验都适合抽样，一般只适用于破坏性的检查验收，如寿命试验、强度检查等，或者数量较少、费用昂贵、时间较长、检查项目较多，以及质量要求不高或连续性的商品检验。根据商检的惯例，抽样检查有3种形式：一是百分比抽样检查；二是同定样本抽样检查，即无论批量多大，抽取的数量样本都一样；三是统计抽样检查。

根据《橙皮书》第9章的规定，危险货物包装容器的性能检验，采用上述第二种抽样方式，而且包装类型不同的容器所抽取的样品数量也不相同。如闭口钢桶的性能检验样品数量为15件，开口钢桶性能检验的样品数量为9件，柔性中型散货箱（塑料编织袋）样品数量为3件。原因如上所述，即包装性能鉴定是一种破坏性试验，若按比例抽取样品，报验的数量越多，报验人的损失越大。《橙皮书》还规定，只有被检验的样品全部合格，才能判定全部报验商品合格，这在一定程度上弥补了抽样检查不够全面的缺陷。

（2）出口危险货物包装使用鉴定。使用鉴定包括对包装类别、包装容器性能、组合包装、容器的使用、装载液体危险货物的容器，以及使用等效包装和对装载过危险货物容器处理的要求。尽管《橙皮书》未使用“包装使用”一词，但实际上就是这个内容。

（3）危险货物包装标记。根据IMO的决定，从1991年起，凡需要经海运出口危险货物的国家都必须执行IMDG Code。即各成员国通过海运出口的危险货物的包装必须按照该规则的要求进行设计、制造和检验。经检验合格的每一件包装容器上必须铸印耐用清晰的联合国规定的危险货物包装标记。该标记是各国的主管当局按照IMDG Code要求，对出口危险货物包装进行性能检测达到合格的一种证明。标记分为新设计制造和经修理后的包装容器标记两大类。前者又分为主标记和附加标记两种。主标记通常有，联合国危险货物包装容器符号、包装容器类型符号、包装类别符号、不带内容器的包装可盛装危险液体货物的最大相对密度等。这些标记具有以下法律效力：

①表明包装性能检验达到联合国法定要求的一种证明。根据联合国规定，包装标记不是由包装制造厂商随意铸印的，而必须由各国主管当局按IMDG Code要求对包装容器的性能检验合格后，并经批准才允许铸印。没有包装标记的容器不能用来盛装危险货物。

②直观、简明地体现联合国的包装要求。标记中用字母和数字标出了该种包装容器所达到的包装类别、所能承载的最毛重、内装液体的最大比重，以及承受内压程度等各种性能指标，且各项指标均以标记的形式铸印在容器表面最明显处，使人一目了然。如在“包装类别”位置标的是“X”，那么它就表示此种包装达到了联合国规定的I类包装要求，是性能最佳的包装，若在该位置标注的是“Y”，则表示属II类包装。

③为发货人选择合适包装提供可靠的依据。由于标记标出了该种包

装容器的主要性能指标，只要用户了解自己所要装运的危险货物的物理化学特性，以及该种危险货物所要求的包装型号和包装类别（IMDG Code 明细表中可查到），再将包装容器标记的标明与所要求的条件进行对比，即可选定一种合适的包装容器。

④保证危险货物在装卸、运输及仓储等环节中的安全。标记中标出的包装类别等于标出了该种包装容器顺利通过跌落试验的高度值。3 个类别的跌落高度为：I 类为 1.8 米，II 类为 1.2 米，III 类为 0.8 米，是保证危险货物安全装卸的重要依据。如标记中包装类别位置上标出"X"，说明是 I 类包装，只要包装件在吊起不超过 1.8 米的高度进行装卸，即为安全作业。此外，标记中还标出液压试验时顺利通过的耐压值，即某种危险货物液体在 55℃时的蒸汽压值，这个耐压值同样十分重要。由于液体危险蒸汽压与温度成正比，为保证危险货物在仓库和船舱中不致因温度过高使容器超压而发生爆炸、泄漏等事故，必须使其温度始终低于 55℃。

⑤是进出口危险货物通关放行的重要证件。IMO 强制执行 IMDG Code 的基本含义是：凡经主管当局检验合格的包装容器都必须铸印联合国规定的标记。只有铸印标记的包装容器，使用部门才能选用，运输部门才能承运，海上安全监督部门和海关才能放行出口。同样进口危险货物，若使用没有包装标记的容器，将被进口国拒绝卸货，一律退回。

⑥有利于明确责任归属。包装标记对查明出口危险货物在装卸、仓储和运输等各个环节中的事故原因具有重要意义。例如盛装危险液体货物的 200 升闭口钢桶，运输途中在桶的底部卷边处出现了渗漏事故，经查桶体外表完好无变形，可排除因装卸、运输不当致漏的可能，之后将桶内所装危险货物的理化特性及其对包装的要求，与包装标记中的有关要素进行对比，即能迅速判断发货人所选用的包装是否适当。如果选用正确，就说明包装钢桶的性能未达到标记中所标出的指标要求，事故责任只能落在包装容器的制造商身上。

四、其他与海运货物鉴定密切相关的项目

根据我国《商检法》第 25 条的规定，可以申请海运货物鉴定业务的项目很多，如前面所述质量鉴定、数量鉴定和包装鉴定。此外，海损鉴定、集装箱检验、进口货物的残损鉴定、出口货物的装运技术条件鉴定、货载衡量鉴定、产地证明、价值证明等也是十分重要的业务。有时申请人申请

两个或两个以上的项目，有时虽然只申请一个，但此项目又涵盖了其他项目，如残损鉴定就涉及了质量、数量、包装、海损鉴定等内容。因此，这些项目之间有着密切的联系。

1. 船舱检验

1）合同验舱

托运人或租船人在运输合同中常订立条款，要求承运人在货物装载前必须由公证鉴定人来判断承载的船舱及对装载过程中采取的保护措施是否适合拟装货物，并取得他们出具的船舱检验证明。同时承运人为表明对承运货物已采取适当的保护措施，或履行了合同所规定的义务，也申请公证鉴定人进行船舱检验，并取得船舱检验证明。此外，贸易双方在合同或信用证条款中，可将验舱证明作为结算的依据之一，收货人也可以申请验舱。

2）法定验舱

为维护出口商品信誉，保障人身健康，我国以法律法规的形式，规定对装运某些货物的船舱实行强制性检验，称为法定验舱。为此《商检法》第16条规定："对装运出口易腐烂变质食品的船舱和集装箱，承运人或者装箱单位，必须在装货前申请检验，未经检验合格的，不准装运"，《商检条例》第15条规定："用船舶和集装箱装运粮油食品、冷冻品等易腐食品出口的，承运人和装箱部门应向口岸商检机构申请检验船舱和集装箱，经检验符合装运技术条件并发给证书后方准装运"。国家商检局1994年12月29日颁布了《装运出口商品船舱检验管理办法》，取代了该局于1984年7月1日发布的《出口粮油食品、冷冻品的船舱检验办法》，此外，还颁布有《出口商品干货舱检验规程》、《出口商品冷藏舱检验规程》及《出口商品油舱清洁、密固检验规程》等。

3）验舱项目

船舱检验包括干货舱检验、油舱检验和冷藏舱检验，以确认对所装货物的适载性。

干货舱检验对船舱、船底、污水道、管道、舱壁、舱顶、舱口框、护货板等固定设备情况以及铺垫物料进行检验，要求清洁、干燥、无异味、无虫害、适于拟载货物。

油舱检验包括清洁检验和紧固检验。清洁检验要求油舱内各部位及输油管道，不得有油污、锈渍、有毒有害物质，并且清洁、干燥、无异味。对于装运食用植物油的船舱，依法执行食用卫生条件检验。油舱紧固检验是对油舱、暖气管及油舱有关部位进行紧密性试验，通常用水压、油压或气压试验，检查舱内各衔接部位有否泄漏现象，符合技术要求时，方可装载液体货物。

对冷藏舱的检验，除检查清洁、干燥、无异味等项目外，还检查制冷机械的定期检验证书是否超过有效期，检测舱(室)温度是否符合合同规定或拟装货物的温度要求，冷冻效能是否稳定，检查舱顶、舱壁、舱盖、绝缘设备是否清洁卫生，有无异味及有无漏水、漏气现象，绝热通风及排气设备是否完好。

4)《装运出口商品船舱检验管理办法》

根据《装运出口商品船舱检验管理办法》，商检机构履行的职责有：

(1)国家商检局根据船舱装运出口的易腐烂变质食品、冷冻品，制定、调整并公布《应施法定验舱的出口商品范围》。

(2)对装运出口应施法定检验商品的船舱，按照国家商检局制定的标准进行检验；外贸、运输、保险合同或单证有特殊规定的，按有关规定进行检验。

(3)商检机构受理申请后，应及时派员登轮验舱，对检验合格的船舱签发验舱合格证书；对经检验不符合装运技术条件的船舱，承运人应及时进行清理，并由商检机构派员复查。

(4)对装运《应施法定验舱的出口商品范围》以外商品的船舱，商检机构或其指定的检验机构，凭对外贸易关系人的申请或国外检验机构的委托进行验舱。

承运人或其代理人应履行的职责有：

(1)对装运应施法定验舱商品的船舱，必须在装货前向当地商检机构申请有关船舶清洁、密固和冷藏效能等项的整舱适载检验，并提供装货清单、配载图等有关单证。上述船舱须经商检机构检验符合装运技术条件并取得合格证书后方准装运。

(2)承运人在商检机构检验船舱前，应根据拟装商品的特性和要求，对船舱进行清理并及时报告商检机构。

(3)对已经非装货港商检机构或国家商检局认可的其他检验机构检验合格，抵达装货港装运的空载船舱，承运人或其代理人须申请当地商检机构对其实施查验。查验合格的，须在原验舱合格证书上加盖装货港商检机构放行章后，方准装运。如装货港商检机构发现船舱不符合装运技术条件时，承运人必须对船舱进行清理，并向装货港商检机构重新申请验舱。验舱合格后,由装货港商检机构重新签发验舱合格证书,方准装运。

(4)承运人或其代理人违反本办法第4条和第7条规定的,商检机构依照《商检法》及实施条例的有关规定予以处罚。

根据国家商检局1995年2月20日发布的《进出口商品检验行政处罚办法(试行)》,商检机构可以行使通报批评、警告、暂时停止报验等行政处罚,以及处以有关商品总值5%以上、20%以下的罚款。

(5)验舱对于航次租船合同的影响。根据航次租船合同的有关规定,装卸时间通常自船长或出租人的代理人,向承租人或其代理人递交"装卸准备就绪通知书"(Notice of Readiness,N/R)后,经过一段时间后开始起算的。而递交这种N/R必须满足两个条件,一是船舶必须到达合同规定的港口或泊位;二是船舶在各个方面已做好装卸货物的必要准备,包括吊杆或吊车、起货机及其他装卸工具处于随时供装货或卸货使用的状态。在装货港,则已做到货舱清洁、干燥、无异味,已按照要求检验合格并取得相应证书。

商检的上述规程规定,港务装卸部门必须凭船舱检验合格证书,才能接受N/R或组织货物装船作业。如在装舱时发现漏验或经检验不合格的船舱,应停止装舱,并及时向商检局反映以便迅速纠正。

2.积载鉴定与监视装载

1)积载鉴定与装载监视的含义

积载鉴定是指根据对外贸易关系人的申请,商检部门对出口货物积、配载情况进行鉴定。内容包括审核承运人的配载计划是否合理安全、稳固性、防止货物相抵性、串味等,检查装船技术措施能否保护货物,有否良好的加固、隔离、衬垫、通风措施等,据实出具积载鉴定证书。

监视装载是指商检部门对出口货物装货过程中进行的监视鉴定,并出具监视装载证书。

2)存在问题

但目前这两个项目面临的最大问题是无法可依,甚至连商检部门的技术规程都没有。没有一个明确的规范性文件,加以约束当事人之间的权利义务,势必造成商检部门滥用职权,或者检验失之偏颇。因此有必要将以下各地商检局的一些共同做法及航运惯例进行归纳,以待今后上升至规章甚至法规的高度予以肯定。

3)积载鉴定与监视装载的要求

由于缺乏明确的规章可以遵循,以下的内容是根据各地商检部门的一般做法进行了归纳：

(1)监视装载要求。在进行监视装载前，对拟装货物的受载舱位进行清洁检视，承运人在装货前应保证受载货舱清洁、干燥、无异味、无虫害的装货条件，经商检人员检视合格后方可装货。同时商检人员根据拟装货物的特性，审阅配载图，判断积载部位是否合理正确，根据实际情况对货物的铺垫隔离、通风、捆扎等提出相应的措施，对可能发生残损或配载不当的货物，建议船方采取补救措施。

在进行监视装载过程中应注意搬运、潮湿、污染、挤压、损坏、摩擦、植物性货物生热、锈损、火灾等造成的货损。对于国内申请人向出口国检验机构申请进口海运货物鉴定来说，监装的意义更为重要。

【例 12-1】 法国面粉供应商与国内一进出口公司签订一份买卖合同，订明 SGS 商检条款。根据该条款，由驻法国的 SGS 分支机构履行检验责任。但货到国内时，发现该批面粉全部发霉。经查商检条款，订有质量与数量检查项目，同时 SGS 负责货物在法国制造工厂的全面商检。因为没有订明 SGS 负责监装，所以 SGS 完全不了解装运情况，直到货物抵达国内时，才发现在装有面粉的船舱内还同时装载着一批化工产品，由于远洋运输途中的颠簸，上层的化工产品不断掉进下面的面粉中，致使该批面粉变异。

(2)货物积配载要求。所谓积配载是指为保证船舶、货物的安全，事先对货物在船上的配置与堆垛方式作出正确、合理的安排。通常是用货物积载图表示出来的。对某些特殊货物，包括重大件、冷藏及危险货物的装载，还须满足其特殊要求。如对危险货物，应严格按照 IMDG Code 制定积载计划。

3. 集装箱鉴定

1)鉴定的依据

在集装箱运输中，贸易关系人对集装箱设备或集装箱货物交接时的状况和责任归属申请公证人，即商检机构进行检验鉴定称为集装箱鉴定。根据我国《商检法》第 1 6 条，1990 年 12 月 5 日国务院发布的《中华人民共和国国际集装箱运输管理规定》第 18 条，以及 1992 年 6 月 9 日交通部发布的《中华人民共和国国际集装箱运输管理规定实施细则》第 22 条，对装运出口的粮油食品、冷冻品等易腐烂、变质的货物的集装箱，由商检部门实施强制性适载检验。除法定验箱外，外贸关系人还可自愿申请集装箱货物装箱和拆箱鉴定等业务，商检局为此颁布的技术规程有《集装箱检验办法》和《集装箱验箱和装箱鉴定规程》等。

2)法定验箱标准

根据有关规定,法定验箱的标准分为三种,对于干货类集装箱,要求箱号清晰,安全标志齐全,箱体完好,箱门可开启270°,不漏水、漏光,箱内无异物,清洁、干燥、无异味,无活害虫,无残留有毒有害物质,箱内前次未装运过有毒有害物质,箱体外无前次装运过危险品的标记及其他前次标记。对于冷藏箱,除满足上述要求之外,还须保持箱内通风窗通风状况良好,排水管无堵塞现象,预冷效能良好,温度设定正确。对于其他集装箱,根据其特点参照干货类集装箱检验。

3)集装箱货物装箱鉴定

为保证出口货物运输,根据货物的积载体积,充分、合理地利用集装箱的装载容积,便利交接和结算,外贸关系人可申请商检机构办理此项鉴定项目。其主要内容有:

(1)集装箱的选定。根据拟装货物的不同特性、包装、尺寸及重量,选定不同规格和类型的集装箱。

(2)集装箱的性能鉴定。包括外观检查、内部检查和附件检查。

(3)集装箱货物的装载。集装箱货物装箱时必须制订积载或配载计划,针对不同货物的特性和包装形式进行铺垫、隔离、紧固、防止互碰或挤压损伤。如箱内留有空位应以垫料、木框等填满或用支架、隔板、索具等捆扎紧固防止货物移动、倒塌。

(4)集装箱封志。货物装箱后,应及时关闭箱门并用集装箱封识施封集装箱箱门,即使在装箱过程中暂停装箱,也要设法临时加封箱门,以保证箱内所装货物的内容、数量一致。

4)集装箱货物拆箱鉴定

由于集装箱货物中转环节多,极易发生货损货差,为了便利进口货物交接结算和责任划分,有关贸易关系人可申请商检机构实施拆箱鉴定。事实上,拆箱鉴定是进口集装箱货物残损鉴定的重要组成部分,其鉴定内容有:

(1)外观检查和封志鉴定。载运进口货物的集装箱拆箱前,首先要逐箱检查箱号是否与有关单证相符,集装箱外部有无损伤等异常情况,如发现集装箱外部有伤痕,应及时做好记录。同时要逐箱检查集装箱的封识是否完好,其封识标志、代码和号码是否与发运证件相符。除承运人负责集装箱内货物交接责任的,可凭外轮理货公司签发的理货单证办理拆箱鉴定，采取其他交接方式的集装箱启封、拆箱应有商检人员在场，主持进行检查和鉴定。

(2)检查箱内货物。集装箱开箱后，要检查箱内货物的积载情况以及货物经过长途运输后在箱内的事实状况，检查卸货过程中货物包装、标志、数量、包件号及积载情况等是否符合合同及有关单证。货物卸毕后，及时检查集装箱内壁及箱内的清洁情况。

(3)货物残损鉴定。判断货物残损的原因除货物本身、包装存在缺陷外，集装箱的不适货也值得重视：一是箱体本身有缺陷；二是未能按照货物的特性选择合适运输的集装箱；三是封箱不当；四是箱内货物积载不良；五是集装箱在船舶上的装载、固定不符合要求，尤其是装在甲板上的集装箱，超出允许的高度所造成的货损货差；此外，装卸、搬运及陆上储存过程中操作失误也将导致货物残损。

(4)集装箱的承租、退租鉴定。根据租用人的申请，按照用途及租用人的要求，确定租用集装箱的类别、号码和数量：检查拟租集装箱残损或不符合技术性能之处，出具承租鉴定证书，或根据退租人或其他人的申请，鉴定退租箱的类别、号码、外观、规格及有关技术性能，出具退租鉴定证书，为集装箱的交接和处理争议提供证明。

(5)集装箱的单项鉴定。除上述集装箱检验鉴定项目以外，商检机构根据对外贸易关系人的需要，还可接受集装箱的其他单项鉴定业务，包括集装箱清洁单项鉴定、风雨密的单项鉴定、超高超宽的单项鉴定、监装监卸鉴定，以及冷藏集装箱的冷藏效能单项鉴定，新集装箱制造验箱的单项鉴定等。

4.进口货物残损鉴定

1)鉴定的依据

依据国家商检局于1989年7月8日颁布的规章《海运进口商品残损鉴定办法》(以下简称《办法》)。为明确进口海运货物的致损原因和责任归属，发货人、收货人、保险人、承运人等，可向商检机构申请办理舱口检视、载损鉴定、监视卸载、海损鉴定、验残等残损鉴定业务。由于商检机构出具的残损鉴定证书往往是被法院所认可的最权威的证据，用以证明海运货物在发运、装卸、仓储、运输以及交付等各个环节中的货损货差责任，因此这项业务对于《海商法》的意义特别重大。但《办法》作为我国目前唯一的专门调整进口海运货物残损鉴定关系的规范性文件，由于出台时间较早，又非正式法律、法规，存在着用语不规范、内容过于简单和笼统以及与我国《海商法》不衔接等弊病。亟须重新制定或作较大修改，以提高其法律效力。

2）进口货物残损原因分析

（1）渍损。货物外表遭受渍损是最常见的残损现象之一。所谓“渍损”是指货物被其他物质，尤其是液体所玷污而造成的残损。

①水渍（Water Stained）。通常分为淡水渍和咸水渍（海水渍）两种情形。一般淡水渍损失较轻，而咸水渍损失较重，鉴定人员必须通过扦样化验，才能加以区分。首先，淡水渍损（Stained by Fresh Water）多由于船舶不水密、水舱漏水；或因舱内水管锈蚀、裂缝、断裂、脱焊；或污水沟、污水井积水（有时是半咸水）过多，溢入货舱渍损货物；有时也由于船舶冲洗甲板不慎；或因加装淡水时，水管不紧密漏水；甚至加水过满，经空气管溢出甲板，湿及甲板上堆放或驳船内装载的货物：来自内河、内江，通过驳船驳至海船装运的货物，也有可能在此期间遭受江、河水的淡水渍损雨、雪渍损也属于淡水渍范畴。咸水渍损（Stained by Salt Water），主要是海水渍损，其原因很多，有时从船壳、甲板、舱口、通风筒、空气管、测量管等处进入海水，也有时从压载水柜、人孔、水管、止回阀等处进入。此外，咸水渍损还有因货舱不洁或积载不当而造成的情形，例如上个航次装载过散盐的货舱，没有清扫、冲洗干净，致使残留舱内或大梁上的散盐潮解下淌，渍损本航次的货物，或有咸湿牛皮纸或肠衣等积载于甲板舱，其潮解或渗漏的卤水损及同舱或舱底货物。

②其他液渍。主要包括油污渍（Oil Stained）、化学品污渍（Stained by Chemicals）和污渍等。其中油渍以燃料油居多，由于船舶存有大量燃油和一部分润滑油，容易造成因油舱不密、油管锈蚀洞穿以及加油不慎而导致的漏油。有时也因码头、驳船、甲板、货舱不洁造成油污。化学品渍损，主要是指液体化学品渗漏后，损及同舱装载的其他货物所造成的损害。货物遭受污渍损，主要由于仓库、码头、装卸工具以及货舱不清洁而被一些粉状物料，如煤、水泥、硫磺等所玷污。

（2）残破等其他残损。常见的残损原因还有：包装不良或包装材料脆弱、搬运或积载不当、霉烂、变质、变形、短缺、锈损、火损及气味感染等。

3）残损鉴定的项目。

（1）舱口检视（Hatch Survey）。通常承运人为了保障自身利益，要求明确致损的原因和责任归属，而申请的残损鉴定项目，货方及保险人也可申请，商检机构受理此项工作后签发舱口检视证书。

①检验的依据。《办法》第11条规定,申请人申请舱口检视、货损鉴定和监视卸载的,应向商检人员提供舱单、积载图、航海日志及或海事声明等。

②检验的时间和内容。根据《办法》第4条,舱口检视应在船舶开舱卸货前申请。商检局在开舱前检查舱口、人孔、风筒的水密及封盖、封识,开舱后检查货物的覆盖、衬垫、水渍、移动、倒塌及残破情况,签发舱口检验证书。

具体做法是:首先,商检人员及时上船查阅上述资料,了解装货港和航行途中的气候,以及装载、关舱、海浪和船舶纵、横倾等情况。其次,了解船舶遭遇恶劣气候时船舱内货物有无移动、损坏和货舱是否进水,以及船方采取的应急措施等。根据积载图审查重点舱位,如易燃危险品的舱位,或甲板舱和底舱的货物情况。然后,查舱,包括开舱前和开舱后的审查,前者应查清舱口封闭的水密等情况,后者主要检查舱盖板下面,包括舱框四周、舱顶、风筒下口及灭火管道等设备处有无汗水、漏水等痕迹;还须检查铁质舱盖有无变形及其胶垫是否老化、残缺等。此外检查舱内货物的积载、堆栈表面及左右两舷的护货板有无遮盖物,有无遭受水湿、油渍及其坍垛破损等。

(2)货损鉴定(Hatch and Damage Cargo Survey)。一般多是承运人为了明确所承运货物的残损责任是否归属于船方,而向商检部门申请鉴定的重要项目。商检机构受理此项工作时一般只证明受损原因、程度和数量,而不列明贬值程度。但如果船方坚持要求证明,可同时申请货损鉴定和验残两个工作项目,商检机构将合并出具货损鉴定/验残证书。

《办法》第5条规定,货损鉴定最迟应在开舱卸货前申请,商检局在开舱前检查舱口、人孔、风筒的水密及封盖、封识情况,开舱后检查货物的积载情况,查明货物的受损情况及致损原因,签发货损鉴定证书。在了解情况和查舱方面,做法与舱口检视相同,但在查货方面比舱口检视更进一步。舱口检视只是检查货物的覆盖等表面情况,而货损鉴定包括查清受损货物的积载舱号、部位、舱内的配载、积载情况,有无其他货物造成残损的影响检查货物的通风情况是否符合此类货物特性的要求,如使用什么物料,如何进行铺垫、隔离,采取措施是否恰当、符合一般要求,受损货物积载处是否靠近热源,有无漏水溢水,舱底是否不洁、潮湿,货物是否倒置、坍垛等。对需要明确海水或淡水渍损的,可在现场扦取水样或湿样进行化验。

(3)监视卸载(Supervision of Discharge)。承运人、收发货人、保险人均可申请。《办法》第6条规定,监视卸载最迟应在开舱卸货前申请,商检局在开舱前检查舱口、人孔、风筒的水密及封盖、封识情况,开舱后检查货物的积载情况,查明货物的受损情况及致损原因,监视货物的卸载过程,签发监视卸载证书。也就是说,监视卸载与载损鉴定项目基本相同,只是增加了监视货物卸载这个环节。所签发的监视卸载证书,可为有关方面明确货物交接责任和处理索赔提供法律依据。

(4)海损鉴定(Cargo Survey for G. A. or P. A.)。是由承运人、保险人或理算人为了共同海损理算申请的项目。《办法》第7条规定:"海损鉴定一般应在残损货物卸货前申请,商检局对宣布共同海损的船舶所载货物,按提单分清好、残,区别共同海损和单独海损,证明残损货物的损失程度和所有货物的到岸价格,签发海损鉴定证书,作为共同海损理算及索赔的依据。"第16条又规定:"属于在海上运输中遭遇自然灾害、意外事故或其他人力不可抗拒的原因造成的货物残损判定为'海损'。为了解除共同危险,采取合理的施救措施所造成的特殊损失和合理的额外费用判定为'共同海损'。"

但是根据我国《海商法》,引起海损的原因除了海上运输中的自然灾害、意外事故或其他不可抗力外,人为的过错也在其中。例如第51条所指的承运人管船过失就是一例。另据《海商法》第193条,共同海损(General Average)是指,在同一海上航行中,当船舶、货物和其他财产遭遇共同危险时,为了共同安全,有意地、合理地采取措施所造成的特殊牺牲、支付的特殊费用,由各受益方按比例分摊的法律制度,这与"约克-安特卫普规则(York-Antwerp Rules)"所下定义基本一致。

(5)验残(Survey of Damaged Cargo)。《办法》第8条对验残的规定十分具体。

①含义。是指商检局对申请验残的进口商品,通过鉴定,掌握残损商品的受损情况,判断残损商品的致损原因,确定残损商品的贬值程度及/或加工、整理等费用,签发验残证书。

②验残的依据。《办法》第11条规定:"申请验残的,应提供合同、提单、发票、装箱单、理货残损单、说明书、重量明细单、品质证书等。"可这样以为,这里的"合同"也是不明确的,应具体规定为"国际货物买卖合同、海上运输合同、航次租船合同、定期租船合同以及海上货物保险合同"。

4)验残证书的法律效力

申请人可以要求商检部门对舱口检视、货损鉴定、监视卸载及海损鉴定分别出证,更可以要求合并出具一份验残证书,因为验残工作项目包括了上述四项全部内容。也只有该证书具有致损原因判断、责任归属及估算残损程度的结论性报告,是最权威、最有力的证据。有的申请人为节省检验费用,只申请舱口检视或载损鉴定。有的甚至没有申请残损鉴定,而申请的是品质鉴定,所出具的证书皆因证据效力不够而被法院否决。

5)残损责任归属

《办法》第三章是“致损原因的判断”,共有 7 条。实际上更准确的表达应为“残损责任归属”,因为这一章详细列举了不同部门对货物残损所应负的责任。

(1)原残(Original Damage)。《办法》第 17 条规定,属于发货人责任的货物残损判定为“原残”,包括 4 种情形:制造、加工、装配、整理、包装过程中的原因造成的残损;装运前堆存、转运过程中的原因造成的残损;提单已有批注的残损;包装、标记不符合合同规定或国际惯例,以及不适合远洋运输造成的残损。

(2)工残(Damaged by Stevedore)和港残(Damaged by Port)。《办法》第 14 条规定,属于港方责任的货物残损判定为“港残”,指在卸货港码头、仓库、货场堆放、保管不善等原因所造成的残损。第 15 条又规定:属于装卸部门责任的货物残损判定为“工残”,包括工人粗暴搬运、违章操作、机械失灵、装卸不慎或使用工具不当等原因造成的残损。

①“港方”和“装卸部门”的含义。《办法》所指的“港方”和“装卸部门”是指“海上货物运输港站经营人(Transport Terminal Operator)”,即接受货主、承运人或其他有关方的委托,在其控制或有权使用的场地上,对海上运输的货物,提供或安排堆存、仓储、搬运、装卸、积载、平舱、隔垫和绑扎等与运输有关的服务的人,但不包括承运人和多式联运经营人。海上货物运输港站经营人不作为海上运输合同的当事人,但也是重要利害关系方,为此有的国家海商法,如 1966 年《关于租船合同和海上运输合同的运输法》等,专门规定了他们的责任。迄今为止,我国调整港站经营人责任的规范主要是交通部颁布的行政规章,存在着内容陈旧、责任限额过低等缺陷。

②航次租船合同的装卸费用条款。该条款通常不单纯指装卸费用由谁负担,还包括由谁雇佣装卸工人,并承担装卸作业中的风险和责任。例

如“班轮条款”除表明承租人负担货物的装卸费用外，应由其雇佣装卸工人，并承担装卸作业中的风险和责任。因此在该条款下，一旦货损被确定为工残，同时意味着首先应由船方承担责任。

（3）船残（Damage by Ship）。《办法》第13条规定：属于承运人责任的货物残损判定为‘船残’，包括：船舱条件不适宜载货和船舶设备不良等原因造成的残损；船方对载运货物未能恪尽职责而导致的残损；承运人已签发清洁提单，但在卸货港理货单上承运人签认的残损（确系托运人责任和人力不可抗拒的因素除外），应根据情况界定。

①船舶不适航造成的残损。按照我国《海商法》第47条的规定，承运人应在船舶开航前和开航当时，使船舶处于适航状态，即使船舶在航行期间或中途港停靠期间丧失适航性，承运人又不采取措施予以恢复，亦不视为承运人违反此项义务。承运人是否对因此造成的货物损失负责，通常根据其船长、船员是属管船过失还是管货过失而定。但如果承运人违反了船舶开航前和开航当时的适航义务，则不能援引《海商法》第51条的管船过失免责。因此，并非所有船舶不适航造成的残损一定是船残。

②承运人违反管货义务造成的残损。我国《海商法》第48条规定的承运人多个管货义务环节缺一不可，即妥善地、谨慎地装载、积载、运输、保管、照料和卸载所运货物，《办法》应予以借鉴。

③属于承运人免责的事项。《办法》所提的承运人免责事项比较简单。按照《海商法》第51条，在责任期间货物发生的灭失或者损坏是由于下列原因之一造成的，承运人均不负赔偿责任：船长、船员、引航员或者承运人的其他受雇人在驾驶船舶或者管理船舶中的过失；火灾，但是由于承运人本人的过失所造成的除外；天灾，海上或者其他可航水域的危险或者意外事故；战争或者武装冲突；政府或者主管部门的行为、检疫限制或者司法扣押；罢工、停工或者劳动受到限制；在海上救助或者企图救助人命或者财产；托运人、货物所有人或者他们的代理人的行为；货物的自然特性或者固有缺陷；货物包装不良或者标志欠缺、不清；经谨慎处理仍未发现的船舶潜在缺陷；非由于承运人或者承运人的受雇人、代理人的过失造成的其他原因。承运人依照前款规定免除赔偿责任的，除火灾相关规定的原因外，应当负举证责任。

按第52条规定，因运输活动物的固有的特殊风险造成活动物灭失或者损害的，承运人不负赔偿责任。但是，承运人应当证明业已履行托运人关于运输活动物的特别要求，并证明根据实际情况，灭失或者损害是由于此种固有的特殊风险造成的。

按第53条规定,承运人在舱面上装载货物,应当同托运人达成协议,或者符合航运惯例,或者符合有关法律、行政法规的规定。承运人依照前款规定将货物装载在舱面上,对由于此种装载的特殊风险造成的货物灭失或者损坏,不负赔偿责任综上所述。即使承运人收受货物后签发的是清洁提单,大副收据又没有任何批注,发货人亦未提供保函,且在卸货港理货单上签字的残损,根据《海商法》所赋予的免责事项,也不能认定为原残。

(4)关于无法判定的责任归属。《办法》第18条规定,对于同一批的残损商品,涉及两个和两个以上责任方的致损原因,根据实际情况予以证明。对其中一个主要因素起决定作用,而其他次要因素又不足以单独致损的,可将其主要因素判断为致损原因。对致损原因无法分清主次,或虽有主次但对货损都能单独产生影响的,根据实际情况确定不同致损原因,并分别列明。第19条又规定,对确实无法判定致损原因的残损商品,可根据实际情况只证明残损商品的现状及定损贬值的结果。

依我国《海商法》第54条,货物的灭失、损坏或者迟延交付是由于承运人或者承运人的受雇人、代理人的不能免除赔偿责任的原因和其他原因共同造成的,承运人仅对在其不能免除赔偿责任的范围内负赔偿责任。但是,承运人对其他原因造成的灭失、损坏或者迟延交付应当负举证责任。也就是说,若承运人未能提供这种举证,很可能对全部货物的损失或迟延交付承担责任。

附　录

附录一　航次租船合同(金康合同)(节录)

航次租船合同(金康合同)

1. 船舶经纪人	波罗的海航运交易公会推荐 统一件杂货租船合同(经1922年和1976年修订) 包括“FIO”等选择等 (仅用于未施行认可格式的贸易) 代号:“金康”　**第一部分**
	2. 地点和时间
3. 船舶所有人营业所在地(第1条)	4. 承租人/营业所在地(第2条)
5. 船名(第1条)	6. 总登记吨/净登记吨(第1条)
7. 货物载重吨数(大约)(第1条)	8. 现在动态(第1条)
9. 预计做好准备的日期(大约)(第1条)	
10. 装货港口货地点(第1条)	11. 卸货港或地点
12. 货物(同时载明数量和约定的船舶所有人可选择的范围,如未约定满舱满载货物,载明“部分货物”)(第1条)	
13. 运费率(同时载明是按交付数量还是装船数量支付)(第1条)	14. 运费的支付(载明货币名称与支付方式,以及受益人和银行账号)(第4条)
15. 装卸费用(载明选择第5条中(a)或(b);同时指明船舶是否无装卸设备)	16. 装卸时间(如约定装货和卸货各自的时间,填入a)和b);如按装货和卸货的合计时间,填入c)(第6条)
17. 托运人(载明名称与地址)(第6条)	a)装货时间 b)卸货时间 c)装货和卸货的合计时间

续上表

18. 滞期费率(装货和卸货)(第7条)	19. 解约日(第10条)
20. 经纪人佣金及向何人支付(第4条)	
21. 有关约定的特别规定的附加条款	

兹相互同意应按本租船合同第一部分和第二部分中所订条件,履行合同。当条件发生抵触时,第一部分中的规定优先于第二部分,但以所抵触的范围为限。

签字:(船舶所有人)	签字(承租人)

第二部分

1. 兹由第3栏所列的下述船舶的所有人与第4栏所指的承租人,双方协议如下

蒸汽机船或内燃机船舶名称见第5栏,总/净登记吨见第6栏,货物载重量大约吨数见第7栏,现在动态见第8栏,根据本租船合同做好装货准备的大约时间见第9栏。

上述船舶应立即驶往第10栏所列的装货港口或地点,或船舶能安全抵达并始终浮泊的附近地点,装载第12栏所列的货物,满舱满载(如协议装运甲板货,则由承租人承担风险和责任)(承租人应提供所有垫舱用席子和/或木料及所需隔板。如经要求,船舶所有人准许使用船上任何垫舱木料),承租人约束自己装运该货。船舶经此装载后,应驶往第11栏所列的,在签发提单时指定的卸货港口或地点,或船舶能安全抵达并始终浮泊的附近地点,并以第13栏规定的费率,按第13栏所载明的货物交付数量或装船数量支付运费后,交付货物。

2. 船舶所有人责任条款

船舶所有人对货物的灭失,损坏或延迟交付的责任限于造成灭失,损坏或延迟的原因是由于货物积载不当或疏忽(积载由托运人/承运人或其装卸工人或雇佣人员完成者除外),或者是由于船舶所有人或其经理人本身未尽适当谨慎使船舶各方面适航,并保证当配备船员、装备船舶和配备供应品,或由于船舶所有人或其经理人本身的行为或不履行职责。

船舶所有人对由于其他任何原因造成的货物灭失,损坏或延迟,即使是由于船长或船员或其他船舶所有人雇佣的船上或岸上的人员的疏忽或

不履行职(如无本条规定,船舶所有人应对他们的行为负责)、或是由于船舶在装货或开航当时或其他任何时候不适航所造成,亦概不负责。由于其他货物的接触或泄漏、气味或挥发,或由于其他货物的易烧或易爆性质或包装不充分而造成的损坏,即使事实上是由于积载不当或疏忽所致,亦不应视为由此而造成。

3. 绕航条款

船舶有权为任何目的以任何顺序挂靠任何港口,有无引航员在船均可航行,在任何情况下拖带和/或帮助他船,亦可为拯救人命和/或财产而绕航。

4. 运费支付

运费应在交货之时,按第14栏规定的方式,以支付之日或数日的平均兑换率,无折扣地以现金支付。如经船长或船舶所有人要求,收货人有义务在接受货物时支付运费。如经要求,承租人应现金垫付船舶在装货港的经常费用,而按最高兑换率折合并附加2%抵偿保险费和其他费用。

5. 装卸费用

(a)班轮条款

货物应运至船边,使船舶能用自己的吊钩起吊货物。承租人应安排岸上和驳船上装船作业所需船作业所需人员并负担其费用。船舶仅在船上起吊货物。如用岸上起重机进行装船,到应将货物送至舱内,船舶所有人仅付平舱费用。任何每件和/或每仓货物超过2吨重者,由承租人负责装载,积载和卸载,并承担一切风险和费用。收货人应在船边不超过船舶吊钩所及范围之处收取货物,并承担一切风险和费用。

(b)船舶所有人不负责装卸费以及积载和平舱费用

货物由承租人或其代理人负责送至舱内、积载和/或平舱,并从舱内提取和卸货,船舶所有人不承担任何风险、责任和费用。

如经承租人要求并得到许可,船舶所有人应提供起货机动力,并由船员充当起货机司机,否则,承租人应安排岸上的起货机司机和/或起重机(如有的话)。

6. 装卸时间

(a)装货和卸货分别计算时间

如果天气许可,货物应在第16栏规定的连续小时数内装完,星期日和节假日除外,除非已经使用,但只计算实际使用的时间。

如果天气许可,货物应在第16栏规定的连续小时数内卸完,星期日和节假日除外,除非已经使用,但只计算使用的时间。

(b)装货和卸货混合计算时间

如天气许可,货物应在第16栏规定的总的连续小时数内装卸完毕,星期日和节假日除外,除非已经使用,但只计算实际使用的时间。

(c)装卸时间的起算

如准备就绪通知书在中午之前递交,装卸时间从下午1时起算;如通知书在下午办公时间递交,装卸时间从下一个工作日的上午6时起算;在装货港,通知书应递交给第17栏中规定的托运人。

装卸时间起算前已实际使用的时间计为装卸时间。

等待泊位所损失的时间计为装卸时间。

协议选择(a)或(b),并填入第16栏。

7. 滞期费

允许货物在装卸两港共有十个连续日的滞期,按第18栏中规定的每日费率计算滞期费,不足一日者比例计算,按日支付。

8. 留置权条款

船舶所有人得因未收取的运费,亏舱费,滞期费和滞留损失而对货物有留置权。承租人应对装货港发生的亏舱费和滞期费(包括滞留损失)负责。承租人还应对卸货港发生的运费和滞期费(包括滞留损失)负责,但仅以船舶所有人通过对货物行使留置权而未能行使的款额为限。

9. 提单

船长按所到的运费率签发提单,并不妨碍本租船合同。如提单运费总额低于租船运费总额时,其差额应在签发提单时,以现金交付船长。

附录二 北京中国租船公司定期租船合同(节录)

北京中国租船公司定期租船合同

期租约

代号

“SINTIME 1980” 19 ______

现有规范如附表所示的内燃机/蒸汽机船________号的所有人

________(营业地址:)与承租人北京中国对外贸易运输总公司于本日相互达成协议如下:

船舶规范:

1. 本船所有人保证,在交船之日以及整个租期内,本船应与附表所示的规范相符。如有任何不符,租金应降低必要数额,以抵偿承租人由此受到的损失。

船舶状况:

2. 本船所有人保证,在交船之日以及整个租期内,本船应水密、坚实、牢固,处于良好工作状态,在各方面适于货物运输,船体、船机和设备处于充分有效状态,并配齐合格的船长、高级船员和普通船员。

租期:

3. 本船所有人出租、承租人租用本船________日历月(确切租期由承租人选定),从本船交付之时起算。

航行范围:

4. 本船在伦敦保险人学会保证条款的范围内,在本船能保持安全浮泊(但类似尺度的船舶安全搁浅是习惯做法的除外)的安全港口、锚地或地点,但不包括____进行合法贸易。在本船所有人的保险人承保的情况下,承租人可在上述范围以外的地区指示船舶进行营运,也可指示本船至本船所有人需要支付附加战争险的地区进行营运。但是,不论在哪一种情况下,船体、船机和设备的保险费均由承租人负担,但该种附加保险费不得超过按伦敦保险人最低费率的最小险别,以不大于学会定期保险条款(1/10/1970)的标准格式或学会战争险(1/7/1976)的标准格式(但不包括封锁和围困险)的保险条件所征收的保险费。承租人在收到有关凭证或因其要求,收到保险单副本时,应将附加保险费会给本船所有人。如此附加保险费有回扣,应退还承租人。船体、船机的保险金额定为________,保险费即按此计算。但如保险单记载的船体、船机的保险金额与上列金额不符,则按较小者计算。

如果阻止本船航行至中国,承租人有解除本租船合同的选择权。

除非事先得到承租人的同意,本船所有人不得以任何理由或为任何目的指示本船停靠台湾港口。

除外货物本船用以载运合法货物，但不包括____承租人有权按政府间海事协商组织的规则或所适用的任何主管当局的条例，装运危险品。

交船港：

5.本船在____在承租人指定的、本船能保持安全浮泊、随时可供使用的泊位，于办公时间内交给承租人使用。交船时货舱须打扫干净，适于在装货港接受货物，承租人接受交船并不构成放弃其本租船合同赋予的权利。

交船日期：

6.本船不得在______________之前交付，如本船在______________17点之前沿有准备就绪并交付，承租人有随时解除本租船合同的选择权，但不得晚于本船准备就绪之日。

本船所有人应给承租人________天预计交船日通知及________天确切交船日期。

货舱检验：

7.承租人在交船港和还船港代表双方指定验船师检验交、还船时的货舱并确定船上存油。交船检验时间计入本船所有人的时间，还船检验时间计入承租人的时间。验船师费用由本船所有人和承租人平均分担。在测定船上存油前，本船前后吃水应调平或者船尾比船首吃水之差不超过6英尺。

本船所有人应提供的项目：

8.提供和/或支付船长、高级船员和普通人提供的船员的伙食、工资、领事费以及其他费用，甲板、居住舱室、机舱及其他必需的物料，全部润滑油和淡水，船舶保险及入干坞、修船和其他保养费。

起货装置本船所有人应给全部吊杆和/或转盘吊提供起重装置和设备，达到附表所规定的起重能力，并提供装卸货物实际使用的一切绳索、滑轮吊缆、吊货索具及滑轮。如本船备有重吊，本船所有人应为其提供必要的起重装置。（参见第15条）

本船所有人应提供甲板水手按要求开关舱，在本船到达装卸泊位或地点之前将起货装置准备就绪，并提供甲板和/或舷梯值班人员，每舱配备一名起货机司机或转盘吊司机按需要昼夜操纵。如港方或劳工组织规章禁止船员开关舱或操纵起货机或转盘吊，则由承租人雇佣岸上替代工人并支付费用。

照明：

本船所有人应用船上灯光和群光灯提供充分的照明，使各舱口和货舱同时作业。

货舱清扫：

如经承租要求，并为当地规章所许可，本船所有人应提供船员清舱，包括清移垫舱物料。承租应向本船所有人或船员支付每次清舱定额最高为________的费用。

承租人提供的项目：

9. 承租人应提供和/或支付（除非为本船所有人而发生或因在本船所有人原因所损失的时间内发生，不论本船是否停租）主机和辅机用的全部燃油（从租金中每日历月扣除定额________，不足一月者按比例扣减，以抵补船上人员生活用油）、港口使用费、强制引航费、小艇费、拖船费、领事费（但按第8条应由本船所有人负担者除外）、运河、码头及他捐税（但由国际或当地船舶所有人或海员组织所征收者除外）和包括任何外国市政税和国税在内的费用，以及交船港和还船港的一切码头、港口和吨税（在交船前或还船后发生的除外）、代理费、佣金，并安排和支付货物装载、平舱、积载（包括垫舱物料、但本船所有人应允许使用船上已有的垫舱物料）卸载、过磅和理货、执行公务的官员和人员的伙食以及其他各项费用和款项。

燃料：

10. 承租人应接收交船时船上所存的全部燃油，并按每公吨燃油________和每公吨柴油________付款；本船所有人应接收还船时船上所存的全部燃油，并按承租人现行加油合同的还船港油价付款，或者，如还船港没有合同油价，则按邻近主要加油港口的合同油价支付。本船交付时船上所存燃油不少于________吨，但不多于________吨；本船归还时船上所存燃油不少于________吨，但不多于________吨，柴油不少于________吨，但不多于________吨。

承租人可在交船前加油，所占用的时间不计入租期。

承租人有使用本船所有人加油合同的选择权。在租期内的任何时候，如本船所有人和承租人在航次的主要加油港都不能安排加油，则承租人有权解除本租船合同。

船舶规范

本船舶规范由本船所有人填写,全部并入作为________年______月______日签订的租船合同的组成部分。

1. (A)船名:　　　　　　　　呼号:　　　　　　　　船旗:

(B)何时建造:　　　　　　总长:　　　　　　　　最大宽度:

(C)船级:

(D)登记吨位(总/净):

(E)主机型号和制动功率:

2. 载重量和吃水

(A)按船级的夏季干舷高度载重量(包括燃油、物料和淡水)______长吨

(B)以(A)为基础满载时在海水中吃水:

(C)物料和常数不超过________长吨

3. 散装/包装容积

共计________立方英尺,包括清洁、可装干货的深舱的包装容积立方英尺,另加清洁、可装散粮的开底翼舱________立方英尺。

4. 速度耗油和燃料容量

(A)最大每分钟转速:　　　　可产生每分钟运行转速:

(B)良好天气条件下满载时运行速度:　　　节

(C)以(B)为基础每日航行耗油中:燃油(最多____秒):______吨,加柴油______吨

(D)每日(24 小时)在港耗油:________起货装置全部作业:______起货装置停止作业:

(E)燃料容量约________吨燃油,约________吨柴油

(B)中所指"良好天气条件"应解释为风力不超过蒲福氏风力 4 级(最大 16 节)和/或道格拉斯海浪状况 3 级(3 ~5 英尺)。

5. 起货装置

(A)起货机规范、数目和起动能力:

(B)吊杆/转盘吊的数目和起重级力:

双吊联合作业的正常负荷:

(C)重吊规范:

使用于何舱口:

准备时间：

6. 淡水

(A)水柜容量：________吨

(B)锅炉每日用量：________吨，生活用：________吨

(C)造水机规范：

利用废气日造淡水：

7. 甲板/货舱/舱口

(A)甲板数目：

(B)二层甲板平或不平：

(C)货舱/舱口数目：

(D)舱口尺寸：

(E)深舱口尺寸：

(F)舱底板/甲板/舱盖强度：

8. 其他

(A)机器/船桥位置：

(B)舱盖型号：

(C)货舱通风系统：

(D)地轴弄是否与舱底板平：

(E)充分压舱空载时从水线至舱盖围板高度：

(F)上次进干坞油漆船底日期：

(G)上次熏蒸日期：

9. 货舱适当铺有与舱口大小一致的舱底板，或舱底板加固，适合用抓斗卸散粮。

10. 本船系自动平舱散货船或双层甲板船，按照1960年国际海上人命安全公约的规定，装载散粮无需任何其他设备。

11. 本船已经加固适合于装载重件货，并能在货舱隔舱装载情况下航行。

12. 本船护货板齐全。

13. 本船可长途空放而无需在货舱用水或重物压舱。

14. 本船二层舱舱盖齐全并在租期内保持齐全，本船所有人保证所有二层舱舱盖完好并符合工厂法案或其他类似法规的规定。

15. 本船符合通过苏伊士运河和巴拿马运河的各项要求并持有必要证件。

16. 本船备有通过圣劳伦斯河、圣劳伦斯水道和大湖所要求的全部装置和设备。

17. 本船所有载货处所备有二氧化碳灭火剂,适合于满载棉花。

附录三　统一提单的若干法律规则的国际公约（海牙规则）（节选）

（1924 年 8 月 22 日订于布鲁塞尔,1924 年 8 月 25 日颁布,1942 年 8 月 25 日实施）

第一条

本公约所用下列各词,涵义如下：

(a)“承运人”包括与托运人订有运输合同的船舶所有人或租船人。

(b)“运输合同”仅适用于以提单或任何类似的物权凭证进行有关海上货物运输的合同,在租船合同下或根据租船合同所签发的提单或任何物权凭证,在它们成为制约承运人与凭证持有人之间的关系准则时,也包括在内。

(c)“货物”包括货物、制品、商品和任何种类的物品,但活牲畜以及在运输合同上载明装载于舱面上并且已经这样装运的货物除外。

(d)“船舶”是指用于海上货物运输的任何船舶。

(e)“货物运输”是指自货物装上船时起,至卸下船时止的一段期间。

第二条

除遵照第六条规定外,每个海上货物运输合同的承运人,对有关货物的装载、搬运、积载、运送、保管、照料和卸载,都应按照下列规定承担责任和义务,并享受权利和豁免。

第三条

1. 承运人须在开航前和开航时谨慎处理：

(a)使船舶适航；

(b)适当地配备船员、装备船舶和供应船舶；

(c)使货舱、冷藏舱和该船其他载货处所能适宜和安全地收受、运送和保管货物。

2. 除遵照第四条规定外,承运人应适当和谨慎地装卸、搬运、积载、运送、保管、照料和卸载所运货物。

3. 承运人或船长或承运人的代理人在收受货物归其照管后,经托运人的请求,应向托运人签发提单,其上载明下列各项:

(a)与开始装货前由托运人书面提供者相同的、为辨认货物所需的主要标志,如果这项标志是以印戳或其他方式标示在不带包装的货物上,或在其中装有货物的箱子或包装物上,该项标志通常应在航程终了时仍能保持清晰可认。

(b)托运人用书面提供的包数或件数,或数量,或重量。

(c)货物的表面状况。

但是,承运人、船长或承运人的代理人,不一定必须将任何货物的标志、号码、数量或重量表明或标示在提单上,如果他有合理根据怀疑提单不能正确代表实际收到的货物,或无适当方法进行核对的话。

4. 依照第 3 款(a)、(b)、(c)项所载内容的这样一张提单,应作为承运人收到该提单中所载货物的初步证据。

5. 托运人应被视为已在装船时向承运人保证,由他提供的标志、件数、数量和重量均正确无误,并应赔偿给承运人由于这些项目不正确所引起或导致的一切灭失、损坏和费用。承运人的这种赔偿权利,并不减轻其根据运输合同对托运人以外的任何人所承担的责任和义务。

6. 在将货物移交给根据运输合同有权收货的人之前或当时,除非在卸货港将货物的灭失和损害的一般情况,已用书面通知承运人或其代理人,则这种移交应作为承运人已按照提单规定交付货物的初步证据。

如果灭失或损坏不明显,则这种通知应于交付货物之日起的三天内提交。

如果货物状况在收受时已经进行联合检验或检查,就无须再提交书面通知。

除非从货物交付之日或应交付之日起一年内提出诉讼,承运人和船舶在任何情况下都免除对灭失或损害所负的一切责任。

遇有任何实际的或推定的灭失或损害,承运人与收货人必须为检验和清点货物相互给予一切合理便利。

7. 货物装船后,如果托运人要求,签发“已装船”提单,承运人、船长或承运人的代理人签发给托运人的提单,应为“已装船”提单,如果托运人事先已取得这种货物的物权单据,应交还这种单据,换取“已装船”提单。但是,也可以根据承运人的决定,在装货港由承运人、船长或其代理人在上述物权单据上注明装货船名和装船日期。经过这样注明的上述单据,如果载有第三条第 3 款所指项目,即应成为本条所指的“已装船”提单。

8. 运输合同中的任何条款、约定或协议,凡是解除承运人或船舶对由于疏忽、过失或未履行本条规定的责任和义务,因而引起货物或关于货物的灭失或损害的责任的,或以下同于本公约的规定减轻这种责任的,则一律无效。有利于承运人的保险利益或类似的条款,应视为属于免除承运人责任的条款。

第四条

1. 不论承运人或船舶,对于因不适航所引起的灭失或损坏,都不负责,除非造成的原因是由于承运人未按第三条第 1 款的规定,恪尽职责;使船舶适航;保证适当地配备船员、装备和供应该船,以及使货舱、冷藏舱和该船的其他装货处所能适宜并安全地收受、运送和保管货物。凡由于船舶不适航所引起的灭失和损害,对于已恪尽职责的举证责任,应由根据本条规定要求免责的承运人或其他人承担。

2. 不论承运人或船舶,对由于下列原因引起或造成的灭失或损坏,都不负责:

(a)船长、船员、引水员或承运人的雇佣人员,在驾驶船舶或管理船舶中的行为、疏忽或不履行义务;

(b)火灾,但由于承运人的实际过失或私谋所引起的除外;

(c)海上或其他可航水域的灾难、危险和意外事故;

(d)天灾;

(e)战争行为;

(f)公敌行为;

(g)君主、当权者或人民的扣留或管制,或依法扣押;

(h)检疫限制;

(i)托运人或货主、其代理人或代表的行为或不行为;

(j)不论由于任何原因所引起的局部或全面罢工、关厂停止或限制工作;

(k)暴动和骚乱;

(l)救助或企图救助海上人命或财产；

(m)由于货物的固有缺点、质量或缺陷引起的体积或重量亏损，或任何其他灭失或损坏；

(n)包装不充分；

(o)标志不清或不当；

(p)虽恪尽职责亦不能发现的潜在缺点；

(q)非由于承运人的实际过失或私谋，或者承运人的代理人，或雇佣人员的过失或疏忽所引起的其他任何原因；但是要求引用这条免责利益的人应负责举证，证明有关的灭失或损坏既非由于承运人的实际过失或私谋，亦非承运人的代理人或雇佣人员的过失或疏忽所造成。

3. 对于任何非因托运人、托运人的代理人或其雇佣人员的行为、过失或疏忽所引起的使承运人或船舶遭受的灭失或损坏，托运人不负责任。

4. 为救助或企图救助海上人命或财产而发生的绕航，或任何合理绕航，都不能作为破坏或违反本公约或运输合同的行为，承运人对由此而引起的任何灭失或损害都不负责。

5. 承运人或是船舶，在任何情况下对货物或与货物有关的灭失或损害，每件或每计费单位超过一百英镑或与其等值的其他货币的部分都不负责，但托运人于装货前已就该项货物的性质和价值提出声明，并已在提单中注明的不在此限。

该项声明如经载入提单，即作为初步证据但它对承运人并不具有约束力或最终效力。

经承运人、船长或承运人的代理人与托运人双方协议，可规定不同于本款规定的另一最高限额，但该最高限额不得低于上述数额。

如承运人在提单中，故意谎报货物性质或价值，则在任何情况下，承运人或是船舶，对货物或与货物有关的灭失或损害都不负责。

6. 承运人、船长或承运人的代理人对于事先不知性质而装载的具有易燃、爆炸或危险性的货物，可在卸货前的任何时候将其卸在任何地点，或将其销毁，或使之无害，而不予赔偿；该项货物的托运人，应对由于装载该项货物而直接或间接引起的一切损害或费用负责。如果承运人知道该项货物的性质，并已同意装载，则在该项货物对船舶或货载发生危险时，亦得同样将该项货物卸在任何地点，或将其销毁，或使之无害，而不负赔偿责任,但如发生共同海损不在此限。

附录四　修改统一提单的若干法律规则的国际公约的议定书(维斯比规则)(节选)

(1968 年 2 月 23 日订于布鲁塞尔)

各缔约国考虑到修改一九二四年八月二十五日在布鲁塞尔签订的关于《统一提单的若干法律规则的国际公约》的需要,协议如下:

第一条

1. 在第三条第 4 款中应增加:“但是,当提单已经转给善意行事的第三者时,与此相反的证据不予接受。”

2. 在第三条第 6 款中的第 4 段应改为:“遵照第 6 款(修改本)的规定,除非从货物交付之日或应交付之日起一年内提出诉讼,承运人和船舶在任何情况下都免除对于货物的任何责任。但是,诉讼事由提出后,如经当事方同意,该期限可以延长。”

3. 在第三条的第 6 款后应增加下列条文作为第 6 款(修改本):“即使在前款规定的年限期满后,如果在受理该案的法院的法律准许的时间内,仍可以对第三者提出赔偿诉讼。但是,准许的时间不得少于三个月,自提出这种赔偿诉讼的人已经解决了对他本人的索赔或者从起诉传票送达他本人之日起算。”

第二条

第四条的第 5 款应予删去,并改为下列规定:

(a)除非在装货前,托运人已声明该货物的性质和价值,并载入提单,否则,在任何情况下,承运人或船舶对货物所遭受的或有关的任何灭失或损害,每件或每单位的金额超过 10 000 法郎的部分,或按灭失或损害的货物每公斤毛重超达 30 法郎的部分,均不负责任,两者以较高的金额为准。

(b)全部赔偿金额应参照货物根据契约从船上卸下或应卸下的当地当时的价值计算。货物价值应按照商品交易所价格确定,或者如无此种价格时,则按现行市场价格确定,或者如既无商品交易所价格又无现行市场价格时,则参照同类同质货物的正常价值确定。

(c)如果货物是用集装箱、托盘或类似的装运器具拼装时，提单中所载明的、装在这种装运器具中的件数或单位数，应视为就本款所指的件数或单位数；除上述情况外，应视为此种装运器具即是件或单位。

(d)一个法郎是指一个含有纯度为千分之九百的黄金六十五点五毫克的单位。判决的赔偿数额兑换成国家货币的日期，应由受理该案法院的法律规定。

(e)如经证实损失是由于承运人蓄意造成损失而作出的行为或不行为或明知可能会产生损失但仍不顾后果而作出的行为或不行为产生的，则承运人或船舶无权享受本款所规定的责任限制的利益。

(f)本款(a)项所提到的声明，如载入提单时应作为初步证据，但对承运人不具有约束力或最终效力。

(g)承运人、船长或承运人的代理人和托运人之间的协议，可以规定高于本款(a)项规定的另外最高金额，但这样规定的最高金额不得低于(a)项所列的最高金额。

(h)如托运人在提单中，故意谎报货物性质或价值，则在任何情况下，承运人或船舶对货物或与货物有关的灭失或损害概不负责。

第三条

在本公约的第四条和第五条之间应插入以下条文作为第四条(修改本)：

1. 本公约规定的抗辩和责任限制，应适用于就运输合同所涉及的有关货物的灭失或损害对承运人所提起的任何诉讼，不论该诉讼是以合同为根据还是以侵权行为为根据。

2. 如果这种诉讼是对承运人的雇佣人员或代理人(而该雇佣人员或代理人不是独立的缔约人)提出的，则该雇佣人员或代理人适用按照本公约承运人所可援引的各项答辩和责任限制。

3. 从承运人及其雇佣人员和代理人得到的赔偿总额，在任何情况下都不得超过本公约规定的限制。

4. 但是，如经证实损失是由于该雇佣人员或代理人蓄意造成损失而作出的行为或不行为，或明知可能会产生损失，但仍不在意而作出的行为或不行为产生的，则该承运人的雇佣人员或代理人不得适用本条的各项规定。

第四条

本公约的第九条应改为下列规定：

“本公约不应影响任何国际公约或国内法有关对核能损害责任的各项规定”。

第五条

本公约的第十条应改为下列规定：

本公约各项规定应适用于两个不同国家的港口之间有关的货物运输的每一份提单，如果：

(a)提单在一个缔约国签发，或

(b)从一个缔约国的港口起运，或

(c)提单载有的或由提单证明的契约的规定，该契约应受本公约的各项规则约束或应受本公约生效的任何国家的立法约束，不论船舶、承运人、托运人、收货人或任何其他有关人的国籍如何。

每个缔约国应将本公约的各项规定适用于上述提单。

本条不应妨碍缔约国将本公约的各项规定适用于不包括在前款中的提单。

附录五　联合国1978年海上货物运输公约（汉堡规则）（节选）

第一部分　总　　则

第一条　定义

在本公约内：

1. 承运人是指其本人或以其名义与托运人订立海上货物运输合同的任何人。

2. 实际承运人是指受承运人委托执行货物运输或部分货物运输的任何人，包括受委托执行这项运输的其他任何人。

3. 托运人是指其本人或以其名义或代其与承运人订立海上货物运输合同的任何人或指其本人或以其名义或代其将货物实际交付给海上货物运输合同有关的承运人的任何人。

4. 收货人是指有权提取货物的人。

5. 货物包括活动物，凡货物拼装在集装箱、货盘或类似的运输器具内，或者货物是包装的，而这种运输器具或包装是由托运人提供的，则“货物”包括它们在内。

6. 海上运输合同是指承运人收取运费，据以承担由海上将货物从一港运至另一港的任何合同。但是，一个既包括海上运输，又包括某些其他方式运输的合同，则仅其有关海上运输的范围，才视为本公约所指的海上运输合同。

7. 提单是指一种用以证明海上运输合同和货物由承运人接管或装船，以及承运人据以保证交付货物的单证。单证中关于货物应交付指定收货人或按指示交付，或交付提单持有人的规定，即构成了这一保证。

8. 书面除其他方式外，包括电报和电传。

第二部分　承运人的责任

第四条　责任期间

1. 按照本公约，承运人对货物的责任期间包括在装货港，在运输途中以及在卸货港，货物在承运人掌管的全部期间。

2. 就本条第1款而言，在下述起讫期间，承运人应视为已掌管货物：

(a)自承运人从以下各方接管货物时起：

(i)托运人或代其行事的人；或

(ii)根据装货港适用的法律或规章，货物必须交其装运的当局或其他第三方；

(b)至承运人将货物交付以下各方时止：

(i)将货物交付收货人；或

(ii)遇有收货人不向承运人提货时，则依照合同或卸货港适用的法律或特定的贸易惯例，将货物置于收货人支配之下；或

(iii)根据在卸货港适用的法律或规章将货物交给必须交付的当局或其他第三方。

3. 在本条第1和第2款内提到的承运人或收货人，除指承运人和收货人外，还分别指承运人或收货人的受雇人或代理人。

第五条　责任基础

1. 除非承运人证明他本人、其受雇人或代理人为避免该事故发生及其后果已采取了一切所能合理要求的措施，否则承运人应对因货物灭失或损坏或延迟交货所造成的损失负赔偿责任，如果引起该项灭失、

损坏或延迟交付的事故，如同第四条所述，是在承运人掌管期间发生的。

2. 如果货物未能在明确议定的时间内，或虽无此项议定，但未能在考虑到实际情况对一个勤勉的承运人所能合理要求的时间内，在海上运输合同所规定的卸货港交货，即为延迟交付。

3. 如果货物在本条第 2 款规定的交货时间期满后连续六十天内未能按第四条的要求交付，有权对货物的灭失提出索赔的人可以视为货物已经灭失。

4.（a）承运人对下列各项负赔偿责任：

（i）火灾所引起的货物的灭失、损坏或延迟交付，如果索赔人证明火灾是由承运人、其受雇人或代理人的过失或疏忽引起的；

（ii）经索赔人证明由于承运人、其受雇人或代理人在采取可以合理要求的扑灭火灾和避免或减轻其后果的一切措施中的过失或疏忽所造成的货物的灭失、损坏或延迟交付。

（b）凡船上的火灾影响到货物时，如果索赔人或承运人要求，必须按照海运惯例，对火灾的起因和情况进行调查，并根据要求向承运人和索赔人提供一份调查人的报告。

5. 关于活动物，承运人对此类运输固有的任何特殊风险所造成的灭失、损伤或延迟交付不负赔偿责任。如果承运人证明他是按照托运人给他的关于动物的任何特别指示行事的，并证明根据实际情况，灭失、损伤或延迟交付可以归之于这种风险时，则应推定灭失、损伤或延迟交付就是这样引起的，除非证明灭失、损伤或延迟交付的全部或部分是由承运人、其受雇人或代理人的过失或疏忽所造成的。

6. 除分摊共同海损外，承运人对因在海上采取救助人命的措施或救助财产的合理措施而造成的灭失、损坏或延迟交付不负赔偿责任。

7. 如果货物的灭失、损坏或延迟交付是由承运人、其受雇人或代理人的过失或疏忽连同其他原因所引起的，承运人仅在归于他们的过失或疏忽所引起的灭失、损坏或延迟交付的范围内负赔偿责任，但承运人须证明不属于此种过失或疏忽所造成的灭失、损坏或延迟交付的数额。

第六条　责任限额

1.（a）按照第五条规定，承运人对货物灭失或损坏造成的损失所负的赔偿责任，以灭失或损坏的货物每件或每其他货运单位相当于 835 记账单位或毛重每公斤 2.5 记账单位的数额为限，两者中以较高的数额为准。

(b)按照第五条规定,承运人对延迟交付的赔偿责任,以相当于该延迟交付货物应支付运费的2.5倍的数额时为限,但不得超过海上货物运输合同规定的应付运费总额。

(c)根据本款(a)和(b)项,承运人的总赔偿责任,在任何情况下都不得超过根据本款(a)项对货物全部灭失引起的赔偿责任所规定的限额。

2. 按照本条第一款(a)项规定,在计算较高数额时,应遵照下列规则:

(a)当使用集装箱、货盘或类似运输器具拼装货物时,如果签发了提单,在提单中列明的,或在证明海上运输合同的任何其他单证中列明的,装在这种运输器具内的件数或其他货运单位数,即视为件数或货运单位数。除上述情况外,这种运输器具内的货物视为一个货运单位。

(b)当运输器具本身遭到灭失或损坏时,该运输器具如不属于承运人所有或提供,即视为一个单独的货运单位。

3. 记账单位是指第二十六条中所述的记账单位。

4. 承运人和托运人可以通过协议确定超过第1款规定的赔偿责任限额。

第七条　对非合同索赔的适用

1. 本公约规定的各项抗辩和责任限额,适用于海上运输合同所涉及的货物的灭失或损坏,以及延迟交付对承运人提起的任何诉讼,不论这种诉讼是根据合同、侵权行为或其他。

2. 如果这种诉讼是对承运人的受雇人或代理人提起的,而该受雇人或代理人能证明他是在受雇职务范围内行事的,则有权利用承运人根据本公约有权援引的抗辩和责任限额。

3. 除第八条规定的情况外,从承运人和本条第2款所指的任何人取得的赔偿金额的总数,不得超过本公约所规定的责任限额。

第八条　责任限额权利的丧失

1. 如经证明灭失、损坏或延迟交付是由承运人有意造成这种灭失、损坏或延迟交付作出的行为或不行为,或由承运人明知可能会产生这种灭失、损坏或延迟交付而仍不顾后果作出的行为或不行为产生的,则承运人无权享受第六条所规定的责任限额的利益。

2. 尽管有第七条第2款的规定,如经证明灭失、损坏或延迟交付是由该受雇人或代理人有意造成这种灭失、损坏或延迟交付作出的行为或不行为,或由该受雇人或代理人明知可能会产生这种灭失、损坏或延迟交付而仍不顾后果作出的行为或不行为产生的,则承运人的受雇人或代理人无权享受第六条所规定的责任限额的利益。

第十条 承运人和实际承运人的赔偿责任

1. 如果将运输或部分运输委托给实际承运人执行时,不管根据海上运输合同是否有权这样做,承运人仍须按照本公约的规定对全部运输负责。关于实际承运人所履行的运输,承运人应对实际承运人及其受雇人和代理人在他们的受雇范围内行事的行为或不行为负责。

2. 本公约对承运人责任的所有规定也适用于实际承运人对其所履行的运输的责任。如果对实际承运人的受雇人或代理人提起诉讼,应适用第七条第 2 款、第 3 款和第八条第 2 款的规定。

3. 承运人据以承担本公约所未规定的义务或放弃本公约所赋予的权利的任何特别协议,只有在实际承运人书面明确表示同意时,才能对他发生影响。不论实际承运人是否已经同意,承运人仍受这种特别协议所导致的义务或弃权的约束。

4. 如果承运人和实际承运人都有责任,则在此责任范围内,他们应负连带责任。

5. 从承运人、实际承运人和他们的受雇人和代理人取得的赔偿金额总数,不得超过本公约所规定的责任限额。

6. 本条规定不妨碍承运人和实际承运人之间的任何追索权。

第三部分 托运人的责任

第十二条 一般规则

托运人对承运人或实际承运人所遭受的损失或船舶所遭受的损坏不负赔偿责任,除非这种损失或损坏是由托运人、其受雇人或代理人的过失或疏忽所造成。托运人的任何受雇人或代理人对这种损失或损坏也不负责任,除非这种损失或损坏是由他自己的过失或疏忽所造成。

第十三条 关于危险货物的特殊规则

1. 托运人必须以适当的方式在危险货物上加上危险的标志或标签。

2. 当托运人将危险货物交给承运人或实际承运人时,托运人必须告知货物的危险性,必要时并告知应采取的预防措施。如果托运人没有这样做,而且该承运人或实际承运人又未从其他方面得知货物的危险特

性,则:

(a)托运人对承运人和任何实际承运人因载运这种货物而造成的损失负赔偿责任。并且

(b)根据情况需要,可以随时将货物卸下,销毁或使之无害,而不予赔偿;

3. 任何人如在运输期间,明知货物的危险特性而加以接管,则不得援引本条第2款的规定。

4. 如果本条第2款(b)项的规定不适用或不能援引,而危险货物对生命或财产造成实际危险时,可视情况需要,将货物卸下、销毁或使之无害,而不予赔偿,但共同海损分摊的义务或按照第五条规定承运人应负的赔偿责任除外。

第四部分 运输单证

第十四条 提单的签发

1. 当承运人或实际承运人接管货物时,应托运人要求,承运人必须给托运人签发提单。

2. 提单可以由承运人授权的人签字。提单由载运货物船舶的船长签字应视为代表承运人签字。

3. 提单上的签字可以用手写、印摹、打孔、盖章、符号或如不违反提单签发地所在国国家的法律,用任何其他机械的或电子的方法。

第十五条 提单的内容

1. 除其他事项外,提单必须包括下列项目:

(a)货物的品类,辨认货物必需的主要标志,如属危险品,对货物的危险特性所作的明确说明,包数或件数及货物的重量或以其他方式表示的数量等,所有这些项目均由托运人提供;

(b)货物的外表状况;

(c)承运人的名称和主要营业所;

(d)托运人的名称;

(e)如托运人指定收货人时,收货人的名称;

(f)海上运输合同规定的装货港及承运人在装货港接管货物的日期;

(g)海上运输合同规定的卸货港;

(h)如提单正本超过一份,列明提单正本的份数;

(i)提单的签发地点;

(j)承运人或其代表的签字；

(k)收货人应付运费金额或由收货人支付运费的其他说明；

(l)第二十三条第 3 款所提到的声明；

(m)如属舱面货,货物应该或可以装在舱面上运输的声明；

(n)如经双方明确协议,应列明货物在卸货港交付的日期或期限;和

(o)按照第六条第 4 款规定,协议的任何增加的赔偿责任限额。

2. 货物装船后,如果托运人这样要求,承运人必须给托运人签发“已装船”提单。除本条第 1 款所规定的项目外,该提单还必须说明货物已装上一艘或数艘指定的船舶,以及一个或数个装货日期。如果承运人先前已向托运人签发过关于该批货物的任何部分的提单或其他物权单证,经承运人要求,托运人必须交回这种单证以换取“已装船”提单。承运人为了满足托运人对“已装船”提单的要求,可以修改任何先前签发的单证,但经修改后的单证应包括“已装船”提单所需载有的全部项目。

3. 提单缺少本条所规定的一项或多项,不影响该单证作为提单的法律性质,但该单证必须符合第一条第 7 款规定的要求。

第十六条　提单:保留和证据效力

1. 如果承运人或代其签发提单的其他人确知或有合理的根据怀疑提单所载有关货物的品类、主要标志,包数或件数、重量或数量等项目没有准确地表示实际接管的货物,或在签发“已装船”提单的情况下,没有准确地表示已实际装船的货物,或者他无适当的方法来核对这些项目,则承运人或该其他人必须在提单上作出保留,注明不符之处、怀疑根据或无适当的核对方法。

2. 如果承运人或代他签发提单的其他人未在提单上批注货物的外表状况,则应视为他已在提单上注明货物的外表状况良好。

3. 除按本条第 1 款规定就有关项目和其范围作出许可在保留以外:

(a)提单是承运人接管,或如签发“已装船”提单时,装载提单所述货物的初步证据；

(b)如果提单已转让给相信提单上有关货物的描述而照此行事的包括收货人在内的第三方,则承运人提出与此相反的证据不予接受。

4. 如果提单未按照第十五条第 1 款(k)项的规定载明运费或以其他方式说明运费,由收货人支付或未载明在装货港发生的滞期费由收货人支付,则该提单是收货人不支付运费或滞期费的初步证据。如果提单已

转让给相信提单上无任何此种说明而照此行事的包括收货人在内的第三方,则承运人提出的与此相反的证据不予接受。

第十七条 托运人的保证

1. 托运人应视为已向承运人保证,由他提供列入提单的有关货物的品类、标志、件数、重量和数量等项目正确无误。托运人必须赔偿承运人因为这些项目的不正确而导致的损失。托运人即使已将提单转让,仍须负赔偿责任。承运人取得的这种赔偿权利,绝不减轻他按照海上运输合同对托运人以外的任何人所负的赔偿责任。

2. 任何保函或协议,据此托运人保证赔偿承运人由于承运人或其代表未就托运人提供列入提单的项目,或货物的外表状况批注保留而签发提单所引起的损失,对包括收货人在内的受让提单的任何第三方均属无效。

3. 这种保函或协议对托运人有效,除非承运人或其代表不批注本条第 2 款所指的保留是有意诈骗,相信提单上对货物的描述而行事的包括收货人在内的第三方,在后面这种情况下,如未批注的保留与由托运人提供列入提单的项目有关,承运人就无权按照本条第 1 款规定,要求托运人给予赔偿。

4. 如属本条第 3 款所指的有意诈骗,承运人不得享受本公约所规定的责任限额的利益,并且对由于相信提单上所载货物的描述而行事的包括收货人在内的第三方所遭受的损失负赔偿责任。

第十八条 提单以外的单证

如果承运人签发提单以外的单证以证明收到待运的货物,该单证就是订立海上运输合同和承运人接管该单证中所述货物的初步证据。

附录六 中华人民共和国海商法(节选)

第四章 海上货物运输合同

第一节 一般规定

第四十一条 海上货物运输合同,是指承运人收取运费,负责将托运人托运的货物经海路由一港运至另一港的合同。

第四十二条　本章下列用语的含义：

（一）“承运人”，是指本人或者委托他人以本人名义与托运人订立海上货物运输合同的人。

（二）“实际承运人”，是指接受承运人委托，从事货物运输或者部分运输的人，包括接受转委托从事此项运输的其他人。

（三）“托运人”，是指：

1. 本人或者委托他人，以本人名义或者委托他人为本人与承运人订立海上货物运输合同的人；

2. 本人或者委托他人，以本人名义或者委托他人为本人将货物交给与海上货物运输合同有关的承运人的人。

（四）“收货人”，是指有权提取货物的人。

（五）“货物”，包括活动物和由托运人提供的用于集装货物的集装箱、货盘或者类似的装运器具。

第四十三条　承运人或者托运人可以要求书面确认海上货物运输合同的成立。但是，航次租船合同应当书面订立。电报、电传和传真具有书面效力。

第四十四条　海上货物运输合同和作为合同凭证的提单或者其他运输单证中的条款，违反本章规定的，无效。此类条款的无效，不影响该合同和提单或者其他运输单证中其他条款的效力。将货物的保险利益转让给承运人的条款或者类似条款，无效。

第四十五条　本法第四十四条的规定不影响承运人在本章规定的承运人责任和义务之外，增加其责任和义务。

第二节　承运人的责任

第四十六条　承运人对集装箱装运的货物的责任期间，是指从装货港接收货物时起至卸货港交付货物时止，货物处于承运人掌管之下的全部期间。承运人对非集装箱装运的货物的责任期间，是指从货物装上船时起至卸下船时止，货物处于承运人掌管之下的全部期间。在承运人的责任期间，货物发生灭失或者损坏，除本节另有规定外，承运人应当负赔偿责任。

前款规定，不影响承运人就非集装箱装运的货物，在装船前和卸船后所承担的责任，达成任何协议。

第四十七条 承运人在船舶开航前和开航当时,应当谨慎处理,使船舶处于适航状态,妥善配备船员、装备船舶和配备供应品,并使货舱、冷藏舱、冷气舱和其他载货处所适于并能安全收受、载运和保管货物。

第四十八条 承运人应当妥善地、谨慎地装载、搬移、积载、运输、保管、照料和卸载所运货物。

第四十九条 承运人应当按照约定的或者习惯的或者地理上的航线将货物运往卸货港。

船舶在海上为救助或者企图救助人命或者财产而发生的绕航或者其他合理绕航,不属于违反前款规定的行为。

第五十条 货物未能在明确约定的时间内,在约定的卸货港交付的,为迟延交付。

除依照本章规定承运人不负赔偿责任的情形外,由于承运人的过失,致使货物因迟延交付而灭失或者损坏的,承运人应当负赔偿责任。

除依照本章规定承运人不负赔偿责任的情形外,由于承运人的过失,致使货物因迟延交付而遭受经济损失的,即使货物没有灭失或者损坏,承运人仍然应当负赔偿责任。

承运人未能在本条第一款规定的时间届满六十日内交付货物,有权对货物灭失提出赔偿请求的人可以认为货物已经灭失。

第五十一条 在责任期间货物发生的灭失或者损坏是由于下列原因之一造成的,承运人不负赔偿责任:

(一)船长、船员、引航员或者承运人的其他受雇人在驾驶船舶或者管理船舶中的过失;

(二)火灾,但是由于承运人本人的过失所造成的除外;

(三)天灾,海上或者其他可航水域的危险或者意外事故;

(四)战争或者武装冲突;

(五)政府或者主管部门的行为、检疫限制或者司法扣押;

(六)罢工、停工或者劳动受到限制;

(七)在海上救助或者企图救助人命或者财产;

(八)托运人、货物所有人或者他们的代理人的行为;

(九)货物的自然特性或者固有缺陷;

(十)货物包装不良或者标志欠缺、不清;

(十一)经谨慎处理仍未发现的船舶潜在缺陷;

(十二)非由于承运人或者承运人的受雇人、代理人的过失造成的其他原因。

承运人依照前款规定免除赔偿责任的，除第（二）项规定的原因外，应当负举证责任。

第五十二条　因运输活动物的固有的特殊风险造成活动物灭失或者损害的，承运人不负赔偿责任。但是，承运人应当证明业已履行托运人关于运输活动物的特别要求，并证明根据实际情况，灭失或者损害是由于此种固有的特殊风险造成的。

第五十三条　承运人在舱面上装载货物，应当同托运人达成协议，或者符合航运惯例，或者符合有关法律、行政法规的规定。

承运人依照前款规定将货物装载在舱面上，对由于此种装载的特殊风险造成的货物灭失或者损坏，不负赔偿责任。

承运人违反本条第一款规定将货物装载在舱面上，致使货物遭受灭失或者损坏的，应当负赔偿责任。

第五十四条　货物的灭失、损坏或者迟延交付是由于承运人或者承运人的受雇人、代理人的不能免除赔偿责任的原因和其他原因共同造成的，承运人仅在其不能免除赔偿责任的范围内负赔偿责任；但是，承运人对其他原因造成的灭失、损坏或者迟延交付应当负举证责任。

第五十五条　货物灭失的赔偿额，按照货物的实际价值计算；货物损坏的赔偿额，按照货物受损前后实际价值的差额或者货物的修复费用计算。

货物的实际价值，按照货物装船时的价值加保险费加运费计算。

前款规定的货物实际价值，赔偿时应当减去因货物灭失或者损坏而少付或者免付的有关费用。

第五十六条　承运人对货物的灭失或者损坏的赔偿限额，按照货物件数或者其他货运单位数计算，每件或者每个其他货运单位为666.67计算单位，或者按照货物毛重计算，每公斤为2计算单位，以二者中赔偿限额较高的为准。但是，托运人在货物装运前已经申报其性质和价值，并在提单中载明的，或者承运人与托运人已经另行约定高于本条规定的赔偿限额的除外。

货物用集装箱、货盘或者类似装运器具集装的，提单中载明装在此类装运器具中的货物件数或者其他货运单位数，视为前款所指的货物件数或者其他货运单位数；未载明的，每一装运器具视为一件或者一个单位。

装运器具不属于承运人所有或者非由承运人提供的，装运器具本身应当视为一件或者一个单位。

第五十七条 承运人对货物因迟延交付造成经济损失的赔偿限额，为所迟延交付的货物的运费数额。货物的灭失或者损坏和迟延交付同时发生的，承运人的赔偿责任限额适用本法第五十六条第一款规定的限额。

第五十八条 就海上货物运输合同所涉及的货物灭失、损坏或者迟延交付对承运人提起的任何诉讼，不论海事请求人是否合同的一方，也不论是根据合同或者是根据侵权行为提起的，均适用本章关于承运人的抗辩理由和限制赔偿责任的规定。

前款诉讼是对承运人的受雇人或者代理人提起的，经承运人的受雇人或者代理人证明，其行为是在受雇或者受委托的范围之内的，适用前款规定。

第五十九条 经证明，货物的灭失、损坏或者迟延交付是由于承运人的故意或者明知可能造成损失而轻率地作为或者不作为造成的，承运人不得援用本法第五十六条或者第五十七条限制赔偿责任的规定。

经证明，货物的灭失、损坏或者迟延交付是由于承运人的受雇人、代理人的故意或者明知可能造成损失而轻率地作为或者不作为造成的，承运人的受雇人或者代理人不得援用本法第五十六条或者第五十七条限制赔偿责任的规定。

第六十条 承运人将货物运输或者部分运输委托给实际承运人履行的，承运人仍然应当依照本章规定对全部运输负责。对实际承运人承担的运输，承运人应当对实际承运人的行为或者实际承运人的受雇人、代理人在受雇或者受委托的范围内的行为负责。

虽有前款规定，在海上运输合同中明确约定合同所包括的特定的部分运输由承运人以外的指定的实际承运人履行的，合同可以同时约定，货物在指定的实际承运人掌管期间发生的灭失、损坏或者迟延交付，承运人不负赔偿责任。

第六十一条 本章对承运人责任的规定，适用于实际承运人。对实际承运人的受雇人、代理人提起诉讼的，适用本法第五十八条第二款和第五十九条第二款的规定。

第六十二条 承运人承担本章未规定的义务或者放弃本章赋予的权利的任何特别协议，经实际承运人书面明确同意的，对实际承运人发生效力;实际承运人是否同意,不影响此项特别协议对承运人的效力。

第六十三条　承运人与实际承运人都负有赔偿责任的,应当在此项责任范围内负连带责任。

第六十四条　就货物的灭失或者损坏分别向承运人、实际承运人以及他们的受雇人、代理人提出赔偿请求的,赔偿总额不超过本法第五十六条规定的限额。

第六十五条　本法第六十条至第六十四条的规定,不影响承运人和实际承运人之间相互追偿。

第三节　托运人的责任

第六十六条　托运人托运货物,应当妥善包装,并向承运人保证,货物装船时所提供的货物的品名、标志、包数或者件数、重量或者体积的正确性;由于包装不良或者上述资料不正确,对承运人造成损失的,托运人应当负赔偿责任。

承运人依照前款规定享有的受偿权利,不影响其根据货物运输合同对托运人以外的人所承担的责任。

第六十七条　托运人应当及时向港口、海关、检疫、检验和其他主管机关办理货物运输所需要的各项手续,并将已办理各项手续的单证送交承运人;因办理各项手续的有关单证送交不及时、不完备或者不正确,使承运人的利益受到损害的,托运人应当负赔偿责任。

第六十八条　托运人托运危险货物,应当依照有关海上危险货物运输的规定,妥善包装,作出危险品标志和标签,并将其正式名称和性质以及应当采取的预防危害措施书面通知承运人;托运人未通知或者通知误的,承运人可以在任何时间、任何地点根据情况需要将货物卸下、销毁或者使之不能为害,而不负赔偿责任。托运人对承运人因运输此类货物所受到的损害,应当负赔偿责任。

承运人知道危险货物的性质并已同意装运的,仍然可以在该项货物对于船舶、人员或者其他货物构成实际危险时,将货物卸下、销毁或者使之不能为害,而不负赔偿责任。但是,本款规定不影响共同海损的分摊。

第六十九条　托运人应当按照约定向承运人支付运费。

托运人与承运人可以约定运费由收货人支付。但是,此项约定应当在运输单证中载明。

第七十条　托运人对承运人、实际承运人所遭受的损失或者船舶所遭受的损坏，不负赔偿责任；但是，此种损失或者损坏是由于托运人或者托运人的受雇人、代理人的过失造成的除外。

托运人的受雇人、代理人对承运人、实际承运人所遭受的损失或者船舶所遭受的损坏，不负赔偿责任；但是，这种损失或者损坏是由于托运人的受雇人、代理人的过失造成的除外。

第四节　运输单证

第七十一条　提单，是指用以证明海上货物运输合同和货物已经由承运人接收或者装船，以及承运人保证据以交付货物的单证。提单中载明的向记名人交付货物，或者按照指示人的指示交付货物，或者向提单持有人交付货物的条款，构成承运人据以交付货物的保证。

第七十二条　货物由承运人接收或者装船后，应托运人的要求，承运人应当签发提单。

提单可以由承运人授权的人签发。提单由载货船舶的船长签发的，视为代表承运人签发。

第七十三条　提单内容，包括下列各项：

(一)货物的品名、标志、包数或者件数、重量或者体积，以及运输危险货物时对危险性质的说明；

(二)承运人的名称和主营业所；

(三)船舶名称；

(四)托运人的名称；

(五)收货人的名称；

(六)装货港和在装货港接收货物的日期；

(七)卸货港；

(八)多式联运提单增列接收货物地点和交付货物地点；

(九)提单的签发日期、地点和份数；

(十)运费的支付；

(十一)承运人或者其代表的签字。

提单缺少前款规定的一项或者几项的，不影响提单的性质。但是，提单应当符合本法第七十一条的规定。

第七十四条　货物装船前，承运人已经应托运人的要求签发收货待运提单或者其他单证的，货物装船完毕，托运人可以将收货待运提单或者其他单证退还承运人，以换取已装船提单；承运人也可以在收货待运提单上加注承运船舶的船名和装船日期，加注后的收货待运提单视为已装船提单。

第七十五条　承运人或者代其签发提单的人，知道或者有合理的根据怀疑提单记载的货物的品名、标志、包数或者件数、重量或者体积与实际接收的货物不符，在签发已装船提单的情况下怀疑与已装船的货物不符，或者没有适当的方法核对提单记载的，可以在提单上批注，说明不符之处、怀疑的根据或者说明无法核对。

第七十六条　承运人或者代其签发提单的人未在提单上批注货物表面状况的，视为货物的表面状况良好。

第七十七条　除依照本法第七十五条的规定作出保留外，承运人或者代其签发提单的人签发的提单，是承运人已经按照提单所载状况收到货物或者货物已经装船的初步证据；承运人向善意受让提单的包括收货人在内的第三人提出的与提单所载状况不同的证据，不予承认。

第七十八条　承运人同收货人、提单持有人之间的权利、义务关系，依据提单的规定确定。

收货人、提单持有人不承担在装货港发生的滞期费、亏舱费和其他与装货有关的费用，但是提单中明确载明上述费用由收货人、提单持有人承担的除外。

第七十九条　提单的转让，依照下列规定执行：

（一）记名提单不得转让；

（二）指示提单经过记名背书或者空白背书转让；

（三）不记名提单无需背书，即可转让。

第八十条　承运人签发提单以外的单证用以证明收到待运货物的，此项单证即为订立海上货物运输合同和承运人接收该单证中所列货物的初步证据。

承运人签发的此类单证不得转让。

第五节　货物交付

第八十一条　承运人向收货人交付货物时，收货人未将货物灭失或者损坏的情况书面通知承运人的，此项交付视为承运人已经按照运输单证的记载交付以及货物状况良好的初步证据。

货物灭失或者损坏的情况非显而易见的，在货物交付的次日起连续七日内，集装箱货物交付的次日起连续十五日内，收货人未提交书面通知的，适用前款规定。

货物交付时，收货人已经会同承运人对货物进行联合检查或者检验的，无需就所查明的灭失或者损坏的情况提交书面通知。

第八十二条 承运人自向收货人交付货物的次日起连续六十日内，未收到收货人就货物因迟延交付造成经济损失而提交的书面通知的，不负赔偿责任。

第八十三条 收货人在目的港提取货物前或者承运人在目的港交付货物前，可以要求检验机构对货物状况进行检验；要求检验的一方应当支付检验费用，但是有权向造成货物损失的责任方追偿。

第八十四条 承运人和收货人对本法第八十一条和第八十三条规定的检验，应当相互提供合理的便利条件。

第八十五条 货物由实际承运人交付的，收货人依照本法第八十一条的规定向实际承运人提交的书面通知，与向承运人提交书面通知具有同等效力向承运人提交的书面通知，与向实际承运人提交书面通知具有同等效力。

第八十六条 在卸货港无人提取货物或者收货人迟延、拒绝提取货物的，船长可以将货物卸在仓库或者其他适当场所，由此产生的费用和风险由收货人承担。

第八十七条 应当向承运人支付的运费、共同海损分摊、滞期费和承运人为货物垫付的必要费用以及应当向承运人支付的其他费用没有付清，又没有提供适当担保的，承运人可以在合理的限度内留置其货物。

第八十八条 承运人根据本法第八十七条规定留置的货物，自船舶抵达卸货港的次日起满六十日无人提取的，承运人可以申请法院裁定拍卖，货物易腐烂变质或者货物的保管费用可能超过其价值的，可以申请提前拍卖。

拍卖所得价款，用于清偿保管、拍卖货物的费用和运费以及应当向承运人支付的其他有关费用，不足的金额，承运人有权向托运人追偿；剩余的金额，退还托运人，无法退还、自拍卖之日起满一年又无人领取的，上缴国库。

附录七　常用附加费名称(中英对照)

由于船舶、货物、港口及其他方面的种种原因,使得船方在运输货物时增加费用开支或蒙受经济损失,船方为补偿这些开支或损失,除基本费率外,规定另外收取的费用,就叫附加费(Surcharge 或 Additional)。常见的附加费如下表所列。

英　文	中　文
Alteration	变更卸货港附加费
Bunker Surcharge or Bunker Adjustment Factor, BAF	燃油附加费
Cleaning Charge	洗舱费
Destination Delivery charge, DDC	目的地交货费
Devaluation Surcharge or Currency Adjustment Factor, CAF	货币贬值附加费
Deviation Surcharge	绕航附加费
Direct Additional	直航附加费
Emergency Bunker Surcharge, EBS	应急燃油附加费
Equipment Reposition Charge, ERC	空箱调运费
Fumigation Charge	熏蒸费
General Rate Increase, GRI	整体费率上调
Heavy-Lift Additional	超重附加费
Ice Surcharge	冰冻附加费
Long Length Additional	超长附加费
Optional Fees or Optional Additional	选择卸货港附加费
Original Receiving Charge, ORC	产地接货费
Port Congestion Surcharge	港口拥挤附加费
Port Surcharge	港口附加费
Suez Canal Surcharge	苏伊士运河附加费
Terminal Handling Charge, THC	码头作业(操作)费
Transshipment Surcharge	转船附加费

附录八 常用提单名称(中英对照)

英 文	中 文	解 释
ADVANCED B/L	预借提单	因信用证规定装运期和结汇期到期而货物因故未能及时装船,但已在承运人掌握之下或已开始装船,由托运人出具保函要求承运人预借得提单
ANTI - DATED B/L	倒签提单	承运人影托运人的要求在货物装船后,提单签发的日期早于实际装船完毕日期的提单
BILL OF LADING	提单	提单是一种用以证明海上运输合同和货物由承运人接管货装船,以及承运人据以保证在目的港交付的单证
BLANK B/L OR OPEN B/L	不记名提单	提单内没有任何收货人或 ORDER 字样,即提单的人和持有人都有权提货
CHARTER PARTY B/L	租船合同提单	一般指用租船承运租船人的全部货物,船东签给租船人的提单,或者并非全部装运租船人的货物,而由船东或租船人所签发的提单
CLEAN B/L	清洁提单	货物交运时,表明情况良好,承运人签发提单时未加任何货损、包装不良或其他有碍结汇的批注
DIRECT B/L	直达提单	指货物自装货港装船后,中途不经换船直接到卸货港卸货而签发的提单
FOUL B/L	不清洁提单	货物交运时,其包装及表面出现不坚固完整等情况,船方可以批注,即为不清洁提单
HOUSE B/L	货运提单	由货运代理人签发的提单,货运提单往往是货物从内陆运出并运至内陆签发的。这种提单从技术上和严格的法律意义上说,是缺乏提单效力的
LINER B/L	班轮提单	班轮是在一定的航线上按照公布的时间表,在规定的港口间连续从事货运的船舶。班轮可分定期和不定期两种

续上表

英　文	中　文	解　释
MINIMUM B/L	最低费提单或起码运费提单	运费未到运价本规定的最低额,而按规定的最低运费计收
MT B/L	多式联运提单	指货物有海上、内河、铁路、公路、航空等两种货多种运输方式进行联合运输而签的适用于全程运输的提单
OMNIBUS B/L OR COMBINED B/L	并提单	不同批数的货物合并一份提单上,或不同批数的相同的液体货装在一个油舱内,签发几份提单时,前者叫并提单,后者叫拼装提单
ON DECK B/L	舱面提单或甲板货提单	指货物装载于船舶露天甲板,并注明"甲板上"字样的提单
ORDER B/L	指示提单	通常有未列明指示(仅写 ORDER),列明指示(ORDER OF SHIPPER 或 ORDER OF CONSIGNEE × × COMPANY; ORDER OF × × BANK)。此种提单通过指示人背书后可以转让
PARCLE RECEPT OR NON - NEGOTIABLE RECEIPT	包裹提单	适用于少量货物、行李或样品等
RECEIVED FOR SHIPPING B/L	收货待运提单或待运提单	指承运人对已收到货物单尚未装船时签发的提单
SEPARATE B/L	分提单	一批货物,即同一装货单的货物,可根据托运人的要求分列 2 套或 2 套以上的提单
SHIPPED OR BOARD B/L	已装船提单	承运人向托运人签发的货物已经装船的提单
STRAIGHT B/L	记名提单	只有提单上指明的收货人可以提货的提单,一般不具备流通性
SWITCH B/L	交换提单	起运港签发提单后,在中途港另行换发的一套提单
THROUGH B/L	联运提单或转船提单	指承运人在装货港签发的中途得以转船运输而至目的港的提单

参考文献

[1] 杨志刚. 国际物流实务、法规与案例[M]. 北京:人民交通出版社,2006.

[2] 杨志刚. 国际货运代理实务、法规与案例[M]. 北京:人民交通出版社,2006.

[3] 杨志刚. 国际集装箱多式联运实务、法规与案例[M]. 北京:人民交通出版社,2006.

[4] 最高人民法院中国应用法学研究所. 人民法院案例选[M]. 北京:中国法制出版社,2000.

[5] 王淑敏. 海关商检业务与法律[M]. 辽宁:大连海事大学出版社,1997.

[6] 外贸储运岗位培训丛书. 租船管理实务[M]. 上海:上海科学普及出版社,1994.

[7] 陈湛匀. 报关实务[M]. 上海:上海人民出版社,1994.

[8] 姚新起. 国际货物运输[M]. 北京:对外经济贸易出版社,2003.

[9] 黎荐先,刘韵平. 国际贸易与国际金融[M]. 北京:中国人民大学出版社,1998.